珍藏本
纪念版

汉译世界学术名著丛书

地理学

——它的历史、性质和方法

〔德〕阿尔夫雷德·赫特纳 著

王兰生 译

张翼翼 校

2017年·北京

Alfred Hettner

DIE GEOGRAPHIE

Ihre Geschichte, Ihr Wesen

Und Ihre Methoden

Ferdinand Hirt in Breslau, 1927

（根据布雷斯劳费迪南德·希尔特出版社 1927 年版译出）

汉译世界学术名著丛书
（120年纪念版·珍藏本）
出版说明

2017年2月11日，商务印书馆迎来120岁的生日。120年前，商务印书馆前贤怀揣文化救国的理想，抱持“昌明教育，开启民智”的使命，立足本土，放眼寰宇，以出版为津梁，沟通中西，为中国、为世界提供最富智慧的思想文化成果。无论世事白云苍狗，潮流左右激荡，甚至战火硝烟弥漫，始终践行学术报国之志，无改初心。

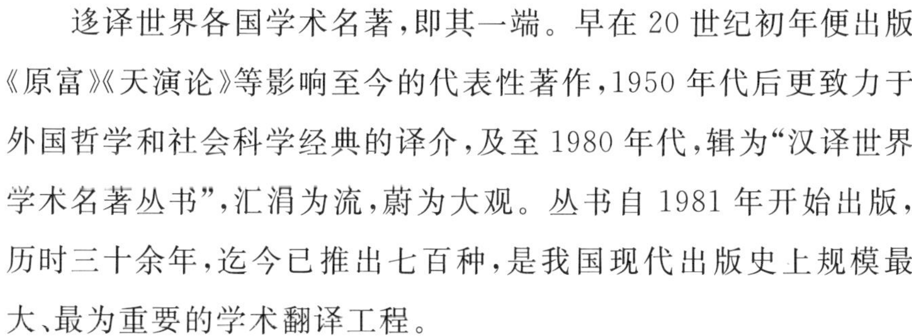

迻译世界各国学术名著，即其一端。早在20世纪初年便出版《原富》《天演论》等影响至今的代表性著作，1950年代后更致力于外国哲学和社会科学经典的译介，及至1980年代，辑为“汉译世界学术名著丛书”，汇涓为流，蔚为大观。丛书自1981年开始出版，历时三十余年，迄今已推出七百种，是我国现代出版史上规模最大、最为重要的学术翻译工程。

丛书所选之书，立场观点不囿于一派，学科领域不限于一门，皆为文明开启以来，各时代、各国家、各民族的思想与文化精粹，代表着人类已经到达过的精神境界。丛书系统译介世界学术经典，

引领时代思想，为本土原创学术的发展提供丰富的文化滋养，为推动中国现代学术和现代化进程做出了突出的贡献。

为纪念商务印书馆成立120周年，我们整体推出“汉译世界学术名著丛书”120年纪念版的珍藏本，寄望既利于文化积累，又便于研读查考，同时向长期支持丛书出版的译者、编者和读者致以敬意。

两甲子后的今天，商务印书馆又站在了一个新的历史时间节点上。我们不仅要铭记先辈的身影和足迹，更须让我们的步伐充满新的时代精神。这是商务人代代相传的事业，更是与国家和民族的命运始终紧密相连的事业。我们责无旁贷，必须做好我们这代人的传承与创造，让我们的努力和成果不仅凝聚成民族文化的记忆，还能成为后来人可以接续的事业。唯此，才能不负前贤，无愧来者。

商务印书馆编辑部

2017年10月

出版说明

德国地理学家阿尔夫雷德·赫特纳(1859—1941),是近代地理学区域学派创始人,更以关注并系统阐述地理学方法论而著称。1895年他创办了《地理杂志》,不断撰文阐述地理学理论问题。1927年出版的《地理学——它的历史、性质和方法》一书,则是他这方面研究的集大成者,是赫特纳地理学理论的主要代表作。

本书共分九编,分别叙述了地理学的历史,地理学的性质、任务,地理学的研究方法,地理学概念和思想的构成,地理学的特殊手段地图和图片,地理学的文字表述,地理学教育。贯串所有这些部分的中心思想是地理学的区域特性:地理学的历史表明其科学任务在于了解区域,地埋学的对象是人类和自然的区域性,地理学的重要方法是区域—比较方法,地理学作为区域科学而在科学体系中占有特殊的重要地位,地理学的价值就是从"三维"现实的区域—空间角度来了解人类和自然。本书涉及了地理学基本理论的所有重要方面,是作者那个时代地理学方法论的主要文献。

赫特纳这部书出版以后,在国际地理学界产生了广泛而持久的反响。它在获得有力支持的同时,还导致可以说关系到地理学的存在和发展的热烈讨论。数十年来,不断有地理学家撰文、著书介绍、阐述赫特纳地理思想,并力图把它同当时地理学的新发展联系起来。过去,赫特纳地理思想也曾介绍到我国,但只是片断的、转述性的，所以很不全面，而且难免不很确切。

赫特纳地理学理论体系，在国际地理学界至今仍有重大影响。为了有利于我国地理科学事业的繁荣和发展，我们需要对它进行认真的研究。我们翻译出版赫特纳的这部主要代表作，目的就是为这种研究工作提供必要的条件。

赫特纳在本书序言中说："这部书虽然力求科学的客观性，但是毕竟是一部个人的著作，在某种意义上是一部带有主观性的著作。"对于本书及其作者的历史地位，对于本书内容的个人及时代的烙印，希望读者阅读时给以仔细的、科学的分析。

商务印书馆编辑部

目　录

第二编　地理学的性质和任务

第三编　地理学研究

第四编　地理学概念和思想的构成

第五编　地图和图片

第六编　文字表述

第七编　地理学教育

第八编　学校中的地理学

第九编　大学中的地理学

序　言

这部书在某种意义上说是我的毕生之作。这部书内容的极大部分,不只是我搜集的,而且是我亲自经历过的。这部书的产生要回溯到我的大学时代。当我作为第一个明确地怀着研究地理学的目的的人进大学的时候,我所接触的地理学有些不同于我所设想的地理学,它更偏于自然科学方面;我对我的每个大学老师——阿·基希霍夫,特奥巴尔德·菲舍尔,格·格兰德,弗·冯·李希霍芬,都怀有极大的感激之情,但我觉得在他们那里地理学出现的形式却各有不同。按我的思想禀赋,我乐于从理论上对各种不同的见解进行分析研究,因此一开始我就竭尽心力钻研方法论的问题;我在两次南美洲旅行中,都结合旅行继续着这种钻研工作。但只是在很多年以后,并且由于外界的原因,在创办《地理杂志》和担任蒂宾根大学新设立的教授职位时,我才在这方面公开地发表自己的意见;只是在更晚的年代里,我关于方法论的文章才积聚起来。我始终持有以下的意见:一种科学的方法论必须在这样两重基础上发展起来,即根据自己在科学的各种不同部分的研究和记述,以及根据对一般科学的方法论进行深刻的研究。我还必须补充说明,方法论又变得时髦了的近几年的经验,加强了我的这种信念。这部书虽然力求科学的客观性,但是毕竟是一部个人的著作,在某种意义上是一部带有主观性的著作。我试图在本书中论述有关地理学的一切流派，因此首先叙述一个地理学史的概要；但是，我不准备引述每个个别方法论的言论，也不准备去深入研究它们，如果这些言论只是在细节上表现出来有所不同。最近流行汇集方法论言论的做法，它描画出一幅错误的关于分歧意见的图景，而在实际上却是不存在的。比划清科学任务的界线更重要得多的是关于科学的方法论的研究，而且不只是关于学校课程的，还有关于研究的和阐述的方法论。看看这部书的目录，就会了解这部书的重点即在于此。

我认为，没有必要编制一个索引；在注重事实的书中，很需要这种索引；如果思想形成是一本书的主要内容，这种索引就没有多大帮助。谁要是对特殊的问题有兴趣，可以很容易从目录中找出研究这些问题的地方。

在本书的抄写和校对工作上，我的爱妻玛丽，原姓马尔，和埃里卡·施米特黑纳博士女士，都帮助了我；我对她们两位表示衷心的感谢！出版公司把我的学生们为我六十岁生日所编写的纪念册送给我，对这种亲切盛意，我也表示感谢。

阿尔夫雷德·赫特纳

1927年3月21日于海得尔堡

第一编　地理学史

绪　　论

要完全理解现在，永远只有从历史出发才有可能。同样，要充分理解一种科学，也永远只有详细研究它的历史发展，才有可能。倘若我们在方法方面考察地理学的性质和任务时从未忘却这条通例，不打算先验地去确定它们——这种尝试不论如何聪明却不曾有结果，那么我们可能已经避免了许多无益的弯路和许多的争论，节省了许多的精力。因为各种科学的形成，每种科学所提出的问题，都不是随心所欲的，乃是出于每个时代所特有的需要，每个时代所具有的知识和能力。随着这些因素的增加或者减少，科学的内容就也会丰富些或者贫乏些。有倒退的时期；但是，从整个看，科学却是前进的。这种进步和整个文化的进步是密切联系着的。

地理学和人类一般历史的联系，比之和其他大多数科学部门更要明显一些。它是关于地表的知识，因此便和陆地的发现和占有联系着，这种发现和占有的本身，构成世界史内容的极大部分。腓尼基人，别的亚洲海上民族，接着是希腊人，他们发现地中海地区并且把这个地区殖民地化，亚历山大大帝占领小亚细亚，罗马帝国扩张到全部地中海地区，基督教在北欧诸国的传播和启蒙工作，打通和东方新关系的十字军战争，到美洲和东印度航路的发现，在蒸汽机时代世界交通、世界经济、世界文化、世界政治的形成，和蒸汽机时代相联系的还有非洲内部、中亚及极地的揭露，这些都是世界史上至为重要的阶段，同时也是地理学发展的最重要的阶段，在这个发展阶段上，时而地理知识的扩展领先，时而历史的事变走在前面，时而二者并肩前进。

没有一种科学是孤立地发展起来的，而都是基于思想的普遍进步和别的科学的进步而发展的。但是，在地理学上，这种依附关系尤为显著，因为它的一切部分都必须依靠有关的系统的科学，并需要它们作辅助科学。知识的一切巨大进步，即使那些相去甚远的知识的进步，也都促进了地理学，并导致它向前进步。另一方面，地理学的进步，也有利于其他各种科学和一般的世界观，而且，若不是其他诸科学——尤其是关于历史和关于人类的诸科学——时常还拘守着某种片面性，并且过少意识到它们的地理基础，一定还能做出更多的事情。就是人类与宗教和道德的关系，随着关于大地知识的增进，也产生了变化。

通常把地理学史只理解为一种发现史，实际上空间知识的扩大，确也是世界史上最重要的事实。因此，它在地理学史中总是具有重要地位。但是，地理学史却不应该单纯地叙述事实，它必须从各个民族和各个时代的动力和能力去理解各种发现的过程，并且也要重视它对事物的一般过程所产生的结果。

地理学史的第二个任务，涉及空间的确定、确定地点的位置和地图测绘，包括从地图绘制方法的发展以及这些方法在大地的不同地区的运用来研究地图绘制，即涉及数理地理学（取其狭义的科学意义，不是它的普通的不适当地扩大了的意义）和绘图学的内容的形成。地图上一个地方的位置，和它实际的位置究竟在多大程度上相符合呢？由此，在不同时代的图形里空间的正确性究竟达到怎样的程度呢？这种图形是以怎样的方式、怎样的速度逐渐接近实际的呢？妥帖地确定地点，对于一切地理的知识是一个基本的前提，这是十分明白的事；但是，它也只是一个前提，并非知识本身。因此，不能像许多写地理学史的人那样，依照一个考察家确定地点的精确性来评论他的价值，而过分高估确定地点的价值。实际上，知识的内容高于空间位置的确定。

地理学史的第三个任务，是理解各地区内容的历史。这个内容，不只是各地区的山川、聚居、道路和国家，而且包括这些地区的气候、动植物、居民和他们的文化，即它们整个的特征，简而言之，乃理解各地区的自然知识的历史。这里，不仅仰赖于认识方法的形成——这些方法的大部分我们必须取之于我们的辅助科学，而且有赖于它们在地球各个不同部分的实践。地理学史必须阐明：在各个不同的时代，人们对地球上各个不同地区的自然状况和文化已经认识到什么程度。

这样，地理学就关联到许多别的科学；因为每一事实，既可以成为地理学的对象，也可以成为相关联的系统科学的对象，以及历史的对象，这里指的历史，可以是地球史，也可以是人类历史或史前时代的历史。但是，理解的方式却彼此不同，因此，地理学史就必须研究地理学的看法是怎样逐渐形成的，然后研究它和其他科学的关系如何，即它在科学体系中的地位是怎样形成的。它要探索各个时代地理学的性质和范围，它的研究方法和描述方法，而且要追问：在地理学的文献（包括地图）中是如何表达的，在怎样的程度上和以怎样的方式成为学校课程的对象，成为普通教育的一个组成部分。

一般的世界史大都过于忽视其他文化区域，这是它的一个错误；因为历史的发展，不仅完成于小亚细亚和欧洲，并且也完成于南亚细亚、东亚细亚和南北美洲的文明国家；许多的接触和影响，在古代就已经比人们早先所想象的更大了，人类的命运越来越联结在一起，其中固然欧洲的影响占优势，其他各国的史前时代的历史也断不可轻视。但是，讲到科学史，则可以东方的和欧洲的发展为限，只是到了最近时期，才须考虑到欧洲的诸殖民地以及日本的发展；因为它们的发展是颇为紧密的，从外边只接受了个别的影响。若是我们也把中国的地理学，我们的文化区域以外最重要的地理学，牵连在一起，这对于理解现在的科学，至少是现在的地理学，恐怕没有多大的帮助；这样做恐怕反而把叙述时所保有的前后一贯的线索打断了。这一线索，引导我们由自然民族和半开化民族，通过东方的文化，进到希腊和罗马的古代，由此更进到中古时代，以及基督教的欧洲时代和回教的东方时代，然后通过文艺复兴时期，进到欧洲的近代，而达到现代。从某种程度看，科学的历史必须是目的论的，即是说必须归结于现代；因为问题在于从其发展中来理解现代。

阿·冯·洪堡在他的《宇宙》(*Kosmos*)一书第二卷中，对于地理学史写了一个出色的概要。卡尔·李特尔的没有很好整理就印发的讲义(《地学的历史和发现的历史》(*Geschichte der Erdkunde und der Entdeckungen*)，1861年出版)，比洪堡的稍有逊色。最好的概括的著作，现在还可以举出维维昂·德·圣·马丁在1873年出版的《地理学史》

(*Histoire de la Géographie*),但在这部书中,发现的历史完全占主要地位。奥·佩舍尔的《地学史》(*Die Geschichte der Erdkunde*, 1865 年出版,由斯·鲁格编辑的第二版于 1877 年出版),更多地考虑到科学的知识,但是,适应于该书所提出的任务,古代部分简略,近代则集中到德国的研究。沃伊莱斯在《宇宙和人类》(*Weltall und Menschheit*, 1903 年出版)一书中的叙述,又多限于发现事业,易读,但不是独立的著作。斯·京特的《地学史》(*Geschichte der Erdkunde*, 1904 年出版),囫囵吞枣地罗列并非全是可靠的事项。克·克雷奇默尔写了一部《地理学史大纲》(*Abriß der Geschichte der Geographie*, 编入格申丛书 Sammlung Göschen,第二版,1923 年出版);这部书的美洲发现史(柏林地学会纪念册)部分,1892 年出版,其中某些问题值得注意。对于各个时期或者各个问题特别重要的论文,以后还将提出。当然,从哲学史和其他科学的历史中也可以得到不少启发。我所参考的书籍和论文很多,这里不能一一列举。但是,我写这一部分的目的,并非要写一部独立的地理学史,而是为了理解现代而写的一篇历史的绪论。

第一章 自然民族和古代文明民族的地理学

自然民族和半开化民族的地理视野大都十分狭隘。固然,正在深入的民族学的研究,使我们了解到愈来愈多的自然民族大迁徙,但是因为文献的缺乏,始终限于口碑流传,关于古时的住地,仍然难以得到一点影子,即使有,也只是模糊的影像。固然在远古的时代,已经时常有些物品由老远的地方通过商业活动带来了;但是,总是经过好多道手,因此物品交换对于地理知识的扩大作用甚微。仅有个别的民族,即那些海上民族,如波利尼西亚人或者维金格尔人,凭借星体的指引从事长途航行,并且知道绘制粗糙的地图。

所有这些民族对于自然的观察，只是着眼在一些地区和地点的个别事实，而不曾着眼到整体的特征，因此按照这种观察真正的性质，还不能算是地理学的考察。并且它还不能算是科学的，而是神话的，它把自然界的变化当做超自然的神灵鬼怪的活动。然而它取得关于动物、植物、岩石或者还有风和水流的某些知识，以后这些知识成为科学的内容。

古代文明民族的地理知识，就高得多了。所以达到这种程度的原因是各种各样的。这种文化的一个主要事实，是民族领域和国家领域的扩大，和这有连带关系的是交通线的经常不断地扩展，带来了关于国内遥远地方以及邻邦的知识。由于文献保存下来，一些最重要的知识都保留下来了。因聚居生活、经济生活还有税收等等的需要，在这些多半为滨河平原的国度里，测量土地、观察星宿就成为必要的事情；测地术（几何学）和天文学成长起来，两门都是地理学重要的辅助科学。就是自然的观察，也更广泛更深入了。

这种知识的进步，在各个古代文明国家里，如在小亚细亚的和埃及的东方，在印度、中国，以及在古代美洲的文明国家里，虽然程度不同，却都有类似的成就；但是，按照前述的原则，我们可以满足于局限在东方的古代，因为古典的古代科学，以后是近代的欧洲科学，都只是从这里孕育出来的。讲起东方的古代文化，首推埃及和巴比伦，至于两者的关系如何，对我们是无关紧要的。两者大体看来都是内陆国家，因此它们的眼界主要是在陆地上扩展，只是到了后来，受其他民族的影响，才增加了海洋和海外诸国的知识。它们的眼光所达到的范围，大致包括我们统称之为小亚细亚的一些国家和尼罗河流域，直到苏丹边上，人们从事研究天文学、测地术和历史的纪年学；但是它们都着眼在实际方面，还不是真正的理论的科学。

古代以色列人的地理知识和地理观点不是独立的，乃是从巴比伦人、埃及人，还有腓尼基人那里接受过来的；因此若不是他们借助于《圣经》的权威而对于中世纪的科学产生极大的影响，便不值得特别来研究。在他们看来，正如一切自然民族和古代的文明民族一样，地球是一个静止的圆盘，天笼罩在它的上面。东方在前，西方（他们认为就是海）在后，南方在右，北方在左。神山位于北方。《创世记》所列的民族表（就现在《创世记》的形式看，它应该是出于公元前五世纪的东西），对于由米提亚[①]和埃兰[②]到塔尔席施（由于腓尼基人的航行犹太人才知道塔尔席施），由黑海直到埃及并且顶到沙漠等地的国家和民族，提供了一个约略的说明。如果仔细看，这个说明自然充满着谬误，例如把阿拉伯和上埃及合并起来。直到现代，闪米特人、含米特人和雅费蒂特人的区分仍然保持着，对黑人和蒙古人还毫无所知。

东方的海上民族，尤其是腓尼基人，地理视野最为广阔。腓尼基这个国家，就像里维拉[③]，夹在山和海之间，并非不富饶，但是土地不广，易招人满之患，因而迫使人们外流。可是，对面可以望见的是塞浦路斯这个铜岛。当腓尼基人一经获得海面以

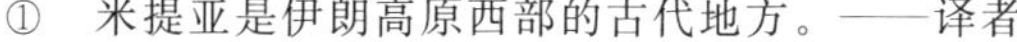

① 米提亚是伊朗高原西部的古代地方。——译者

② 埃兰是底格里斯河下游的古代东方国家。——译者

③ 里维拉是意大利热那亚沿海一带的地区名，著名的海水浴场。——译者

后，他们便不断努力从事商业，沿着适宜的地方建立海外商站和定居点。顺着非洲北岸，他们到达直布罗陀海峡和海峡那边的大西洋，也许其他的东方航海家已经先他们到达过那里。约于公元前1100年，他们建立了(或者占领了?)加德斯和塔尔特索斯，塔尔特索斯即《圣经》上的塔尔席施，它大概位于瓜达尔基维尔河三角洲上。运到这里的，不仅有莫雷纳山丰富的铜矿，还有卡西特里登的锡，这个地点就是指布列塔尼或康沃尔，至于搬运者也许是腓尼基人自己，也许是北方的船夫。这样看，腓尼基人的地理视野已经沿着欧洲西岸达到相当远的北方，大约他们也知道了马德拉群岛和加那利群岛。琥珀，则是他们由易北河口经陆路运回的。但是，他们也曾由亚喀巴湾的北端——那里有他们的一个定居点，从事到红海去的商业航行，并且越过红海进入阿拉伯海。《圣经》的故事中，到欧菲尔去的航行是很有名的，犹太王扎洛莫的臣仆曾参加过这次航行，这大约是像十六、十七世纪的弗利布斯蒂尔海盗航行一样的一个大海盗船队。欧菲尔究竟在什么地方，人们曾到各处寻找，一部分人认为在阿拉伯，另一部分人认为在锡兰，还有一部分人认为是在非洲东岸的苏法拉地方。希罗多德也讲过，腓尼基船夫环绕非洲的一次航行是在公元前600年埃及王尼科治下组织的；不过，这次航行是否真的有过，却不能不令人怀疑。

古代航行的另一个中心地是南阿拉伯。由这里出发的航行，好像不仅是到前印度和锡兰，而且伸展到马来半岛；但是，这对于地理学史却无关紧要。

由迦太基人扩大的知识，比较更重要。他们继承了腓尼基人的知识，并进一步发展了它；尤其是他们获得了努米迪亚[①]和毛里塔尼亚这些大西洋岸国家的可靠知识。普林尼报告过迦太基的海军大将汉诺在六世纪所做的一次探险。他经过赫尔库列斯之柱[②]进入大西洋以后，便顺着非洲海岸向南方前进。他所达到的地方究竟有多远，就无法知道了。他谈到岸边的大火，所谓大火，一部分人认为是指火山爆发，这就只能认为是喀麦隆山脉；另一部分人则只认为是热带大草原烧起来的火[③]，这样汉诺大约只到达北纬7度的塞拉利昂海岸。伊米尔科的欧洲西海岸探险，大约也属于这个时期。

这样看，地理的境界在我们面前显著地扩大了；不过，这种扩大仍然限于比较狭隘的范围。由于古代一切从事商业的民族都喜好保守他们的商业经营秘密，得以流传到公众面前的消息，只是传闻或经过歪曲了的。关于这些探险事业或者一些新地方的记述的文字报告，除去《圣经》上或者希腊著作家的一些片断记载，便没有流传下来，也许从不曾编写过。

第二章　上古时代的地理学

上古时代地理学的发展情况，我们知道得不完全，因为一些最重要的地理著作，或只有片断的保存，如埃拉托色尼的著作，或者完全遗失，

① 努米迪亚大约是指现在的阿尔及利亚。——译者

② 赫尔库列斯之柱是直布罗陀海峡岸上山头的古名。——译者

③ 热带大草原是生长有一些稀疏的乔木或灌木的草地，此系指非洲中部的大草原。——译者

如迪肯阿尔希的著作和提鲁斯的马里努斯的著作。马内尔特、乌克尔特、福尔比格尔等人的记述,尤其是更早一点的著作,现在应该说已经过时了。最好的全面的叙述,是邦布吕的《古代地理学史》(*History of Ancient Geography*, 共两卷,1879 年出版),但是,这本书没有把一些科学的问题足够地提炼出来。反之,贝格尔的《希腊人的科学的地学》(*Die wissenschaftliche Erdkunde der Griechen*, 第二版,1903 年出版),这本书虽然观点不免有点褊狭,编得却是极好,科学的问题在这本书中占着突出的地位。研究自然地理学的原理的,有吉尔贝特的作品,研究人类地理学的,有珀尔曼的著作。

第一节　科学发轫以前的时期

被人称为英雄时代的希腊初期的地理观点得以流传到现在,不是通过科学的著作,而是通过传说和诗歌,尤其是荷马的两部史诗,其中《奥德赛》特别重要。但是,它们的来源也不可靠,因为它们最后的编成是在较晚的时代,也许在公元八世纪。许多地理见解可能是那时候塞进去的;而它们原属于希腊殖民于黑海和西部之前的时代,当时希腊的地理学开始了一个新时期。

对诗的地理价值,在古代已经有了种种不同的评价,到现在仍然这样。一方面,大约是马洛斯的克拉特斯和现在存有作品的著作家中的斯特拉波,他们把荷马当做地理学家,几乎把《奥德赛》当做地理读本,另一方面埃拉托色尼却明确认为诗不是科学著作。关于这个问题,现在不存在任何可疑之点;但是,许多语言学家在相反的方面跑得过远了,他们认为奥季塞夫斯和梅内拉奥斯的迷途,只是一种幻想的把戏,完全缺乏地理的基础。荷马所写的和实际的航行确有联系,不过,关于这些航行,他得到的只是第三手和第四手的模糊的报告。这不一定完全是希腊人的航行,可是人们往往只想到它们。但是在这个远古时期，希腊人的确已经和东方发生了关系，尤其是腓尼基的船夫和商人，一定有许多到过希腊。那时腓尼基人已经航遍了地中海，前进到大西洋；他们对于这些航行的消息纵然尽量保守秘密，也一定会传到了希腊。在奥季塞夫斯的迷途中，我们看到的大约就是对腓尼基人航行的忆想。因此，没有必要说腓尼基人的航行只限于地中海东部海盆，而在黑海去搜索这些航行的历程恐怕更是不会正确的。他们活动的区域，我们大体可以有把握地联想为整个的地中海并直达大西洋。最近，舒尔滕和亨尼希认为塔尔特索斯这个富饶的商业都市是芬阿肯人城市模型，因为风土情况相符，意见好像可以站得住。卡里普索的岛[①]大约是大西洋诸岛之一，伦斯特里戈南人的国土；夏日无夜，大约需向极北的地方去寻找。关于黑海沿岸诸国，人们得到一点消息乃是出于阿尔戈脑滕的传说[②]。到了柏拉图才见之于文字的阿特兰蒂斯的故事[③]，最为可疑，但是这个故事肯定发生在极古的时期。至今还为若干学者所主张的看法，认为它是根据关于美洲的模糊知识编出来的，这站不住脚；它更不会牵涉到一个沉没的大陆；人们也许可以从阿特兰蒂斯找到与塔尔特索斯相似之处；最近的设想是把它转到撒哈拉，我看似乎也没有多大道理。

古代希腊人是否只在头脑中构思了一幅地图，或者有时也绘制粗略的草图，如波利尼西亚人的船夫所绘制的，还难以断言。大

① 卡里普索是神话中阿特拉斯的女儿，住在很远的西方。——译者

② 希腊传说中阿尔戈脑滕是一个英雄，曾在牙松领导下乘“阿尔戈号”船沿着黑海航行。——译者

③ 阿特兰蒂斯是古代传说中的而后来已陷落下去了的巨岛。——译者

约他们也仿照腓尼基人，把大地分为两块，东方是亚洲，西方是欧洲，因为亚细亚和欧罗巴这两个字，好像是由腓尼基的 Açu 和 Ereb 或 Irib 讹误而成，前者意指日出、东方、晨国、东洋，后者意指日没、西方、晚国。北方以黑海为界，南方的非洲起先算入亚洲，后来才把它划出来。

这个时代的自然观是神话式的。仍然像自然民族一样，认为自然界的变化是诸神的行为；有一个神推动地球绕着太阳转，神造风等等。典型的是《奥德赛》的故事，如风神埃奥洛斯将所有的风装在一个口袋里面（除了顺风），而后给了奥季塞夫斯，奥季塞夫斯的随从把这个口袋一打开，暴风便由四面八方暴发起来。又如在很远的地方住着些形状很奇怪的人和兽：一只眼的波利费姆以及许多别的怪兽。

第二节　希腊殖民时代和科学的产生

约在公元前八世纪中期，我们便由史前时代进入有史时代。对于地理学特别有意义的，是希腊的商业航行和殖民的开始。希腊的殖民主要起于小亚细亚西海岸诸城市、希腊本土，特别是从科林斯和梅加腊开始，一方面以西西里东岸，下意大利（西瓦里斯，公元前 720 年）①，法国南部（马西利阿，约在公元前 600 年）②和北非洲的巴尔卡等西部诸地为活动目标，另一方面以黑海海岸为活动目标。地中海西部海盆的大部分和大洋的去路，被腓尼基人和迦

① 西瓦里斯是在公元前八世纪由古希腊阿赫埃尔民族建立起来的一个城市。——译者

② 马西利阿是法国马赛的拉丁文名称。——译者

太基人封锁了，就是红海他们也达不到。希腊的旅行者时常到埃及去，但是他们好像不曾访问过巴比伦和亚述。照这样看，这时候地理的境界固然不比前一时期广阔，可是包括进去的地区却不是迷离恍惚，而是看得清清楚楚的。

科学的产生是属于这个时期的事，这对于地理学的发展更为重要；只有基于城市事业和贸易，文化达到了一定的成熟程度，这些事才是可能的。东方文化的影响十分重要；值得指出的是爱奥尼亚人在小亚细亚的殖民地，尤其是米利都，它是科学的第一个发祥地。但是东方的本土只有实际的知识，还没有真正理论的科学；科学的玄想产生于其后的希腊精神。散文代替了前一时期的诗，对自然的解释代替了宗教式的诗篇，这些诗把自然变化视为诸神怪的行为，这种对自然的说明，当然大都还不免笼罩在粗陋的形而上学的玄想形式之中。

人们把哲学的开始定在这个时期；不过这句话不免过于狭隘，其实这时候是一般科学的开始。公元前 600 年左右的泰勒斯、阿那克西曼德、阿那克西米尼，都不仅是我们现代意义中的哲学家，而且是研究科学的人物，都是学者。泰勒斯的自然哲学是关于地球的一种玄想的物理学。比他年轻一代的阿那克西曼德（公元前 611—545 年）在古代已经被认为是第一个地理学家；正是他绘制了第一幅地球图，而且好像还写了关于描述地球的文章呢！别人一定是跟着他继续做了这种工作，因为希罗多德曾经直截了当地讲过一个爱奥尼亚人的地理学派。

除去这些玄想的或者理论的地理学家之外，当然还有一些别的人物，采取完全不同的方式从事地理学的工作。这就是所谓的说书家。他们记述在外国的见闻，把地方的描写、民族的记载和历史杂乱地穿插起来；他们很少去追问其中的原因，很少关心各个事实和整个地球的关系。他们中最重要的、最接近于地理学的，是米利都的海卡泰斯，他在多次长途旅行以后，写了一部《大地环游记》(*eine Umwanderung der Erde*)，这部著作很长时期内仍然保留着地理记述的标题，和所谓《回航记》截然不同，后者人们只能理解为单纯的海岸描述。

两个很少融合的流派的并存，是整个上古时代的特色。人们大致把它们区分为数理地理学和历史地理学；不过这种提法容易引起一些误解。前一个流派并非现代的抽象意义的数理地理学，而是试图理解整个大地的形象，并从物理方面解释大地和它的各种现象。就另一个流派来说，ἱστορία 的含义只是相应于更广泛的古代哲学以及近代哲学多次采用的词义，按照这种词义，一般它是经验知识，不是近代作为一种发展意义的历史：它并非历史的地理学，乃是地方志和民族志，而和历史混杂在一起。在我看来，推崇第一个流派也是不正确的。因为对象若是包罗得过多，内容便更贫乏，在讨论范围的边缘部分疑点便越多。照康德的命题说，地理学应从地球整体出发，但也得同样切实深入到各个事物；各个细节完全不只是具有实际的兴趣，而是也含有理论的科学的兴趣。科学的趋势在于必须把这两种观点结合起来；自然，这个目的是后来才达到的，实际上是到了十九世纪才达到的。

大约在这个时代的末期，毕达哥拉斯学派在大希腊研究思想，进行教学，并且相信大地是球体，此外一般人对于大地的理解，则仍然停滞在素朴的感官直接感知的看法。大地是一个平的或者微

有弯曲的圆形板，或者是一个有相当厚度的圆柱形台子，泰勒斯认为它浮在水上，别人则寻找别的根据。天穹悬于其上，日、月、星沿着轨道运转于天空中，这些轨道全都斜倾于大地的台子。于是人们设法说明昼长和借日晷测定的太阳光线入射角的变化。人们根据对星宿的观察，特别是根据对极星周围诸恒星的观察，在天空上区分为五带，后来把这五带移转到地面上。按照平分的昼夜和最长最短的白昼的日出和日落来规定方位，又按照方位规定各地相互间的位置；用一日的旅程，记述地点间的距离。

关于阿那克西曼德的地图，可惜我们并不详细了解，因为埃拉托色尼讲到这部分的一段文字已经遗失。这个圆形的大地台子并不过分大于有人烟的地区，即已有人居住的地面，或者更确切一点说即已知地面；围绕这个空间，环流着最古的希腊的神族[①]。关于大西洋的、也许还有关于印度洋的仍然不十分可靠的消息，导致了这个假定。但是，有人烟的地区自身，却是由从西向东伸延的地中海和再向东伸延的黑海划分为两个大陆：北部是欧罗巴，南部是亚细亚；对于大陆的这种理解，显然相反于西部大陆欧罗巴和东部大陆亚细亚（人们还把利比亚由亚细亚划分出来）这种民间流行的划分。两大陆的区划，除了适应北或南的位置外，也表现着气候的关系，欧罗巴是较冷的大陆，亚细亚是较热的大陆。这是地带学的萌芽，它在以后的时期起着十分重要的作用。

可以认为希罗多德和希波克拉底从爱奥尼亚人的地理学中吸

① 按希腊古时的解释，最古的希腊的神族是围绕全世界的一条伟大的水流。——译者

取了某些知识；但是整个看来，关于他们的自然知识我们了解得很少。除了气候学，就只有关于火山区、地震、沉没和再现的河流、河流的泛滥、风、各地的产物等零碎的观察了。大约与玄想的希腊精神相适应，人们去推想各种现象的原因，提出大胆的理论，但是，人们的物理知识还是这样贫乏，因而不能有很大的进展。自然的知识和民族学的知识，仍然不能不长期保持着毫无联系的状态。

第三节　从波斯战争到亚历山大大帝的古典时代

上古时代，希腊的民族区域从来不是一个政治单位；但是，由于语言和宗教相同，它却是一个文化单位，这尤赖于奥林匹克竞技大会陶冶而成。因此，我们可以说是一种一般的希腊科学。但是，这种陶冶并不是平衡的，科学的中心地区几经变换。如果公元前七世纪和六世纪，小亚细亚的爱奥尼亚人是科学的主要代表，现在则雅典占有突出的地位；此外，在大希腊和西西里的殖民地上，科学也受到人们的培育。精神的文化也获得了另一种特征；如果前一时期精神的文化是基于知识，爱奥尼亚人的哲学主要是自然哲学，或者我们说得更好一点，是玄想的自然科学，那么，紧接着的时代首先是基于美学和伦理学方面。诗学和造型艺术排在最前面，哲学多转向认识论和道德的问题；自然哲学家德谟克利特——原子论的创立者，他所产生的影响远不及苏格拉底和柏拉图，虽然柏拉图也并不漠视科学问题，但是他却是罩着神话的外衣来研究它的，到了亚里士多德我们才重逢纯粹的科学。在这个时期，地理学摆脱了爱奥尼亚人那种僵化的地球观念，而注重努力积累具体知识;杰出的人物都去从事长途旅行,为的是要明了外地的国家和外地的民族。

大地是球形这种认识也属于这个时期的事。大约是毕达哥拉斯学派,由数理的美学的玄想中最先提出来这种见解。直到它得到感官的证据支持的时候,才渐渐取得地位,这是易于理解的事。对于这个工作,最大的功劳大约应归于埃利亚学派的巴门尼德(波斯战争时期)。自然,当时也企图知道地球的大小;尤其是著名的数学家、克尼斯地方的埃夫佐克索斯,曾致力于这个方面。毕达哥拉斯学派的菲洛拉奥斯,好像也谈到过大地环绕中心火团而运动;但是由于亚里士多德的权威,上古中古没有人敢加以变动,所以当时一般人的看法地球仍然是静居于宇宙的中心。太阳和群星的恍惚的轨道,这时有了精密的考察,被认为和大地的球形有关,埃利亚学派的色诺芬尼和做得更圆满的巴门尼德,便根据这个理论建立数理的气候带学说。这个学说和关于人类分布的极端见解相结合:只有两半球的中央地带是可以住人的,其中有一个内部的炎热地带,另一边,环绕着两极的是两个冰冷的地带。以后,这种见解只是逐渐地变得和缓一些。

球形的地代替了平面的地,也引起了大地观念的一次彻底变化。这时人们无须扩展大地的圆盘以远远超过有人烟的地区,而认为有人烟的地区只包括地球的一小部分,更大的空余地面则可留待假说玄想去填充。两种大地观互相对立。一派的主要代表先是毕达哥拉斯学派,以后是斯多葛学派,他们接受爱奥尼亚人关于最古的希腊神族的说法,因而被称为海洋派。海占优势,并构成两条宽广的带子围绕着大地,一条成东西向在赤道附近,一条成南北向。因此形成四个大陆岛:与有人烟地区纬度相同处是相邻居民的地区,在南半球与有人烟地区相对的,是对面居民的地区;在大地的另一面,是对跖人的地区。这里似宜先提一下,关于对跖人的问题后来激起了一种多么激烈的争论。另一个学派是"大陆"学派,赞成的有亚里士多德,他之前大约还有埃夫佐克索斯,这一派认为陆地占优势。只有一个比较狭窄的海洋大西洋,它至少在北半球把这块陆地分隔开了,因而有人烟地区的西岸和东岸彼此相距并不十分远。利比亚向南伸展,还要越过如火如荼的赤道带,阿拉伯海是一个内海,陆地环绕着它的四周,因而亚历山大大帝得以把印度河当做尼罗河的上游。但是这种玄想一般是不受欢迎的,大部分人赞同着重经验的希罗多德。这是一种实证精神对于含混的玄想的反应,如果贝格尔认为这只是一种退步,我却不能苟同。

空间的知识较少扩大。关于全部西北欧,以及西部地中海盆地,仅有很少的不确定的知识。甚至关于北意大利的知识还完全是不精确的;关于阿尔卑斯山,好像什么也不知道。反之,当时却知道伊斯特尔河[①]是由西方克尔特人的国土来的。大多数人都承认这条河是分叉的,而以为南支流入亚得里亚海。关于斯基滕地区[②]、南俄草原及其游牧民的知识,像我们在希罗多德和希波克拉底的书上所见的,比较好一点,这是由于希腊人在黑海北岸建立了殖民地,也许也由于大流士[③]的征战。奇怪的是伏尔加河不见于

① 伊斯特尔河是下多瑙河的古名。——译者

② 古希腊人认为,斯基滕地区是中亚细亚和南欧草原游牧民族生活的地区。——译者

③ 大流士(公元前558—前486年):古波斯王。——译者

经传；当时大约是把邻近的顿河认作它的下游。草原在北边环绕着里海，因此当时认为里海是一个内海。里海东边马萨盖特人的地方，也并非完全不知道。由于和波斯人频繁的接触，对于小亚细亚获得了更完善的知识；尤其是年轻的居鲁士[①]的征战，和色诺芬领导下的一万人退军，更加丰富了这种知识。根据希罗多德的报告，卡里安达的斯库拉克斯，在这个时期曾奉大流士王的命令顺印度河而下，绕阿拉伯驶入红海。有不少希腊旅行家这时访问过埃及，希罗多德是其中最著名的一个。但是，可靠的知识仍然不曾越过第一个瀑布，即止于回归线；大多数人认为尼罗河来自遥远的西方。埃及以西直到基雷奈卡[②]是可靠知识所伸展到的区域，也是埃及远征军进展到的地区，就其一般轮廓看直到直布罗陀海峡。当时已知道沙漠和沙漠中的绿洲。希罗多德曾讲过五个青年的旅行，他们从靠着大锡尔特湾海岸的纳萨蒙民族那里向西走，穿过大沙漠，直到一个土壤肥沃的地方和一条向东流的河边；他们必定是到了苏丹；但是，这条河是指的尼日尔河还是乍得湖的一条支流，还是疑问。

这时期的自然知识（个别地方除外），特别是在希罗多德和希波克拉底的著作中，和本时期末亚里士多德的气象学和其他著作中，我们看见的是系统的综合和发展，这些著作形成以后各时期直到近代的知识基础。对于这些，要分别地深入研究不是本书所能做到的，而且也没有这样做的必要。这时期观察的成果更丰富了，

① 居鲁士（公元前600—前529年）：古波斯王。——译者

② 基雷奈卡即现利比亚北海岸的班加西。——译者

但是仍然还留着明显的空白，尤其是过少注意到土地的形态方面，虽然恰好希腊和南意大利境内山脉占着十分重要的地位。亚里士多德从他的原素论推论出种种现象来，所以除了接近正确的见解外，不足为怪地也有完全颠倒黑白的议论。

这时期真正的动植物地理学的考察，我们几乎还没有看到，但是，亚里士多德却大力推进了植物和动物的知识，因而替后来的动植物地理学的考察打下了基础。

人类的地理学则有较大的进步。针对整体的理论的地学还包含关于热带和极带不能居住的错误说法；但是关于有人烟的地区的人类却积累了无数宝贵的观察，希腊人的玄想精神把这类观察构成为理论，一直影响到现代。这类理论来自两方面：医学和历史学。

医学地理学的代表是大医师希波克拉底，他像他的同时代人希罗多德一样，曾在斯基滕地区逗留过很长时期。他的书上关于空气、水和地点的考察，是从斯基滕人和小亚细亚希腊人截然对立的情况出发的，认为这种截然不同便是欧洲和亚洲的一种对立情况；这类考察可以说明地区自然情况，特别是气候和季节变换对于人类肉体和心灵的影响。相应于生理学的不大成熟的状态，在个别地方这样工作显然时常会发生错误；但是，从原则看，在认识上却是开拓了一条重要的途径，不只是亚里士多德和上古末期的一些研究者，而且有近代的人物如波当和孟德斯鸠，都承袭着他这种见解。

人类地理学的另一种考察方法，见于历史学家如修昔底德、色诺芬、埃福罗斯和政治学家如柏拉图、亚里士多德等人。他们也重视气候的影响，有时甚至过于高估这种影响，但是，除此以外，他们也强调地区的水平和垂直构造及土质肥瘠对于生活方式和政治情况所发生的影响。发展的思想，他们则还远未具备。

系统地培育地理学，这个时期远少于上一时期。有名的天文学家克尼斯的埃夫佐克索斯，似曾写过七本书来描述大地(但是别人认为这是另一个埃夫佐克索斯写的，时间也移到三世纪)。当时，历史学趋重于经验方面；地志和民族志，尤其是关于埃及和斯基滕地区的，经希罗多德之手，相类似的经克泰西阿斯之手，都收在历史的叙述中了。到了修昔底德又完全改变了这个倾向，而埃福罗斯在他的世界史第四卷、第五卷中，却对大地作了一个连贯的叙述。《回航记》一类的书，相当于我们现在的航海指南、专备航海家用的海岸记述，这时期好像颇为丰富。司库拉克斯的《地中海回航记》，也许出于公元前四世纪中期，是其中最出名的一部。但是，对于理解地理学的体系特别重要的，是地球物理学另外独立这个事实。这就是亚里士多德那部约略依照德谟克利特一部相类似的著作编成的《气象学》(*Die Meteorologie*)，这部书不仅是现代意义的气象学，即关于空气的学说，而且还研究到固态和液态的地表，并且不是把种种现象地理地排列起来，而是按照体系排列起来。地球物理学在整个上古时代都保持着这个特殊地位。亚里士多德作为上古最渊博的一位学者，是否有意也写一部真正的地理学，我们不知道。

第四节 亚历山大大帝和希腊主义时代

从亚历山大大帝开始的这个时代，地理学的最重要特征是空间知识大大扩大。亚历山大在公元前 334 年开始远征，引导他的军队穿过小亚细亚、叙利亚到埃及，并进入西瓦绿洲，然后又由叙利亚到巴比伦，进入波斯高原到达里海边，又向南进入锡斯坦地区，由此穿过阿富汗斯坦到巴克特利亚（即现在的巴尔赫），向北越过撒马儿罕直达雅克萨尔特斯河[①]，然后折回，越过兴都库什山脉到萨特累季河、杰卢姆河和印度河，直到印度河口而达于海。从此分为两队回国，他自己穿过炎热的马克兰沙漠，而内阿尔希领导下用喜马拉雅山的木材造成的舰队，则沿海岸从水道走。可惜亚历山大命他的军官作的记录未能保存下来；但是我们却感谢后来的著作家，尤其是阿利安，为我们留下这次远征的详细记载。

亚历山大大帝的继承者，在附近的区域内也曾再事征战，但是关于征战的情形却很少流传下来。这时有两位使节的旅行大大增进了地理知识。麦加斯梯尼约于公元前 290 年，作为塞琉西王[②]的使者前往旃陀罗笈多[③]（即山德拉科图斯）国王的王廷，这个国家的首都华氏城（即波利博特拉）濒临恒河岸，距现在的巴特那不远，那里就是印度文化的中心了。这是希腊人由他的报告所认识的第一个真正的热带地方和第一个文化完全两样的地方；这些一直是整个上古时期关于印度知识的基础，斯特拉波和阿利安在他的《印度记》[④]这部书中取得了大部分材料。帕特罗克卢斯所作的另一次出使旅行，到达帕米尔高原脚下的地方；他的报告在上古时代也以信实著称；但尤其值得重视的，是他坚持里海是大洋的一个

① 雅克萨尔特斯河是锡尔河的古名。——译者

② 塞琉西王是希腊人在叙利亚建立的国家的国王。——译者

③ 旃陀罗笈多是印度孔雀王朝的创立者。——译者

④ 《印度记》四卷，已失传。——译者

海湾这个晚近兴起的意见。

地理知识也由埃及扩大了。红海里也开辟了航路，它一边伸展到瓜达富伊角，另一边伸展到萨本埃尔人[①]的国土，即今日的也门。由这里取得印度的产物，这些产物长期以来都由海路运来；但是，在这条路上好像也没有特别增进了什么知识。在内陆，知识是沿着尼罗河上游前进的，不久便到达今日位于青尼罗河流入白尼罗河口上的喀土穆；关于白尼罗河发源于诸大湖的事，他们得到了模糊的消息。

大约在同时期，即亚历山大大帝的远征军在东南部扩大了地理知识的时候，在有人烟地区的另一面，地理知识也取得了大的进步。西班牙、高卢、德国西北部、北意大利渐渐为人所了解。但是，两个马西利奥特人的航行尤其重要。埃夫西梅内斯进行非洲西海岸的发现航行，他直到一条大河口上，大概是塞内加尔河。皮塞阿斯的航行更为重要，他大概是抱着经商的目的去的，可是却是一个在科学上，尤其是在天文学上很有成就的人；人们认为他的航行是第一次科学的发现航行。可惜关于他的航行我们知道得很少；他的《论海洋》一书好像很早就失传了，只是在斯特拉波等人的书中还留下一些片段。因为他所发现的情形离奇古怪，上古时代的长时期间都认为他是个骗子，很久以后才获得承认，现在已不再怀疑他的旅行是真的，他的报告是实在的了。他旅行的目的好像是锡和琥珀的产地，这两种东西，因腓尼基人的媒介，很久以来已经成为贸易货物了。他也出航直布罗陀海峡，然后转向北沿着欧洲西

① 萨本埃尔人是阿拉伯南部的民族。——译者

海岸航行。他到达布列塔尼，认识它的半岛式的凸出，这一知识可惜后来曾失传。以后他到了英格兰，他可以算是英格兰的发现者，他必定到过主岛的北端，因为其南北成长形伸展，他知道得很清楚。在这里他听说过一个远在北方需六天航程的靠近汇纳众流的海的图莱岛，这个岛从这时起在人们的想象中占据着重要地位。不知道这个岛是指的什么地方。有人按照戴丘艾尔的先例，多半指它为冰岛，但是，皮塞阿斯所记载的短短距离和岛上有居民(冰岛还要更晚才有居民)，都和这种说法相矛盾。另一些人设想指的是设得兰群岛，还有些人以为最好假定这个记载是指的挪威中部。皮塞阿斯根据自己的观察，接着报告关于古通恩人区域内产琥珀的地方；不能依照历来的看法认为指的是今天产琥珀的萨姆兰；大约最初的琥珀产地是北弗里斯群岛和易北河河口一带地方。关于海的肺的奇特报告，许多人认为指的是浅滩海①。

不久，随着知识在空间方面的扩展而来的是科学的深化。亚历山大大帝是亚里士多德的学生，他请些学者随军工作，或者留他们在巴比伦的档案馆中工作，这个档案馆搜集了关于往事的报告，以及在征战中取得的关于地区和居民的种种考察资料。起先是亚里士多德的两个及门弟子季凯阿尔赫和塞奥弗拉斯特，从中取得了最大的科学成果。后来埃及的托勒密学派，在他们的首都亚历山大建立了一个图书馆，和与此相结合的一个科学研究院，从母国希腊吸引学者们到这里来研究。大约亚历山大大帝以后一世纪时，埃拉托色尼可算是上古时代最大的地理学家，他在这里做图书

① 浅滩海是指德国北海岸和弗里斯群岛之间的地区。——译者

馆长。亚历山大城的学术在上古已经受到人们的讥诮，直到今天还往往如此，它之衰落的确也是学风流于琐碎和拘泥的结果。但是，部分地也是由于在这种讥诮中所表现出的唯美派对于科学的厌恶；实际上，科学不可轻视细节的研究，如果它要取得大的可靠的结果的话。

从亚里士多德那时起，尤其是由于指出地球的影子在月食时永远是圆的，大地的球形便视为可靠的事实。现在的任务在于确定它的大小。第一次真正的大地测量，是在公元前300年左右所谓利西马夏的测度工作，这一次测量的领导者大约是季凯阿尔赫；此后，在公元前三世纪的后半期，有埃拉托色尼的比较完善得多的大地测量。他一方面测定亚历山大城和锡内(即今日的阿斯旺)的纬度——他相信这两个地方位于同一经度上(实际上锡内偏东3度)，因而就确定了它们的纬度差，另一方面，大约是由当时的地籍图确定它们在地球上的距离。于是他可以计算纬度一度的长度，从而计算地球的大小。他计算结果，地球一周计有25万斯塔地亚，虽然这个数字较之实际约大七分之一，但这样接近实际数字却很值得注意。

用于绘图的资料也增加了。人们学会了由测量极星的高度来确定纬度，虽然确定的纬度数量还很少，但却已在彼此相去甚远的地点进行，误差几度的事情是常有的。经度的测定只能在每天行将昏黑时进行，这样确定的经度数量不多，并且多半有很多错误。测定地面距离的方法也更精密了。直到这个时期，只是按照旅行的日程记明地区的距离，可是一日旅程的长度因情形不同而大有差别，因而亚历山大大帝及其后继者便派遣特别的计步者，即所谓贝马蒂斯特人，测定道路的长度，并据以编制路线图。自然，因为还没有罗盘可以使用，方向的记述还是非常不精确的。

第一张新图是季凯阿尔赫绘的，显然还没有使用投影技术，而是一张平面图，关于他这张图的任何较详细情形现在全不知道了。第二张是埃拉托色尼的图，他是从他的测度出发，把他所能得到的一切天文和地面测量结合起来。他的图成为其后一切古代地图的基础，至少说是起点。有名的天文学家喜帕恰斯（公元前126年前后）对这张图作了严格的批评；他认为人们不能根据地面的测量，而只能根据天文定点测量来绘制地球的图形，这不仅指地理纬度，而且指地理经度。像喜帕恰斯那样一个学者，自然不会不清楚，就是在他的时代，就是说已经晚了100年了，这样的定点测量也只有很少的数目。但是，他却由此得出以下的结论：地球地图的设计仍然为时过早，人们应该等待，地理学家应该把他们的工作完全贡献给天文学的准备工作。这个批评是站在较高的科学立场的，因此便受到人们的赞赏；我不能完全同意这种赞赏，而认为它是一个苛刻的批评。在经验科学中，知识是逐渐接近真理，日臻精密的，不能因为一种知识还不曾到达最精确程度便责备它。生活要求科学结果所达到的精确性，只是它当时所能提供的。当时就需要地图，不能以几百年后或者甚至几千年后才能制成真正准确的地图而自慰。如果喜帕恰斯现在由墓中复活，对现在的地图作一个彻底的批评，那他会发现，大多数欧洲以外的国家的地图，就是今天也仍然缺乏他所要求的天文学的精确性，以致所确定的某些重要地点的位置和实际位置比较仍然有很大的出入，且不说个别地区的地图完全只能根据地面测量来绘制。

照埃拉托色尼的看法，有人烟的地区是海洋中的一个大岛，皮塞阿斯的北方旅行，南方印度洋的知识，都可用做这个看法的证据；不同地点的退潮、满潮相类似，也表明了这种联系。这个陆岛由西向东伸展，长78000斯塔地亚以上，即这个宽度可达地球一周的三分之一以上；位于其间的大洋，则占有这个周长的三分之二。阻止我们由伊比利亚海岸西航到亚洲东边的，并非任何陆地的障碍，而是非常广阔的大洋，日后哥伦布的航行就是起源于这种见解。他反对通常把有人烟的地区划分为三个大陆，大约亚里士多德和季凯阿尔赫就已经反对过；他认为，阿那克西曼德就已经有这样的看法：只有两个大陆，北部是欧洲，南部是亚洲，两者由地中海划分开，地中海以东延伸的部分，是由隔板、即季凯阿尔赫引用到科学中的那个长而高的山脊来划分的。阿拉洛卡斯皮低地[①]和西伯利亚，照这个说法则属于欧洲。印度的位置，比直到此时之前的人所确定的都更南一点；在这点上，埃拉托色尼比激烈批评他的喜帕恰斯见地更正确。大陆各部分进一步被划分为格子，这些格子似应理解为自然地区，但却具有严格的几何轮廓。画到细微的个别部分，埃拉托色尼也用了一些靠不住的报告和推测，以填塞空白的地方——正同一切时代绘图家的习惯一样，他们不喜欢在图上留下空白。

这时期一个重要的进步，在于开始理解山脉。我已经指出季凯阿尔赫曾指出有一条巨大的亚洲山脉。这位大地理学家已敢于试作三角法测高，然而他的测量得到了大大超过实际高度的数字，

① 阿拉洛卡斯皮低地即现在的里海低地。——译者

但是比完全靠不住的更为超出实际的估计，总是一个进步。显然还谈不到从地貌学理解山脉。海岸的变动却是被理解了。陆地上的海生贝壳足以证明昔日海洋的扩展。当时猜测过海峡的产生，并且争论着是否一切海面都同样高。特别是皮塞阿斯，曾研究过海潮的运动，而且认识到它和月球运动的联系。

在气候带的理解中，最先是接受巴门尼德的学说，按照他的学说，只有比较窄的中央带是可以居住的。但是这个学说逐渐站不住脚了，因为由锡内上溯尼罗河，对陆地的知识扩大了，对印度的知识增加了，指出了热带的可住性，而皮塞阿斯的旅行指出了寒冷地带的可住性。同纬度温度的不同还较少受到注意，只知道温度随海拔升高而递减的事实。

由于亚历山大大帝和他的后继者的远征，尤其是由于认识了印度①，动植物的知识大有增加。亚历山大大帝的军官们，受过亚里士多德的训练，肯定在这方面作了很好的观察，这些观察结果后来得到塞奥弗拉斯特科学的整理。在塞奥弗拉斯特的植物自然史的巨著中穿插着极出色的植物地理方面的章节，说到波斯海岸生长的曼格罗芬灌木②，格德罗西亚沙漠③，印度的无花果树，喜马拉雅山高度较大地方植被的变化等。下述的事实也是很有趣的：亚历山大大帝由于印度河鳄鱼的出现，以及埃夫西梅内斯由于塞内

---

① 布雷茨尔著《亚历山大远征军的植物考察》(*Botanische Forschungendes Alexanderzuges*)，1903 年莱比锡 Teubner 出版社出版。

② 曼格罗芬灌木有从树干扎进地内的无数气根，现在生长在热带美洲的海岸边，那里成了几乎无法穿过的林地。——译者

③ 格德罗西亚是伊朗东南部古时的地区名，即现在的俾路支。——译者

加尔河鳄鱼的出现，而认为这两条河都和尼罗河相连接。虽然这个结论为事实所否定，它却产生出动物种类统一的起源这个正确的见解。

虽然不直接和地理学有关，却十分丰富有趣的是麦加斯梯尼关于印度民族生活和文化的说明。

除了亚历山大大帝的将领、使者和他的继承者或者皮塞阿斯等人的旅行报告，除了航行须知（即回航记），除了历史著作中插叙的地理材料（如我们已经知道的前一时期里的这类著作），这一时期还产生两部大而有系统的著作，一部是季凯阿尔赫的，可惜已经完全遗失，另一部是埃拉托色尼的，却还保有颇丰富的片段（尤多保存在斯特拉波的书里）[①]。在他的书上，初次出现了地理学（希腊文是 Γεωγραφία 或 Γεωγραφικά，或者也用 Γεωγραφούμενα）这个名词，代替了沿用到此时的 Γῆς περίοδος。而且，内容也接近于我们现在在地理学这个名称下所理解的东西。这部著作的第一部分，采取批评的态度讨论到地理学史，他明确反对以荷马为地理学的渊源。第二部分根据亚里士多德讲到大地的形状和大小，讲到海洋，有人烟地区的限界和气候带。第三部分论述区划有人烟地区为若干大陆和格子状划分法，并含有各个地方的记载，很简短，但是如保存在斯特拉波书中关于阿拉伯的记载所表明的，绝不是纯数理的，而是讲到这些地区的自然情况和它们居民的气质。地理学的两个流派，先前在我们看来是彼此对立的，而在这部书中却

① 贝格尔:《埃拉托色尼的地理学片段》(*Die geographischen Fragmente des Eratosthenes*)，1880 年在莱比锡出版。

好像是找到了美妙的结合。

第五节　到恺撒为止的罗马帝国时代

公元前二世纪末后的几十年里，在亚历山大城和希腊精神所及的别的一些地方，也还保存着希腊的科学；但是另一方面，尤其是希腊成为罗马的省区以后（公元前 146 年），希腊的科学闯进了罗马，和罗马大帝国结合起来。希腊的学者接续着古代的传统，罗马帝国则在其版图内保障旅行的安全，这本身也提供了地理学的材料。罗马人本身很少培植科学，可以说科学处于从属的地位。

直到恺撒，即公元前一世纪中期，空间的知识仍然局限于地中海诸国。较精确的知识，开始时主要涉及西部地中海海盆，即北意大利、南法兰西、西班牙。关于马其顿、达尔马提亚、多瑙河下游诸国，以及由于米特拉达梯战争而关于小亚细亚北岸本都国①、亚美尼亚、外高加索等地的知识的增加，则是稍晚的事。尤其是经过反对尤古尔塔的战争②，对突尼斯和阿尔及利亚更加了解得清楚了。西庇阿把对西班牙的知识深入到了内地。南法兰西于公元前 123 年成为罗马的省区。

罗马国界以外的知识只有微小的进步。真正值得一提的只有基齐科斯地方的埃夫佐克索斯的旅行。他曾参加一个由埃及人派遣到印度去的发现旅行，后来约在公元前 112 年完成了到那里去的第二次旅行，再后又曾沿着非洲西海岸向南航行一段路程。

---

① 本都国是黑海东南岸的一个古国。——译者

② 尤古尔塔是古代北非洲努米迪亚王国的国王。——译者

关于古代最伟大的天文学家喜帕恰斯(约在公元前150到126年之间)对埃拉托色尼的地图的批评,我已经讲过了,并且认为它是超越精确原理的;我还将指出他对于大地图形的错误见解。他对于地理学的积极贡献,在于使天文学的定点方法精确了,并制成用以计算观察结果的辅助表。但是,他希望立即用天文方法作定点测量,尤其是大量确定经度,却是不实际的;经过几个世纪,他的努力才有了结果。由于测量人员为罗马军队测量所通过的道路,更有人把这种测量汇记到旅行指南里,其中好像一部分是以表格的形式,一部分是以图的形式,这种地面的测量才取得了一种真正的进步。波里比阿与喜帕恰斯完全相反,或许科学性差些,但是却具实际的眼光,他在这方面主张地图须根据道路测量。波赛多尼阿斯的新测量代替了埃拉托色尼的测地。据说他曾从事罗得岛和亚历山大城之间的测度,不过他怎样做这个工作的,却搞不大清楚。因此人们可以赞成以下的推测,即它大概并非真的测量,而是一个虚构的举例,后来错认为是一种新的测量。作为波赛多尼阿斯的度量写进后来书籍里的那些过小的度量,好像是由于后来抄写者的疏忽加进书里去的。

地球仪产生于这个时期,这是文法学家马洛斯、克拉泰斯为证明奥季塞夫斯和梅内拉奥斯的迷航而令人制作的。喜帕恰斯设计了第一个地图投影,为的是尽量减少因大地是球形而引起的图形歪曲。

这时,对于埃拉托色尼的地球图形的怀疑,和几百年前对于爱奥尼亚地理学家的地球图形那种怀疑一样地流行,而且这种怀疑不仅为喜帕恰斯所主张,同样程度上也为历史学家如波里比阿等所主张，他们宣扬应当限于真正已知的事情。但是，并不能完全排除玄想；仍然继续就海洋派地球图形的正确性，特别是波赛多尼阿斯代表的这一派，以及大陆派地球图形的正确性展开争论，这后一派另有它的代表。

气候学上完成了一个重要的进步。相信沙漠的另一边还有可住的地方这种知识，不断地获得更巩固的地位，波赛多尼阿斯以为靠近赤道的炎热如焚的地带中，含有一个湿润凉爽的地带，于是他划分了七个气候带。气候对于人类的重要性也由他再次有力地强调；同时，印度人、印度文化和住同纬度的埃塞俄比亚人①之间的显著差别，却供给了资料，警告他不能把一切全归之于气候的作用。

此外，自然知识也由于个别的观察增进了，不过却没有取得原则上的进步。

这个时期，在地理学各派的争论中，旅行家的地志一派取得了优势。喜帕恰斯虽然曾批评过埃拉托色尼的地理学，斯特拉波却完全不把喜帕恰斯当做地理学家，可以说，这时候地理学正在和天文学分离开来。这时一般人要求地理学家要有自己的旅行经验，历史作家波里比阿指责蒂莫伊斯没有旅行经验而著书，他本人则从事过一些大旅行——不是道地的考察旅行，而是借旅行促进他的教诲和获得生动的观感。他和他的老前辈希罗多德相似，把地理的记述穿插到历史的描写中，在他的可惜已经散失了的历史巨著的第 34 卷中，他写了一个关于大地的地理概述，大约还附有一

① “埃塞俄比亚”在希腊语中意为“南国”，在古代是指南尼罗河地区。——译者

张地图。他与地志学的先驱者的区别在于他的尖锐的批评，而且他有时提出过分的批判，例如他说皮塞阿斯的报告是欺骗。因为他是在旅行结束以后很久、年纪已经很老时才写他的著作，所以许多错误似乎混进了他的著作中。阿波罗多尔和埃费苏斯地方阿提密托尔的著作，斯特拉波利用得很多，倒可直接算做地理学的作品。斯多葛派的阿帕梅阿地方的波赛多尼阿斯(公元前135—50年)，现在越来越多地被认为是上古时代最伟大的学者之一，他除写了一部打算作为波里比阿的续集并穿插着许多地理材料的伟大历史著作以外，还写了一部关于海洋的书，它好像是一部内容广博的地理学。它继续发展了埃拉托色尼的著作，富有长处，一部分是基于自己的观察并从自然地理学角度所作的论述。克尼多斯地方的阿加塔尔希德斯所著的《红海回航记》，是一部很好的专门著作；这里边含有南阿拉伯古代萨本埃尔族地区首次较详细的描述。

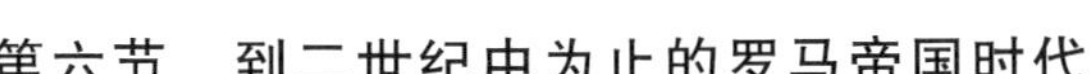

第六节　到二世纪中为止的罗马帝国时代

由公元前一世纪中期起，罗马帝国越出了它在地中海区域的疆界，在此之前它一直是大致保持在这个范围内的。恺撒随着占领高卢和进攻不列颠、日耳曼而开始扩张。公元一世纪，罗马人横行于整个不列颠主岛，也到了爱尔兰。奥古斯都的军队渡过了莱茵河和多瑙河；不但直抵两河地方，连德国西南部所谓德库马特兰也都成了罗马的省区。个别的罗马人也有深入到德国去的，在尼禄王治下的一个罗马骑士，曾到达波罗的海边的贝恩施泰因地区。在亚得里亚海的另一边，征服了达尔马提亚后，罗马的统治也越过了山地直达多瑙河(默西省)。二世纪初，图拉真皇帝渡过了下多瑙河，占领巴纳特和瓦拉几亚。色雷斯的被征服大约还要早一点。靠黑海北岸，希腊的殖民地仍然保持着；但是，它们的内地却还是独立的，且和希腊与罗马的来往很少。托勒密的西伯利亚地图上的大量地名，我们不知道是根据什么绘制的。在亚洲，小亚细亚的占领保持得很稳固，它变成了一个希腊化的地方。再往南，罗马的军队只是偶然侵入到叙利亚，因为在这里他们遇到了帕提亚人[①]的抵抗。固然图拉真曾完全占领过美索不达米亚，但是，到了他的继承者哈德良手上便又放弃了。在这里，地理的知识并没有什么进步，图尔安[②]则因被新的民族迁移所掩盖，甚至又被人们遗忘了。通过塞尔埃尔兰（即塔里木盆地）和中国建立联系是很重要的事。而且，知识也循着海道伸展到中国。约于公元 50 年，希帕卢斯利用季风横渡阿拉伯海到印度去，另一些人跟着他去，有的曾到达黄金地黑尔索内斯（大约是缅甸），且直抵大商埠卡提加拉——关于它的位置，其说不一，从新加坡直至长江口者均有。不过，无论如何，人们了解到了产丝国蒂奈。

在阿拉伯，奥古斯都时代的加利乌斯好像曾侵入到也门。一位航海家在瓜达富伊角被海水漂流到南方，一直到达桑给巴尔岛或者奔巴岛。约在同时，一位罗马的将军由埃及南行，直到靠尼罗河大河湾的阿布·哈米德；尼禄王派出去探寻尼罗河河源的一个探险队，好像曾进到北纬 9 度加策伦河的河口。这个探险队也带回来了关于大湖和雪山的模糊消息。巴耳保斯进入加拉曼滕人[③]

① 帕提亚人住地在伊朗。——译者

② 图尔安位于里海东部平原上。——译者

③ 加拉曼滕人是古代北非洲的游牧民族。——译者

的地区，这个地区大约可以理解为费赞绿洲，后来的探险队更由这里出发直到苏丹。关于努米迪亚和毛里塔尼亚[①]，朱巴王二世有更详尽的报告；他也描写到加那利群岛。

罗马的征服工作直接有利于取得关于各地的地理知识，因为道路都要测量，而且编成旅行指南，有些还附有说明书，这和近代为着军事目的所做的工作相类似。我们也听到过在阿格里巴领导下的对罗马国的一次测量，这还是由恺撒命令作的，于公元前 44 年开始，据说用了 25 年的时间。有人认为这次使用了真正的三角测量法，但按帕尔奇的看法这却是想入非非；就是重新测定道路也几乎是不能想象的，大约只是将一些旅行指南汇集起来，加以整理。这意味着地形学的知识取得一次大进步，但是，在地球上的位置好像还不曾加以确定。

像先前季凯阿尔赫、埃拉托色尼或者还有波赛多尼阿斯所设计的，构成一个真正的地图这种工作，到蒂鲁斯地方的马里努斯才又重新接着试做，这大概是二世纪头几个十年的事，他这个图可惜已经失传了，更晚一个时期继续完成他这个地图的是托勒密。因为喜帕恰斯的要求是空想，所以这些地图仍然是依照相类于那些旧图所用的原则绘制的，只是材料更丰富而已。关于地球的大小，双方都接受波赛多尼阿斯的显然是过小的尺度。关于纬度，它有许多天文学的测定；反之关于经度，它的数量就太少。当时经度大都只能依据旅行指南，而旅行指南上的距离多半失之过大；因此，已知的地球便过大了。关于构成地图的方法，人们曾长时期受迷

① 古时“毛里塔尼亚”的概念还包括摩洛哥和阿尔及利亚。——译者

惑，这是因为托勒密用地面测量所确定的位置代替了经纬度，导致了以为这些位置好像是用天文定点法测得的这样一种似是而非的看法。由中世纪直至近代，托勒密所享有的巨大权威便建立在这上面。

在这个时期，对于大地的图形的见解也非常分歧；我们可以把斯特拉波和托勒密作为两个对立看法的代表。

在斯特拉波看来，海洋环绕着的这个有人烟的地区，形如椭圆，用他自己的说法，它的形状像一件克拉米斯——男短大衣，这件大衣东西约长七万斯塔地亚，南北约宽三万斯塔地亚。地中海由西方侵入大陆。西班牙半岛伸向西方，但是，比利牛斯山的走向却不是由东到西，而是由北到南，高卢日耳曼的海岸，由它的北端相当笔直地指向东北方，泯灭于未知的地方。和这个海岸相平行的是大不列颠岛的海岸，爱尔兰位于大岛北方颇远的地点。意大利半岛不是伸向东南，而是伸向东方，科西嘉岛和撒丁岛也向这个方向伸展。西西里位于卡拉布里亚半岛[①]以南，伸向非洲，非洲北海岸像纬线一样呈笔直的东西向。巴尔干半岛和小亚细亚，整个看来是正确的，但是黑海却过于庞大，亚速海则向东方伸出甚远。里海有一个出口流向东方大洋。大洋岸不会离雅克萨尔特斯河太远，再往东便取东南的方向，挨着埃莫杜斯山（即喜马拉雅山）的尾闾，埃莫杜斯山即被称为隔壁的大山脉的最东部。恒河在这个山脉以南流入大洋，在恒河和位于更南边的印度河之间的张角里是印度，它不是半岛，而是有人烟地区的东南端，塔普罗巴内岛（即锡

① 卡拉布里亚半岛在意大利南部。——译者

兰岛）在它的南方。波斯湾向内缩得太多，阿拉伯和红海画得相当正确。瓜达富伊角是非洲的东南端，因为南岸由此呈西北的方向到直布罗陀海峡。这便是有人烟的地区。有人烟地区以外还有些什么，照斯特拉波看，对于地理学家是无足轻重的；但是梅拉[①]和别的人，对于这个问题却进行过考察，他们相信还有别的陆岛。大约也是有人居住的。

斯特拉波、马里努斯与托勒密之间的一个世纪里，许多地方大地的知识扩大了，而且是别有一种的理解。马里努斯和托勒密属于大陆学派。关于地中海的描述，在不少要点上都有所改进，但是长度（由西至东）还是伸展得太多，非洲的北岸还是画得笔直。在这百年间，亚洲的知识继续东进，非洲的知识继续南进。但是，马里努斯对于这些进步所达到的范围估计过高；他把达到非洲东岸的地点不是定在南纬 6 度，而是定在南纬 24 度，尤其是因为他把绕马六甲到蒂奈的这条路作为向东的方向，就把亚洲过分向东伸展了。照他这种看法，有人烟的地区东西伸展 112500 斯塔地亚，他认为地球一周的总长是 18 万斯塔地亚，于是便占有 225 个经度，或者说几乎是地球周长的三分之二。因此，他成为喜帕恰斯所代表的大陆理论的信徒。东方的大洋远移到外边，印度洋变成了一个内海，亚洲和非洲绕着这个内海联合起来。

托勒密的图是根据马里努斯的图设计的，大约没有什么重要的新材料，只是另有批判的计算。但是他的地图却特别重要，因为它处于古代科学的末期，在上古末期和中世纪科学长期中断以后，

① 梅拉是古罗马的地理学者。——译者

它成为近代地理学的基础。在某些地方，这个图比马里努斯的图错误还要多。大陆的东西幅度固然由225度缩小为180度，但是即使这个宽度也仍然过大，因为实际只有130度。前印度的半岛性质这里仍然被掩蔽着，它南边的塔普罗巴内则大得不成比例；而后印度却以半岛的形态出现。后印度的东面有一海湾，亚洲大陆在海湾的东面向南伸展，在约南纬15度与20度间向西弯曲，和居同纬度而向东曲折的非洲东部相衔接，环抱着印度海。位于东方的这个大陆，究竟达到怎样远的地方却未述及。正如非洲东岸向东弯那样，西岸则向西弯，托勒密意下大西洋好像也是一个内海。

在斯特拉波、其他地理学家或者还有建筑家维脱鲁维等偶然的说明中，在塞涅卡和更早些的普林尼等内容广博的著作中，我们所看到的自然知识各种各样都有，不过仔细研究一下，一部分还是表现着自波西多尼乌斯[①]以来的进步，在原则上却没有什么新的看法。这个判断也可以适用于人类地理学，虽然关于地面就历史和文化而划分的影响方面有一些有教益的说明，特别是在斯特拉波的书上。

这一时期之初有几部罗马人的地理著作。从西塞罗同他的友人阿蒂库斯的通信中，我们知道他很早就想写一部地理学，但是后来他感觉材料不足，并认识到他不能在这类材料上发展他的描写艺术，又放弃了这个工作。奥古斯都时代有一位瓦罗(注意这不是指一部拉丁文法的同名作者)，曾用诗句著了一部地理学。约在同

① 波西多尼乌斯即波赛多尼阿斯。——译者

时，尼波斯好像也写了一部地理学。

斯特拉波是小亚细亚阿马塞阿地方的一个希腊人，他的大著出得较晚一点。他先写了一部波里比阿历史著作的续编，以后，年纪已经很大了，约在公元10—20年，他才又写了分作17册的《地理学》(*Γεωγραφούμενα*)。这部书在上古时代好像很晚才得以广泛传播，因为通常引用文献很多的普林尼，以及别的人，都没有提到它。但是到了近代，人们常把它看做上古时代最重要的地理学著作。而反对这种看法的，也是有理由的；不过这种批评又未免走得太远了。我们认为这部著作所以特别有价值，是由于它是完整地保存下来的唯一的上古时代的地理学巨著，并包含着其他地理学作家的许多报告和片段，尤其是关于埃拉托色尼的。斯特拉波虽然自夸他的旅行，但是仔细检查起来，这些旅行并不见得那么重要，从主要点看来，这部书仍然是根据文献资料写的。尤其埃拉托色尼是他的重要资料来源，虽然斯特拉波时常反对他；斯特拉波正和现代一些学者的做法相同，对那些经常被利用的著作只引用那些要反驳的地方。这部书的布局也和埃拉托色尼的书不同；在后者的书上地志只有简短的内容，而在斯特拉波的书上，地志的材料则充满在第三册至第十七册；在埃拉托色尼的书上，位置和距离的精确规定占极重要的地位，斯特拉波却多半只潦草地讲一讲，重心则放在地区的内容上。如他所说，他写这部书专供政治家和注重实际生活的人士读的，他们关心地区的知识。这一点再加上自然知识的贫乏，就可以理解自然被置于人文之后了；历史的和考古学的讨论，时常打断地理学的描写。因此可以说这本书是一部偏向于历史的地志，可列在由海卡泰斯开始的地理著作

一类里。偶然也涉及关于地区自然情况的影响的有趣说明，尤其是叙述到意大利的时候；不过这些说明总是凤毛麟角，整个看来，本书的叙述是地区和民族的颇为枯燥的描写。但是，我不认为，人们就可以由此对斯特拉波作过于苛刻的谴责。因为当时缺乏初步知识来促成一种深入的、探索现象之因果联系的讨论；而像我们现代人近来所趋向的一种美学化的讨论，则和希腊人的正常精神相违背的。只有狄奥尼修斯用诗句写的《游览指南》，是一部文学味更重于科学味的著作，但是从文学角度看也很一般。

两部时间相连接的用拉丁文写的地理学，远不及斯特拉波的，也简短得多。一部是梅拉的书：《论世界概况》(*de situ orbis*)，写于公元43年以后不久，大致可算是一部地理学纲要，大部分只是列举出一些名称，一部分是根据完全陈旧了的材料，充满关于远方异地的奇人怪兽的故事。另一部比较深刻一点的，是老普林尼所编的《大自然史》(*der großen Naturgeschichte*)地理篇(第二卷至第六卷)，这是一部由非常繁杂的选材集合起来的汇编。这部书的特色是特别注意行政区域。可正是梅拉和普林尼成了十七、十八世纪地理学的典范。

具有较高科学价值的一部著作，好像要算马里努斯的著作，可惜完全遗失了，我们只能由托勒密引用的地方了解它。它有类于埃拉托色尼的地理学，但却是根据扩大了的地理经验编写的，它的着力点在于获得关于地球图形的明确认识。他异常勤奋和极其审慎地搜罗材料，这种态度大受托勒密称赞。这部书是否真的述及了关于各地方自然情况的考察，如埃拉托色尼在第三卷所做的那样，或者究竟做得怎样，我们全不知道。因为托勒密根据这部书写的著作（想必写于公元150与160年之间，是上古时代最后的地理学巨著），完全没有提到这一点。一般看来，它不能算做道地的地理学著作，仅是一部地图说明书；就是这部说明书，也不能冠以地理学的名称，只可称为地理学绪论。托勒密是天文学家，他写了一部天文学著作，后来以《阿尔马格斯特》这个阿拉伯文书名闻名于世[①]，其中讨论星球的运动以及确定地点的方法，目的只是矫正地图。第一卷包含一个一般的数理地理学的绪论，以下的六卷是经纬度表，第八卷是地图设计须知。这部著作似乎附有地图，但是它们全部遗失了；现在谓为托勒密的图，大约是五世纪时由阿加托登蒙根据他指出的位置表绘制的。

这个时期，除了这些综合性的地理著作以外，还出了一些更专门的著作。阿格里巴为他的罗马国地图写了一个说明书，它主要是由一个按字母为序的城市表构成的。在不少回航记中，作于该世纪[②]末而至今还保存着的厄立特里亚沿海的回航记特别有趣，它记载着直到前印度的旅行，这部书与其说是为航海家而写，似乎还不如说是为商人而写更恰当。关于各个地方的描写，塔西佗关于日耳曼和保萨尼阿斯关于希腊国写的书特别有名，前者的描写并非道地的地理学，而是关于民族和文化的记述，后者则是考古学的记述。

地球物理学不在地理学范围以内，而是与地理并行的；因为当

① 《阿尔马格斯特》（Älmagest 可译为“伟大论”，又为“天论”）是托勒密天文学文集阿拉伯译文的书名，书的内容是讨论托勒密以地球为中心的宇宙体系。——译者

② 指公元二世纪。——译者

时一定把塞涅卡的《自然问题》(*Quaestiones Naturales*)称为一种地球物理学,内容类似于亚里士多德的《气象学》,卢雷兹伟大的训导诗也划入了地球物理学。在普林尼关于自然史的著作里,地理学的阐述也散见地理篇以外各处。

第七节　古代地理学的衰落

二世纪中期后不久,古代的地理学同整个古代科学一样,无论在希腊国,在亚历山大城,在罗马,开始趋于衰落。其原因是古代文化的普遍没落,因此不能在这里讨论。上层阶级零落了,下层阶级日益取得统治地位;此外还有蛮人的入侵,到这时为止,蛮人对较高的文化和科学还是毫无所知。西部讲拉丁语的国家和东部讲希腊语的国家,愈来愈疏远:在这里,一般人对希腊文荒疏了,因而也失去了极有价值的希腊文文献;在这里,人们愈益陷于东方的有害于科学的影响。就是空间的知识也毫无进步;反而由于丧失了许多边区,连那里地理的知识也丢掉了。

道路描述(路程记)的继续很有价值,其中含有颇精密的距离记录。最重要的是所谓安东尼的《旅行记》(*Itinerarium*),就它现在保有的形式看,大约是出于戴克里先皇帝时代。采用图的形式的一部大路程记,就是所谓的《波伊廷格尔表》,所以取这个名称,是因为奥格斯堡地方的孔拉德·波伊廷格尔重新找到了它。虽不是原本,却是一部1265年僧侣抄写的副本。这部路程记包括由不列颠到印度这整个已知世界,但并非采用道地的地图形式,而是出于实用的原因拉开成一个长条。也出版了新的回航记,其中关于海岸的绘制部分地比以前更正确了。出于四世纪的奥索尼乌斯的《摩泽尔河》(*Mosella*)[①]，是一部专门的地方和民族志。这些包罗万象的地理著作，内容都异常贫乏，大都是根据托勒密或普林尼的书作的札记。它们所以重要，只因为它们(尤其是索利努斯和奥罗西乌斯的书)曾把地理知识提供给基督教的中古时代。

第八节　上古时代地理学的回顾

我们离开上古时代转向中古时代以前，回顾一下上古时代的地理学，让我们概括地弄清楚什么是已经达到了，什么是尚未达到的，这大约是有意义的事！不要轻视上古时代的地理学和整个科学；它们确是远远超过一切别的古文化所有的科学，也确实远远超过中古时代的地理学！但是也不能对它们估价过高；因为它们仍然局限于一定的颇为狭隘的限界以内。

明确的视野还限于地中海区域，以及它与西欧和小亚细亚最邻近的地区。印度、中国和苏丹，仍是模糊的远方。清楚的知识所涉及的范围只有1100万平方公里，模糊的知识所涉及的范围也只有4000万平方公里，合计还没有超过地面的十二分之一。知识向远方扩展的最大障碍，是没有能力向远洋航行，因为缺乏罗盘，地中海船夫的胆子也不大；诺曼人就克服了这种障碍。陆地上的空间知识也有其界限；它不超出古代文化区域以外。商人也不敢深入蛮人或别的文化区域内，北方有森林和草原、南方有沙漠形成障壁。真正的发现旅行，给我们作出报告的还只是很

① 摩泽尔河是莱茵河的支流。——译者

个别的事。

谈到科学的见解，情形也类似。当希腊人由纯粹实践的知识和能力前进到理论的玄想，更由这种玄想解脱了神话的解释的时候，他们才创造了科学。但是，科学的构成仍然大有缺陷。它仍然限于个别的研究家和学派，缺少有组织的大规模工作来推动，这是现代科学的特色和必不可少的条件。科学研究所得的成果不易广为流传，是由于缺乏印刷术而受到限制。研究的本身大都处于勇敢的形而上学玄想的魅力之下，喜欢超越经验，持目的论的见解多于因果论的见解。它多采用演绎的方法，忽视归纳方法，可是，任何经验科学必须基于归纳方法。因此，这样的研究常常失之于咬文嚼字。相比起来，数学和天文学有最大的进步，但是它们缺少望远镜用于更精确的观察，也缺少精密的测角器，以及可靠的可由一地转移至他地的钟表。于是用天文学方法精密地确定地点，尤其是确定经度，只在例外的情形下才可能。就是确定地面上的方向，尤其是道路的方向，也非常困难，因为一直没有罗盘的帮助。

由于缺少这两样仪器，便很可以说明地图何以会有明显的大差错了。物理学和有连带关系的物理地理学，还要落后得多，因为还缺少一切重要的工具，尤其是温度计和气压计。物理地理学唯一的大成绩是关于数理的气候带学说，可是这种学说的重要性却又不免言过其实。它确实具有大量单项的很好的观察和聪明的阐述，然而却常常互不相关，没有内部联系，同样也有很多颠倒是非的见解。讲到动植物的知识，也与此类似。自然科学的地志还缺乏基础。这样的地志仍然停留在个别观察和阐述，特别明显的是很少注意固体地表的形态。自然地理学所犯的毛病，也同样见于人类地理学：关于种种地带和国土所形成的各种各样的民族、国家和文化，曾有个别的很好的观察和很有头脑的阐述，但是却没有完整的见解，这种完整的见解，就是近代也是到了很晚的时期才得到，而且仍然不完善。

在系统地论述地理学方面，与各种思想方法相适应的各种流派总是互相并存。但是不能过于夸大它们的差别和矛盾，而人们有时就是这样做的；因为没有一个流派可以完全忽视另一方。在出身于数学和天文学的研究家看来，主要的事情便是从整体来研究地球的图形，研究精密的确定地点，正确的设计地图；后面我们将可以看到，这些任务现在已经完成了一部分，一部分交给了测地学和绘图学。在别的一些人，如旅行家和历史作家们看来，国土和民族的叙述是主要的事情，对于和地球整体的联系和地球的地图的精确性却较少重视。托勒密和斯特拉波，是我们知道的罗马帝国时代两派主张的主要代表。在若干大学者如埃拉托色尼以及波赛多尼阿斯看来，这两种见解好像是和谐地结合的。但是，完全处于次要地位的是地球物理学，奇怪的是这一点很少为地理学方法论者所重视，我们认为亚里士多德（以他的气象学）和塞涅卡可算是它的主要代表；它并非地理学，乃是一种有系统的即建立在事物的各种不同种类之上的学科，虽说它和在地理学上甚有教益的许多观察和见解有联系。我们将可以看到，当近代复兴古代科学的时候，这种特殊的地位仍然保持着。

第三章 中古时代的地理学*

上古时代的地理学和中古时代的地理学，两者之间并不能划出严格的界限，不过它们却完全不同。中古时代并非上古时代的继续，像一般人通常所理解的那样；固然它是以后者为基础的，但是它却是长在新地基上的新东西。这个时代中知识的代表，所属民族只有一部分是原来的，大部分人是别的民族；它必须从头开始，受另一种宗教和世界观的影响。它的地理学也由上述情况所决定。它也是不统一的。在中古时代的初期，道地的西方科学，拜占庭的和阿拉伯的科学同地理学平行地各自独立发展；西方中古时代的后期，尤其是文艺复兴的过渡时代，则和中古时代初期显然不同。

第一节 到十字军战争为止的西方中古时代

西方中古时代所包括的范围，指的是罗马教会的区域；因为随着罗马教会[①]和希腊教会的分裂，两个文化区域的分裂也同时在进行，甚至可以说宗教的分裂先于文化区域的分裂。因此，地理知识在空间的扩展，大体上和罗马基督教的传播范围一致。科学见

---

* 参考 C. R. 贝阿茨莱：《近代地理学的曙光》(*The Dawn of Modern Geography*)，第三卷，1897—1906 年。K. 克雷奇默尔：《基督教中古时代的自然地理学》(*Die physische Erdkunde im christlichen Mittelalter*)，在《地理学论文集》(*Geographische Abhandlungen*)第四卷，第一部分，1889 年。

① 罗马教会也称罗马公教，即天主教。希腊教会也称东教会，希腊正教会。——译者

解的情形也类似；僧侣几乎是这个时期唯一的科学承担者！但是，罗马基督教越过地中海区域进入欧洲的北部诸地，因而它囊括了西欧全部，可是自从七世纪阿拉伯人散布开以后，北非洲便不复为它所有了。地理知识特别通过许多朝圣之行而传布到罗马，也传布到耶路撒冷；有些朝圣者的旅行报告保存下来了，关于这方面的许多报道也收集到了古圣徒传里。

诺曼人的一些发现是一个单独的事件。在阿尔夫雷德大王修订的奥罗西乌斯的历史著作中，他讲到两个挪威商人的旅行，即武尔夫斯坦通过波罗的海到魏克塞尔河口①和到萨姆兰的航行，奥泰尔环绕北角和科拉半岛进入白海的航行，但是似乎没有到德维纳河口，只是到了坎达拉克沙湾，这样就环航了欧罗巴洲。由于这次回航，斯堪的纳维亚半岛的形状便确定了。不来梅地方的亚当所报道的西部航行更重要得多。约在 861 年，诺曼人发现了冰岛，在这里他们自然已经碰见了爱尔兰的僧人；更晚一点，他们在那里建立了移民点。983 年，逃离故乡的极端共和党人埃里克发现了格陵兰的西海岸，也在那里建立了移民点，这些移民点保持了几百年之久。在到这里来的航行中，他的儿子莱夫于 1001 年被暴风吹向南方，漂流到一个陌生的海岸边。莱夫寻到了从这里到格陵兰去的路线，而托尔芬紧接着继续追踪这次发现，发现了三个地区。他称这些地区为黑卢兰（即石地）、马尔克兰（即林地）和温兰（即葡萄地），因为这里不仅生长麦子，而且生长野葡萄。关于确定这三个地方的位置问题，引起了许多争论：一方面有拉夫恩，在他之后

① 魏克塞尔河即今波兰的维斯瓦河。——译者

有洪堡，指出它们是拉布拉多半岛、新斯科舍和在北纬40度的马萨诸塞；另一方面，史托姆经过一番批判的研究又把它们移向北方，把温兰移到新斯科舍；别的一些人试图把这个地方定在圣劳伦斯河的南岸魁北克一带。南森在他的《雾乡》(*Nebelheim*)这本书里提出的批评走得最远。他主张美洲是诺曼人发现的，但是采用故事性的修饰来说明一切细节，这些修饰材料大约采自经拉丁派僧侣传来冰岛的关于幸福诸岛的神话。不管他怎样主张，北美洲的这次发现总是没有历史价值的；哥伦布或者被哥伦布所提到的权威人士，似乎都不曾对此稍有所知。

在上古时代晚期，古代的科学已经衰落了，基督教中古时代初期得以从中吸取营养的只是十分稀少的残余，如索利努斯和奥罗西乌斯等作家。《圣经》的权威对于整个世界观具有决定作用，因此约在公元前第一个千年的中期，还没有受希腊科学影响的古犹太人所见的地球图形，对于地理观念也具有决定作用。《圣经》的《创世记》是一个科学的文献，创世的六天工作是不可触犯的真理。大地又变成了平板。如果在上古时代，人民群众甚至于有教养的人物如塔西佗，都已经坚信了这种素朴的见解，现在它又由《圣经》的权威证实了。地图都是所谓轮状图，即采用圆形的图：上部(即东边的)半个地球是亚洲，下部(即西边的)半个，左方(即北部)是欧洲，右方(即南部)由地中海划分开的是非洲。这种画法的细节多半严重歪曲了真相。整个自然观念都返回到了神话的时代；不是非人格的原因，而是奇迹支配着发生的事件；周围地带是充满奇人怪兽的世界。

中古时代早期的地理学著作有下列几种：塞维利亚地方的伊

西多尔的关于万物起源的书第 13 卷和第 14 卷，拉文纳地方的阿诺尼穆斯的《宇宙学》(*die Kosmographie*)，伊斯特拉地方的恩蒂库斯，早先曾做过很久富尔达地方长老的萨尔茨堡的维吉尔大僧正，盎格鲁撒克逊人比达，拉巴努斯·毛鲁斯著有《宇宙论》(*De-universo*)，爱尔兰僧人戴丘艾尔，以上诸人的著作水平都相当低，大都是根据上古时代晚期的著作编写的。从今天的方法论见解看，它们都是无足轻重的。

第二节　拜占庭的地理学*

希腊的或者拜占庭的东方是另一个文化范围，它不但使用另一种语言，信仰着在那个时代引起高度分离作用的另一种宗教，而且还另有一个认识境界。整个西欧对它是陌生的，宗教的关系扩及东欧平原、巴尔干半岛和小亚细亚，同其他东方国家的交通也甚活跃。对于亚洲的知识有重要关联的尤推贸易关系，这种关系由侵入阿拉洛卜斯皮低地的土耳其人绕过波斯人的贸易而建立起来。至今尚存有记载的是策马尔科的出使旅行，他于 569 年到达阿尔泰，内斯托里教派的传教师到了印度，又经过中亚细亚到中国。因季科普莱夫斯泰斯于六世纪的第一个 25 年到印度和东非的贸易旅行，尤其值得注意。

拜占庭的科学，尤其是初期在尤斯蒂尼安统治下，远高于西方的科学。较罗马的图书更有价值的希腊古籍还有一部分保存着。

* 参看卡尔·迪特里希的《拜占庭关于地志和民族志资料》(*Byzantinische Quellen zur Länder-und Völkerkunde*)，1912 年莱比锡出版。也可参看克鲁姆巴赫尔的《拜占庭文学史》(*Geschichte der byzantinischen Literatur*)，1897 年，慕尼黑第二版。

在这里，本地的书籍自然也是处于较低阶段，和历史相比较，对于地志和民族志的忽视是显而易见的；在凯萨雷阿地方的普罗科普等的书中，把地理的报道穿插在历史里边。在这里，地理学也是完全置于教会和《圣经》权威的影响之下。因此，就不必仔细地讨论地球图形和自然知识了。尤其是在晚年变成了僧侣的因季科普莱夫斯泰斯所作基督教的风土记中，我们可以见到地理学的水平之低。

第三节　阿拉伯的地理学*

阿拉伯的地理学，比早期基督教中古时代的地理学要高明一点。所谓阿拉伯的地理学，即用阿拉伯文写的阿拉伯的穆罕默德教文化范围中的地理学，其代表者绝不是真正的阿拉伯人，乃是波斯人、毛尔人和西班牙人等。在短短的几十年中，伊斯兰教扩展到几乎整个小亚细亚和北非洲，并进入西班牙和西西里，在中亚细亚、中国、印度以及苏丹和东非洲，它也逐渐站住了脚。由于共同使用阿拉伯语，由于经常到麦加巡礼使各地信徒汇集到一起，所以盛行伊斯兰教的整个区域精神上的联系比较密切。引人注意的强烈的到处漂泊的天性，大约可以从支配着阿拉伯穆罕默德教大部分文化区域的游牧生活来说明。它的一些有名人物，举其佼佼者，

---

* 全面阐述阿拉伯地理学的书，除莱莱韦尔已经过时的著作(1851)外，可惜还没有别的；最近可望鲁斯卡有一本这方面的著作问世。赖瑙德的《阿布勒费达地理学绪论》(*Einleitung zur Geographie des Abulfeda*，1848 年出版)里有一些材料。姆齐克研究过阿拉伯人出版的地图(《维也纳地理学会通报》，Mitt. geogr. Ges. Wien，1915 年，第 152 页以下)。

如十世纪的马苏第、伊本·胡卡勒或者穆卡达西，或者如十四世纪的伊本·拔图塔等人，都算得是一切时代的最大的旅行家。我们简括地叙一叙拔图塔的旅行，就可见这一类旅行的一般特色。1325年，他由故乡丹吉尔[①]出发，作为朝圣者穿过北非洲到麦加。他由此漫游叙利亚、波斯、美索不达米亚，沿非洲东岸到达基尔瓦[②]，访问了克里木和南俄罗斯（基普恰克）[③]，直到博尔加尔（在现在的喀山附近），更通过希瓦、布哈拉、科拉山，越过坎大哈[④]，经信德而达德里，沿马拉巴尔海岸南行至卡利库特，访问了马尔代夫群岛，船过锡兰岛和东印度群岛到达中国，穿过中国各地，直到中国的都城北京。24年以后，即1349年，他回到他的故乡，后来又旅行西西里，穿过沙漠到达廷巴克图。按照他的旅行，可以推断出阿拉伯人广阔的地理视野。

在海上他们也完成了远途的航行。编入《天方夜谭》的辛德巴德冒险旅行，就取材于这类海上旅行的报告，把这篇作品看做阿拉伯的《奥德赛》，绝不算过分。

但是，阿拉伯的地理学高于基督教的地理学，不仅在空间的范围上，也在知识的方式上，因为古代的书籍仍然较好地保存着，且成为阿拉伯科学的基础。不仅是托勒密的天文学著作《阿尔马格斯特》，就是他的地理学，也都译成了阿拉伯文；尤其是华里茨米和埃德里西，更在他的基础上继续研究，师法他绘制地图。可是随着

---

① 丹吉尔在摩洛哥。——译者

② 基尔瓦在东非南部海岸。——译者

③ 基普恰克是蒙古人建立的国家。——译者

④ 坎大哈在阿富汗。——译者

时代的推移，希腊的楷模渐渐失去光彩，阿拉伯的绘图学水平也越来越下降。

和西方不同，阿拉伯地理学中的大地仍然是一个球体，不仅接受了古代测量的地球的大小，而且在曼苏尔回教主的统治下，在九世纪初还作了新的测度工作，第一次在塔德莫尔平原上，第二次在美索不达米亚平原地区，并得出了完全可以接受的数值。阿拉伯人对于占星术的嗜好，大有利于用天文学测定地点的工作；但是，最精密的纬度测定其误差仍达到三分之一度。对于有人烟地区在东方向远处的伸展，他们不敢问津；大陆不复向未知地带伸展，如在托勒密的著作里所描写的那样，而是在东方以大洋为界。前印度现在取得了在古代地理学中被否定的半岛形式。印度洋自然还是一个狭窄的由非洲东部突出的一块陆地环抱着的内陆海，并满布着许多岛屿。

阿拉伯的地理学，仍然完全忽视地面的垂直分带。自然知识方面增加了个别的观察结果，就全盘看，还是上古时代的基本观点。

地理文献种类很多。全国邮政总长伊本·库达特拔于847年前后写了一部关于道路和国家的书，一部颇为枯燥的政治地理学和统计学，它也叙述到回教主的国度以外的地方，但是却含有很严重的错误。大部分著作都是描述性的地志和民族志，常常和历史混在一起，同希罗多德或者波里比阿的写法相似。旅行家马苏第的那部用《黄金草地》(*Goldene Wiesen*)这个书名称著于世的八卷本著作也是同样的情况，这部书只是另一部内容更广泛的著作的一个摘要。地理意味更重的、大约是仿照斯特拉波的写法的有穆卡达西关于气候的书，还有伊斯塔什里（约在 950 年）同伊本·胡卡勒（约在 976 年）的《地志》（*Bücher der Länder*）。十一世纪初，有阿勒比鲁尼斯关于印度的书。十二世纪中期，有埃德里西[①]所作、冠以《努宾的地理》（*Geographia Nubiensis*）[②]这个奇特的书名而完全根据托勒密写的书。十四世纪的第一个 25 年间，有阿布勒费达的大地志，是一部内容枯燥、有些地方且不免混乱的各地地貌描述。这个时期前后，阿拉伯的地理学已经明显地没落了。

第四节　西方中古时代的晚期

中古时代的晚期，同阿拉伯的文化和科学趋于衰落的情况完全相反，西方却进入一个高于以前的阶段。我们对于西方的考察断自十字军战争，因为在这个时期的前后有些新的情况开始了。按照十字军战争的意图来看，这是反对异教徒的战争，事实上却导致东西方加强和平的接触和彼此文化的影响。激起这种大转变的当然不只是十字军战争；在西班牙和西西里同阿拉伯文化的接触，也促进了西方科学的觉醒。这种影响是各种各样的。城市事业和推动商业和手工业的城市市民阶级兴起的影响仅是间接的，但却具有决定的重要性。科学由此获得一个稳固的物质基础。科学虽然主要仍掌握在教会手里，这时候尤其是落在方济各会和多名我会新建立的教派手里；但是，大学的建立却给了它一件世俗的外

---

① 埃德里西是阿拉伯地理学家，1100 年生于非洲地中海岸的休达。他写过一部大型地理学著作。——译者

② 努宾是指北起阿斯旺，南到喀土穆，东达红海岸，西迄利比亚沙漠的这一地区。——译者

衣。这时期的商业,一方面是特由意大利人经营的到东方去的所谓东洋商业,另一方面是汉萨同盟的北部商业,由这些商业关系扩大了视野;他们得到了从不知道的地区的知识。在这个意义上,包括中国、印度以至东欧平原这个地区的蒙古帝国[①]的建立和扩展特别重要,因为它使欧洲的旅行家、使者和商人,可以经过中亚细亚直到中国。而且,他们从阿拉伯人那里接受的不只是空间的知识,还有阿拉伯人更高的和古代科学密切联系的知识,甚至还接受下来好多古代的著作,这些著作现在都由阿拉伯文译成拉丁文了。

西方中古时代的初期,空间的知识限于欧洲和小亚细亚的边缘地区,现在就扩展到整个亚洲。由于十字军战争,关于小亚细亚的知识丰富了,至于亚洲其他部分的知识,主要应该感谢蒙古帝国。教皇的使者卡尔平于1245年穿过南俄罗斯、吉尔吉斯草原和准噶尔,到了蒙古汗国的首都喀喇昆仑,这个首都必须到戈壁的北部边缘、库伦以西去寻找。接着还有一些和这次相类似的旅行。其中最重要之一是德国方济各会鲁布鲁克(或称鲁于斯布勒克)1253年的旅行。他从热那亚人的殖民地苏达克出发,通过南俄草原,他详尽地描写这里的游牧民族,然后渡过伏尔加河到达巴图的王宫,此后同样经过吉尔吉斯草原和准噶尔到达大秦,前往喀喇昆仑,从这里他循着稍微不同的道路返回。他的旅途大约和卡尔平的相同,但是他的考察却宝贵得多。经过一番详尽的研究,他得到了亚洲地理的一个大概轮廓,而且带来了关于"契丹"即中国的知识。

① 后来建立为中国元朝。——译者

一些贸易旅行也属于这个时期。1260—1266年，威尼斯的两兄弟，尼科洛和马特奥·波罗，穿过中亚细亚到中国。1271年他们作第二次旅行，带着年轻的马可·波罗一同去，这个青年以后在大秦工作，留在那里有17年之久。在此期间，经过多次长途旅行，他认识了中国的大部分，认识了后印度、印度群岛和锡兰，也搜集了关于齐潘古或称日本的消息。1292年跟随一个回家的波斯使团到了波斯，1295年他返回故乡。在这里他写了一部旅行记，被译成各国文字（德文译本出版于1477年）。他和上古时代大旅行家皮塞阿斯的命运一样，人们很长时间都怀疑他所写的内容是否可靠；十九世纪重新获得了关于他所描写的一些地方的知识，证明了他是完全正确的。固然他缺乏科学的基础教育，但是就常人所见所闻而论，他确是写得符合事实的。

其他值得一叙的，是蒙特科尔菲诺地方的约翰内斯到波斯、印度和中国的旅行（1294—1305年）；波德诺内地方的传教士奥德里希的旅行，通过亚美尼亚、波斯而达波斯湾，更由波斯湾出海，过尼科巴群岛、苏门答腊、爪哇和广州，经陆路过南京到北京，以后沿一些未知的路线返回故乡（1316—1330年）。骑士曼德维尔的冒险旅行记，便是根据他的旅行编写的。意大利人佩戈洛蒂也为旅行印度和中国写了一部旅行指南；但是，随着1386年中国元朝的崩溃，这些外国旅行家便不能到中国去了；只有印度仍然是旅行的目标。

由于阿拉伯人供给了材料，非洲的知识也丰富了，十三世纪中期，教皇的使者到过“阿比西尼亚”，在这里基督教抵抗住了伊斯兰教的冲击。

约自十三世纪末期起，意大利船夫开始顺着欧洲的边缘航行到低地国家[①]的港口，不久他们又从事到大洋里去的航行。约在1300年，从古代起已经失传的加那利群岛又找到了(大概1270年已经找到过)；十四世纪的前半叶，马德拉群岛和亚速尔群岛也被发现了，所以在1351年的一张图上已经出现它们。也有沿非洲西岸向南方航行的，但是环绕非洲航行的尝试仍然没有结果。引起争论的是泽诺兄弟由威尼斯出发的旅行，据说十四世纪末他们曾到过英格兰，并由此到了法罗群岛、冰岛和格陵兰；现在认为这样的旅行可能确实进行过，这本旅行记中一些明显的错误，是在他的缺少亲身体会的孙子整理这部书时混进去的。

大地是球形的这个学说的复活，是由于和阿拉伯人接触和了解古代地理学的著作。关于地球的大小和有人烟地区的伸延，大都仍然根据托勒密，照他的见解，亚洲向东伸得太远；只有少数人反对这种见解，他们根据由梅拉和普林尼传下来的埃拉托色尼关于地球的见解，或者信赖阿拉伯人测地的数据。上古时代所进行的用天文学确定地点的工作又兴起了，但是数量上仍然很有限。关于大地测量，我们没有听到什么，旅行家们也不曾把他们的旅行路线图带回来。

可是海洋图[②]却有了大的进步。十三世纪末，很突然地出现

① 低地国家指荷兰。——译者

② 在特·菲舍尔的《中古时代世界地图集》(*Sammlung mittelaterlicher Weltkarten*，1886年威尼斯出版)，诺尔登斯彻尔德的《回航记》(*Periplus*，1897年出版)和克雷奇默尔的《中古时代意大利的航海指南》(*Die italienischen Portolane des Mittelalters*，1909年出版，见海洋学研究所通报(Veröffentlichungen des Instituts für Meereskunde)第13期)，都曾详尽地研究过这个问题。

了一种新的地图，大都是画在羊皮纸上，这种地图人们称为波尔托兰图，即航海图（波尔托兰的词义不甚精确，因为它们实际上主要依据那些航海指南），也或称罗盘图。它大部分来自意大利。这些都是地中海沿岸和附近的大洋沿岸图，绘制的精确度可谓空前，没有分度网，因此佩舍尔作出了颇为片面的判断，否认它们的科学性，但是它们却含有很多的分度箭头，用以指示方位。毫无疑义，这样做是告诉船夫们，要达到某一确定目标必须取道什么航线，必须怎样调整罗盘——或者用意大利文说是布索莱，而不说罗盘——这时候突然使用起这种东西来，我们不知道它是从哪里来的。不过，关于它们在地图的设计上占有怎样的地位，意见是不一致的。先前一般认为是根据用罗盘确定的海路绘成这些图，即汇集海上路线图和回航记的报告绘成的。而赫尔曼·瓦格纳认为，它们是用古代地志图汇编而成，并追加上罗盘线，诺尔登斯彻尔德也提出相类似的主张。克·克雷奇默尔则坚持原有的见解，认为这些图的错误是由于还没有注意到磁针的偏差。这些地图一直保持到十七世纪，细节部分则不断地改进。

比较老的世界图——其中最著名的是埃布斯托尔夫的世界图，出于十三世纪，对于海和陆还是用旧法绘制；但后来的图，如菲斯孔特的图，或者出于十四世纪初的萨努托的名图，或者出于1375年的卡塔拉尼的世界图，则表示出波尔托兰图画得正确的地中海和它的海岸。这些地方全画得好而且正确，地球其他部分则画得粗糙而且错误，比较起来差别很显著；这些部分常常单纯仿照古代的地图，没有注意到新的发现。东亚、印度洋、非洲，在各种地图上画得很不相同。

自然知识比中古时代初期丰富多了，因为约在1200年，通过住在西班牙的阿拉伯人介绍又知道了亚里士多德——自然不免要遭到一些歪曲。经院派的科学把亚里士多德的一些学说和教会的学说拼凑在一起；若干新的知识，尤其是关于北方诸地和东亚的知识，只是逐渐地有所接受。

讨论得最多的是在再次承认大地为球形时又重新提出来的对跖人问题。教会激烈地否认对跖人存在的可能性（对跖人就是在与我们相对的地球另一面上的人）；因为照此说来，人类怎么能够由天国到达那里呢？基督怎样能把超度世人的事业带到那里去呢？世界上只有我们居住着的这一大地，即上古时代的有人烟的地区。在地球另一面不但存在人类，而且存在一个大陆，这些都须用科学的论据反驳：按照亚里士多德的原素论，水圈是稍稍偏心地环绕固体地球的，因而这个大陆在一面，而且也只在一面崛起。直到很久以后，公正的意见才赢得地盘。

古代关于气候带的学说，大多数采用波赛多尼阿斯所假定的七个气候带，这时也重新被接受了。但是由于扩大了空间见解，现在比上古时代更强烈地感到事实与这个学说的偏离。人们已经知道，热带也可以住人。随之高度增加而温度减低的情况也看得更清楚了，并且知道了雪山。对于山脉的注意，一般超过了古代的和阿拉伯的地理学。生长别种植物和动物的地方也认识得多了，并且把注意力特别转向到可供利用的动植物。人们开始考虑自然对人类的影响，尤其是从事研究适合居住的和卫生的地方。但是位置遥远的地方，尤其是印度，这时候仍然是自然奇迹，是奇人怪兽所在之地。

波尔托兰或者航海指南，是一种特殊的文献种类，是海岸和港口的记载，相当于上古时代的回航记，大约也就是它的直接的继续。固然我们没有见到过出于西方中古时代初期的回航记，因为在这时期航行事业不甚重要，但是，在拜占庭或许它们还保存着，到了东洋商业兴盛的时候，意大利的航海家接受了它们。

旅行记这一类的书籍比先前更丰富了，其中尤其是亚洲的大旅行记格外突出，有时更多采用记载旅行本身的形式，有时也采用记载所经过的地区的形式。鲁布鲁克和马可·波罗的书是其中最重要的。

最重要的系统的著作，是多明我会的博尔斯塔特所著，他被称为马格努斯（卒于 1280 年）的书：《论地方的自然情况》（*De Natura Locorum*）。另一些相类似的著作也用这个书名，时期略晚些的（1410 年）有彼得·冯·艾利的《世界图像》（*Imago Mundi*）。整个看来，系统的著作，具有地球物理学特性的要多于地志特性的，大约因为亚里士多德没有写过地志，而托勒密的地理学于中世纪末才为世人所知。“地理学”这个词，好像不曾使用过。

第五节　到近代的过渡时期：文艺复兴初期和海洋发现开始时期

如果说中古时代和上古时代完全不同，则它和近代之间却没有类似的鸿沟，它实际是逐渐过渡到近代的。十五世纪是过渡时期。它是早期文艺复兴的时代，这时一方面从教会教条的权威下解放出来，另一方面开始再接受古代的文献和古代的思想方式。多少独立于这些以外，关于大地的空间知识也有了重大进步。

由陆路到印度去的旅行仍然继续着。威尼斯人尼科洛·孔蒂改宗伊斯兰教，于1424—1449年，经过叙利亚沙漠和美索不达米亚到前印度，由此到达后印度[①]、东印度群岛直到摩鹿加；他的旅行故事是由波吉奥写下来的。半世纪以后，葡萄牙人科维尔奥越过埃及、亚丁到了印度，从这里到非洲东岸的苏法拉。

但是，葡萄牙人的另一些发现更重要得多，人们认为是大发现时代的序幕。在大洋中他们取代了意大利人，重复了意大利人对大洋中岛屿的发现；尤其是在航海家亨利王子领导下，1415年他们前进到非洲西海岸。第一个动机自然是追踪被葡萄牙排挤掉的毛尔人，进入他们自己的国土。可是，人们也想把基督教传布出去，也想取得财宝，也想和传说中的传教士约翰内斯取得联系；后来才加上寻找到印度去的一条海路的希望。葡萄牙人对于航海事业还没有什么经验，因此只是缓缓向前推进。他们在博哈多尔角（在加那利群岛稍南一点）停顿了很久，因为他们不敢绕过一个突出的岩礁。到了1434年，他们才过了这一关。1445年，他们通过佛得角进入一个植物繁盛有人居住的地方；特别是从卡达莫斯托的旅行报告里，我们获得了热带自然情况的印象，非常生动。亨利王子死后（1460年），停顿了一段时间；但是，1471年航行事业又兴起。1484—1485年，迪戈·卡奥偕纽伦堡宇宙学者马丁·贝海姆（雷吉奥蒙坦的学生）出航到达刚果河口，还进入河里一段。两年后，迪亚士在相当困难的情况下到达大陆的南端，越过南端向东到

① 前印度指现在的印度，后印度指现在的缅甸、泰国、老挝、越南、柬埔寨、马来西亚。——译者

达大鱼河。他称这个大陆南端为暴风雨之角（葡萄牙文是 Cabo tormentoso）；但是，葡萄牙王却把这个名字改为好望角，因为它开拓了沿海道到印度去的希望。在哥伦布发现美洲以后，这个目的才达到了。

希腊的文献传到意大利，不像常可听说的那样是在土耳其人占领君士坦丁堡以后，而是在这以前就到了那里，并且由佩特拉尔卡、波吉奥这些人接受了。一种新的对世界的看法——人文主义，摆脱了教会的正统。人文主义局限于意大利境内约一世纪之久，后来才传布到西方其他各国。在哲学上，人文主义意味着对柏拉图的崇拜；知道了托勒密，这对于地理学具有决定的作用。他不仅变成十五世纪的，而且也成为此后一个世纪的大地理学家。托勒密著作的第一部拉丁文译本出版于 1410 年，第一部在德国发表的版本，是 1482 年乌尔姆（Ulm）的版本。也发现了普林尼、斯特拉波和其他地理学的著作家，并且重新编辑出版他们的书，但是，他们所起的作用却不如托勒密，一切新的发现都附会到他的身上。

重新承认托勒密，自然首先有利于数理地理学；尤其是在纽伦堡学派中，如波伊尔巴赫、雷吉奥蒙坦、贝海姆等，数理地理学受到扶植，并得到进一步的发展。有了测量角度的一种新仪器，即所谓象限仪，尤以在船上使用最好，从而有可能增加用天文学测定地点的工作。补充了托勒密的表，绘制了新的世界图，如出于 1447 年佛罗伦萨的世界图，或者出于 1457 年弗拉·毛罗的世界图，或者出于 1474 年最有历史意义的托斯卡内利的世界图。托勒密的新版本，也附加了新图。1492 年，正是本时期的结尾，贝海姆设计了一个地球仪，现在还保存在纽伦堡。这时期对地理学的见解虽然各种各样，但是一般看来还是归宗托勒密，把东亚向东方移得太远。

在这一时期里，自然的知识进步很小。

这时印刷术的发明大有利于地理书的传布。最重要的是出版了各种托勒密的版本（见上述）。但是也出版了独立的著作，因为大多数人文主义者，由于新事物的刺激都对地志和民族志感兴趣。这些著作中，我着重指出克尔蒂的《地理图志》和教皇皮乌斯二世（皮科洛米尼）未完成的《宇宙学》（*Kosmographie*，只有叙述亚洲的部分，于1461年出版）。在这些书里，地理学和历史学混杂在一起，有很美的描写，但是科学的见解却不怎么深刻。

第四章　近代地理学

第一节　大发现时代*

对地理学来说，近代是随着1492年美洲的发现，到东印度去的航路的发现（1498年）开始的；因为风起云涌的一些小发现，都和这两次大发现有关，而约在下一世纪中期，除了极地和澳大利亚，大地已经算是被发现了，至少在轮廓上是这样。过去地理知识长期仅局限于不怎么大的有人烟地区，就是中古时代末期也不过

* 佩舍尔：《大发现时代史》（*Geschichte des Zeitalters der Entdeckungen*，1858年出版）；鲁格：《大发现时代史》（*Geschichte des Zeitalters der Entdeckungen*，1881年出版）；克雷奇默尔：《美洲的发现对大地形象历史的意义》（*Die Entdeckung Amerikas in ihrer Bedeutung für die Geschichte des Weltbildes*，1892年出版）。此外还有很多专著，尤其是就美洲和东印度航路发现400周年纪念出版的著作。

稍有发展，全地球约有四分之三仍然是未知地，可是这时却扩展到了全球，获得了一个全面的大地面貌。

中古时代末期，最有利的贸易是东洋贸易，它不仅提供近东的产物，而且还有中国和印度的产物。当土耳其人占据东方，切断了这种贸易的时候，必然要唤起从别的路到印度和中国去的希望。环绕非洲的航行是一条可能的路，葡萄牙人曾追寻过，但是仅达到非洲南端。关于另一条路的可能性，即由西班牙西航达到亚洲东边这一条路，上古时代已经考虑过。正因为人们把东亚洲过于向东移，则向西回航大地路线必然较短，因而也更有可能。随着古代地理学的复活，这种考虑也重新抬头。就我们所知，特别是佛罗伦萨的学者托斯卡内利又提起了这种考虑。1474 年，他送给西班牙一份附有地图的备忘录，内容中这种思想是很明显的。大约因彼得·冯·艾利的"世界图像"而信仰这些事情的哥伦布，也见到了这个备忘录；此后他写信给托斯卡内利求助，并得到他大加鼓励的回信。在求助于葡萄牙工廷的努力失败以后，他又向西班牙王建议，经过长期的谈判，终于在 1492 年，在格拉纳达乱事以后，西班牙国王给了他三只船，这样他开始了发现新地的航行。后来，西班牙政府要取消允许过给他的酬报，于是引起了诉讼。在诉讼中，人们曾伪造先驱者以贬低他的功劳；就是到了现代，若干学者，如斯·鲁格，也认为他的功劳是很小的。哥伦布个人的品格确有弱点，判定这种弱点，必须根据这个人物的时代和教养；即使他有弱点，我还是认为贬斥他的那种评价不是正确的。虽然科学的思想早就已经有了，它的实践毕竟是一件伟大的事业。这正如一个德意志国的思想，在德意志人民的心上已经生机勃勃，可是它的建立

却是俾斯麦的事业和勋劳。

1492 年 10 月 12 日，哥伦布经过较短的航程以后，越过大西洋，望见了陆地；这是巴哈马群岛中的小瓜纳哈尼岛（大约就是现在的华特林岛）。同月他还发现古巴，更晚一点发现海地；他相信已经达到了亚洲的东边；他把海地当做日本，而古巴则是亚洲大陆突出的部分。1493 年的第二次航行，他的路线略向南移，因此发现了小安的列斯群岛中的一些岛以及波多黎各和牙买加。

北美大陆的发现（1497 年），是另一个意大利人加博托（即喀波特）的功绩。他为英国政府从事航行，想由北路到中国去，可是却碰到了纽芬兰岛和拉布拉多海岸，差不多和 500 年前的诺曼人在同一地点发现了北阿美利加洲。第二年，他的儿子塞巴斯蒂安继续从事这个发现事业，沿海岸南行到达哈特勒斯角。1500 年，葡萄牙人在科尔特雷尔兄弟俩领导下，重新发现纽芬兰和新斯科舍地。莱翁 1513 年由古巴出发，发现佛罗里达半岛；皮内达巡航墨西哥湾北岸。费拉察诺在 1523 年揭开了合众国东海岸的奥秘。

北美洲发现后一年，1498 年，南阿美利加洲也发现了，成功的又是哥伦布本人；因为他第三次航行的路线更向南移，到了特立尼达岛和奥里诺科河的河口，这条河的巨大使他确信发现了一个大陆。从 1499 年起，有过许多西班牙的探险队，西班牙著名水手科萨和意大利宇宙学者亚美利哥，都曾参加了这些探险的一部分，它们把直至达连地峡（到了波尔托比洛）为止的南美洲北岸查清了。哥伦布第四次航行（1502 年），由北方、即由洪都拉斯也来到了这个地方，于是南北美海岸间的联系便由此查实了。1513 年，贝尔博阿穿过达连地峡，望见了太平洋。紧接着这些发现，进行了沿中美洲和南美洲西海岸的航行。

西班牙人平松也认识了南美北海岸特立尼达岛和圣·罗克角间的这一段。1500 年，本想航行到印度去的葡萄牙海军将军卡布拉尔，由于特殊的历史的偶然情形，被信风和西方海流漂到约南纬 17 度的巴西海岸。因为他还不曾知道最近西班牙的发现，所以他相信发现了一块新地，称之为圣十字架岛，后来才用巴西这个名称来代替它，巴西这个名称是借用中古时代一个虚构的岛名。到了下一年，亚美利哥又一次参加了一个探险队，才确定了卡布拉尔的发现和平松的发现之间的联系。

但是，正由于北方海岸的这种联系，导致了远在南方的新发现；因为贝尔博阿到了太平洋以后，便证明新发现的这些地方还不是大家所要寻找的中国和印度等等。因此，现在便打算在南方寻得到达那些地方的通路，这时葡萄牙人已经由另一条路到了印度，而西班牙人则仍致力于原定任务。索特斯 1515 年发现拉普拉塔河，他起先以为是在这里最先寻得了要找的通路；1520 年，麦哲伦（本名麦加尔昂埃斯）在此后用他的名字命名的海峡中，寻得了这个通路。因此，从南部回航南美南部，正和 34 年前回航非洲南部的情形相同。

在这个时间前后，北美洲内部的发现和占领征战，也已经开始了。科尔特茨于 1519 年进占墨西哥，1523 年，阿尔法拉多由这里出发进占中美洲。由墨西哥前进，探索了直至北纬 42 度的北美洲西海岸。瓦卡于 1536 年由佛罗里达到新墨西哥和亚利桑那，再由这里回到墨西哥湾。索托和阿尔法拉多前进到密苏里南部，科罗纳多于 1539—1542 年经过科罗拉多的峡谷区和落基山脉，前进到北纬 40 度的密苏里河。但是,后来由于这些次旅行极端困难,供应缺乏,以及收获甚微——他们既没有找到金子,没有找到银子,也没有找到其他的天然宝藏——热情渐趋低落,于是这些发现出征逐渐陷于停顿。约在同一时期(1534—1542 年),法兰西人卡尔蒂尔,沿圣劳伦斯河到了大湖区域。

南美洲的发现工作,在不同的地点进行着并取得大得多的进展。最重要的发现和占据,是从 1519 年建立于太平洋沿岸的巴拿马出发的。1522 年,安达戈雅已经到达比鲁地方,后来取名秘鲁,包括整个印加帝国。1524 年,比萨罗和阿尔马格罗开始发现和占领印加帝国(1531 年)。接着又从这里出发进行进一步的发现和占领。贝拉尔卡萨尔占领基多(1534 年),进到波哥大,1536 年他在这里碰上了克萨达和费德尔曼;前者是由圣玛尔塔出发,后者是由韦尔塞人居留地科罗出发的。1540 年,比萨罗由基多下达安第斯山东麓,由他派遣的一个军官奥雷利亚纳顺亚马孙河下航到河口。1531 年,奥尔达茨已经上溯奥里诺科河。另一方面,阿尔马格罗于 1535 年由印加都城库斯科南行,难以置信地困难地穿过玻利维亚高原向智利南行,直达里奥·毛莱(在南纬 35 度)。自 1540 年开始,巴尔迪维阿继续他的发现和占领活动,直到雷隆卡菲湾;拉德里列罗的探明西巴塔哥尼亚海岸(1558 年),则和上述发现相连接。而在此之前几年,乌略阿由智利到达麦哲伦海峡。这样就完成了环绕南美洲的回航。发现工作也由拉普拉塔河进入内地。1526 年,转而为西班牙服务的喀波特已经沿巴拉那河和巴拉圭河上溯,直到现在的亚松森;他的一个军官,名塞萨尔,好像曾通过格兰查科到达科恰班巴。阿友拉 1536 年到奇基托斯,伊拉拉

1543 年到达南纬 17 度的萨拉耶斯沼泽地，巴卡所到的地方比他更远一点。

南美的知识这样迅速地进步，而非洲则完全不能与之相比。葡萄牙人倒是巡航了非洲西岸，不久后也巡航了东岸的一大部分，但是我们没有听到一点关于他们突进到大陆内部的消息。他们所渴望去的地方是东方。这个地区的自然环境，以及黑人的文化状况，也增加了向内地突进的困难，而金子和其他诱人的物品还不曾为世人所知。只是根据查询，在地图上填上地名。到了十九世纪，才真正开始开发内地。

哥伦布的发现也刺激了葡萄牙人重新恢复环绕非洲达到印度的航行；因为大家不相信托勒密所提出的关于大地的看法——印度洋是一个由陆地环抱的内海，而是相信古代另一种关于大地的看法，认为它是一个无边的印度洋。1497 年末，达·伽马回航非洲南端，在圣诞节到达纳塔尔，它是由此而得名的①。他沿着东岸前进到臭三鼻给，从这里由阿拉伯领水员领过阿拉伯海，于 1498 年 5 月 20 日到达马拉巴尔海岸南部的卡利卡特。于是达到了伟大的目标前印度。在此后的 20 年间，迅速地依次发现了后印度、马六甲、巽他群岛、摩鹿加、中国，1542 年发现了日本。葡萄牙人在对阿拉伯人的战争中，也曾沿着非洲东岸向北进：1520 年到了马萨瓦，由此到达阿比西尼亚，1541 年经红海到苏伊士。

1521 年环航了地球。当西班牙人知道了哥伦布所发现的陆地并非大家所要寻找的产丝和香料的地方，即并非中国和印度，大

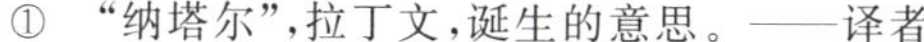

① “纳塔尔”，拉丁文，诞生的意思。——译者

约是一个由大海隔开的另一个新世界，这时他们升起了仍要达到那些地方的迫切愿望。因为环绕非洲的路线被葡萄牙人封锁起来了，于是他们进而尝试取道西方。在海水伸入大陆最远的中美仍然找不到通路，便企图在南面寻找通路，并发现了拉普拉塔河和麦哲伦海峡。1520 年 11 月，麦哲伦通过了海峡进入太平洋；他采取约为西北西的路线横过了太平洋。他发现了马利亚纳群岛之后，于 1521 年 4 月到达菲律宾。在这里引起了同土人的战争，他本人战死。但是，卡诺率领一只船完成了环球航行。1526 年，洛艾萨重作绕过麦哲伦海峡的航行，他的舰队中由古埃瓦拉率领的一只船，受暴风的袭击漂向北方，逃避到特旺特佩克港内。由此可以确定，在占领秘鲁以前，由南美向西走还未能达到很远的地方。但是，由巴拿马到菲律宾的经常航行已经确立；在这些航行中发现了波利尼西亚群岛的许多岛屿，不过，因为那时从事航海的人还缺乏精密确定地点的能力，许多岛屿又失传了。

我们可以以十六世纪中期结束这个大发现时期；因为一条知识的宽带现在已经围绕了地球。关于大地的球形说，源出上古时代；最先是一种数理的玄想，它的基础是些感官的证据，如船之浮出地平，地影的圆形，太阳光线有各种不同的投射角等。但是，却缺少完全感官的，只能由一次环航供给的证据，于是把大地当做一个平板这种素朴的为《圣经》的权威所保护的见解，便仍可以保存在民众的心上，有时候也保存在科学里边。到了麦哲伦环航成功，大地的球形，或者至少在中纬度上成为圆形，连最浅见的人也认为确凿无疑了。

直至当时还可以局限于大地较小部分的地图，现在必须伸展到除开两极地方以外的整个地球。较好的地图投影的必要性也由此而产生，许多人都努力从事这个工作。天文方法确定地点，因使用了所谓象限仪更稳妥了，但是仍然常出错误，尤其对于经度。而由于罗盘的辅助，特别是知道了磁针的偏差以后，由于测程仪的突然使用，船夫采取的航线比较先前可靠多了；波尔托兰图法的精确性现在转用到海洋方面了，不过，它所仍然含有的误差，随着距离的扩大自然也同样增大了。很说明问题的是，葡萄牙人和西班牙人在印度群岛划定他们之间的必要的界线时，所测定的经度相差是多么的大。

古代以及中古时代的大地形象，除了有人烟的地区以外，完全是假定的。现在，至少在中部地带，一种虽然粗糙但就主要的轮廓看却是可靠的知识代替了假定。哥伦布的发现，初看好像证明了托勒密和托斯卡内利的见解，照这个见解，亚洲向东方伸展很远。但是，由于贝尔博阿发现太平洋和麦哲伦横渡太平洋的整个宽度，得以认识了新大陆的单独存在，把亚洲的东界向西推回了整个太平洋的宽度。北部、南部以及各大陆相互间的关系仍然不明；而大陆派和海洋派关于大地的看法的论战，现在也仍然继续着。有一些地理学家相信，在大西洋的北方欧洲和北美洲是连接的，而大多数则相信亚洲和北美洲在太平洋的北方是连接的，北美海岸的西北走向和亚洲海岸的东北走向看来有助于这一见解。这种见解为教会所偏爱，因为只有这种见解可以和一切人类出于亚当的说法相容。但是，不久——1566 年是第一次——在地图上便出现了一个分开两大陆的海峡，它得到阿尼安海峡这个谜一样的名称。另外一些人主张北美在北部缩小为尖形，同南美洲和非洲的南部相

类似;打开西北通路的希望,便是随着这种见解来的。在南方,回航了南美、非洲以及亚洲,因而确定这三个大洋的水是互相连接的;但是,在美洲的南部见到了火地岛,在亚洲的南面见到了澳大利亚,并且因为承认澳洲大陆的思想——古代地理学的一派假定存在这个大陆,用以保持地球的平衡——盘踞在人们的头脑中,于是把它当做亚洲的分支。

认为美洲是亚洲的一个大半岛这种大陆派见解的信徒,进而谈到大地的三分;另外一些人认为美洲是整个儿的,把它当做第四个新大陆,而谈到大地的四分。新大陆也从他们那里得到一个特别的名称,可是由于命运捉弄,大约由于洛林的地理学家瓦尔德塞米勒(或者用拉丁文名字希拉科米卢斯)的错误,没有用发现者的名字,却用了意大利宇宙学者亚美利哥的名字,他发表了关于发现的第一个详尽的报告。

古代地理学的其他主要学说,气候带学说,也要经受考验。它却没有全部通过。一般看来,虽然温度是向赤道渐增,再往南的高纬度又渐减,但是,炽热不可居住的地带却不存在,或者只是存在于个别地点;有居住可能性的也不限于赤道带的内部,如波赛多尼阿斯所假定的,而且还伸展到热带的外部。同纬度地方的温度和一般气候的差异,也更清楚了;尤其是山脉表现出较凉的气候。第一批西班牙航海家沿南美北岸航行时,圣玛尔塔地方雪山的高处已经雪白地映入了他们的眼中;因而获得了在热带高山上也会常年积雪的知识。横渡大西洋和太平洋的航行,认识了中纬度的信风及在中间的一个无风带,以及高纬度地方的西风,取道印度洋的航行重新取得了关于季风的知识。热带繁茂的植物给了人们一个深刻的印象。在所有其他三个大陆，都认识了新的民族和文化。

知识深化的程度自然很不够，而且还局限于个别的现象；这种工作主要部分属于意大利的学者。主教贝姆博于 1495 年已经认清了埃特纳火山植物的高度分带。达·芬奇——他还是一位出色的工程师——由海贝壳化石的出现推断山是由海中隆起的，认为峡谷的生成是由于河流的侵蚀，河流又把携来的泥沙冲积到河口。在意大利诸小国中，由于政治上的兴趣，人口统计学建立了（这个名字由意大利文政治家 statista 这个字演变来的）。本时期最大的科学发现，即哥白尼于本时期结尾（1543 年）才公布出来的太阳中心宇宙说，把我们的宇宙观整个变革了，但是，对于地理的影响只是间接的，到了下一个时期才表现出来。

特别引起兴趣的，自然是发现者、他们的随从者或者他们的朋友的信件和日记，它们记录着他们的故事。哥伦布本人的日记是在他死后才公布的；但是，他的朋友，住在塞维利亚的教皇书记官，安吉拉地方的马尔蒂尔，没有多久便把发现的情况报告到教皇的皇廷，然后报告给公众。大约在同时，亚美利哥的信件也出版了，主教拉斯·卡萨斯等的信札则稍晚一些。写得更系统一点的是马尔蒂尔的著作《海洋和新大陆地图之谜》（*De rebus Oceanicis et Novo Orbe*）、奥菲多斯的《印度通史》（*Historia General de las Indias*，1525 年出版），后者地理的成分和历史的成分一样多。

系统地叙述地理学全领域的著作，随着托勒密的拉丁译文新版本的陆续出版，也开始在新版本中将新的知识补充到托勒密的书上，所有版本都附有大量地图。在德国，乌尔姆版本以外有两个斯特拉斯堡版本，它们的地图大约出自瓦尔德塞米勒之手，还有两个由明斯特尔编的巴塞尔版本，一个纽伦堡的版本。但是不久，尤其是在德国，它成了地理科学的代表者①。除了上述托勒密的版本以外，也出版了单独的著作：其中一部分偏于根据托勒密的精神编写的数理地理学，如比内维茨（即阿皮阿努斯）的《世界志编者之书》（*Liber Cosmographicus*），1524年出版；一部分偏于根据斯特拉波的精神编写的地志，如瓦尔德塞米勒的《世界志绪论》（*Cosmographiae Introductio*，1504年出版），舍纳尔的《地理学简编》（*Opusculum Geographicum*，1533年出版），弗兰克的《世界书：全球的镜面和画像》（*Weltbuch，Spiegel und Bildnis des Ganzen Erdglobus*，1534年出版）。内容最广泛的最大的著作，是明斯特尔的《宇宙学》（*Kosmographie*），1544年出版，它被译成许多国文字，总共出到44版之多。在他的书上，欧洲，尤其是德国，讲得非常详细，别的大陆相当简短，由此必然可以得到下列的推论：大多数读者对于新发现的兴趣相当淡薄。地方的自然情况仍然叙述得太简略，整个纯历史的部分穿插在其中。如格拉雷阿努斯、法德阿努斯、洪特尔等人的许多教科书，还有梅兰希顿的一种也问世了，可是全都枯燥无味，正和还充满着教会特征的课程本身一样。

像托勒密的版本一样，明斯特尔的《宇宙学》也附有许多地图。此外也有单独的地图出版，其中一部分是大地全图，如西班牙领航员科萨有名的世界地图，1500年出版，或者如舍纳尔的地图和地球仪；一部分是个别地区的地图，如明斯特尔的海得尔堡地方图，

① 加洛伊斯：《文艺复兴时代的德国地理学》（*Les géographes Allemands de la Renaissance*），巴黎，1890年出版。

或者如赫贝尔施泰因的俄罗斯地图。

第二节　大发现的继续和科学见解的开始（十六世纪中到十七世纪中）

虽然大发现时代在十六世纪中期已经结束了，可是仍然剩下许多地方待人发现，尤其是高纬度地区和大陆内部。而且，以前从事大发现工作的大部分是西班牙人和葡萄牙人，自然也有一部分是在意大利海员领导下进行的，现在则北部的海上民族，如英格兰人和法兰西人占了主要地位，稍晚一点还有荷兰人；他们想在地球上尚未发现的部分收获荣誉和果实。尤其是他们想寻找新道路到生产丝和香料的国家。

1549 年，德国冯·赫贝尔施泰因男爵发表了他关于俄罗斯的书，附有第一套根据天文学测定地点位置绘制的地图，地图所包括的范围直到鄂毕河。这部书推动人们尝试沿海路到那里去，并寻找东北通路。英国为此设立了一个团体，1553 年派出了它的第一个探险队。其中一只船曾驶到德维纳河河口，而它的首领钱斯洛尔则经陆路到达莫斯科，在那里建立了联系，导致英俄间繁荣的贸易往来。这等于从海路发现了俄罗斯。但是，人们还继续向东推进。比尤劳格率领的第二个探险队，于 1556 年到达新地岛和瓦加奇岛；浮冰阻塞了继续前进的通路。到了 1580 年，才通过尤戈尔海峡进入喀拉海，可是在这里碰上了不能通过的冰面，不得不返回。巴伦支率领的一个荷兰探险队（1594 年），发现新地岛的北岛，但是也不能再向东前进。在第二次旅行（1596 年）时，他发现了熊岛和斯匹次卑尔根群岛，以后回到新地岛，在这里冻僵而死去。寻找东北通路的尝试在十六世纪末告一段落，一直迟到十九世纪后半叶，才重新进行并取得成功。

在上古和中古时代，西伯利亚几乎还是一块没人知道的地方，它的发现不是经海道完成，而是由哥萨克人沿陆路达到的。俄罗斯人摆脱了鞑靼人的压迫，占领了沿伏尔加河畔两个鞑靼汗的领地以后，他们继续向东推进。1577 年哥萨克军队的队长叶尔马克已经越过乌拉尔山，在 1581 年占领鞑靼汗领地西比尔，这时哥萨克人由于皮货生意的吸引力——大都利用水路——迅速向东推进。1587 年，他们在托波尔河流入额尔齐斯河的汇口上建立托波尔斯克城，1610 年他们到达叶尼塞河，1628 年到达勒拿河，1639 年已经到了鄂霍次克海，于是他们在 60 年间横过了整个西伯利亚。1643 年他们发现了贝加尔湖，第二年下阿穆尔河（即黑龙江），航行了相当远的路程。迭日涅夫的探险（1648 年）具有特别的意义，他下科累马河，穿过白令海峡，进入阿纳德尔湾，实际证实了亚洲的东端和美洲的分界，人们过去推想这个分界是在阿尼安海峡。但是他的发现埋没于文献库中，只得由白令在 80 年后重新去发现，从此这才变成一般知识的组成部分。

像探寻东北通路一样，人们也试图探寻一条西北通路，即从北美洲北部到达中国和印度。当时还不能知道，北美洲在这里伸展得如此广阔，而且前面散布着北极群岛，反而相信这里类似于南美洲的南部那样，收缩成尖形（见前述）。对于极带全然冰天雪地、渺无人烟这个古代的理论，也发生了怀疑；当时希望可以找到一个开阔的大海。但是，冒险从事这个工作的一些英国探险队，不久后不得不接受痛苦的教训。因为第一个西北航海家弗罗比舍尔，1576

年只达到北纬 63 度靠巴芬岛东南端的一个海湾，它现在就以他的名字命名。就是以后两次的航行，他也只是超过前一次有限的路程。约翰·戴维斯反复做过几次旅行，1585 年进入北纬 73 度，用他的名字命名一个海峡；哈得孙已经发现了格陵兰东岸的一部分，后来又比他的先驱者向西方推进得更远，发现了哈得孙湾。拜洛特和巴芬，于 1616 年进到位于北纬 77.5 度的巴芬湾，但试图进入兰开斯特海峡的计划遭到了失败。西北的航行也就此结束。一直等到十九世纪才又重新着手进行。当东半球由哥萨克人沿陆路直达太平洋的时候，北美洲的知识仍局限于东部，延迟到晚得多的时候才扩展到太平洋来。

环绕美洲南方的回航，1520 年已经由服务于西班牙的麦哲伦完成了。因而英国人和荷兰人面临的问题，只是重复这条路线的航行，和寻找新的通路。1577 年德拉克航过麦哲伦海峡，完成第二次环球航行；在此之前他似乎被漂向南方，并见到了合恩角和在它南边的茫茫海洋。但是，很少有人注意这方面的观察，火地岛仍然像先前一样，被视为澳洲大陆突出的一部分。环绕火地岛的航行，到了 1615—1616 年才由荷兰人勒美尔和斯豪滕完成，他们曾航行经过勒美尔海峡。但是，斯塔腾岛在这时候仍看做是澳洲大陆突出的一部分，直到布劳埃 1643 年回航这个地方，才完全把南美和南极大陆划分出。

澳洲的发现也要归功于荷兰人，它虽曾被葡萄牙人看见过，但是随即全被遗忘了。1605 年，荷兰人望见了它的西北海岸，可是却被这个地方的荒凉吓回去了。在以后的几十年间，由卡奔塔利亚湾的北海岸和西海岸到西南角逐渐被认识了；1642 年，塔斯曼由毛里求斯岛横过印度洋南部，经澳洲以南见到了一个地方，他称它为万迪门斯兰，后来又改名为塔斯马尼亚。他指出澳大利亚并非一个大的澳大利亚大陆的一部分；但是，他却没有认识到塔斯马尼亚是一个岛。向南环航，继续向东航行，他发现了新西兰，在归程中发现了斐济群岛和俾斯麦群岛。对澳洲大陆的整个东边，仍然毫无所知。

1643 年，另一个荷兰人德弗里斯，发现了日本的北海道以及萨哈林岛[①]，于是完成了亚洲东边的知识。

从以上看来，由十六世纪中期到十七世纪中期这 100 年间，我们对于大地的知识又大大扩展了。在确定空间的位置上也取得了大的进步。象限仪的发明，使测角更加精密，这特别有利于天文的纬度测定，以及一个地方正午时刻的确定，但是，根据时间的变动确定经度的工作，仍然失败于没有走得准确的钟表。经度的确定还是根据日月食，这个方法是由第谷·布拉赫完成的。这个问题只有天文学考察队才能解决；尤以 1577—1578 年西班牙组织的一个到墨西哥去的天文学考察队具有特别的意义，因为他们把美洲移到了正确的经度上。但地图本身还谈不上用天文学确定的经度。

由于使用三角测量法，地面的测量有了很大的进步。在海得尔堡地方很小的范围内，明斯特尔已经采用过这个方法。1615 年，荷兰人斯内利于斯确定阿尔克马尔和奥普·措姆山之间的地弧，便是先精密地测定一条基线，以它为起点用三角测量法向外测

① 萨哈林岛即库页岛。——译者

算的。因为他又用天文方法确定终点的位置和距离，所以他由此导算出地球的大小时误差比较小。1617年，他在《荷兰人的埃拉托色尼》(*Eratosthenes Batavus*)里描述了他的方法，这成为后来一切测量工作的基础。

迄今特别在意大利得到提倡的绘图学，现在转移到木刻版发达的纽伦堡以及荷兰。它同地理学的文字表现法从来是携手并进的，现在却分道扬镳了，成为一种特殊的技术和独立的行业。托勒密是把地点的位置记在表上，就是近代的托勒密版本也是按照这个办法作的；现在却放弃了这种做法，转而把对空间关系的理解表现到地图上。海陆的分布以前多半出之于玄想，现在主要部分都是由实际观察来确定的。因此，古代词义的数理地理学越来越没人过问了；以后，尤其在学校里，数理地理学这个概念，多半是关于天文学和用于星座的测量学某些部分的一个通俗概要。

近代的制图家首推墨卡托(本名克雷梅尔)，1512年生，卒于1594年，原籍于利希，是在他的父母偶然访问荷兰时出生在荷兰的；他的事业大部分是在杜伊斯堡发展起来的。1554年他发表一幅欧洲地图，1561年用墨卡托投影法制成世界大地图；但是，到了1595年，即他死了以后，才由他儿子发表了一本地图汇编，冠以此后普遍通行的地图集这个名称。1570年，奥尔特利乌斯(即厄尔特尔)已经在他之先发表了一本相类似的地图集，题名《全球的舞台》(*Theatrum orbis Terrarum*)。奥尔特利乌斯是由纽伦堡搬到安特卫普的，并在这里建立了一个制图所。后来，墨卡托的平面图为洪迪乌斯以及以后的扬松所接受，并增加了新平面图，所以到了1653年，便有了六本对开本的大地图，内有图451幅。此外，可算得上是竞争者的有弗·伊·布拉厄，他在1655年出版的《大地图集》(*Atlas Magnus*)，有图372幅。但是，以后荷兰学派渐趋衰落；法国和英国的舆图社超过了它。

这些新图的一个大进步，在于用经纬网逐步代替了图上的罗盘方向记号。经度起点各不相同；墨卡托把它定在亚速尔群岛的科尔武岛，因为这里磁偏角是零。1634年的一个会议，把它移到加那利群岛的费罗岛，费罗岛的位置一般推定为巴黎以西20度，但不完全正确。直到现在，地图总是北方在上边。

世界图以及较大地区图的绘制，使适当的投影法愈益成为必要。墨卡托的巨大贡献正在于此。他用正确的圆锥投影绘地区图。他用有名的圆筒投影设计所含纬度日益增加的地图，这种投影使经纬度一目了然，对于航行有无比的便利，因为等角航线的曲线，切割一切经度所成的角度是相同的；但高纬度地方的面积显得过大，因而现在多半放弃了这种画法。

地方的位置和地形是用艺术手法来表示的，但是往往不很精确。要说明的东西形象化地以侧面形状来描绘，用房屋表示城市，树木表示森林，用小丘陵的样式表示山脉。

这个时期自然知识的进步为自己做的准备工作，比已经获得的成果更多。有两位哲学家被人们认为是近代哲学的建立者，一位是英国人培根，一位是法国人笛卡尔(即卡尔特西乌斯)。他们为建立科学，首先就必须把科学从神学和古代权威的桎梏下解放出来，从而为新知识开辟道路。他们所采取的工作方式是不同的。培根建立了归纳法的理论，虽然个别地方还有些不正确，笛卡尔建立了数理的演绎法。但是，两位大师却都断然地这样想：对奇迹的迷信将被排除出科学以外，科学必须考虑完整的因果关系，不找到现象的原因绝不罢休。这种思想完全应用到科学工作中去，自然经历了很长时间，而在人文科学中，尤其是历史学，就是到现在仍然往往没有作出充分的因果阐述。

伽利略建立近代物理学也属于这个时期。对于地理学特别有意义的是万有引力学说，望远镜的发明（1606 年，它对于天文学的测定地点以及地面的观察都很重要），还有热学开始发展，伴随着的有温度计的发明，后来，1643 年，托里塞利跟着发明了气压计。但是，这些进步到下一时期才影响到地理学。大地自然情况的知识，最初和以前的时期相同，仍然是汇集个别的观察结果。不过，这些观察在当时也和在大发现时代一样，都涉及比以前广大得多的空间，这类考察也从印度的热带和南北美洲方面涌现出来。西班牙耶稣会阿科斯塔的《印度的自然情况和道德的历史》（*Historia Naturaly Moral de las Indias*）——这里的印度实际上指的是美洲——对当时气候、整个自然界以及文化情况等纯粹地理的观察，内容是如何丰富，说明是如何清晰，谁读了都会感到吃惊。可是，科学经验的重心显然仍在欧洲；萨克森的医生阿格里科拉是矿物学的先驱；克卢西乌斯、肯萨尔平、鲍丁，他们从事研究植物的体系和植物区系，格斯纳描述了动物界，马克格拉夫在一本记述巴西的书中指出南美洲动物和旧世界动物之间的巨大差别。

我们已经看见，文艺复兴时代人们是怎样纯朴地把古代地理学接受下来，认为对于当时还是适用的，只是在托勒密的版本里增加若干修正和补充。人们只是逐渐地才模糊地认识到，不但是我

们的知识超过了古代，而且各种情况如民族、国家、城市、道路等，从此以后也全然两样了，因此，近代地理学的考察也不能不和古代地理学的考察完全划分开。大约可以把1600年定为两个时期的分界。在这里，对支配本时期的人文主义的精神具有特征的是：首先得到科学论述的不是近代的地理学，而是历史的古代地理学。这方面奥尔特利乌斯《地理学文库》(*Thesaurus Geographicus*，1592年出版)作为一部古代地理学的百科全书出版以后，值得重视的是克吕费尔[①]所著《关于古代的日耳曼人》(*über die Alte Germanen*，1616年出版)、《关于古代的西西里》(*über das Alte Sizilien*，1619年出版)和《古代的意大利》(*über das Alte Italien*，1624年出版)这几部书，帕尔奇根据这几部书认为克吕费尔是历史地理学的建立人。就其要点而论，它们自然还是致力于地点的位置和路线的确定，直到如今，这仍然构成研究古代地理学的大部分著作的主要内容。

关于现代的地理学倒也出版了几部书，但是它们都没有较大的价值。还可以举出的有埃尔策菲尔的《地志论文集》(*Sammlung Länderkundlicher Monographien*)，和英国人哈克柳伊特《旅行记丛书》(*Sammlung von Reisebeschreibungen*，1598—1600年出版)。特别通行的学校用教科书，还是把古代的地理学和近代的融合在一起，这些教科书都出于内安德尔(1583年出版)和克吕费尔(1624年出版)之手。在新发现的刺激作用发挥完了

① 帕尔奇：《菲利普·克吕费尔：历史的地志创立者》(*Philipp Clüver, der Begründer der Historischen Länderkunde*)，《地理论文集》(*Geographische Abhandlung*)第二卷，1891年，维也纳出版。

以后，实际的目的[①]以及和这种目的相关联的政治地理学，便愈来愈受到重视；叙述的程序是按照国别划定的。梅鲁拉（1636 年出版）、格尔尼茨（1643 年出版）等人的书中，已有一些一般地学的开端。

第三节　测地时期和自然地理学的初期（1650—1750 年）

十七世纪中期，大发现的时代事实上已经大致结束了。固然大地的极北、极南地区以及大陆内部的知识，还留着很大的空白；但是时代的力量和手段还不足以克服为填满这些空白所面临的困难。只是在个别的地点，知识还有所扩充。

在北亚有堪察加的发现（1697 年）和北岸的考察（1725—1743 年）。1728 年，白令由堪察加半岛出发，航过现在用他的名字命名的海峡，于是重复了迭日涅夫还不为世人所知的发现。1741 年，他和施特勒发现阿拉斯加和阿留申群岛；1742 年，切柳斯金回航了西伯利亚向北伸出来的半岛，它的最北端现在叫做切柳斯金角。

在亚洲其他部分，地理知识最重要的进步当归功于在中国的法国耶稣会的努力。他们用天文学方法确定许多地点，从而得以将中国现有的地图加工成为一幅大的全国图，从主要的轮廓看它是接近正确的，并且有丰富的地形测量的内容。1735 年，杜哈尔德发表了一本很详尽的记述中国和它的邻邦的书。恩格尔贝特·

① 参考维索茨基：《地理学中的时代思潮》(*Zeitströmungen in der Geographie*)第 96 页以下，1897 年在莱比锡出版。

肯普费尔描写过日本的情况，他从 1690 年到 1692 年去过那里。通过夏尔丁的旅行（1666 年及以后），对波斯知道得更清楚了。

关于非洲没有什么较大的知识进步可以报道。南海群岛[①]的知识，由于英国人丹皮厄和荷兰人罗盖费恩的努力，倒丰富起来了。

在大陆内部，知识最重要的扩展在北美洲。固然西班牙入侵者在十六世纪前半期已经远入内地，但是他们的远征没有取得物质的成果，所以远征工作也被人们全然忘却，北美洲就必须重新发现。这个发现是法国人的功绩。约在十七世纪中期，他们前进到加拿大的诸大湖滨。在这里他们得到西部一条大河的情况，1673 年传教士马尔克特和皮货商约利特便出发去探寻这条河。他们由密执安湖到达威斯康星河，顺流而下到密西西比河，直达密苏里河河口。1678—1682 年，拉萨尔和黑内平继续从事这项发现工作，探索密西西比河的情况，一方面到达它的源头，另一方面到达它流进墨西哥湾的河口。因为法国人此刻沿河设立了商站，于是地理知识便也向河的两边展开。但是，西部的大部分以及整个科迪勒拉地区仍然没有人知道。

关于南美洲，没有什么特别的发现值得一提，虽然个别地方也有了不少进步。

本时期的重心在数理地理学，即精密地确定地点和测地的进步。卡西尼是流浪到法国的一个意大利人，1666 年发表了一个天文表（即星历表），表中还含有木星卫星的星蚀，从而为天文确定经

① 南海群岛是指太平洋南部和澳大利亚以北的岛屿。——译者

度的一种特别重要的方法打下了基础。由于皮卡尔德把望远镜和测量器具结合在一起使用(1667 年),测角本身也达到了更大的精度。这个时候当然只有具有格外优越条件的特殊地方,例如在巴黎天文台,确定纬度可以精确到几个弧秒。所确定的地点,可靠的仍然不多;到了哈德莱伊发明反射八分仪(1731 年),后来更改变成反射六分仪,马耶尔发明全圆反射镜(1754 年),才使确定地点(尤其对于航海人员来说)成为非常容易进行的工作。

天文定点和测角所达到的精度的提高,也有利于测度的进行。在这方面,法国的工作起了开拓作用。1669 年,皮卡尔德完成了巴黎和亚眠间的测度,这个测度证明是十分精确的。1683—1700年,卡西尼把这个测量工作扩展到全法国,从敦刻尔克到佩皮尼昂,在这条线以外也确定了很多的地点,因而为一幅精确的法国地图奠定了天文学以及测地学的基础。

同时,法国的天文学家也被派往其他国家和其他大陆,完成精确的天文定点工作:如派里舍尔到卡宴(1672 年),弗伊莱(从 1700年起)到近东地区去,后来又到安的列斯群岛、巴拿马、南美洲和加那利群岛,派弗雷齐尔(1712 年)到智利、秘鲁等地。里舍尔的旅行尤其重要。通过为研究重力而作的精密摆测,他断定由巴黎带来的秒摆在卡宴走得慢了,必须把它向上提一提才可使它再成为秒摆。基于地球自转的离心力和重力是相对的,所以在赤道附近重力自然比在高纬度地方大一点。某些天文学家认为,这是对里舍尔观察的充分解释。两位卡西尼,甚至由他们的测度相信可以推定地球的形状是向两极伸长。但是,英国人牛顿和荷兰人惠更斯根据精密的计算,说明离心力不足以解释观察到的重力的减少,赤道上的地表较之高纬度地方一定离地点更远，它在那里形成一个胀面，而在两极则成扁平。为判定这个重要的争论，法国科学院决定派两个考察队分别在赤道附近和高纬度地方进行测度工作。一队由拉孔达曼厄和布居埃率领，到基多高原地方待了9年(1735—1744年)，另一队由莫佩蒂伊斯和克莱罗特率领，到拉普兰(1736年)，两队都带回来了在极困难条件下完成的精确的测量结果。通过对两地测量结果的比较，证明了牛顿和惠更斯的理论假设是正确的，确定了在两极地球是扁平的，并确定了地球的扁球体形状。自然，为求得圆满的精密性，而且要给出地球绝不是完全有规则的扁球体，测地工作必须更加谨严地进行。

由于本期的测度和天文方法确定经度，才排除了旧世界在东西方向上的巨大歪曲，这种歪曲从托勒密以来一直保留在地图上。1682年在卡西尼的指导下，在巴黎天文台的地板上，绘制了第一个轮廓正确的全球地图，关于这张图现在只留传下一幅时代较近的摹本(1694年)；它包含了对大陆内部所作的某些修正。但是，这个正确的画法却遭到一些学者的反对，如福西乌斯；他们坚持旧的画法，尤其是山松舆图社等。因为他们要是接受这些革新，便一定得毁掉他们宝贵的图版。正确的地图最先于1693年出现在一本称为《法国海神》(*Neptune Francais*)的海洋图上，接着(1700年)出现在德利斯勒父子的大地图上，这个图的出众之处在于批判的谨严和表现方法的简单。未知的地方就任其空白，并不任意填补；海洋图也包括了海岸部分，而到此时为止，陆地图和海洋图大都仍然是独立地互不联系地编制的。散在各地区图中的材料，也比较完整地汇集来了；作为装饰而画上的植物、动物、人类等此时都取消了。另外一个进步是德昂维勒的地图，即他的中国地图(1735—1737年)，他的附有详细说明的意大利地图(1744年)，最后是他的全球大地图(1761年)，这已经到了下一时期了。在德国，霍曼再次引入了绘图学，于1697年在纽伦堡建立了一个舆图社，是和一个世界学会联合组织的。

关于地球的自然情况，或者至少是关于无机的地球的自然情况的知识，也达到一个更高的阶段，因为前期的物理学知识现在发挥了作用。就在本时期的开始，有三部关于一般地学的著作，它们意味着超过迄此时为止的科学的一种进步。这三部著作是：瓦伦的《地理学概论》(*Geographia Generalis*)，1650年出版；里西奥利地《地理学和水道改良论第12卷》(*Geographiae et Hydrographiae Reformatae libri XII*)，1661年出版；基尔歇尔的《地下世界》(*Mundus Subteraneus*)，1664年出版。

瓦伦纽斯[①]的功绩很长时期不为世人重视，到后来才为洪堡所发现。但是，现在要称颂他是一般地学的创立者，我觉得又有点推崇过分。他的书是一部科学根基很深的创作，由1672年牛顿曾为它出了一个新版这件事就可见一斑。但是，它并不像阿塞内[②]是由宙斯[③]脑袋里生出来的一个全然新的东西，它还是属于人文主义的科学；因为新近的研究已经表明它是在极大程度上从属古

① 瓦伦纽斯即瓦伦。——译者

② 阿塞内是希腊女神名。——译者

③ 宙斯是希腊最高的神。——译者

代科学的[1]，尤其是从属于亚里士多德和塞涅卡，在数理地理学上则从属于托勒密。在稍早的梅鲁拉等人的书里，它已有其先驱者。新获得的空间和事实的知识，并且因为瓦伦生在德国，住在荷兰，所以特别是荷兰人的知识，都已融会到古代的科学之中。这部著作的内容，尤其是他的恰当的批判，远超过他的前辈。在第一部分，即"绝对部分"(Pars absoluta)中，瓦伦讲到他认为是地球起源和地球性质的诸现象，依次讲到地壳的现象，水面，大气，尤其是风；在第二部分"关联部分"(Pars raspectiva)中，讲到宇宙的影响，尤其是光与热的区域划分；在第三部分"地区比较部分"(Pars comparativa terrestris)中，讲到不同地方相互间的关系，交通，尤其是航海学[2]，这是适应荷兰人的利益的。正如书名所表示的，这部书是着眼于地理学，可以说是埃尔策菲尔出版社出版的地志的一个补充，在序言的结尾，他自己草拟了一部地志的提纲，这部地志与一般地理学衔接，但是也讨论到植物、动物和人类。于是他把亚里士多德和塞涅卡关于地理学以外的一般地学论述引到地理学这方面来，并用从各大陆取来的实例论证了一般的阐述；但是，这种论述的系统性质多于区域性质。这部著作与其说是狭义的地理学，不如说是一般的地学。

里西奥利的书也是一部一般的地学；但是，采用托勒密的见解的数理地理学在这部书中占着首要的地位，而在自然地理学方面，

① 《地理杂志》第12卷第340页，1916年出版，基斯林首先指出这一点。以后，费尔德在一篇一直未刊印的海得尔堡大学博士论文中深入地研究过这个问题。

② 这表明京特的非历史的见解，他在叙述瓦伦的学说时未曾照顾到这种三分法，而是按照近代的规范把材料排比起来。

阐述得详尽的只有水文地理学。但是，在阿特·基尔歇尔的书上，数理地理学便退居次要地位；他的书是一部自然地学，它不仅包含自然现象如矿层、毒物、宝石、化石以及动植物等单个描述，而且大量涉及技术问题。

我们也可以把维斯通和伍德瓦尔德时间稍后一点的著作和莱布尼茨由哈次山区矿业的调查编成的《地球的原始形状》(*Protogaea*，1691年出版)，看做是十分倾向地质学的一般地学。

只是在本时期的进程中，近代的科学，尤其是近代的力学和物理学，才逐步表现出它的作用。1648年，帕斯卡尔第一次用托里塞利发明的气压计测高，即多姆山的测高。从1702年起，朔伊希策尔用它在阿尔卑斯山作了许多测量，但是直到1740年左右，波义耳和马里奥特才分别认识了气压随高度递减的规律。有效的测高仍然很少；不过，它们却打下了测高学的基础。

丹麦人斯旦诺在托斯卡纳工作时(1669年)，开始用地质学的观点去解释固体地壳，他把岩石的变化归结于沉积时条件的变化，并说明地层的隆起是由于后来的变动。而伍德瓦尔德最终确定(1696年)，化石并非大自然的戏弄，乃是实际的动植物的残骸和遗痕，并探索了矿石和岩石的形成。如果这些也属于地质学的知识，却正为地理学的见解奠立了基础。

马里奥特提出了一个水源理论，总的看来是正确的，里西奥利在1672年第一次确定了河流的水势。哈雷测量了蒸发作用(1687年)，并且认识了它与河流的流量的关系；他还认识到不相等的蒸发量一定引起补偿洋流。关于洋流，伊萨克·福西乌斯作了一个概括的描述(1663年)。牛顿建立了潮汐理论(1686年)。哈雷由不同纬度间和海陆间温度的差异，说明信风和季风（1686 年），哈德莱伊用地球自转产生的偏转影响对此作了补充（1735 年）。温度计的理论固然是伽利略所发明的，但是到了这时，通过华伦海特和列奥穆尔[①]才获得一个便于观察的形式。接着出现了第一个湿度计。于是在地球物理学以及自然地理学的许多章节中打下了继续前进的基础。

关于植物学和动物学，即植物地理学和动物地理学的基础学科，也可看到同样的情形。英国人雷伊于 1686 年提出“种”这个概念。陶尔内福尔特第一次按照科学的原理对植物进行分类，他也提出了地中海沿岸各地的植物地理特征，在他的旅行中，尤其是在攀登阿拉拉特山时（1701 年），他重复了在埃特纳山已经作过的观察，即植物随海拔高度分带，如同纬度的推移一样。1735 年林耐发表了他的植物系统。这个系统是人为的，因而现在一般都抛弃不用了，但是它确也使植物的系统分类成为可能。后来他接着编排了一个动物界的系统。他自己发表了里夫兰的植物（1737 年），瑞典的植物（1745 年），都精确地标明产地；格梅林发表了西伯利亚的植物（1747 年）。这些植物学的著作，不仅给植物地理学提供了丰富的材料，而且也确定了植物的分布极限，并提出了植物带的特征。

人类地理学的进步比较小些。

地理学方面的文献，除了前已列举过的一般地学的著作，还有许多很有价值的游记，如朔伊希策尔的《阿尔卑斯山旅行记》

① 指华氏表和列氏表。——译者

(*Reisen in den Alpen*，1702—1711 年)，米勒和施特勒的《西伯利亚旅行记》(*Reisen in Sibirien*，1733 年)，格梅林的《穿行西伯利亚记》(*Reise durch Sibirien*，格廷根，1751—1752 年出版)，拉孔达曼厄的《基多和亚马孙河旅行记》(*Reise nach Quito und Amazonenstrom hinab*)，布居埃的《由基多穿过哥伦比亚到北岸旅行记》(*Reise von Quito durch Columbien zur Nordküste*)，陶尔内福尔特的《东洋旅行记》(*Reisen in der Levante*，1700—1702 年)，以及其他旅行记。它们已经包含了一些很好的自然描写。

较大的系统的地志著作，几乎没有值得称道的。

内安德尔和克吕费尔的书很长时间中保持着教科书的地位；但是在德国，许布纳的两本书，一本是完整的地理学，1733 年出版，另一本即他由新旧地理学抽出来的简短问答(1693 年)，它们的地位逐步取代了上述两人的著作，尤其是后一本，它是附在许布纳根据霍曼的大地图汇集成的教学用地图上的。如果说地理课程建立在地图上标志着一种进步，则它的内容却还是非常肤浅，满是名称和数字。只是随着波希米亚人佐麦尼乌斯在教育工作上的努力，才逐渐取得某些缓慢进步。波利卡尔普·莱伊塞尔在他的地理学方法论的论文中(1726 年)，极力反对地理学方法论的浅薄，主张更加注意各地区的自然情况以及它们的自然区划。

第四节　十八世纪后半期转入近代地理学的过渡时期

约在十八世纪中期，一个新时期开始发展起来。但这只是微微绽开的花蕾；到该世纪末转入下世纪时，才成为怒放的花朵。因此，这个时期可以和十五世纪体现中古过渡到近代的文艺复兴时期相比。

发现家的活动，与前一时期相比又大大活跃起来。在本时期内，尤其是一些大规模海上旅行，使得除了两极地方以外的海陆分布知识宣告完成。大西洋可以算做已知的，太平洋，特别是它的北部，还有不少待发现之处。对它的探索是一系列英法海上旅行的任务，其中我着重提出 1768 年布盖恩维勒，1785 年拉佩鲁斯，1792—1794 年温哥华等人的旅行，尤其是库克的三次旅行（1769—1771 年，1772—1775 年和 1776—1779 年），福斯特尔和他的儿子乔治，都曾作为自然研究者参加库克的第二次旅行。旧金山和阿拉斯加之间北美洲西海岸这一段的考察，诸群岛的发现，澳洲东岸的探索，分离大陆和新几内亚群岛的托里斯海峡、分离大陆和塔斯马尼亚岛的巴士海峡的发现，因库克到达南纬 71 度以南的第二次旅行使设想中的南极大陆向后推移，是这些旅行的最重要的成绩。但是，关于这些旅行所经历的艰难困苦的描写，引起了人们的恐惧心理，竟使到南方高纬度的航行很长时间没有人再敢问津。

另一个伟大的事件是开始热带非洲的发现。由布留斯到阿比西尼亚的一次旅行，推动了在伦敦建立一个非洲协会（1780 年），它规定自己的使命是考察非洲内部。这些活动中虽然实际的目的占主要的地位，却也有科学的内容；它们要进行天文方法的地点测定，带回搜集到的自然科学和民族学材料。着手的第一个问题是尼日尔河问题。派克于 1795—1796 年由冈比亚河出发到达尼日尔河，确定了它的上游，第二次旅行时（1805 年），他又继续探索了一段。霍尔内曼比较不幸，他于1798年由埃及过迈尔祖格到的黎波里，第二次旅行（1799年）想由迈尔祖格到布尔努，但是，就在这次旅途中失踪了。

北美洲北部的知识也有进步，尤其是通过赫恩的旅行（1769年）和马更些的旅行（1789年），后者发现了现在用他的名字命名的河。

在其他各大陆中，本时期的旅行与其说是真正的发现旅行，不如说是考察旅行。由俄国政府发起的一些西伯利亚和俄国欧洲部分的旅行中，柏林人帕拉斯的一些旅行（1768—1774年）由于它的科学意义而特别突出。1761—1767年，尼布尔为叙利亚和阿拉伯这些地方的科学知识，尤其是考古学的知识，奠立了基础，后来沃尔涅和布尔克哈特又接着他做这种工作。埃及被拿破仑的考察队的学者研究过（1798年）。荷兰公使馆的医生、瑞典人蒂伯尔了解了日本（1775年）。阿当松漫游塞内冈比亚，编成自然科学资料集（1749—1754年）。在南美洲，西班牙考察者的许多旅行中，当首推阿萨拉在拉普拉塔地区的旅行。具有科学意义的还有福斯特尔的旅行记述，这些记述是作为他本人和库克一同旅行所取得的结果发表的。

数理地理学和绘图学取得了显著的进步。贝图特设计了走得准确的时计（1764年），托·马耶尔发表了精确的月历（1753年）——我们见到尼布尔最早使用了它，这两种东西都使天文测定经度更加准确。测度的工作继续着。正是在本时期的开始（1750年），出现了第一幅在小卡西尼指导下制成的新法国地形图，随之出现了个别其他各国的地形图，而大多数欧洲的以及欧洲以外的国家，是到了十九世纪才着手绘制地形图的工作。

欧勒、兰勃特、拉格朗日等人建立了地图投影的科学理论，设计了新的适用的投影法，这样，较大地面的地图所表现的失真就比以前小了。自从德卢克注意到了水银柱的内部温度和空气柱的平均温度，并提出了精密的气压计公式（1772 年），用气压计测高就更准确了。人们放弃了用直接形象法表示地形，由山的侧视表示转到山的俯视表示，这样，科学的地形表示法也就建立起来了。当时已经有两种表现方法，至今仍同时并用：一种是用阴影斜线表现倾斜度的方法，由萨克森的少校勒曼确立了明确的科学格式（1799 年）；一种是最早（1791 年）由杜卡拉使用的等高线表现法，在此以前布阿歇已在一张运河图上画上等深线（1737 年），是为这种方法的前身。

1687 年，牛顿已经用万有引力的理论说明了地球在太阳系中的地位和运动，现在康德在他的《自然史和天体理论》（*Die Naturgeschichte und Theorie des Himmels*，1755 年）一书中，以及后来法国伟大的天文学家拉普拉斯（1796 年），都曾打算用成为太阳系起源的星云来解释地球的生成。虽然这些假说不属于地理学而属于天文学，现在它们又遭到强烈的反对，可是作为当时地理学观点的基础，对我们仍然是有意义的。由于类似的理由，地理学也必须重视地球内部的研究，因为大陆和大洋盆地的发生，造山作用，火山、地震的发生等的见解，也受这种研究影响。因而在这里必须指出马斯克利纳关于测锤偏向的考察，以及根据这种考察所确定的地球密度，必须指出卡文迪许用旋转天平所确定的地球密度（1797—1798 年）。

关于固体地表的垂直构造和山脉走向的认识，长期以来很被忽视；现在德利斯勒舆图社社长布阿歇(1752年)和著名的自然研究家布丰，大体同时注意到了这个问题，在他们看来诸山脉间这种结构无非是表现着地球的骨骼。而且两个人都试用不同的方法确定山脉的空间联系，都要把这些山脉置于一个体系中。这是夸张地设想出来的构造，尤其是与此有关的假定，即一切分水岭都是山脉，导致了许多错误的设想。虽然如此，这却还是科学的一个进步，因为从这时候起，大家才开始更深刻地去理解山脉。

固体地表的知识，也由于其他的观察结果得到了扩大。1743年，塞尔西于斯已经观察到瑞典海岸汀线的上升。帕拉斯在乌拉尔山和阿尔泰山证实了地层的年序(1777年)。居塔尔德(1752年)和德斯马雷斯特(1774年)都曾深入地考察过奥弗涅山脉的火山；布丰、伊·格·勒曼(1756年)和菲克泽尔(1762年)都考察过地层的次序，并认为它是年序。维尔纳根据这些考察建立了一个地质学的体系(1785年)，可是就他的阐述看，这个体系是片面的水成说的。较早一些时候，布丰在他的《关于自然的各个发展阶段》(*Epoques de la nature*，1778年)，已经首次尝试阐明地球的历史；稍晚一些时候，作《关于地球的理论》(*Theory of the Earth*，1788年)的赫顿，以及附和他的普莱费尔(1802年)，更远胜过布丰。

兰勃特和托·马耶尔关于太阳射线和热的研究，关于空气中含有水蒸气的认识，索绪尔设计了更好的湿度计，使得气象学继续发展了。由曼海姆科学院设立的气象站网(1780年)，可以说是更重要的事，虽然在法国大革命的混乱中不久又陷于停顿，却从此创

出了一个楷模。

科学地建立植物地理学和动物地理学，时机还不成熟，但是由于尤西乌斯提出了植物的自然体系（1789 年），居维叶提出了动物的自然体系（1812 年），创造了进一步的基础，科学的旅行家并且搜集了世界各地的动植物资料。福斯特尔·帕拉斯等曾设想描述他们旅行过的地方的植被，索绪尔和拉蒙德研究过阿尔卑斯山和比利牛斯山上的植物随高度变化的分带。维尔德诺夫在他的《草本植物学》（*Kräuterkunde*，1792 年出版）的一章里，曾尝试编写普通植物地理学，而齐默尔曼在他之前已写了一部附在一本地图上的《哺乳动物地理学》（*Geographie der Säugetiere*，1777 年出版）。

布丰被看做是人类自然史和人类种族学的创立者；卡姆佩尔继续发展了它们，特别是通过他的头颅测量。略晚一些（1795 年），格廷根的学者布卢门巴赫提出他有名的种族分类，直到今天还不能把它看做完全过时的分法。因此，就有了可能来探索人类在地球上的地理分布。齐默尔曼除给我们留下了第一部动物地理学，还写了一部《人类地理史》（*Geographische Geschichte des Menschen*，1778—1783 年）。科学统计学的建立同样具有重大意义；它是沿着两个方向建立的。阿亨瓦尔为旧的国家学（即关于国家的特性的叙述）规定了一个更为严格的形式（1748 年），聚斯米尔希的建立统计学，意在考察人类生活诸现象的数量过程中的规律性，这对于地球人口状态的地理观念是有意义的。马尔萨斯著名的人口运动的理论，在《人口论》（*Essay on Population*）的第二版中，几乎变成了一部地理学著作，因为在这部著作中，为了证明他的理论，他详细地研究了全球各国的人口运动。国民经济学理论更严格的体现，尤其通过亚当·斯密的巨著(《国民财富的性质和原因的研究》，*Untersuchungen über Natur und Ursachen des Reichtums der Nationen*，1776 年出版)，为经济地理的考察创立了基础，这类研究当然是后来才活跃起来。

关于人类从属于自然的见解，有两部著作具有划时代的意义。孟德斯鸠在他的《论法的精神》(*Esprit des Lois*，1748 年出版)里，重新提出了古代的即希波克拉底和亚里士多德的看法，而且用巧妙的方式加以发展；赫德尔在他的《关于历史哲学的观念》(*Ideen zur Philosophie der Geschichte*，1784 年出版)中，根据对人类的一般考察提出一个世界史的纲要，其中十分注意地理的条件。以上两部著作，对十九世纪的地理学产生重大的影响。

对于科学的体系具有特点的是，一般地学和描述的地理学或地志并行不悖，甚至更甚于前一时期。

普通地学往往也称为地球理论或地球自然史，在布丰的著作里是他的自然史大作的一部分(1749 年)[①]；但是，多数人都是用专著讨论它。荷兰人吕洛夫斯的书(1750 年)[②]，从它的全部编排看，是把狭义的地球诸现象和宇宙的诸现象划分开来，从而清楚地表现出是附和瓦伦的做法。但是，在瑞典人托·贝格曼的书里[③]，这

① 1796 年第三版的第一卷至第三卷。

② 《关于地球的数理的和自然的知识导言》(*Einleitung zur mathematischen und physischen Erkenntnis der Erdkugel*)，德文版是由克斯特纳译的，1755 年出版。

③ 《关于地球的物理描述》(*Physikalische Beschreibung der Erdkugel*)，1766 年出版，德文版出版于 1769 年。

种区分便没有了，材料是按照自然界排列的，此外还有一个特别部分讲述地表的变动。在吕洛夫斯的书上缺少有机自然界这一部分，贝格曼则纯粹从植物学和动物学角度研究有机的自然界。在主要论点上，哥尼斯堡哲学家康德的有名的《自然地理学讲演》基本上是赞同这两部著作的，不过这些讲演也牵涉到人类，并且以附录的形式写了一个简短的地志①。

整个看来，地志学仍然徘徊在旧的道路上，着重描述地区和国家。统计数据和地点的记述占主要成分，原因的阐述几乎完全没有。可是，仍然有相当的进步。比申格的《大地新记》(*Die neue Erdbeschreibung*)，初版在1754年，重版过许多次，但全书一直没有完成。正如著者所特别声明的，这部书绝不随从陋习，抄袭他书来拼凑，而是探究材料的本源——专门著作，虽然有时也几乎一字不漏地抄录这种专门著作，此外也探究深谙各地情形者的一些文字报告或口头报告。在序言中，比申格提出促进对于上帝的认识，即以维护辩神论为该书的第一目的；但是，除此以外，它好像对于许多行业都有实际的用处，而对于其他各种各样的人却是一种有益的消遣。这本书非常简短地概述了一般地理学以后，立即转到地志方面，而且几乎完全集中到国家学和地形学；虽然不缺少对文化的考察，但是完全处于次要地位。比申格这部书是十九世纪前半期以及中期后出版的许多著作的典型，这许多著作，按照它们的内容，大多数是地理学和统计学的手册。这两种科学的密切结合，

① 《自然地理学讲演》(*Vorlesungen über Physische Geographie*)，由林克编辑的版本1802年出版，由格丹新编的版本于1922年在莱比锡出版。

从主要点看要回溯到比申格，我们经过甚大的努力才摆脱了这种结合。

加特尔埃尔在他的可惜没有完成的《地理学纲要》(*Abriß der Geographie*，1775 年)一书中，也表现出某些进步，他根据布阿歇的见解，把对山川的深入观察放到地志里，也把地方的分界用到山川方面，代替一直用到这时候为止的政治界线，这就提出了自然区域代替国家作为地理单位。遵循他这种道路的要推措伊内，他的《地学》(*Gea*，1808 年)加了下面这个副标题：《科学的大地描述的尝试》。这些书都是向卡尔·李特尔的地理学的过渡。自然，这种研究的内容还非常贫乏；除了山川，对各地区的其他自然情况几乎还没有注意到，也缺乏地志的综合观察。

旅行记一类的书籍增加了很多，出版旅行记大丛书是这个时期的特点，这时候在英国、法国以及德国，都仿照较老式的哈克柳伊特丛书的形式出版了旅行记大丛书。1747—1763 年，就开始出版了四套这种丛书。此外还有一些单独的著作。特别有价值的要算尼布尔、帕拉斯和福斯特尔等人的旅行记；它们的内容比大多数先前的著作都更丰富，但是大都拘泥于细节，很少进而概括一个地方的总特征，而且在描写中还有些模糊不清之处，颇流于感伤，正如当时文学作品的情调。

地理教学有了新的生机；夸美纽斯和卢梭的影响发生了作用。我们可以把赫德尔在学校所作关于地理学乐趣的演说(1780 年)看做一个纲领。地理教学主要在两个地方进行得最有成绩。古茨穆茨在扎尔茨曼建立的施内芬塔尔学校任教，卡尔·李特尔从他那里第一次受到地理学教育；托布勒和他的学生亨尼希在伊费尔滕地方裴斯泰洛齐的学校里执教，但是，他们好像已经从李特尔那里受到深刻的启发。

第五章　十九世纪和二十世纪的地理学

差不多正好在进入十九世纪的时候，一个新时期即近代地理学时期开始了。自然，这个新时期也并非突然而来：我们知道，它在十八世纪的后半期已经有其先驱者，另一方面，头几个十年中，甚至十九世纪的整个前半期，某些方面还是落在后面，尤其是学校的地理学；但是全盘看来，它已经基本上具有不同的面貌了。

我以为影响这种变革的有两个不同的原因，它们彼此间只有松散的联系。

由于交通的变革，行驶在河海的轮船、火车、汽车和飞机，使世界缩小了，旅行者可以较迅速地到达他预定进行研究的地点；起码在大多数情况下，他在考察区域内——无论是在陆地上，在水面上，最近还在空中——活动都更方便了。而且技术也使更完善的饮食和衣着成为可能，有更妥当的方法防止疾病，有更好的武器抵抗土人。在所有这些方面，每十年都有显著的进步，尤其是十九世纪的后半期和二十世纪，新技术充分发挥了作用；现在我们到地球的大部分旅行，和前世纪中比起来是多么不同呀！和这种新技术有密切因果联系的，还有欧洲的统治和世界的欧化进展，这只有借助新技术才有可能，而这种进展又促进了新技术的传播。世界交通、世界经济和世界政治，也正是地理知识在空间上传播的最重要的承担者。

但是，地理学在内部的性质上也有了巨大的进步，如果我把1799年作为新时代的开始，这种进步便很清楚。这是洪堡开始他的美洲大旅行的一年；所以作为新时代的开始，是因为我们必须把地理学的最大进步，即一般地理学许多部门的建立以及科学的地志的建立，都归功于他这次旅行。地理科学大部分新的成就都和它有联系，和蒸汽技术几乎不存在直接的联系；但是，我们却可以把学术的进步和技术的进步两者都归结到同一根源，即新的自然科学的精神，它对前者导致科学研究深化，对后者导致技术的应用。

因为近代地理学进步很快，有时简直是飞速的，因为现代地理学已经和本时期初几乎完全不同了，所以如果把全时期看做是划一的就不适当了。本时期宜于至少再区分为两个阶段。

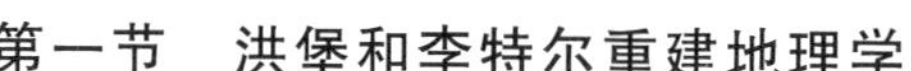

第一节　洪堡和李特尔重建地理学

空间知识最重要的扩展是在两极地带。

在欧亚大陆的北部知识的进步不大显著，在北美洲的北部地方却向前迈进了一大步。这里到了1632年，发现事业便陷于停顿状态；在此期间，虽有若干继续向前推进的尝试，但却成就不多；当库克在他第三次旅行中发现北美洲向西伸展非常远以后，便可知西北通路必定是更困难的了。再次唤起研究极地的兴趣的功绩应属于英国人巴罗夫，也几乎只有英国探险队努力进行这个工作。第一次的探险工作(1818年)，由罗斯和帕里率领；它只是重复了戴维斯海峡和巴芬湾等旧发现。但是，第二年(1819年)帕里便已穿过兰开斯特海峡进到西经110度，即到去白令海峡路程的一半，紧接着的一年更西达班克斯岛；以后几年继续进行的工作没有获得什么新的成绩。罗斯的新旅行（1829—1833年），除了一些地形的发现，还达到了北磁极。美国海军舰长弗兰克林以前曾完成过大陆北部的一些旅行，于1845年开始了一次北极旅行，他和他的全队士兵都死于旅途。但是，从1848年起派出去寻找他的那些探险队，却大大地增进了知识。马克克柳里于1850—1854年由白令海峡出发，到达梅尔维尔海峡，是大陆最北端的地点，帕里曾从东面达到这里，他接受了为发现西北通路而颁定奖赏。黑耶斯于1861年到了巴芬湾的北方，直达北纬82度附近，他的旅行可以称作这些发现事业的结束。

在南极地区知识有类似的进步。在库克远离澳洲大陆到达高纬度地方的航行以后，考察工作便陷于停顿。但是他关于海豹等丰富资源的描写，却吸引了渔船出航到那些南方海洋去。1819年，即帕里在北美洲北部继续向西推进的同一年，俄国舰长别林斯高晋作了第一个新的推进。1821年，他在亚历山大地发现南极大陆的第一块地方。1824年，捕鲸人威德尔继续向南推进到远得多的地方，但是没有碰到陆地。巴莱尼，乌尔菲莱，尤其是美国人威尔克斯发现了几块新陆地，当别人都相信南极是一个群岛的时候，他首先主张南极大陆的存在。由罗斯率领的不列颠极地探险队成绩最好，因为他做过他伯父约翰·罗斯的随员，在北极地方已经取得了很多经验（1841—1842年）。他发现了南维多利亚地，并顺着它驶入向南面凹进的海岸，在这里望见两个高火山，他以他的船名"埃里伯斯号"和"蒂罗尔号"命名这两个火山；但是，一个巨大的冰障挡住了继续前进的道路。他的第二次和第三次的旅行，成绩都很小。参加这些旅行的还有著名的自然研究者如胡克尔等，他们显著地扩大了对极地自然界的知识。以后，极地的研究便暂告停止。

在这个期间，亚洲的发现工作没有显著的进步。

但是，非洲内部的探索却有进展。这种探索，在十八世纪末期随着伦敦非洲协会的成立便开始了；自然，拿破仑的战争在这方面也引起了一度的中断。在北部，法国从1830年起侵占阿尔及利亚，也意味着地理知识的一个进步。但是前往苏丹的大型考察旅行，却是从的黎波里或是从西海岸出发的。1818年，莫利恩发现了塞内加尔河和冈比亚河的源头，1822年，登哈姆、克莱佩尔通和奥德尼由的黎波里穿过沙漠，到达乍得湖；1825年，克莱佩尔通由几内亚海岸越过尼日尔河直到索科托。他死后，他的仆人兰德尔继续上溯这条河流。1830年，兰德尔的第二次旅行证实了德国地理学家赖夏特的预测，即尼日尔河和在拉各斯地方入海的河是同一条河。这时候，非洲西北部大体上可以算是已经了解的地区。但是，更深入一点的知识，当归功于德国人巴尔特在四分之一世纪以后的旅行。1849年，里查尔德松、奥弗尔韦格和巴尔特率领的探险队，由的黎波里出发，穿过撒哈拉沙漠到达乍得湖；前两个人都由于旅途艰苦而死亡，巴尔特独自领导探险队继续前进，途中他考察了中部苏丹，直到尼日尔河北套边的廷巴克图，然后南进到索科托，于是和从西方出发的考察连接起来了。

其间，阿里[1]把埃及的统治伸展到东部苏丹，1823年建立喀土穆城，从而为发现旅行和考察旅行创立了一个基地，后来也确实作了很多次旅行。于是现在知识的圈子也包括进了阿比西尼亚。

德国的传教士克拉夫和雷布曼开始在东非洲活动，他们听到了关于内陆有大湖和雪山的消息，这种消息在古代末期已经有过模糊的报告。这推动了重要的发现旅行。1855年，布尔通和斯佩克由巴加莫约到坦噶尼喀湖，斯佩克更进至乌克雷韦湖，他给它加上了维多利亚湖的名称。1860年，他和格兰特重到这个地方，并进至阿伯特湖[2]，确定尼罗河由这两个湖流出；一封骄傲的电报向世界宣告：尼罗河的河源问题解决了，却没有考虑到，真正的尼罗河源头还没有被发现。在返回喀土穆的途中，他遇见巴克尔正由喀土穆出发，要到大湖去。

南部非洲的知识也有了大的进步。英国占领开普地以后，许多布尔人向内地迁移，因而欧洲殖民的区域和地理知识的范围都向北推进了。若干发现旅行，如利希滕施泰因或布尔歇尔的旅行，都走在布尔人之前或者比他们前进得更远。但是，英国的传教士利文斯通却获得了发现的最大功绩，如果不说他是最伟大的非洲旅行家，起码也是最伟大者中之一。他由南方出发，于1849年到达恩加米湖，1851年到达赞比西河，然后到达临西海岸的罗安达，由此返回赞比西河，沿河下行，1856年到达克利马内。这是第一次横穿非洲，虽然还是在非洲比较狭窄的地方。

---

① 当时土耳其驻埃及总督。——译者

② 阿伯特湖现名蒙博托湖。——译者

发现工作也进入了澳洲内部。1813 年越过了蓝山①。但是在山的那边不久便遇到了很大的困难，虽然和非洲的情况不同。澳洲内部，从卡奔塔里亚湾和斯潘塞湾连线以西，大部分是一片人烟稀少和缺水的灌木草原，也有一部分是沙漠地带，这使向前推进的工作遭受极大的困难，而且也没有什么引诱人的东西。最重要的旅行，是和斯蒂尤尔特、米特舍尔、失踪的莱希哈特、埃伊雷和斯蒂尤尔特这些人的名字联系着的。

在北美洲，由东海岸出发的盎格鲁撒克逊人的殖民事业，十八世纪末期便越过了阿巴拉契亚山脉。而这时候，若干考察队已经更向西进了；路易斯和克拉克在 1804—1806 年发现了密苏里河的源头，越过落基山脉到达哥伦比亚河和太平洋，皮克考察了落基山脉。移民事业初期进展缓慢，大约从三十年代起，即在到达了茫无边际的大草原的时候，便更迅速地向西推进了，可是接近了干燥地带的边缘（西经 90 度和 100 度之间）后，又不得不暂时停步。不过到了四十年代，先是得克萨斯，接着是南部科迪勒拉地区和加利福尼亚，都落到了合众国手里；从西班牙殖民时代以来，它们原来都是属于墨西哥的。因偶然的幸运而在加利福尼亚发现了金子，于是移民像潮水一样蜂拥来到这里，并从这里向外发展，进入科迪勒拉地区，以专门寻找金银。这样，空间的知识便扩张到大陆的广阔地带。但是，准确的测量和考察却是此后的事情。

南美洲的发现工作和北美洲的大不相同，是从各个方向齐头

① 蓝山在澳大利亚的新南威尔士州，悉尼的西面，高达 1230 米，有深谷，称为蓝色的卡通巴山。——译者

并进的，并且在前几世纪已经有了很多大的进步。奥雷利亚纳下航亚马孙河，于1540年已经横穿了大陆的最宽阔的地带，同时也有人从拉普拉塔河出发，向北深入内地。以后的几个世纪都曾扩大了空间的知识，可是在地图上内地仍然留着相当大的空白，就是到了本时期，这些空白也只是稍微缩小了范围，例如由于朔姆布尔克在圭亚那的旅行和巴西境内几次内河航行所得到的结果。

十九世纪的前半期是大规模科学考察旅行和典型的旅行记的时代。前一个时期也已经有科学旅行；但是其中最大的一些都是担负着天文学和测地学的任务，另外一些则偏重植物学、动物学或者考古学。具有重要价值的纯正地理学的旅行记，就几乎只有两位福斯特尔的作品了。这种新事业是洪堡的不朽功绩，当然他也从福斯特尔那里接受过极大的启发。他在中南美洲的大旅行中开辟了新途径，除了天文学的观察和自然史材料的搜集，还包括了各地方和它们的居民的整个特性，而且采用很出色的方式加以描写。他的范例产生了有力的影响；以后几十年的大旅行家，都不满足于从事天文学的确定地点或者自然的考察，搜集矿物、化石、植物和动物，而且整个地理解各地方的自然情况，时常用诗一样美的文字描写这些情况。

像上世纪两位福斯特尔参加库克的第二次旅行一样，这时也有些学者参加许多海上考察队，他们把所得的印象报告给我们。由科策比舰长率领的一次俄国人的航行（1815—1817年），便有诗人沙米索参加，他是一个法国的流亡者，但是他完全变成了德国人。吕特克率领的另一次俄国航行（1826年），有飞禽学者基特利茨参加，他关于堪察加的记述享有盛名；普鲁士海上贸易公司的一只船的航行（1830 年），有植物学家梅延参加；1826—1830 年，英国舰长菲茨罗伊一次专作海岸测量的航行，有青年自然研究家达尔文参加，他从这次旅行带回来极丰富的科学收获，以及对于他划时代的理论的启发；地质学家丹纳，参加了威尔克斯的美洲考察队。

在欧洲，只有极北地方还可以进行大的考察旅行，剩下的大陆部分则已为局部的研究所解决。典型的旅行，主要有地质学家布赫在斯堪的纳维亚半岛的旅行（1806 年），以及后来他到加那利群岛的旅行（1815 年），施伦克在俄国欧洲部分东北部的旅行（1837 年），黑尔默森在乌拉尔山的旅行。埃曼于 1828—1829 年穿过整个西伯利亚。米登多尔夫在西伯利亚北部和东北部的旅行（1842—1845 年），从科学上看成就较多，是最重要的科学旅行之一。三个柏林科学院院士——洪堡、埃伦贝格和罗泽——受俄国政府之命到阿尔泰的一次旅行，固然没有发现什么未知地方，但是却推动了洪堡创作他的关于中亚细亚的名著。俄国的考察也伸展到高加索地方和亚美尼亚，为俄国人服务的德国人阿比希考察过这个地方的山脉构造。

在其他小亚细亚地方的旅行，大部分都带有考古性质；对巴勒斯坦考察得特别详细。欧洲人的考察还未能进入中亚细亚，就是中国，也是在本时期末为欧洲人开放了几个港口以后，才为世界所知道。西博尔德报道了关于日本的消息，他以荷兰使馆医生的身份到了日本。前印度在英国统治之下，就科学的所有部门都进行了专门的考察；值得提及的是施拉京魏特兄弟和植物学家胡克尔的一些旅行，后者考察过喜马拉雅山的植物。后印度的大部分仍然还在闭关状态。在荷兰统治下的东印度群岛考察工作做得格外积极;尤其是德国的自然研究家容格胡恩在爪哇和苏门答腊所作多方面的非常侧重地理的考察,以及英国人华莱士所做成为动物地理学基础的动物学的工作,都是第一流的成就。

安静的科学研究只有在非洲个别地区能够进行。在埃及和努比亚,东部苏丹和阿比西尼亚,科学旅行家的数量最大,其中著名人物有鲁塞格尔、吕佩尔和霍伊格林等。大发现家中尤以巴尔特堪称科学考察旅行家。

在澳洲几乎还没有科学的考察,奇怪的是北美大陆也只吸引了很少的科学旅行家。

南美洲则成为很有诱惑力的地带。居于首位的是洪堡的大旅行。1799 年他访问了加那利群岛以后,在委内瑞拉的海岸登陆。他考察了北部的山地,横穿利亚诺斯平原,上溯奥里诺科河,又回到北海岸。然后他访问古巴和墨西哥,并再次进入南美洲,旅行哥伦比亚(当时的新格拉纳达)、厄瓜多尔和秘鲁北部。一般地理学的两个分支学科即科学的气候学和植物地理学的建立,当归功于这次旅行,不仅如此,它还带来了许多光辉的地区记述,我们在以后的章节中将可见到,这些后来都成为自然科学地志的典型。

洪堡旅行后不久独立斗争爆发,长时间地妨碍了科学的旅行。但是,以后南美洲所吸引的考察旅行家比其他大陆都多。这里只提出其中最突出的几个。按照时代和地位而论,当首推两位慕尼黑的自然研究家斯皮克斯和马齐乌斯在巴西的旅行(1819—1820年)。在他们以后有植物学家珀皮格,他旅行到智利和秘鲁北部,然后下亚马孙河(1826—1832 年);还有丘迪,他在秘鲁(1838 年)、后来在南美洲东部旅行过；朔姆布尔克兄弟也可以称为圭亚那的科学考察家。英国的两位自然研究家都曾在亚马孙河的低地工作过，一位是华莱士(1848—1852 年)，在他去东亚之前，另一位是巴特斯(1848—1859 年)。两位法国考察家——德奥尔比格尼斯和卡斯特尔诺伯爵的旅行，则在更为南面的地方。

在这个时期，测地、地图测绘和制图的进步非常大。属于这一时期的，德国有两次最重要的测度，汉诺威的测度由高斯指导，东普鲁士的测度由贝塞尔指导；还有在斯特鲁维指导下的大规模的俄国测度，以及大规模的印度测度。贝塞尔按照这些测度计算了他关于地球扁球体的长期认为是标准的数值。在大多数欧洲国家，这时主要由于军事的兴趣，因而都在军事部门的指挥下测定了精密的地形图，这种地图后来形成绘制测量过的各地区新的略图(齐格勒、巴本、赖曼)的基础。各国的尤其是英国的海军船只，为了航海的安全都开始精确地测量欧洲以外各地的海岸。许多旅行家也着手用绘制地图的方法测定他们的路线；但是，这时候路线图所占有的地位还不如后来那么重要；因为它的测定和动植物的采集活动——这是当时大多数旅行家所注意的事情——难以兼顾。在用三角法测量过的其他各个地区，测高的数量仍然有限，因为水银气压计携带困难，轻便的无液气压计是到了本时期末才发明的。更好的地形表示法大多用阴影线法，即流行于专用地图，也使用于略图。大地图都汇集了地形的知识，如阿罗斯迈思的英国大地图，施蒂勒和基佩尔特的德国大地图，魏玛地方的大地图。

虽然地球物理学和地质学同地理学分开了，然而它们的进步对于地理学仍很重要，因为地理学需要它们的帮助，以取得它自己

的成果。这里要提一下，对地球内部的解释的进步，归功于英国物理学家霍普金斯和德国化学家比朔夫。如果说法国伟大的动物学家居维叶建立了科学的古生物学，则布罗尼阿尔特和绘制了第一张大地质图的史密斯根据他的成就建立了地层学，于是地质学的重心转移到地层学上。虽然它的进一步发展对地球上山脉构造因而也对各地区的地理理解十分重要，在这里却无需仔细地研讨。

具有直接的地理意义的，是对构成地表形状的过程的解释。本世纪初期，因为认识到玄武岩是由炽热液态的岩浆形成的，火成造山说就压倒了维尔纳的水成造山说。布赫提出了喷火口隆起的理论。根据这种理论，他把德国的山脉按方向划分为三个山系；法国人博门特更进一步推演这种观点，试图证明山脉各种不同的方向相应于它们形成的不同年代，并根据这种假说建立地球上山脉的一个体系。但是，火成造山说学派也已经开始衰败了。斯罗珀根据法国中央高原的考察反对火山隆起的存在，并证明一切火山都是因堆积作用而形成的。1830 年图尔安在瑞士的汝拉山，1842 年罗格斯在阿巴拉契亚山，都认识了山脉的褶皱构造，大家也越来越认识到地壳因水和一般地说因地表过程所引起的地面形变。

造成固体地表形状的原因，直到这时大家都设想是剧烈的大灾难或者地球突变，按照水成论的假说是巨大的洪水，按照火成造山说的假定或许是地球内部的强烈变化。但是，在图林根的学者霍夫提出关于地表缓慢变化的概论以后，赖尔在一部基础著作《地质学原理》(*Principles of Geology*，1803—1833 年)中，针对地球突变的假定论证了进化理论，它以缓慢的渐进的发展代替了地球的突变，或者换个说法，就是从当前的变化出发的现实论，或者划

一论，即估计地史中各个时代的变化有相同性。地质学对地表的现实变化过程，必须比对于过去更加重视，因为没有这方面的知识，就不可能理解地球的历史。动力地质学这个学科产生了，它和所谓自然地理学有密切的联系，自然也对地理学本身做出了不可估量的贡献。英国作为这个研究方向的起源地，其典型就是最先注意到沿岸海岸研究工作；对河流、冰川、风的研究工作一般很少重视，或者不大注意。在这个时期还几乎谈不到系统地理解地表形态，谈不到固体地表的地貌学。由达尔文建立、丹纳继续完成的，而为阿加西茨以及别人所反对的珊瑚礁理论，对于隆起和下沉理论有巨大的影响，但在学术界却处于颇为孤立的地位。

韦伯兄弟完成的波浪学说，潮汐理论的进步，尤其是威威尔的潮汐等时线的设计，以及雷内尔关于洋流的工作，对于海洋学都极为重要。内地水流的知识只有很少的进展。

气象学和气候学、地理学中涉及大气的辅助学科和分支学科，则取得更大的进步。但是，它们这时还是结合在一起进行的。1819 年，洪堡所画的平均年等温线是开拓性的，因为这个做法给我们提供了研究地球上温度实际分布的手段，从而越出数理气候带的范围。这是建立在平均值上的统计气象学和气候学的开端。多费更前进一步，他绘制每个月的等温线，而且为了便于了解设计了等值线地图。随后又作了其他气候因素的相应表述。布赫由于绘制温度和气压图时加绘上罗盘针指示方向，开辟了一条新的途径，这种罗盘针使我们知道温度和气压受制于风向的关系。过去已经认识了有规律的风如信风和季风的原因；现在多费打算借风向转换的规则(1826 年)来理解高纬度地方不规则的风向变换,并由赤道的气流和两极的气流的变换解释天气。

植物地理学的创立也要回溯到洪堡。受福斯特尔的启发,洪堡早年就已经把注意力转向植物地理的研究,在他的大旅行中都特别致力于这项工作。热带的美洲特别适于研究植物随地形高度的分带,以及具有特殊的植被形相的原始森林和热带大草原。当他逗留在基多的时候,他写了一篇题为《对于植物地理学的管见》(*Ideen zu einer Geographie der Pflanzen*)的文章,里边含有植物地理学大部分指导思想的萌芽。1807 年,这篇文章和关于昼夜平分地带自然情况的描绘一起出版。后来接着出版了他的《植物分布绪论》(*Prolegomena über die Verbreitung der Pflanzen*, 1815 年)和《对于植物形貌学的管见》(*Ideen zu einer Physiognomie der Gewächse*)。这些著作往往受到植物学家不恰当的品评,他们在这些文章里只见到对植物界的一种美学评价,没有注意到形貌学是现象的外部表现,现在把它叫做生态现象。茎、叶、根的植被形相和感官的直观所发生的联系,要比主要建立于花和果上的植物体系明显得多;但是,这些体系也显示出植物的生活方式及其对于生活条件的适应,因而就和自然亲族平等共存,且具有较大的地理意义。从它们的生态特性看,植物群落——用后来格里泽巴赫所给的名称——即分布在大片地区的植物组成,如原始森林、热带大草原、沙漠草地、草原等,它的地理意义还要大一点。特别是旅行家,如马齐乌斯、珀皮格、梅延等,继续沿植物地理学这个方向进行工作。洪堡对于植物随地形高度分带也特别注意,并企图把这种现象归之于温度的一定作用。以后瓦伦堡在拉普兰工作时,便

应用这个方法理解植物的分布极限(1812 年),在以后的工作中又用以理解植物在瑞士和喀尔巴阡山分布高度的界限。在这些高纬度地方,事实证明取得年温度还不够用,人们感到必须追查到每个月或者至少每个季度的温度。另一方面,洪堡还完成了植物统计,即计算不同的科、属、种在一个地方的植物中数量的分配。一些记述一个地方植物的大型著作中,如布劳恩的澳洲植物,或者马齐乌斯的巴西植物,更是继续完成了这种研究工作。德堪多的《植物地理学原理》(*Géographie Botanique Raisonnée*,1855 年出版),可以算做这个方向的终结性著作。略早一点(1846 年),福尔布斯研究不列颠群岛的植物时,曾注意到在较近的地质历史时代中海陆分布与现在不同。

动物地理学比植物地理学发展得略晚一点,而且也缓慢一点。到了四十年代,安德雷阿斯·瓦格纳才又继续拿起了齐默尔曼关于哺乳动物地理分布这个工作,并由气候和植物界所提供的生活条件解释这种分布状态。别人也追随着类似的想法,施马尔达用这个观点集动物分布知识的大成(1853 年)。华莱士在东印度群岛所作的开创性的动物地理学研究,是本时期末的事。据他的研究,群岛西部和东部虽然气候十分相似,植物界十分相近,但是动物界却全然不同。

由于对人类体质构造和语言的理解的进步,由于遍及各大陆的旅行,人类学和民族学到这时才在普赖查德领导下真正成为科学。上述那些因素也给民族地理学提供了丰富的资料。统计学也赋予它另一些宝贵的材料;因为在一切文明国家中这时都进行了人口调查,经济生产和商业也都有了统计资料。

对人类自身的地理考察，即从人类和各地区自然情况的联系中来考察人类，医生、政治学家、历史学家先前都曾发表过极好的思想，现在地理学也完全采纳了。取得这些功绩的是洪堡和李特尔，虽然他们所采取的方式不同。

洪堡喜欢并且有能力从因果的联系上去理解他在一个地方所见到的各种各样现象，把它结合起来成为一个整体，他这种嗜好和能力也施展到人类和自然的关系上。他的旅行记中的许多段落和章节都证明了这一点；但是，在他论到新西班牙（即墨西哥）的著作中，我们所看到的这种对于人类地理的理解却是最出色的，虽然这种著作并非真正的地志，乃是一种国家学，而且在许多方面都超出地理学的范围。洪堡的考察方法基本上是自然科学的，着重在人类对地区自然情况的直接依存关系以及它的适应。这个方法，主要得到科学旅行家的响应。

卡尔·李特尔的观察方法和洪堡根本不同。他的方法来自直接观察各个地点或者地方的少，来自总括的历史的概观的多；他的方法，狭义因果论的成分少，而相应于他的宗教观念、目的论的成分多；在他看来，地球是人类的学校，在这里，人类的历史按照预先安排好的计划而演变。这种见解最明显地表现在学术论文中。在这些论文中，他讨论地表的水平和垂直分带对于人类历史的影响，在讨论中领会和继续发展在古代例如在斯特拉波的著作中已经存在的思想。但是，我认为在最重要的一篇文章《地理科学中的历史因素》（*Über Das Historische Element in der Geographischen Wissenschaft*，1833 年）里，他分析历史过程中各种影响的可变性，从而超出了以前的范围。

历史学家如亨利·利奥、姆·东克尔、埃·库齐乌斯，国民经济学家如罗雪尔、克尼斯，都受了李特尔的影响，对历史和经济生活的自然条件给予特别的注意。但是，可惜人们必须说，这种启示仍然是个别的，而且大部分又消失了，大约因为这多半是富于想象的思想，缺乏那种严谨的深入细节的完善性。当时地理学本身还十分缺乏广阔的外在基础，因而不能有许多人从事这种研究。门德尔松的《日耳曼人的欧洲》(*Germanisches Europa*，1836 年出版)，可算是历史地学中最好的著作，可惜后来太不适当地被遗忘了。对于历史进行最广泛的考察的是埃·卡普的一部书：《比较的普通地学》(*Vergleichende allgemeine Erdkunde*，1845 年出版)。在这部书里，李特尔和黑格尔两家的思想结合起来了。在克里克的许多文章中(1840 年)也包括许多关于人类受制于自然的富有教益的阐述。不知疲倦的旅行家伊·格·科尔，在他的旅行记中收集了许多人类地理学的观察资料，当他在一部青年时代的著作(1841 年出版)中，从人类受制于地表的构造这一观点出发，对人类的交通和迁徙作了演绎法的考察以后，写了一些关于莱茵河和多瑙河的地理书；到了老年，他又转回到他喜爱的这个课题来，写了一部论述欧洲诸大都市的地理位置(1874 年出版)的书。卡尔·安德烈写了许多关于各个地区的专门论文，关于人类的地理情况在论文中占显著地位。此外，1867—1872 年，他写了一部极生动的世界商业地理学，可惜在别人订正的最后几卷和新订正版中失去了它这部书原有的精神。

由以上所述，可见地球知识的所有部门都有巨大的进步。地

学的形成，尤其是地理学的形成，也必然伴随着这种进步而出现[①]。就地理学的起源说，它是最老的最受尊重的科学之一，可是到了现在才成熟为完全的科学，较之许多其他科学都晚；可以说，地理科学的再建始于十九世纪初期，虽然它和过去的发展是互相联系的。很长时期中把这个功绩单纯归于李特尔，把他当做近代地理学之父，这种看法是不公允的，除李特尔外，并在他之前，还有洪堡，前者受后者的影响很大。虽然洪堡不曾注意到地理学的方法论，没有写过系统的地理书，没有培养出一个地理学派，可是他却给了我们科学的启发，地理学就是在这些启发下建立起它的大厦的，而充分发展起来自然是几十年以后的事了。贬低洪堡的功绩，在晚近是自然研究家中流行的态度；我们同意他们，承认他在各个自然科学部门中都不是一个第一流的开创性的研究家。他的开创性的成就正是在地理学这个领域。他不太着重个别的自然现象，而是针对着自然界这个整体。自然，他也像他的伴随者邦普朗德一样勤于搜集植物；但是，他感兴趣的不是个别的植物，而是整个植物界。他对于自然知识的一切部门都有类似的情形。正是他突出地具有的两种天赋，构成了地理学观察的特性：以比较的态度，在全地球上探索他在一个地点见到的现象；总是把一种自然现象和出现在同一地点的另一种自然现象联系起来。前一种观察方法使他成为一般地理学的许多分支的建立者，特别是气候学和植物地理学的建立者，从某方面看，也可以算是地理地质学的建立

① 以下的讨论，可参考我在蒂宾根的就职讲演：《十九世纪地理学的发展》(*Die Entwicklung der Geographie im 19.* Jahrhundert)，1898 年，莱比锡 Teubner 出版社。

者；由于这些工作，他成了地志学的大师。他在暮年时期的名著《宇宙》(*Der Kosmos*)中，把一般地学和天文学汇合在一起，这固然也丰富了地理学，却不能算做纯粹的地理学著作。

李特尔具有不同于洪堡的天性，他经受了另一种教养过程。固然他也做过多次的旅行，尤其是晚年为了扩大他的地理眼界；但是他并非科学的旅行家，或者一般地说并非自然考察家，而是一位教师和书斋中的学者。他的地理学是源出于学校和手册中的地理学。他的努力属于改革性质的努力的范围。从十八世纪中期以来这种改革就波及整个地理学，而李特尔的努力则是这种潮流的结束和完成。因为一直停留在纲领和无力的尝试上的这种情况，到了李特尔，经过几十年长期不倦的工作，始成为科学的成就。这种成就是受了时代的更深刻的科学精神的影响的，不少科学的创立正是表现着这种精神；这种成就是受了自然科学旅行家的影响的，尤其受洪堡和布赫的影响。因此，枯萎了的地理学才又重新获得科学的性质。在近几百年间，它只注意到它的知识对于实际生活的应用，现在它却变成了一种纯粹的，或者如李特尔所说成了“一般的”科学，它是为知识本身服务，然后才想到实际的应用。直到这时为止，虽然有比申格那样认真的研究精神，但杂凑地抄袭却是通常现象，而李特尔关于非洲和亚洲的大书，是根据经过最彻底地鉴定的资料研究而编写的，这种研究在外表形式上也显示出来，甚至超过了必须的程度。直到前不久，地理学仍然停留在记述方面，但是现在却在努力追求关于内部联系的知识——虽然所达到的程度还是片面的和不圆满的——因此，可以把这时的地学称为“比较的”。地理学的范围大致仍然一样：数理地理学——意味着地球的

运动和形状的学问，在李特尔的地理学中，它和一般的自然地学一样鲜有立足之地；他的地理学的对象是地区与地区间、地点与地点间地表的不同成型。但是各个地区的内容，就不是像前几世纪那样只在民族、国家和定居点中搜罗；在加特勒尔的启发下，李特尔也打算阐述地表的自然情况。他完全是有意地在他的地学书名上加上“和自然的关系以及和人类历史的关系”。当然他的论述也仍然是落后于所设想的；对于地区自然情况的观察主要限于海岸轮廓、土地形状和水文，而气候、植物和动物界（除了对人类有用的产品）则不受重视。对自然的理解和对人类的理解，大部分只是描述，很少深入探索原因，而这在当时的科学水平看已经是可能的了。在各卷成书的过程中，适应自然科学的进步，对自然的观察应该愈来愈丰富，可是情形却正相反。我认为，在这里，是李特尔具有强烈宗教意味的并受当时自然哲学影响的思想方法起了作用；重视原因的自然科学的思想方法决定了洪堡等人的地理见解，而对他却格格不入。他把地球比做一个有机体，把人类在自然界中的地位比做灵魂和肉体的关系，他认为地球自然情况的最终原因在于它对人类起的作用；因此他追问自然情况的原因少，追问它对于人类的作用多。这种自然哲学的和目的论的考察方式符合当时的时代精神，无疑促进了李特尔对他的时代所起的伟大作用；但是，这种作用也必然与其时代精神同归于尽，所剩也就不能满足渴望探寻原因的见解的新科学精神。

此后几十年间的地理学处于李特尔的影响之下，所以有理由称为李特尔学派。和李特尔以前的地理学比较起来，李特尔学派是进了一大步：除了上述对于人类的地理学所做的工作，从这个学派中还出了不少优秀的地志著作，如迈尼克的《关于澳洲大陆》(*über den Australischen Kontinent*)和《澳大利亚群岛》(*über die Australische Inselwelt*)两部著作，库岑的《德国和格拉茨伯爵封地》(*Deutschland und Grafachaft Glatz*)，古特的《不伦瑞克和汉诺威地区》(*Lande Braunschweig und Hannover*)。但是，李特尔学派的地理学毛病出在片面性，这是由师傅手上接受下来的，不但没有克服，反而更加严重了：缺乏深刻的对自然的理解，片面地侧重于人类方面；在这里地方也时常停留在一般性的空话。因此它失去了自身的内在平衡和它的独立作用，下降为历史的一门辅助科学。几乎完全没有深入的科学的专题研究。有几种读本，早期的如后来当了陆军总长的罗恩和鲁热蒙特所编的书，晚期的如古特的书，在某些方面还有丹尼尔和库岑的书，都为李特尔所孕育；但是专供实用的一些手册：施泰因—赫舍尔曼(新版本由瓦波伊斯等人完全改写过)、丹尼尔、克勒登等，则又占据优势。地理学在大学中没有地位，这当然也必定起了削弱的作用。

历史地理学著作，如库齐乌斯的《伯罗奔尼撒半岛》(*Peloponnes*，1851—1852年出版)、诺伊曼的《斯基滕地区的希腊人》(*Hellenen im Skythenlande*)以及他死后由帕尔奇编辑订正的《希腊地理学讲演集》(*Vorlesung über die Geographie Griechenlands*)，都呼吸着李特尔的精神，而关于古代地理学的一般手册，如曼内尔特、乌克尔特、福尔比格尔等人的，却是偏重于哲学的著作，没有真正地理学的见解。

具有瓦伦那样看法的和十八世纪的这类著作中的一般地学，继续处于纯正的地理学之外。固然在个别著作里，如林克、施密德、施图德尔等人的书，也连带地讨论到一般地学，但是，当知识增进了，科学方法不断进步、日臻完成的时候，它便逐步分化成各种不同的学科；一般地学作为一门科学已不可能了。基于岩石和化石的学说，即岩石学和古生物学，地质学在十八世纪末期便已经成为一门独立的科学，它还把固体地表的变化作为动力地质学吸收进来，借以说明地史。气象学在十八世纪末期也开始向独立的途程迈出第一步，这时已经成长为一门独立科学，但是和气候学仍然密切地结合着。海洋学和水文学则面临着独立的发展。在英国比在我们德国发展得更快的地球物理学，现在开始离开物理学母亲的怀抱，成长为一个专门的科学，它把数学的计算和物理学的实验应用于地球。可是，在分化成为各个科学的过程中，依然存在于一般地学中的地理学内容渐渐消失了；地理分布的事实全被束之高阁，尤其是各个自然界事实的联系消失了。

有机的自然界不属于普通地学的范围，乃是为植物学和动物学保留着的。它们现在也要推进植物和动物的地理分布知识。但是在这里，考察的观点也和地理学的观点不同。显然，植物学和动物学是从事研究植物和动物，不像地理学是从事研究地表的状态，从事研究地区和地点的植被和动物界。如果它们考察了这些事实，个别人十分成功地进行了这种研究工作，那他们就超出了自己的学科范围。

在古代，地志学和民族学永远是密切地结合在一起的，这因为旅行家对于地区和民族的观察是同时进行的，而且也因为这两方面的研究只是描述的，还没有接触到各种不同的因果关系。现在对于人类体质特性有了较好的知识，语言学也打下了稳固的基础，民族学就发展成为一门独立的科学，可惜在大学中仍未取得它应有的地位。由阿亨瓦尔建立起来的那种形式的统计学，固然在专供实际生活应用的一些手册里还长期和地理学结合在一起，但是却被科学的地理学摒弃了；可惜直到今天，虽然有过某些尝试，它还不曾发展成为国家学的一门独立学科。

除了地理学，不少别的科学产生了，它们分别抚育地理科学的一部分，但地理学本身却仍然保留着一个大空白。对地区的一般自然特性和它的居民的论述，是由福斯特尔、帕拉斯等人所开拓，以后由洪堡所完成的，仍既不见容于地理学，也未能在科学的大厦中的其他地方找到一个安身之处。它仍只归属于旅行记。那时的旅行记这类文献包括丰富的地区记述，具有高度的科学价值，往往也具有艺术价值。这些旅行家在他们的旅程中都变成地理学家了，在那个时期，他们是真正地理学的实际代表人物，虽然他们没有被看做地理学家，并且和李特尔学派的地理学很少接触。他们的成就，到了下一时期才被吸引到地理科学中来。

在这个时期，地理学倒是相当普遍地成为至少是比较高级的学校的一门课程，但是仍然只限于低年级，且多半是由从未研究过地理学的教师担任教学，受委担任这种地理课程是补足他们的课时。由此可以了解，课程的内容仍然是贫乏的，多半是专门讲授地志和背诵名称、数字。如有把地图作为中心，并练习绘图，就已经是一个进步。很少涉及地区的自然情况，李特尔精神的影响至多扩及城市位置的讨论。

教科书适应着这样的课程，往往是空洞地罗列事实。在早几十年间，迈尼克写的课本（1839 年出版）好像还算是水平线以上的；后来出的皮茨的书也还给我留下极好的印象，我不很明白，后来的教师为什么却恰恰对这本书进行攻击。教学用地图也是充满着名称和政治疆界，直到聚多极力省略名称和国界而坚决推重地形，才有了改进。

卡尔·李特尔仍然是地理学方面唯一的大学教师，他死后讲座便空起来了。此外只有别的学科的若干代表，如格廷根的统计学家瓦波伊斯，布雷斯劳的历史学家诺伊曼，讲过地理学课程。

对地理的兴趣只是在几个地理学会中有所发展：巴黎地理学会创立于1821年，柏林地理学会创立于1826年，伦敦地理学会创立于1830年。在这些学会中旅行家们可以互相结识，学会也出版地理杂志，借以推进地理学的发展。

第二节 当代的地理学

当代的地理学，在其主要的特征上区别于洪堡和李特尔的地理学，以及他们的学生和后继者的地理学。当然不能够把两者严格地划分开。1859年是新地理学的两位创始人去世之年，人们可以说，整个时代都跟着他们进了坟墓。同时，这又是达尔文《物种起源》(*Entstehung der Arten*)这部书出版的一年，这部书不只对于生物学，而且对于植物地理学和动物地理学以及人类地理学，也都具有极大的意义。由佩舍尔的《比较地学的新问题》(*Neue Probleme der Vergleichenden Erdkunde*)而在地理学见解上真正引起变革，却在十年以后才开始。

国家对各地区的强占和殖民方面的进展，运输业和交通的发展以及因此旅行所得到的便利，还有由于军械技术改进不断获得成功而日益增长的对自然民族的优势，制造罐头食物的进步，日新月异的医药和卫生知识和其他事物，都使旅行容易了，并使进入未知的和敌对的地区成为可能。因此这个时期，在北极和南极、中亚细亚、非洲和其他大陆的内部，即仍不为世人所知的地区，也为知识所占领了，把地图上的空白填补起来了。大部分发现旅行家现在也多少具有科学的教养，可以把他们同时当做考察的旅行家看待了。但是狭义的考察旅行所要克服的外部困难比以前少了，且多半局限于狭小的范围，往往又限于一定的课题，即专门化了，或者针对着植物学或动物学方面，或者地质学、民族学和考古学方面，或者狭义地针对着地理学方面。为了增长自己的知识，或者为了娱乐，这类旅行者愈来愈多了；但是如果他们是有教养的人，或者是具有科学素养的人，便也可以带回许多有价值的观察材料。尤其是现在很容易实现的环球旅行已成了流行的事情，环绕地球的漫游者充斥着远渡重洋的轮船和旅馆，但他们并非都是头脑清醒的人。一种特殊的旅游者是登山家，他们不再以攀登我们阿尔卑斯山未曾被征服的山峰为满足，他们还要踏上或者企图踏上欧洲以外的山脉的最高峰，并由此而增进了对高山的知识。

由海军船只进行的并有学者参加的世界大旅行很少了；值得提出来的只有十九世纪六十年代奥地利的诺法拉考察队。研究深海的考察船则属另一类：十九世纪七十年代有“查伦格号”的英国考察队，“蒂尤斯卡罗拉号”的美国考察队，“加策莱号”的德国考察队，后来有动物学家库恩率领的德国“法尔迪菲阿号”的航行(1898—1909 年)，最近有德国“梅特奥尔号”的航行，后者只限于南大西洋的范围，而且多次横渡，因而就带有不同的特点。

知识也向着极北和极南前进，最后达到了两极。

从事北极考察的第一大步，是1878—1879年诺尔登斯彻尔德乘“费加号”回航亚洲。探寻了这么久的东北通路因此也被找到了，而且同时确定这条路不适于经常航行；只有到鄂毕河口或者至多到叶尼塞河口，经常的航行才是可能的。在五十年代，从北美两侧的发现工作达到了班克斯地，北美北部的边缘才算被确定下来。这时美国人卡内、哈耶斯和哈尔，英国人纳雷斯，都为群岛的进一步发现作出贡献。1902年，斯维尔德鲁普在群岛的北部逼进到西缘；1903—1906年，阿蒙森大致循着大陆的海岸最后完成了西北通路。由科尔德魏和丹麦人柯赫率领的德国极地考察队，沿格陵兰东岸进一步扩大了知识；披利驾雪橇旅行发现了北岸，从而完全确定了格陵兰的岛屿性质。1883年，诺尔登斯彻尔德从事进入格陵兰内陆冰地的第一次伟大探索；1888年南森第一次成功地横穿格陵兰，后来别人也横穿过。由帕耶尔和魏普雷希特率领的奥地利探险队，1873年已经发现了法兰士-约瑟夫斯地群岛；1893—1896年，南森先架雪橇、最后徒步由新西伯利亚群岛一带出发，向西徒步横过北冰洋，越过北纬86度；1900年，意大利人卡尼，他是阿布鲁增公爵的一个随从，达到了更远的地方。1909年4月6日，披利长途跋涉越过结冰的海面达到了北极，或者至少是位于北极附近的地点。

南极的考察，在罗斯旅行以后一时陷于停顿。在德国人诺伊迈尔和英国人马尔克汉的鼓动下才又恢复起来。但是最强有力的推动则来自一艘挪威捕鲸船的航行，因为参加这次航行的青年自然研究家博尔希格雷温克第一次踏上了南极大陆。格尔拉黑和阿尔克托夫斯基率领的“贝尔吉卡号”，于1898—1899年第一次实现了在南极冰原中过冬；博尔希格雷温克于1899—1900年驾狗拉雪橇进至78度50分处。在以后的几年间，各国考察队几乎同时热烈地争取得到南极地方的知识：德国的由德利加尔斯基率领，英国的由司各特率领，苏格兰的由布留斯率领，瑞典的由奥托·诺尔登斯彻尔德率领，法国的由夏尔科特率领。英国的探险队运气最好，它的活动区域在罗斯海，这里海面伸入极地最深。在一次雪橇大旅行中，司各特穿过罗斯海的冰面，在其南的山脉中行进了一段路程。其他探险队接着来了。沙克利通于1908年在长途的漫游中穿过高原，前进到88度23分处，他的随从戴维斯找到了南磁极。1911年阿蒙森到达南极，司各特比他晚几个星期也到了。沙克利通穿过南极大陆的一次尝试（1914年），刚一开始就失败了。

不能否认，在北极和南极的发现工作中，体育的荣誉感超过了科学的兴趣；但是科学的成绩也是重大的，虽然在个别地方空间知识照旧有许多空白，南北极海陆分布的大轮廓却是确定了。现在我们知道，在北亚和北美，在北美的北极群岛和格陵兰等地以北，只有零星的岛屿，主要部分是海洋，当然不像长期为世人所信的那样是汪洋大海，而是一年到头大部分满盖着冰的海洋。但是我们也知道，南极相反，不只有一些零星的岛屿，而是一个仅由一条狭窄海峡分开的大陆，其大小居于澳洲大陆和南美洲之间。澳洲大陆在地理学史上曾扮演过重要的角色，虽然整个大陆并不怎么大，现在它却可以庆祝它的复活了。探险站对于科学地研究极地气候和一般的自然情况非常重要，1882—1883年间，各文明民族在这里按照共同的计划进行了种种观察。

现在让我们转向各大陆的内地吧！

欧洲是一个经过精密测绘和仔细考察的地区；发现家的求知欲只有靠攀登阿尔卑斯山高峰来满足。

对亚洲的知识有了长足的进步。西伯利亚已经进入仔细考察的阶段，负责这项工作的不再是德国的研究人员，而是俄国的研究人员。西伯利亚大铁路的建成，使许多旅行家穿过这个地区至少可以对它获得一定的印象。从七十年代以来，图尔安[①]——即阿拉洛卡斯皮低地及其边缘地区——也并入了俄国的版图，因而给科学研究打开了门户。六十年代时，匈牙利的东方学者瓦姆拜里还只有装扮成伊斯兰教的朝圣者才能够在这里旅行，现在只要有俄国护照便可以坐火车进入。除了俄国穆施凯托夫等人的考察，外国的旅行者也使知识丰富了。高加索各地的知识则特别是由于拉德的努力得以加深。

现在，到原来土耳其去旅行也容易了。从事考古学的旅行家尤其乐意造访小亚细亚，基佩尔特制成了小亚细亚的地图。菲利普松详细地考察了西部地方。战争也促进了知识的进步。关于叙利亚和美索不达米亚的情形，大致和上述相类似。反之，阿拉伯地区因其自然情况和居民性情暴躁，很长时期都为欧洲人的进入造成极大的困难；直到今日，进入内地的旅行都还是道地的发现旅行，地图上满是空白。伊朗按照对它的知识的程度说占据中间地位；旅行还是困难的，缺乏精密的测绘；但是，各国的旅行家们大体

① 图尔安在里海以东、咸海周围苏联中亚的低地，占据土耳其斯坦的绝大部分。——译者

上已经明了了这个地区的特征。

约在 1860 年,对于中亚细亚还几乎不知道什么;1857 年施拉京特魏特在喀什被杀害。现在考察工作大致同时从北面和南面,稍晚又从东面进入。俄国和英国的领地直接毗连(英国可以使用印度婆罗门教的学者去考察对欧洲人封锁的西藏),这两国的考察人员最多;但是瑞典人斯文·赫定的考察具有最高的水平,他开拓了塔里木盆地中的塔克拉玛干沙漠和西藏内部的知识。天山的第一个考察者是谢苗诺夫,戈壁的第一个考察者要算普尔热瓦尔斯基。

日本接受欧洲文明意味着知识的一个决定性进步。由埃·瑙曼完成了第一次全国测绘,而其他欧洲的尤其是德国的学者在各个科学部门中打下了基础以后,该国的考察工作便逐渐转移到日本人自己手里了。但是由于旅行的便利,土地和人民的优美,欧洲的和美洲的旅行者却年复一年地到这里来,获得一般的常常也是十分表面的观感。

对中国的考察进展要缓慢得多。李希霍芬在他奠定基础的科学考察旅行中(1868—1872 年),还须克服相当的困难。但是,现在几条主要的路线,由于修建了铁路而很容易通行了,欧洲的考察家这时进入了国内各部分。中国人自己却很少参加本国的科学考察。

不列颠的殖民地前印度已经是一个经过系统的测量和建立了观察网的区域。当然这个观察网比欧洲的要稀得多,大约像 100 年前的欧洲;但是,现代的科学方法却处于当时的高水平。真正的科学考察工作从未为官府的努力所完成,还留下许多工作需要去做。后印度内部各地一般是到了这一个时期,即从十九世纪六十年代起，才为知识所征服：在不列颠所属的西部，英国的考察和测绘开始了；在法国所属的东部，法国的考察和测绘开始了；而暹罗[①]的考察工作和前者相比最为落后。因荷兰政府的努力，东印度群岛的知识大有进步，在有些部分，尤其是爪哇，几乎和欧洲各国一样为人所熟知。即使对于科学的专门考察，尤其是对于植物和动物的考察，这里也是一块很令人感奋的园地。西班牙统治时期菲律宾的近代考察工作是落后的，只是从美国占领以后才开始比较积极地进行。

新几内亚和美拉尼西亚群岛的其他部分，在我们的时代开始时仍然很少为人们所知道，这是因为它们的自然环境对考察工作造成了极大的困难，尤其是前者。欧洲殖民的初期把知识向前推进了一大步；尤其是我们德国人，可以因对于直到此时还为我们所拥有的殖民区域的知识，而有理由感到骄傲。

在澳洲大陆，定居活动由东海岸越山脉而向西一直伸展到可以定居地区的边缘，也有由西南角进入内地定居的，其主要目的是探寻金矿。1872 年由卡奔塔里亚湾到南岸纵贯全境的电线安装以后，东西向和西东向的横穿大陆踏勘也成功了。

新西兰的情形和澳洲相类似。这里的科学知识特别为霍赫施泰特尔所推动。在散布大洋中的较小岛屿上也完成了不少考察工作。

在非洲，这时仍然继续着发现旅行的时期，关于这些旅行，这里只举出其中最重要的。罗尔夫斯在许多次大旅行中（1865—

① 暹罗即泰国。——译者

1879年)穿过了撒哈拉沙漠;1869—1874年,纳赫蒂加尔经撒哈拉到苏丹;施魏因富特考察了加扎勒河和韦莱河区域。在东非洲,1866年利文斯通由桑给巴尔岛到尼亚萨湖,由此向北进入内地,他在那里失踪了。1871年,美国报纸记者斯坦利成功地找到了他。他这时候身体很坏,1874年他在巴加莫约开始大旅行,越过坦噶尼喀湖到刚果河,向下航行到达大西洋,横穿了非洲大陆。在这以前不久(1873—1875年),英国人喀麦隆在稍南的地方已经横穿了非洲。经过这两次旅行,刚果河流域大体上被发现了,解决了非洲最后的水文方面的大问题。此后几年,刚果河的南方支流流域,特别是由布拉柴、波热、维斯曼等人进行了考察;维斯曼第一次在这个宽阔地带由西方横穿非洲(1880年)。1877—1879年,葡萄牙人平托在更偏南一些,由本格拉到德班横过了大陆。斯坦利经过刚果北部的森林区域到达东岸的另一次旅行也特别重要(1888—1889年)。

但是在这期间,非洲的考察已经具有另一种特征了。斯坦利横过非洲,促使比利时王利奥波德考虑建立刚果国;约在同时,德国在许多地方(多哥、喀麦隆、西南非洲和东非洲)也建立了殖民地;英国人和法国人扩大了他们的殖民地,葡萄牙人则力图巩固他们的领地。政治上的瓜分决定了地理考察的工作;每个国家都力图清楚认识它的殖民地,和欧洲人的占领相关联的还有绥靖和开垦,使旅行和考察便利了:文武官吏在他们的旅途中测绘了路线图,派人在气象站中从事气象观察,科学的旅行家则可以从事详尽的考察了。

约在本世纪中期,北美洲建立了东部和西部之间的联系。但是对整个西部仍然等于全无所知，联邦政府迫切感到在这里奠定知识的基础是刻不容缓的需要。派出了由海登、金格、波威尔、威利尔、魏特尼等人领导的许多考察团。因为对西部的主要兴趣在于丰富的矿产资源，这些考察中地质考察便很幸运地和地形考察结合起来了。1879 年设立了地质调查所，在波威尔领导下有吉尔贝特和迪尤通等人才在所内工作。这些考察团不只是推进了地区的知识，而且也大大地推进了一般大地构造的和地貌的知识。稍晚些时候，加拿大的考察工作也以类似的方式开始了。

中南美洲这时仍然落在北美洲的后边。沿内地河流的旅行，如克雷沃克斯的航行，斯泰南及其随从者沿中固河的航行，都是真正的发现旅行。在这里，大型科学旅行也渐渐为单项考察所代替，除了或许是更为人喜爱的一些植物和动物的考察，则代之以地质的和狭义的地理考察。真正的测地工作，起初也只是在有限的地区开展。从事自然科学深入考察的有许多老年和青年的研究者，尤其是德国的。在安第斯山地区北部的一些旅行就举不胜举了，这里我只想提出赖斯和施蒂贝尔专门研究火山的旅行。

如果说本世纪前半期通过一系列大规模的测度工作促进了关于地球形状的知识，现在测度工作就越来越统一化了。1861 年贝耶尔建立了中欧的测度工作，1867 年扩大为欧洲的测度工作，1886 年扩大为国际的大地测量（在黑尔梅尔特领导下）。与此相结合，系统重力测量工作也进行了。通过这些工作，我们知道地球并不是规则的椭球体，而是一个不规则的形体——扁球体，但是它和椭球体的差别并不如最初人们所相信的那么大，而是保持在较小的限度以内。

天文确定地点的工作起初仍然是沿着和以前相类似的道路前进，但是，后来由于全球到处有电报通达而得到了极大的便利。因为有了电报，报时就成为可能的了，从而使经度数据达到了高得多的精度。文明国家的地图测绘是和测度工作联系起来的，并且是系统的全国测量。在测绘地图时人们采用越来越大的比例尺，在我国是用 1∶25000 的比例尺，最近甚至有人开始利用土地注册的测量，绘制 1∶10000 甚至 1∶5000 的比例尺的地图。除了这些官方测量，有些山脉地带还进行着私人用照相方法进行的测量。某些殖民地国家也开始了系统的全国测量，虽然是用较小的比例尺。但是，人们要清醒地了解，地球上大部分地方的地图只是汇集路线图加上个别的地点测量制成的，因此还含有大的误差。最近开始用飞机测量，这有很大的优越性，尤其是在难以通行的林区。

地图投影的理论和实践有了很大的进步，尤其是由于蒂索特关于投影歪曲的研究（1881 年）；哈默尔把这方面的进步引入德国。贝格豪斯和福格尔以练达的手法把大比例尺地图缩成小比例尺地图集以及一览图，用路线图构成地图的方法，主要是基佩尔特、佩特尔曼和哈森施泰因完成的。大比例尺地图和一览图上表示地形的画法，也提高到某种圆满的程度了。复制的技术，如铜雕版和不那么美观却便宜得多的石印，以及可视为中间阶段的铜版印刷，这些方面的进步都十分重要。

对于地球内部的看法，由于物理学和化学的进步，尤其是关于临界点的学说和镭、氦的发现，受到了新的推动；但是，这些进步影响到地壳构造的理论，而对于地理学则只有间接的意义。严格的物理学方法也应用到火山、地震、冰川、河流和湖泊的研究，因而它也有一部分列入地球物理学的研究范围;但对它进行研究时仍然主要用地质学和地理学的观察方法。

地质学得以依靠两种新形成的重要的辅助科学,即显微岩石学和古生物学,后者由《物种起源》得到新的推动。因而地层学的年龄测定大为改进了。对岩石特性中表现出的形成方式,在科学研究中长时期被忽视了;到了最近才给予较大的注意,从而比较清楚地理解了地球历史和古地理学。所谓古地理学,即关于过去地球时代中地表地理情况的学说。

构造学,即关于固体地壳内部构造的学问,它直接伸延到地理学中。十九世纪中期它只有一些苗头;已经能剖析若干简单的山脉,对于大山脉的阐述还囿于所谓由喷出物上升而形成这个框框。美国人丹纳和康特最先把山脉的形成理解为普遍的过程,一切岩石在这种过程面前都处于被动状态,而且他们把这种过程归结到由于地球冷却引起地表的凝缩作用。爱德华·修斯首先把这种理论运用到阿尔卑斯山(1875 年),后来在一部出色地概述地球的大型著作(《地球的面貌》(*Antlitz der Erde*,四卷,1885—1909 年出版))中进一步有所发展;大约和这部著作同时,阿尔贝特·海姆根据他的老师埃舍尔的思想,详细地论述了阿尔卑斯山的一条山脉的褶皱构造(《山脉形成的机理》(*Mechanismus der Gebirgs bildung*,1878 年出版))。然而面对日益深入的研究成果,这些见解的某些方面就站不住脚了。人们不能说褶皱论被逆掩论所代替,而应说被这种学说向前推进了一步。修斯关于固体地壳一切垂直运动都是沉降作用的假定,也被证明是不正确的,或者至少是片面的;地块运动大概大部分是隆起作用,除了在断裂附近的地块运动

外，大的扭曲作用在我们的见解上占着越来越重要的地位。许多研究者又认为岩浆有积极的意义。大地构造学现在成了积极进行的单独研究的园地，这种研究不但必须依靠关于地层层积作用的精确观察，而且还必须依靠关于地层年代关系及其岩石性质的精确观察；因而它越来越脱离地理学的工作领域，而地理学则必须接受它的成果。

除了构造学，研究固体地表的地貌学也蓬勃发展起来了。它长时期为地质学所忽视，是在地理学中形成的；因为地理学如果只记述地形，不懂它的形成原因，就不能对它提出明确的见解。某些萌芽自然是存在的，尤其是在英国的地质学中；但是，对于形成河谷的规律缺乏清楚的理解，而这却是了解其他大地形的必然的出发点。当时人们仍然认为河谷大部分是山脉隆起时产生的张开的断裂；证明阿尔卑斯山大河谷的侵蚀性质，是巴塞尔的解剖学者吕蒂迈尔的功绩。因土地裸露随处可见岩石呈层状因而便于观察的美国科迪勒拉山的研究，给地貌学带来特别丰富的成果；波威尔发表了断层谷的解释，吉尔贝特第一个提出了侵蚀的理论。地貌学的进一步成熟要特别归功于李希霍芬，他是第一个观察干燥区域特殊地面形态的人。这期间冰川地形的研究也向前大大推进了：瑞典人托雷尔认识到德国北部平原的沉积来源于斯堪的纳维亚的内陆冰，从而在这里得以进行细致的研究工作，并取得成绩；彭克对于德国阿尔卑斯山的冰川作用进行了深刻的研究。如果说人们最初只想到地表形态与岩石的性质有关，则现在越来越认识到它还有赖于气候，因而越来越把它推进地理学的范畴。研究工作越深入，就越了解地表的侵蚀和变化的程度之大，也越看清楚它不仅

限于河谷，而是遍及陆地的整个地表。美国戴维斯试图把由于侵蚀作用导致的地表形态强纳入一个用演绎法导出的模式中，为此博得不少称赞；可是，现在大多数人都看到这个尝试是失败了；同样，佩舍尔想用比较的地图研究来解决地貌学问题，这个企图也没有成效。

土壤学，即关于各地区地面物质性质的科学，长期以来地理学没有注意到这方面；应当感谢李希霍芬把它纳入地理学观察的范畴。但是西欧的研究主要是把土壤和岩石联系起来，俄国的学者和原籍德国的美国人希尔加尔德，则认识到土壤受气候的制约作用。

水文学分化为各种分支学科。高山积雪和冰川，一部分由地质学、一部分由物理学用它们的方法进行研究。关于地下水和泉水的很有实际意义的研究工作，多半都转移到全国地质测量工作里了。流水的运动规律特别为水利工程家所研究，他们在工作时必须估计到这方面。湖沼学成长为一门专门的学科，日内瓦人福雷尔对于这个学科的研究取得了最大的成绩。但是，地理学对于水文的浓厚兴趣因这种分化而得不到满足；道地的水文的地理学，是要将水流在地表上的分布加以综合的阐述，但这方面几乎还没有开始。

海洋学有长足的进步。最大的进步是关于海深的研究，它之可能成为这一时期的事，是由于1854年布罗克发明了测深锤。除了我在概述本时期的旅行时提到的特别考察工作外，电缆的敷设也促进了海深的考察。关于海底形状，可靠的、显然还十分概括但却正确理解了主要轮廓的知识代替了含糊的和想象的观念。温度测量和其他物理观察往往也和测深结合在一起。关于海面的知识也得到重大的推动。过去只是由航速测量所得的位置和天文学定位测量之间的偏离来推定海流，现在则也越来越多地依靠海水的温度、盐分、密度等的观察。但是就海洋学当时的情况看，与其把它算做地理学的一部分，还不如把它当做一般地学的一个分支学科；把海洋作为地理单位来理解还只刚有一点苗头，例如朔特的《大西洋》(*Atlantischer Ozean*)。

地球上移民活动和欧洲化的不断发展，给气候学提供了许多新的材料；新的测候站设立起来了，设立时间久的测候站得到了比较长期的全年观察，因而得到的平均值就要稳妥了。但气候学的看法在变化，虽然只是缓慢的。本时期的初期，由于有了简要天气图，气象学的面貌已完全改观，拜斯·巴洛于1854年把这种天气图引进科学里，从此这种做法普遍地传播起来，成为理解天气和预报天气的基础。因而气象学便由大气的平均状态转向面对每一瞬间的实际状态，也可以说：由气候转到天气。正由于此，气象学和气候学便分道扬镳了；只有后者还留在地理学里，前者则成为一个独立的科学，它可以说是建立在物理学之上，可是由于大气过程的极大复杂性，又越来越和物理学分离开。统计的观察方法不大使用了，特别重视动力学的观察方法；人们可以把今日的气象学称为天气的自然史。关于内容的理解也起了变化；不再从风中，而是在气压的分布中，寻找这些过程的关键；因为风、雨量以及温度都是受制于气压的。直到最近时期，一种相反的见解才起作用；信奉者越来越多的极地锋面说，在某种方式上是回到了多费的看法。这种见解上的变化，并非径直地越过了气候学；但是，迄今为止气候

学却还很少利用这种见解上的变化，大体看来它还是一种偏重统计的科学，使用平均值从事研究，而且过于单纯依靠测候站的观察。

植物地理学和动物地理学从两个方向上超过了前一时期。

一种进步是基于进化论。十九世纪初期拉马克已经宣布了这个学说，但是采用这个学说的很少。到了这时，才由于达尔文本人，更多是由于华莱士，它渗入到动物地理学，并由胡克尔和恩勒把它应用到植物地理学。特别是岛屿和山地的动物和植物，都置于遗传学和族谱学的观点之下。在互相隔离的分布区域中不只出现同一种类，还出现有亲缘关系的种类，这些都由过去的联系来说明，因为有亲缘关系的种类是同一种源由于空间的分离而发展起来的。不仅是用过去的陆桥可以解释这种联系，其他气候条件也可以提供解释，例如互相分隔的山地的凉爽高地上相似种类的出现，说明在冰期位于其间的低地具有相同的气候。当然，这样一来便为这个假说开拓了一个广阔的领域，动物学家和植物学家十分大胆地应用起这个假说，他们往往因在一个岛上出现某一种植物或动物的种属而认为原先曾存在整个大陆，现在则沉没了。但是比较严格的方法逐渐得到贯彻，寻找直接的地质证据以证明所假设的过去时代的情况就尤其必不可少了。

另一个进步是更深刻的生态学的见解，所谓生态学，乃是使用海克尔所赋予的名词。这个名词最初是属于植物地理学的。洪堡在他的植物形貌学中，除了植物系统的亲缘群，还注意到植被的形态和植被群系，别的人也在这方面追随他。格里泽巴赫在论地球上的植被的一本很好的书（1872 年出版）中，根据扩大了的知识阐明了植被对气候的依赖关系。植物生理学的进步使席姆佩尔和其他植物学家有可能首先在热带和北极，以后也在其他气候不甚特殊的地方，从植物学的观点理解植物的生长器官对于生活条件的依赖关系。可是似乎也掺杂了某些错误的见解，现在则出现了某种相反的见解。

动物地理学长时期没有采用这种生态学的考察方法；只有在海洋的动物界中，开始根据不同的生活条件划分区域。最先是从地理学方面感到了这个缺漏，海塞受到这个启发，在他的生态动物地理学中综合地来进行这个课题。

在这个时期，随着佩舍尔对李特尔和李特尔学派的批评，人类地理学开始了。这种批评部分地是不公正的，并且通过错误地运用比较法——这种方法没有恰当地对待李特尔已经强调过的人类事物的历史发展——来否定人类受制于自然的关系，而这种关系毫无疑义是存在的。但是这种批评有它的功绩，它用狭义的因果的见解代替了目的论的见解，因而为深入的研究开辟了道路，虽然许多因果联系是早已剖析明白了的。自然地理学的巨大进步也有利于从地理方面理解人类；因为要清楚地理解一个现象从属于另一个现象的关系，只有精确地认识这些现象。这里只举一个例子：由于人们区分不同类型海岸所产生的影响，于是海岸构造影响交通和移民原属模糊的看法就得到了强调。地志学的研究一般也引申到人类的地理情况。在七十年代，基希霍夫所作的地志学讲演已经讨论到这种情况，别人的讲演也有类似的倾向。李希霍芬的《中国》(*China*)第一卷(1877 年出版)，关于中亚细亚的民族住地和民族迁徙有精彩的阐述。因此就不能说是拉采尔创立了人类地

理学。拉采尔在 1882 年出版他的《人类地理学》(*Anthropogeographie*)第一卷,最初只打算出这一卷。按研究自然影响人类这一形式看,它提出了一个人类地理学的绪论,还不是人类地理学本身。第二卷(1891 年出版)才深刻地研究了人类的分布、人口状况和移民。拉采尔在把人类地理学的考察运用到民族学的时候,过分地强调交通对人类分布的影响,低估了受环境的制约,而在民族学上,以前在巴斯蒂安的影响下这种制约关系曾受到过分的估计。然而也有一类倾向很得势,即把关于人类的地理考察局限在景观图景中出现的事实,从而把这种地理考察当做不是分内的事情,把它从一般地学意义上的地理学中完全排除出去,至少也要十分限制它。但是,这种倾向却未能奏效;相反,在奠定了自然地理学的基础以后,人类地理学研究的潮流却越来越宽广。现在,人类地理学的著作看来比自然地理学的著作还更丰富。但是这些著作对于重大的历史联系的重视,要少于或者过分少于对于聚居、人口、移民、交通、经济生活等事实的重视。到了最近,也重视了政治地理学的问题。和历史的这种松弛了的联系还没有重新扣紧,但是其原因更多的是在于历史学家轻视历史发展的地理条件,而不是地理学家忽视历史的发展。

十九世纪前半期,在各个地学部门以及旅行记中,关于大地和各地区的自然情况已经积累了一个丰富的知识宝库,而且它天天有所增长。但是很长时期中地理学还很少将它整理。李特尔和李特尔学派的著作中很少论及各地区的自然情况。这种情况是不能长期继续下去的。极地和大陆内地的大发现事业把地理的兴趣提高到了顶点，大量的地理学会建立起来了，新的地理刊物办起来了，别的刊物，例如《海外》(*Ausland*)，大部分内容纳入了地理学的轨道。整理越来越丰富的资料无疑成了地理科学的任务；而越是涉及没有真正国家和没有历史的地区，以前的片面地热衷于历史或统计方面的地理学，就更不知道如何着手，因而越是感觉到必须广泛地考察各地区的自然情况。几十年中地理学停留在新材料的搜集和登录上；约在六十年代末，追求更深刻的科学理解的需要终于闯出了新路①。

不久，先是《海外》的一组连载文章(1866 年以后)，后来(1870年)是专著，如佩舍尔的《比较地学的新问题》，勒克吕斯的《地球》(*La terre*)，便依次出版了。佩舍尔的虽然有些停留于表面但思想丰富的书，尤其产生了极大的影响，出现了地理科学的一个新时期。

佩舍尔在他的《地学史》(*Geschichte der Erdkunde*)中，比李特尔学派更广泛地理解地理学的概念，在《新问题》一书中，尝试用比较的地图研究说明峡江②、岛屿、三角洲和固体地表的其他形体的发生，以及草原和沙漠的分布，解决李特尔和他的学派完全搁置了的问题。当然，对于李特尔的这一攻击是不公平的，并且过分流于对使用“比较的”这个词的争论。所谓的新问题大多数早已为地质学家或其他自然研究家讨论过，过高地估计比较的地图研究也是值得疑虑的；但是那时候大多数地理学家不大熟悉自然科学的

① 参考第一编第五章第一节的注。

② 峡江也称峡湾，这是指像挪威沿海的峡江，一种分布在长而蜿蜒曲折的深谷内的并有高峻陡岸的海湾。——译者

文献，尤其是国外的这类文献，所以他们就没有产生这样的疑虑。为一个全然新的研究领域打开了眼界，研究工作表面上的安全和便利，描写的优美，都发生了诱惑的作用；地理学好像这时才获得了作为一门科学的特征。它曾陷入僵局，现在复苏了，开始重新发芽开花。洪堡和别的大旅行家所曾给予的启示，现在才完全被接受，自然科学进入到地理学中，尤其也进入地志中，关于人类的地理学的考察也重新活跃起来。现在进入了一个令人高兴的兴旺的并获得表面成就的科学时代。李特尔去世后大学课程中看不到地理学了。现在佩舍尔被任为莱比锡大学的地理学正教授，不久许多普鲁士大学和斯特拉斯堡大学都步莱比锡的后尘。德国的其他地区以及其他文明民族的大学，都逐渐设立了地理学讲座。

但是，重建地理学的这些努力却太过分了。一种真正的占有狂充满了地理学界；新问题的诱惑，人们还未能预见到它可能产生的影响。此外还有不是由科学的实际发展出发，而是由它的名义、由抽象的思考出发的方法论的错误见解，引导地理学进入久已为别的科学研究过的领域。那时候曾听到有人发表这样的意见，认为地理学应有的地位类似于哲学，不是和各个科学并驾齐驱，而是居于它们之上，它应作为一种包罗万象的经验科学而取代哲学。有关的各种科学都反对这样侵犯，尤其是地质学和气象学不愿降低成为地理学的分支部门，这当然是不足为奇的。地理学家自己也开始认识到过于扩大和由此而趋于肤浅的危险性；限制并排除一切本行以外的内容，形成一个范围有限并且有特定研究和表述方法的这种希望，逐渐代替了占有的狂热。

有些年纪大的地理学家，再加上把地理学当做奴仆的历史学家，都宣扬要回到李特尔时代，意味着要完全侧重于研究人类和人类历史。这是不可能的。地表的自然情况，不同的区域和景观所有的不同的发展，都要求科学研究；不只是描述的，而且还要深入到原因的讨论；系统科学不会深入到这方面来研究；人类地理学要是建立在一个过于贫瘠的土壤上也不能发展。无人烟的无历史的地区，就应该完全排除在地理学之外吗？现在，至少在地理学以内，再没有人附和这种思想了。

但是，另一种观点也同样难以贯彻实行，这就是认为地理学应该限于自然，完全把人类抛开，它只应该说明由历史、国民经济学以及有关人类的科学所接受的那些线索。这种见解和我们这门科学的历史是完全矛盾的，在这部历史中人类永远演着一个角色，甚至多半比自然还要重要的角色；人和自然一样都属于各地区的内容，而自然也只是在地球上很少几个地方和人类无关，它多半为人类所改变，所以单只由于这个理由，地理学也绝不能抛开人类。

李希霍芬的见解对地理学的观点是举足轻重的。然而，在他的《中国》一书第一卷的结束语中所表现的思想，还过于片面地侧重于地理学与地质学的关系，就是在被认为是近代地理学的真正纲领的他在莱比锡的就职演说中，他也没有完全找到符合于他的见解的明确的方法论的措辞。他也没有前后一贯地坚持这种见解，后来，他还偶尔倒退到把地理学视作一般地学那种曾被他自己克服过的旧见解；但是在学术史上，重要的是根本思想，而不是明确的文字表达。而根本思想是清楚的。地理学摒弃了整个地观察地球的做法，放弃了并吞曾对地理学有贡献但久已独立的各种科学，如天文学、测地学、地球物理学、地质学、气象学等，同它的整个历史发展相适应，它认为它的任务在于认识地表的差别性和复杂性，在于认识大陆、地区、地方和地点。但是它既不局限于片面的数理的理解方式，也不局限于古代各学派片面的民族学和历史学的理解方式，而是充分利用丰富的对自然的理解。这样丰富的对自然的理解，归功于近代自然科学的发展，尤其是要归功于自然科学旅行家。它排除了和地区的自然情况没有直接联系的那些自然事实，以及那些民族学的、历史的、统计的事实；它的对象是地区、地方、地点的特征，那些既在自然界也在与人类的关系中表现出来的特征。但是，除了考察各个地区、地方、地点而外，它也采取比较的方法去观察地表，试图理解地表的各种不同的发展，由地球整体的性质推论各地区和各地点的差异；它除了构成专门的地志学，还构成一般的比较的地志学。固然某些较老的地理学家，正如他们自己所说，还固守着对地理学的二元论的观点和定义，按照这个看法，地理学面对两个不同的课题：一是把地球作为一个自然物体来研究，另一是当做人类的住所来研究。但是，认为一门科学不应给自己提出两种性质不同的任务，而必须有一个统一的任务这种信念，越来越得到提倡。为了标明这个任务，李希霍芬又采用了古代的用语，把地理学称为区域科学。从某种意义看，人们可以把这个发展看做是回复到李特尔，但是并非回复到特别是在他的巨著后几卷中和他的学生的大部分著作中我们所碰到的那种片面的论述，而是回复到他所提出的纲领。现在的地理学，在于试图利用现代更完善的手段来实行这个纲领。

当然，停顿一段时间以后，方法论的新运动现在又抬头了。关于人类地理学究竟应该包括多大范围，它是否必须局限于自然景观中特别突出的事实，或者也应该深入研究基于自然条件的精神文化，这类问题中存在的某些意见分歧，自从第一种见解的信徒容许民族地理学和政治地理学至少可以作为地理学的外围而存在以后，好像也趋于解决了。帕萨格的《景观学》(*Landschaftskunde*)引起了一时的喧哗，但是其内容并不是什么新东西，只是地志学的另一种表达方式，他的《比较景观学》(*Vergleichende Landschaftskunde*)其实也有许多的先驱。班泽的《新地理学》(*Neue Geographie*)可以说意味着一种变革，他认为地理学作为一门科学只是它的低级阶段，地理学真正的本质更多的是艺术；但是，这种看法也为地理科学所普遍反对。

地理学的改革，由德国传播到其他各国。

在法国的传播获得的成绩最大，虽然勒克吕斯在和佩舍尔的《新问题》同时写了一部普通自然地理学，但从主要之点看，他仍不失是李特尔的一个学生；他的大地志《新世界地理学》(*Nouvelle Géographie Universelle*)呼吸着李特尔的精神。白兰士成了新方向的领袖。新方向的特色固然在于不忽视一般自然地理学，以及一般人类地理学，但尤其在于培育地志学。法国人以其美学的天才和拿手的描写天才，特别巧于此事。尤其是关于法国本身和法国的地方，出了许多甚佳的地志专著。

最近意大利也跟上来了。

关于地理学的新研究，在英国立足则比较缓慢。虽然英国人作过很多的旅行，在外边作过很多的观察，他们本应很好地培育地理学，可是他们好像缺少或者至少到现在为止缺少两种应属于这种新研究的东西，即由许多人培育起来并深入细节的科学工作，这是为解决许多地理学课题所需要的；还有综合的精神，没有这种精神便不能够进行地志工作。固然赫伯特松由德国把这种新的奋斗方向引了进来，并在牛津建立了一个地理学派；但是，奇怪的是他的一番努力，在伦敦地理学会中却很少得到人们的理解。到了最近，科学地理学的需要才越来越强烈了。

在美利坚合众国，地理学在戴维斯领导之下很长时期相当偏重于地貌学方面，因而地理学的教授往往是和地质学教授相结合的；到了最近，其他方面的努力才更为明显地表现出来。

在其他各国地理学也兴旺起来。或则地理学作为一门学科仍然徘徊在旧道路上，但同时出现一些偏重科学的个别研究工作；或则地理学本身也已处于改革之中。要在这里详细讨论这些问题就扯得过远了。

现在，地理学正处在一个大发展的时期。十九世纪初期它也有过这样的发展时期；但是接着便是一个衰落时期，因为前一时期发展得过于片面了。现在我们不用担心这样的挫折，因为现在的发展更普遍更强大得多，而且也在大学里占据了地位，取得了接受丰富的科学培养的可能。地理学作为科学扎下了坚实的根子，革新和生长的新汁液也不断地由科学流向学校和日常生活中的培育。然而，我们现在离开我们必须确立的目标仍然很远，没有理由满足于已有的成就。

第二编 地理学的性质和任务*

第一章 科学的体系**

许多研究家，而且正是一些特别能干的研究家认为，对于各门科学的任务和界限所作的一切方法论的研究，都几乎是一种游戏，毫无用处；他们认为，科学的分类学只有形式上的意义，我甚至想说是认为只有美学的意义，对于科学本身的进行是无关紧要的。这种见解是片面的、短视的，是哲学精神完全衰落、只重视科学的初步工作，而且是主要着眼于实用目的的初步工作那个时代的残余。如果当真实施这种看法，必然导致科学上必要分工的忽视，并导致精力的浪费。个别的研究家越过各种科学间的界线是可以的，也许正是在这种边缘领域中最有成果地进行研究工作；但是每种科学的表述和学说，必须从一定的、只是它自己独有的而不同于其他科学的观点出发，如果它不想陷于漫无边际，不愿牺牲所有思维的有效性。从全面看，科学是一个整体；但是它的范围日益增

* 这是根据我在《地理杂志》第11卷(1905年)第545页以下部分发表的《地理学的性质和方法》(Das Wesen und die Methoden der Geographie)一文写的。也可以参考《地理杂志》第13卷(1907年)第694页以下关于方法论漫谈的文章和《地理学的统一》(Die Einheit der Geographie)，《地理学晚刊》(*Geogr. Abende*)第一期。

** 参考我在《普鲁士年报》第122卷(1905年)第251页以下发表的文章。

长，早已导致分裂和划分。切断各门科学之间联系的一道万里长城是不应当存在的；可是每门科学必须有它确定的独特的内容，它使用确定的独特的方法处理这种内容，并用确定的独特的方式传授这种内容；确定这个研究和传授领域，不可听其自然，必须用科学方法加以规定。

科学的分类学本来是哲学学说的一个任务，但是，各个科学部门对于这个任务的解决也感到极大的兴趣，并且必须参与这个工作，因为只有它们可以清楚地判定它们自己的任务和它们自己的性质。

地理学并不缺少确定它的性质、任务以及它在科学体系中的地位的尝试。特别在它的改革时期，当它摒弃了李特尔片面的人类中心和目的论的理解方式，采用对地区进行自然考察时，由有才能的专家，更多的是由平庸的业余爱好者的笔头，涌出讨论方法论的真正高潮，他们为新形成的科学指出道路[①]。这种讨论其说不一。有些人试图从逻辑方面确定地理学的性质，但是他们缺乏本行的专业知识，拘泥于浮面的东西，所以得出的定义和科学的历史发展相矛盾，他们没有估计到科学分工实际需要，或者只是由于天真而缺乏推理才和这种实际需要稍微相符。这一判断也适用于大多数从哲学方面出发对地理学概念的确定，即这样确定下来的概念和地理学的实际发展不相符合。可惜，只足以酿成混乱的这一类尝试最近又在进行。另一方面，存在从科学的历史发展推论来

① 在《地理学年报》(*Geogr. Jahrbuch*)第 7—10，12，13 卷中，赫尔曼·瓦格纳的报告提供了一个明确的方向。

确定地理学性质的做法，但这在科学的逻辑体系中却没有巩固的地位。如果说前一种做法从一开始就判定是无用的，因而对科学的进步是有害的，那么，后一种做法却缺乏逻辑的说服力。如果历史上形成的科学在逻辑根据上得到证实，以此而确定它和别的科学的关系以及它所运用的科学方法的特点，这个任务才可以看做解决了。

科学的分类不能由实际生活的需要所决定。实践汇集了它需要使用的知识材料；为特殊的实际目的而设立的学校，例如商业学校和军事学校，也依照它们的学生在职业上的需要选定教材。但是对于科学概括来说，只有内在的考虑，即只有科学的内容本身，才能够具有决定性的作用。长期以来，地理学只是一种实际的或者应用的学科；可是随着时间的推移，它已经提高成为纯粹的科学。卡尔·李特尔想用“一般的”地理学或者地学这个词标志这门科学，虽然我们现在对“一般的”这个词有另外的用法，但李特尔那种思想却并未因之消失，即：地理学是一门纯粹的科学，必须建立在纯粹科学的基本原则上，建立在它的内容的独立性和内在联系上。

具有决定性作用的，不像一般人所认为的是研究工作，而是学说；不是方法，而是知识的内容。不少科学部门是从某种研究方法中产生出来的，例如地质学；但是，它也沿着知识的某种特定内容这个方向逐步改变：如地质学是由敲打岩石进行检验的铁锤科学，逐渐演变成地史学，岩石和化石的知识是为地史学服务的。对于研究工作来说，限定使用某些方法是值得怀疑的。显然不会由于地质学家把河谷阶地的研究只建立在对漂砾的考察上，某些地貌学家把这种研究建立在只对形相的考察上，而使这门科学得到促进；只有把两种方法结合起来知识才可能可靠。这一点对于某一知识领域的整体比对个别部分的研究更为重要。我们所努力追求的，永远是一定事实范围以内的知识；但是，对于这些事实范围，只在例外的情况下才只能使用一种研究方法，大多数情况下则都要求运用多种不同的方法。

另一方面，人们用逻辑方法奠立各门科学区分的基础。两位出色的哲学家，即文德尔班和主张相似的里克特，他们把科学区分为数理的和表征的科学，或者说规律的科学和事物的科学，或者自然科学和文化科学；在前者，知识是综合性概念的，目的在获得规律知识，在后者，知识是个体化的，目的在获得重要的各个事物的知识[1]。这样区分当然不是很严格的；在不少科学部门中，往往两种逻辑的方法总会交汇在一起。可是里克特仍由此推论出自然地理学和人类地理学的一种二元论[2]。这个问题我留待以后讨论地理学中的概念构成和思想构成时再研究，这样区分的逻辑方法到底是否正确，是否可以运用到地理学方面；这里的问题仅仅在于，这种区分是否能够对科学分类和划分界限起决定性的作用。而我要反对这样做。用这种方法作出的分类，总是都完全不同于由历

① 文德尔班：《历史学和自然科学》(*Geschichte und Naturwissenschaft*)。《大学校长演说》(*Rektoratsrede*)，1894年斯特拉斯堡版。

亨利·里克特：《自然科学概念构成的界限》(*Die Grenzen der naturwissenschaftlichen Begriffsbildung*)，第三版和第四版，1902年蒂宾根出版。《自然科学和文化科学》(*Naturwissenschaft und Kulturwissenschaft*)，第六版和第七版，1926年蒂宾根出版。

② 《自然科学和文化科学》第六版和第七版第128页。

史发展形成的科学的实际区分和界限。这种分类会拆散内容彼此相联系的考察工作。里克特[①]自己后来也说过，他被误解了，他的区分法并不针对科学的真正的分类，这种分类是一种纯粹历史的事实。只是我们必须补充说明：历史的发展不是偶然的、任意的，而是有它深刻的内在原因的，虽然不是狭义逻辑的原因。

科学的真正区分根据其对象。但是，这种区分还是纳入各种不同的轨道。

先前人们只是在事物的物的亲属性和差别性上建立科学体系的基础，只是按照各科学的物的关系来编排。某些天真的分类学者，尤其是那些出身于某一门单独的学科而又不花费气力对科学的体系作深入考察的人，现在仍然这样做。但是，哲学的分类学者克服了这种狭隘的片面的看法，并且认识到，用事物的物的关系这种观点来理解事物是片面的，除了这种看法，用其他的观点来理解事物是可能而必要的，并且就此可以产生特殊的科学部门。可是，他们多半也没有彻底思考过这种新的看法，并且正好忽略了对于地理学的逻辑归类具有决定作用的观点。他们多半被作为一门科学的地理学或者地学的那种乍看是如此令人信服的确定概念方法所束缚，并采取这种形式把这门科学列入他们的体系，这样一来，就把人类地理学完全漏掉了；有些人完全不承认地理学是统一的科学，而把它分散在他们的体系的各个不同部门中。他们还没有

① 《自然科学概念构成的界限》第465页以下部分；但是，上面引用的他关于地理学的论点，我觉得和这篇文章有一些矛盾。最近奥托·格拉夫的《论地理学的概念》(*Vom Begriff der Geographie*，1925年在慕尼黑出版)，又在进行我觉得是错误的尝试：根据文德尔班和里克特论点的逻辑方法来确定地理学的概念和范围。

能够完全理解科学的真正的结构；他们的看法还必须加以补充。

这里唯一要涉及的是理论的经验科学，在这些科学中所作的第一个基本的划分恐怕应该是由孔德首先强调的抽象科学和具体科学的划分。这个划分自然不是想表明，前者和后者相比，所从事研究的是比较不那么具体的即不那么真实的事物，感官上不大感觉到的实体性的事物，而是表明，抽象科学剥去事物的一切特有的和个体的特征，只去研究普遍的变化过程或者性质，如重、光、磁性、物质特性、精神过程，完全不管它们对某一自然界的从属关系以及它们的地点的和时间的情况，但也是把这些变化过程或者性质逐个分别加以研究；而具体的科学则相反，它们总是把一般的变化过程和情况理解为某特定物体的性质。这样的划分当然不是截然的。相反的，存在一个序列，从完全抽象的科学，如作为纯粹形式科学的数学，此外还有物理学、化学和心理学，接着有那些已经考虑到某些特殊表征的科学，这些表征则来自于对于大的自然界或者精神界的一种共同从属关系，例如普通矿物学、普通植物学、生理学、社会学、普通国民经济学，一直到具体的、针对着单个的个体和集体概念的科学。

具体的科学则在现实的认识中加以划分。它们按照物的性质的复杂性和时间、空间的差异，来研究现实。现实相当于一个三度空间，为了完全掌握它，我们必须从三个不同的观点出发来考察；从任何一个单独的观点出发所作的考察都是片面的，不包括全部现实。我们从一个观点看到亲属关系，从第二个观点看到随时间的发展，从第三个观点看到空间中的排列和分配。现实不会完全局限于系统科学或者物的科学，如许多方法论者至今还相信的那样。另一些人恰当地把历史科学的地位建立在关于时间发展的特殊理解的必要性上。但是，这样科学仍然是二度的，如果我们不同时从第三种观点出发来掌握其在空间中的排列和分配，就还不会完全地认识它。

康德在他的自然地理学讲义[①]中已经卓越地表达了这种思想："但是，我们可以为我们的经验知识确定一个位置，或者置于概念之下，或者根据它们真正的时间和空间。根据概念所作的知识分类，是逻辑的分类[②]，但是，根据时间和空间所作的知识分类则是自然的分类。由第一种分类我们得到一个自然体系，例如林耐的体系；由后一种分类，却得到一种地理的自然描述。"他进一步阐述了这种思想："但是，我们也可以把两者，即历史学和地理学同样称为一种描述，而差别是，前者按照时间作出描述，后者根据空间作出描述。历史学涉及的是按照时间先后发生的事件。地理学所涉及的是同时发生的空间现象。""历史是先后接连发生的事件的报道，和时间有关。而地理学则是在空间中同时进行的事件的报道。历史学是一种叙述，地理学是一种描述。"

相当一部分具体科学，可以说多数具体科学，可以称为系统的科学，都不重视时间和地点的关系，而是在它们所从事研究的对象所具有物的相同性或亲属关系中，取得它们的一致性。自然科学和人文科学通常区分就是这样一种系统的区分。在自然科学中，

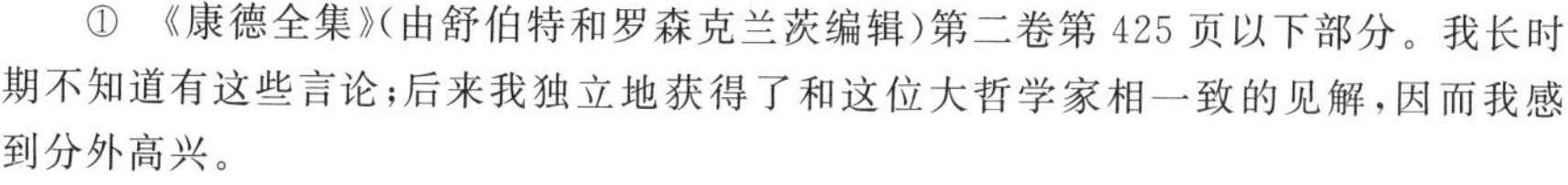

① 《康德全集》(由舒伯特和罗森克兰茨编辑)第二卷第425页以下部分。我长时期不知道有这些言论；后来我独立地获得了和这位大哲学家相一致的见解，因而我感到分外高兴。

② 按照我们现在根据进化论所提出的见解，这种分类也是一种自然分类。

首先是关于矿物和岩石(矿物学和岩石学)、植物(植物学)和动物(动物学)的科学,此外,由于外部原因所造成的还有关于远古的变成化石的植物和动物(古生物学)的科学,发展成为专门的科学。后来,关于地球以及它的现象范围的研究才由专门学科着手进行。系统的人文科学是语言学、宗教学、国家学、国民经济学等等。但是在这里,另一种分类的原则,即表现向具体科学的其他两种主要类型过渡的分类原则,却和系统分类的原则交会了,如从语言和文化范围的差别中产生了各种不同的语言学,它们不只是以语言为研究对象,还以民族的全部精神生活为研究对象,并且产生了民族学,人们几乎可以把这种民族学称为自然民族的一种语言学。

对于历史科学来说,研究对象的物的关系是次要的。而是要在它的考察中把一系列隶属于完全不同的系统的事物结合在一起,并通过事物的时间进程的观点接纳事物的统一性。如果这些事物偶然地先后接替,而各种不同的现象系列的进程看来互不相关,那么科学可以满足于系统的考察。但是,对于我们用“发展”这个词所表达的各个不同时间的联系和在同一时间中的联系,则特别的历史的考察是必要的。单个现象系列发展的考察,就是说这类考察只考虑上述两种观点之一,例如动物史,或者文化史,或者文学史,或者宪法史,则处于系统的科学和历史的科学之间的地位。真正历史的科学包括整个现象世界。它们分为三种不同的科学。第一种是地球史,或称历史地质学,它绝不仅是固体地壳的历史,而同时是气候、植物界和动物界的历史。第二种是前古史,它早已是一种系统的科学,但由于新近的研究确定了出土物的分期而真正获得了历史的性质。第三种显然是历史或称文明人类的历史,它最近已经开始既克服局限于小亚细亚—欧洲的文化范围又局限于国家情况这种片面性,但是,还正在为完成一种世界历史的方法而奋斗。

对空间中事物的排列,同对时间中的发展一样,有理由要进行特别的考察。除了系统的科学或者物的科学,纪年的科学、历史的科学或者时间的科学以外,还必须有区域的(chorologische)科学或者说空间的科学。

空间的科学必须有两种。

一种是研究事物在宇宙空间中的排列,这是天文学,人们误认为是一种应用力学,一种抽象的规律科学,它的真正对象却是只存在一次的真正的星座位置,以及同星座位置有因果联系的各个星辰的情况。

另一种是关于地球上空间的排列的科学,或者因为我们还不了解地球内部,我们也可以说是关于地球表面上空间排列的科学。如果地球的不同地点之间不存在因果关系,如果地球上同一地点的各种不同现象是彼此互不依赖的,那就不需要特别的区域见解了;但是,因为存在有这样的关系,而系统科学和历史科学对它只作附带研究或者完全不研究,就需要有一种关于地球或者地球表面的、特殊的区域的科学。

地理学历史发展的考察表明,如果不算那些较小的分歧,现在地理学主要有两种互相对立的观点:一种是把地理学视为一般的地学的观点,这种观点把一般地理学置于特殊地理学或称地志学之上的地位,只是由于出现某种程度有限的矛盾,才把地志学列入地理学中;另一是把地理学视为研究地表各种不同形态的科学这样一种观点，这种观点把地志学置于突出的地位，并认为一般地理学含有一般的比较地志学的内容。只要科学的分类学在其区分上只取研究对象的物的差别性这种观点，它就只能承认地理学是一门一般地球科学。但是，对科学体系的广泛考察却表明这种观点是片面的，表明年代的或者历史的、区域的或者空间的考察，应具有与系统的或物的考察同等的地位，因此，一门论述地表的区域科学不仅有存在的理由，而且是完善的科学体系所要求的。因此，这种观点不但有更大的历史的理由，而且也有同样的或者甚至更大的逻辑的理由进入科学的舞台。

第二章　一门一般的地球科学是可能的吗？

对地理学的先验逻辑的定义，往往从这门科学的名称开始，老名称“地理学”或“描述地球的学问”往往被搁置而使用“地学”这个名称，其原因部分是在于语言的纯洁性，部分是在于它更好地表达了不仅是描述的而且是阐述的科学这个性质[①]。按照这个说法，地理学或者地学，应该是关于地球的科学。它的对象首先是作为一个整体的地球及其一切关联，既涉及地球在宇宙中的地位，也包括它的形状、大小以及它的物理和化学性质，然后是各个自然界，如地球内部、固体地壳、水、大气、植物界和动物界，还有人类，但是

① “地理学”(Geographie)来源于希腊文，意即地球的描述。“地学”(Erdkunde)是德文，意为关于地球的学问。　——译者

关于人类的理解还有一个直接的补充限制，即人类对地球自然的从属关系，这就是为什么人们把关于地学概念的规定扩大为它是研究地球本身和它作为人类居住地的科学。

把地球放在一门科学中研究的愿望，出于本身是正确的思想，即地球上各种不同的自然界，不只是在空间上相互联系着，而且它们是由最初均一的地球分化产生出来、又在因果关系上密切结合的，因而可以把地球当做一个大的机械或有机体。只要地球上不同地点的各自然界相互关系是不相同的，这类关系就应列入也作为区域科学的地理学。只要它们在时间的进程中发生了变化，就由历史地质学来研究；历史地质学绝不仅是固体地壳的历史学，而且是整个地球自然的历史学。但是，问题在于：即使人们抛开这类关系所具有的地方性特征和时间变化，或者如果人们忽视这些，只注意那些一般性的在整个地球表面上相同的或者至少设想为相同的现象，是否可以把各种不同的自然界的联系作为一种特殊科学的研究对象，是否可以为了这种联系而把一些分开的并使用不同研究方法的科学合并成为一门科学。

各个不同的自然界当然互有因果联系。如果地球的质量更大，则固体地壳就会具有另一种形状和另一种物质组成；空气的运动和一切天气现象也会是另一个样子；在地球上生长的也会是别的动植物，要是有人类的话，大约他们也会具有另一种精神状态。如果地球和太阳的距离和现在不一样，所有自然界的情况也会改变。科学就必然要去理解它们的联系。我们偶然也可以进行这方面的考察；像洪堡的《宇宙》这样一部书，永远属于科学的最美好的思想大厦的一部分，每过一段时间就应该有人再来写这类书籍。

但是这类联系要成为一门特殊科学的研究对象，只有和别的天体进行比较才有可能，那就需要我们对于这些天体有足够的了解。

无机的地球自然界已经如此丰富多样，以致必须把它划分为好几门科学。地球的运动和别的星体运动一样，属于天文学，因为只有和别的星体的运动联系起来才能了解地球的运动，并提供了解它们的钥匙。确定地球的轮廓是一门专门科学即测量学的研究对象。我们对地球整体以及地球内部所知道的少量知识，是地球物理学研究的对象，它渐渐发展成为一门独立的科学。从物质的角度研究固体地壳的，有矿物学、岩石学、土壤学和普通地质学。对地球表面形状进行研究的地貌学，起码到现在为止仍只有较小的独立性。对地壳的机械和物理过程的研究愈来愈多地成为地球物理学的事情。对现代冰川及河流、湖泊的研究，如不想把冰川学、河流学和湖沼学视为独立的科学，则绝大部分工作也落入地球物理学的范畴，海洋学由于它的观点的多样性，以及它的研究的特殊实际意义，已经成为独立的科学了。现在，大气物理学即气象学毫无疑义可以要求提高到一门独立科学的地位。

在对象和工作方式相同的基础上，可以把一些这样的学科综合成为高一级的统一科学，只有这样它们才可能在大学中占有地位。这尤其适用于狭义的地球物理学，即固体地壳的物理学，水和冰的物理学，以及大气的物理学组合成为一门一般的地球物理学①。和它相对应的，是矿物学、岩石学和土壤学作为地球化学的

① “地球物理学”这个名称比老名称“物理的地理学”更好，老名称总是容易让人相信它是从属于地理学的一门学科。

主要分支。但是把这两组科学结合起来，再加上所谓天文的或数理的地理学构成一般的地学，则由于运用的科学方法不同而没有多大价值了，虽然它们的研究结果偶尔必须在共同的观点下综合起来。

一般的地学还应该扩展到植物界和动物界。有机的自然界，从它的全部形成看显然是取决于地球的特性的；在这方面，拉采尔主要强调地球的大小，格兰德则强调地球的引力和热。这种从属性虽然多半是不明显的，却渗入到所有对植物和动物的考察之中，因为有机体的每个特性都只有在地球自然的特定情况下才可以设想；它也偶然可能成为多少富有想象力的考察的对象；但是，只有我们能把地球的动植物和别的行星相比较，它才有可能成为一门特殊科学的对象。

当然，通常并不是把植物和动物的个体，而是把植物界和动物界纳入一般地学。但是，对此也引起了逻辑的和实际的疑虑。植物的研究和动物的研究也越来越注意到植物群体和动物群体，这样就没有必要在一种特殊的科学中对它们进行考察了。建立在动植物种系发生之上的系统的植物学和动物学，按照现在的看法不外是以亲族关系的观点来理解植物界和动物界。植物界和动物界的历史是结合着固体地壳及气候的历史在历史地质学中进行研究的。这样，剩下的就只有在不同的地球空间中植物界和动物界的各种不同构成情况了。于是，在这样限制下，就引入了对于作为一般地球科学的地学完全陌生的观点，这种观点更多的是倾向于关于地理学的另一种看法。

在对人类进行考察中，必然也会产生同样的疑虑，由于精神生活丰富而又复杂，引起的疑虑还要更多些。因此，还没有一个方法论者敢于在地学中对人类从其整体上进行研究。一般地学的个别代表人物如格兰德，甚至依据人类的精神特点和意志自由而想把人类完全从地学中排除出去——他们只要再对植物界和动物界作同样的推论，就可以把地学限制到无机的地球自然范围之内！大多数人在讨论到人类时，就放弃了他们的逻辑立场，如他们在讨论到植物界和动物界时无意中采取的态度一样，他们只想考察地球对于住在地球上的人类所产生的影响，而在作这样的考察时，事实上不是探讨地球整体的影响，只是探讨地表上的地区差异，这样就又引入区域的观点。这种看法实际只是为着适应这门科学的历史发展，人类也包括在这种发展之中，甚至居于优先的位置。这样，科学的逻辑统一结构就被打碎了。照赫尔曼·瓦格纳的说法，这种观点的地理学是“二元论的”。用德文说就是，地理学就其性质看是分裂的，在它的不同部分中运用完全不同的方法，它是两门或者几门不同科学的一个不是有机结合起来的复合体。

确定地理学为一般的地球科学是完全不合理的，会引向一条死路。如果这是在历史发展的过程中自然形成的，人们就不得不接受它，并且只有努力对它逐步澄清。但是实际上它是一个人为产物，是以后人为地把各种不同的倾向拼凑而成并强加于地理学的，虽然明显缺乏逻辑性，但却仍起着桎梏的作用。它犯了把地理学扩大到其他学科的错误，也应对地理学变得肤浅，为相邻的学科所厌恶和反感这些情况负责。这样做法在逻辑上不可能，在历史上没有根据，在实际上是有害的，它是一种荒诞的事。

只有地球物理学得以作为一门独立科学从一般的地球科学解

脱出来。但是地球物理学并非地理学的核心，甚至不是地理学的一部分，而是独立于地理学以外的学科。地理学就其性质看，在历史上已确定为地球空间的知识，它必须在一种不同于地球科学的观点中寻找它的逻辑依据。

第三章　作为地球表面区域科学的地理学

第一节　区域观点的性质

对于作为科学的地理学进行的历史考察向我们表明，在一切时代它都是关于地球上各种不同空间的知识，或者照古代的用语，叫做区域描述或者区域学，只有考察的方式方法在时间的过程中随着科学的进步有所改换。虽然在古代，地理学有两个并存的流派，它们最后的伟大代表人物是托勒密和斯特拉波，但是这两个流派却全是属于区域学的，区别只在于：一个偏重于用数理的方法确定和制作正确的地图，另一个着重掌握地区的自然情况和居民情况。这同样适用于近代；地理学是针对着区域这一点的，地球物理学和地质学则和地理学并列。

因此，同科学的发展没有失去联系的方法论者，总是推重地表上不同地点的自然情况和文化有各种不同构成这一区域观点。卡尔·李特尔的地理学完全建立在这种观点上面。在关于地理科学中的历史因素这篇精彩的论文的绪言里（Über das historische Element in der geographischen Wissenschaft，论文集第 53 页）对此作了最清楚的论述，他说："地理科学着重研究地表的空间（只要这些地表空间是布满事物的)，即从事各地点同时并存的现象的描述和相互关系的研究。正是这一点使它区别于历史学，历史学研究和描述事件的依次关系或者事物的相继次序和发展。”佩舍尔对自然地理学进行了开拓性的革新，同时由于接纳天文地学和地球物理学科而给我们的科学带来了方法论的混乱，其后，尤其是李希霍芬重新使地理学的区域观点受到了重视(参阅第一编第五章第二节)，甚至许多把地理学定义为关于地球的科学的或者赋予它以二元性质的方法论者，事实上也把区域考察置于优先地位。

地理学并不是关于地球的一般的科学；但是，李希霍芬为它选定的关于地表的科学这个说法也不是成功的，并且引起许多错误的理解。对地表从整体上作考察，即不顾地点的差别，还不是地理学的；地理学更确切地说只是关于地表就其地点差别研究大陆、地区、地方和地点的科学。地志学这个词应该说比地学这个词更好地标志这门科学的内容，地学这个词在李特尔的用语中是毫无疑义的，但它却把较新的方法论者引向对地理学性质持错误的理论见解。只是我们不可只想到特殊地志学，即各个地区和地方的描述，而必须同时想到一般的比较的地志学。

如果地理学考察的基本特征在于它是区域的，人们却不应因而提什么区域的方法，并把这种方法和其他描述或者研究的方法相提并论。“方法”这个词，如果我们不愿把它的意义不恰当地扩大的话，总是指达到目标的途径；但是我们所说的“区域的”不是指的途径，而是目标，是地理学的对象本身。这就是在空间排列这个观点下去认识地球上的实际情况，与此相反的是各种系统的科学所特有的以物的差异这个观点去认识客观实际，以及历史科学所特有的从时间的进程这个观点去理解客观实际。地理学的考察完全只能是区域的,正如历史学的考察只能是历史的,系统科学的考察只能是物的,不能是别的。在某一特定观点下考察现实,并非地理学如此,而是每种科学所固有的特点。

如果说这里只涉及一种逻辑的混淆,它给方法论的表现方式带来某种模糊观念,那么对区域考察的性质也经常理解错误。就是玛尔特,这个继李希霍芬之后最早尝试严格定义区域考察的人,也因把地理学标志为关于物在何处的科学而陷入这种不正确的理解。物在何处,正如物在何时,地域上的分布和扩展,正如时间的出现,乃是一种标志,是事物或事件的一种特性,即根据物的关系而形成的统一体的一种特性,并且必然要被从事研究基于物的关系形成的统一体的系统科学纳入其研究和论述的范围。动物学和植物学,不能放弃对动植物种属的生存地点和生活范围的了解;矿物学必须注意研究矿物的产地,国民经济学必须注意研究经济形式的出现。只有当时间或空间处于突出的地位并且构成科学考察工作的联结纽带时,历史的和地理的观点才会具有决定性的作用。正如历史学是要考察各种不同时代的特征一样,地理学则要考察各种不同的空间和地点的特征,用李特尔的话说,就是“地上事物对地球空间的填充”,亦即考察大陆、地区、地方和地点。华莱士在其关于动物界的分布的基础性著作中,把关于各个目、科、属、种的分布的学说称为地理的动物学,而把关于各地区不同的动物搭配的学说称为动物的地理学,或者简称为动物地理学,从而尖锐而正确地提出了这些观点的区别。在地理的植物学和植物地理学之间,在属于矿物学范围的矿物地志学和矿物学之间,也存在同样的

区别。对于地表的形态、土壤种类、水面、大气的运动和状态，我们为着补充和完善对它们的性质的知识，也可以去探索它们的分布情形；但是，只要我们的注意力集中在现象上，我们就仍停留在系统科学的范畴内。只有当我们把这些现象视作地球空间的特性时，我们才是在从事地理学研究。

在人类方面，这种区别也有重大意义。对于某种工具，某种武器，或者一般地说某一种事物，或者一种特定的习俗的分布情形的研究，被滥称为人类地理学研究，其实更多的是属于人类学的工作，虽然可以间接地具有人类地理学的意义；因为我们首先感兴趣的不是地区，而是指的有关事物，或者作为这种事物的占有者或承担者的民族。关于各种生产或产品的地理分布的知识，属于经济生产科学部门或属于商品学，可以称为地理产品学；但是，经济地理学却研究各个不同地区和地点的经济特性和经济关系。在人类的其他现象方面，地理学的任务和系统科学的任务也有类似的区别。虽然在进行研究工作的时候，两种考察方式往往互有交叉，在目标上却是各不相同的，因此，在阐述的时候就需要加以区别。直到目前，地理学中流行的还是物的观点。地理学的考察方式，常常过分偏重个别事物的地理分布，代替空间的充填以及地区和地点的特征。但是，地理学不应是关于各种不同事物的地区分布的科学，而应是关于充填空间的科学。它是空间科学，正如历史学是时间科学一样①。

① 我在论文《关于地理学的性质和方法》(1905 年《地理杂志》第 557 页以下部分)所提出的这种见解，在别的地方也曾反复论述过(1923 年《地理杂志》第 83 页的注 1)，但是，克雷布斯完全忽略了，他正是把我所反驳的见解转嫁于我。

第二节　地理学中的自然和人类

在古代，地理学的研究只是为了国家行政管理和日常生活的实际利益，又因为人们对自然的理解还太差，所以完全集中到研究人类这一方面；把地理学从那种束缚中解放了出来，并使它成为一种纯粹的科学，卡尔·李特尔应当比别人获得更多的荣誉，但是在他手上，地理学仍然是片面地、多少是目的论地集中于人类方面，而在他的学派中，这种倾向甚至比李特尔自己还严重。地区的自然情况本身并没有成为地理学的对象，而只是从涉及人类这个角度才被视作地理学的对象，地表只是作为人类居住和养育的场所加以研究。这样划分材料在逻辑上之所以可能，只是基于当时目的论观点占支配地位，而随着在科学中因果关系的考察占据支配地位，它的逻辑基础便失去了。地区的自然情况首先是自在的，因而必须独立地考察和理解。人类是在自然中并依附于自然而发展的，对这种从属关系，一部分研究家较为重视，另一部分研究家则不那么重视；这种从属关系，包括人类所受的影响和引起人类行动的刺激和动机。即使我们确定地认为，刺激和动机的总和无疑地决定人类的行动，人类的全部特性根源于自然情况，具体说根源于各个地区和地点的自然情况，我们也不能像甚至是有些近代方法论者那样，倒退到已经被驳倒了的那些方法论观点而把人类作为地理考察的中心和目标，我们只能把人类放在和自然现象并列的地位。

可是现在又出现了另一种作为对立面的片面性。原来是地质学家的李希霍芬在他关于中国的名著第一卷的结束语中，把对固

体地壳的考察确定为地理学的真正任务，而认为所有其他的现象只能视其对固体地壳的依附程度加以考虑。这种见解的根源也许在美洲的科迪勒拉地区的研究中，却至今仍在发生作用，并且由于美国人戴维斯的影响在我国也重新滋长起来。但是，这种见解从开始起就和科学的历史发展相矛盾，在科学的历史发展中，固体地表的知识始终起着重要的作用，但从不曾起过决定作用。这种见解不适应地理学担负的巨大任务，即它要成为一门一般的地志学，也就是说关于地球表面的一种广泛的知识。而李希霍芬自己不久就在他的莱比锡就职演说中完全冲破了这种见解的框框，其实就在他发表这种见解的同一本书中他就已经在冲破这种见解的框框。这是一种错误的，甚至几乎是不可能的方法论的想法，即不是把某一确定的事实系列，而是将另一事实系列的效应的考察，作为研究对象强加于一门科学，而这些效应却总是只能包括现存被观察的事实的一部分，并且必须从上述事实中通过分析研究剔除出去。这样，这门科学就会放弃对它的对象的描述，而没有这些对象，所谓因果关系的见解也就悬在半空中了；这门科学就会面对一大堆不完整的乱纷纷的事实材料。

地理学不能局限于自然或者精神的某个特定领域，必须同时伸展到所有自然界和人类的范围。它既不是自然科学，又不是人文科学——我在通常的意义上用这两个名词，而是同时两者兼而有之。基希霍夫和赫尔曼·瓦格纳都相似地称它为一门“带有累积的历史要素的自然科学”；这是对的，但是，如果称它是一门带有累积的自然科学要素的关于人类的科学，几乎同样恰当。自然和人类都属于地区的特性，而且如此密切地结合在一起，以致不能将它们分离开。在某些地区，人类的地位更为突出，在另一些地区，人类的地位则不那么突出；有一派研究者更多地偏爱自然，另一派则更多地偏爱人类。因此，在地理学中，人类这个要素时而大些，时而小些。从理论上说，只能把人类当做无机自然界的三个领域和有机自然界的两个领域之外的一个领域；事实上人类在大多数情况下都需要比其他任何一个领域都更为详尽的讨论，大约相当于对整个自然界的讨论。

在地理学中，把自然和人类结合在一起的这种考察不是"二元论的"，而在一般地球科学中自然和人类的结合则是这样的；因为只有把各种不同的事物结合在一门科学之中从而带来理解的不同和学科的分裂时，才有理由谈到二元论。但是，关于自然和人类的地志学理解或者区域理解，我们在本书后面将会看到，它们在所有的基本点上都是相同的，因而绝不会导致地理学分成两个不同种类的部分。

地理学处于自然科学和人文科学之间，或者更正确地说，同时属于两者的这种地位，无疑会带来某种实际上的不利因素。无论在哲学的诸学科以及自然科学的诸学科中，都往往把地理学当做外人看待。来自自然科学方面的地理学新手往往感到难于掌握文化科学，从人文科学方面来的则由于我们片面的学校教育而通常感到掌握自然科学基础知识更为困难。但是，地理学却和别的科学特别是哲学一样，处于这种中间地位，正是这个中间地位，使它在我们的整个教育中，我不愿说是具有，但是如果人们不过分地只把它当做小伙伴看待，起码它是能够具有巨大的价值，而且将来肯定会具有巨大的价值，即在我们精神生活的这两个趋于分道扬镳的容易分裂的方向之间架起一座桥。

在地理学中，人们必须同等地考虑到自然和人，对这一点现在实际上只有外行人才会怀疑了，这种人要不就是从不曾深刻地钻研过地理学的问题，或者只从事过地理学的一个部分的工作；而地理学家本身几乎普遍地承认了这种看法，尽管有的是不愉快地勉强接受，有的是愉快地欢迎这种看法。

第三节　作为空间科学和景观学的地理学

地理学扩大到自然和人类并不是任意的，而是深刻地根源于事物的本质；这种情况加深了研究地理学的困难，但却是不可避免的。但是，以其他的方式限制地理学的内容（尤其是它的对象）的复杂性，通过把它局限于一定范围的观点来避免内容方面表面的至少在笨拙的论述中容易出现的分歧，这是可能的吗？

拉采尔有时不是突出这种内容的多种多样性，而是把纯粹的空间特性，即地表的长度、距离、形状和大小放在突出的地位，从而偶尔——他在别处又越出这种狭隘的概念规定——也以奇特的抽象方式把地理学的特性理解为空间科学。格茨在把交通地理学理解为距离科学，把在时间过程中征服空间作为它的对象时，他是追随拉采尔的。还有其他一些人也立足于这种见解。我总是感觉，这种见解似乎是一种自我欺骗。空间本身是一种观念形式；只有通过它的内容它才能获得实在的意义！人们以某种天真的态度认为海陆分布、固体地表形态是纯粹的空间状况，似乎不存在内容上的区别！这种见解中可贵的是已不断地十分强调位置以及空间的形式和大小，一般地学则相反地忽视它们；但是把随时间的变化塞进去却是一种格格不入的因素，强调这种变化的见解不是地理学的，而是历史学的。

和拉采尔的观点相近的还有一种观点，它在较早的时候，例如在奥佩尔的景观学中已有萌芽，以后又特别为施吕特尔和白吕纳所主张①。他们是从在视界中看到的景观这个概念出发的，并把地理学的考察局限于在外表形象中表现出来的事物②。我们将可以看到，这对于地理学中的一个片段是一种合理的观点，我们可以称之为美学地理学，当然它也不能完全抛开景观中的声音和气味。但是，整个地理学却不能这样片面；例如它理解土壤，不是单单根据土壤的颜色而不顾土壤的物理和化学性质，论到气候也不可限于天空的颜色和云量，研究动物界和植物界时不要只是由于在景观图像中并不突出而略去植物区系、动物区系的差别。

其实施吕特尔和白吕纳也完全不愿把这些事物排除在地理学以外，而是又从后门把它们拉了进来。他们这样做是为了把地理学中人类这个要素局限于感官可以感觉到的现象，即排除包括民族和国家在内的精神事物。这样做无疑总是存在地理学脱离自己的基础而误入相邻科学领域的危险；划清界限的努力无疑是有理由的。但是，在区分感官上感觉到的事物和纯粹的精神事物时是找不到这样的界线的，精神事物实际上也是感官所能感觉到的，虽

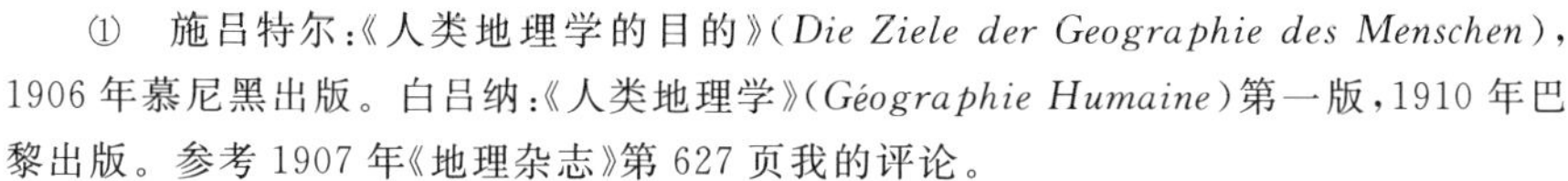

①　施吕特尔：《人类地理学的目的》（*Die Ziele der Geographie des Menschen*），1906 年慕尼黑出版。白吕纳：《人类地理学》（*Géographie Humaine*）第一版，1910 年巴黎出版。参考 1907 年《地理杂志》第 627 页我的评论。

②　帕萨格关于景观学的见解是模糊而且充满矛盾的；在其著作的第一卷里，他的见解接近施吕特尔，但是在以下几卷里却加入了其他内容，因而就和常见的地志学没有什么区别了。参考 1923 年《地理杂志》第 49 页我的评论。

然程度上要差一些。因为如果把精神事物抽出来，地理学便失去了它从古以来特别努力从事的工作领域，如政治地理学，关于民族定居地的地理学，实际还要算上交通地理学和贸易地理学，因为一门关于道路的地理学并不能代替交通地理学和贸易地理学。事物的内在因果联系也会被破坏，人类地理学变成零碎的片段。因此，后来在世界大战中强有力地重新兴起的政治地理学的兴趣影响之下，施吕特尔也作了让步，并把政治地理学以及总的说关于人类集体的地理学起码放在地理学的一个外围里①。白吕纳甚至还写了一部关于政治地理学的书。但是，他们怎样规定这门扩大了的地理学的概念呢？到底是否还存在着和我们的看法基本对立的看法？

第四节　区域观点的贯彻

因而，区域学或者地志学意义上的地理学的统一性，不能从景观形象的统一中取得，而只能建立在地区、地方和地点的内在性质之上。这种性质建立在两种关系上，它们在逻辑上同对事物进行特殊历史考察有决定作用的两种关系相适应。一种是地点和地点之间的差异——它同先后连续出现的事件的时间过程和联系相适应，此外还有毗邻存在的事物的空间联系，也就是地理组合体和地理体系的存在，例如河流体系、大气环流体系、交通区域等等。任何地表现象都不能设想是独自存在的；只有掌握了它对于别的地

① 施吕特尔：《人类地理学的地位》(*Die Stellung der Geographie des Menschen*)，《地理学晚刊》第五期，1919 年柏林米特莱尔和佐恩书店(Mittler u. Sohn)出版。

点所处的位置时它才是可以理解的。第二种关系是结合在同一个地点上的各个不同自然界和各种不同现象的因果联系。缺少和同一地点别的现象之间的上述任一种联系，或者我们没有认识到它们的联系的那些现象，不属于地理学考察的范围。需要并适合这种地理考察的是这类地表上的事实，它们随着地点而异，它们的地区差别性对于别的现象范围有重要意义，这类事实——正如人们似乎已经表述过的——在地理学上是有重大影响的。区域观点的目标是，从对各种不同的自然界和它们各种不同的表现形式的并存和互相影响的理解，来认识地区和地点的特性，从各大陆、各地区、各地方和各地点的地表的自然划分中理解整个地表。

地理学的本质只在于运用这两种观点；谁没有深入地了解这一点，他便没有把握住地理学的精神，正如一个历史学家如果不去探索事物的时间变化过程，以及各种不同发展系列的内在联系，就没有把握住历史学的精神一样。按照这种见解，材料的选择自然是以预先考虑到现象的因果联系为前提；主观上对于因果联系估计不同，对地理学考察范围的理解也就有不同；而随着知识的进步，就可能增加或者减少整套整套的地理学事实。但是，在历史科学和系统科学中我们也可以看到同样的波动，从它们那里不会遇到对上述选择材料原则的异议。选择材料并不涉及个别事实，而总是涉及整套事实系列，人们已经学会把这种整套的事实系列理解为其他地理事实系列的原因或结果。地理学并不是认识了个别事实的地理条件限制才把它们纳入研究范围的，而是在研究其因果关系前就把它们的地理情况从头加以记述并固定下来；往往会出现这样的情况，就是它必须引用它还不清楚其因果联系的事实。

对于这种见解，材料的复杂性自然很大，而且越来越大，因为随着知识的进步，越来越多的事实系列表明是受地点自然情况制约的，从而具有地理的特性。现在的地理学既包括过程，也包括形相和物质的情况，既包括精神生活的，也包括自然的事实；但是，它总是只在区域的观点下来涉及所有这些对象，因此，对于物的科学和历史科学或许是极端重要的许多特征和性质，地理学却认为无足轻重而置之不顾。地理学不仅可以把所有在地球上到处都相同的情况或虽有地点差别却还看不出它们的分布规则的情况都搁置起来，而且可以把所有其地点差别和其他现象范围的差别至少按照我们的知识看没有什么关系的事物也搁置起来。因此，人们不会在地志学中给地磁现象一个位置；同样，矿物的产地，虽然有一门矿产志学，但也不是地理学的研究对象，只有少数一些矿物由于对人类有重要意义地理学才去理解它们。人们虽然认为由于照顾到对人类具有的价值而要把一种异类的观点带进了地理学，但是这种照顾只是一般规则的一个特例，一般规则则是一种现象对其他现象范围有作用，这在地理学的材料选择中起决定作用。低等植物和动物可以几乎完全排除在地理学研究范围之外，因为它们大都分布在整个地球上，对地方特征并无多大补益。只有某些国家生活、民族生活和社会生活的一般情况，物质文化和精神文化的一般情况，清楚地表现出它们与地区自然情况的联系。而这些情况的单个构成，例如宪法和行政管理的细节，经济生活、社会生活和精神生活的组织的细节，艺术、文学和科学等的个别作品等等，几乎说不上受地理的制约，而是到处都可能是相同的，且在地理上不起多大作用。特别是人性不列入地理考察范围之内，因为地理环境对它只有很小的影响，而这种影响也接触不到人性的核心；人类的活动首先总是个别人物的行动，只有撇开个别人物的行动并直接追溯更深一层的原因时，才可以对这种活动进行地理学的理解。

第五节　关于时间的理解

一切时间，同所有自然和精神事物一样，都可以成为地理学考察的对象。然而，人们总是把地理学当做是对现在的考察，而把地质学当做对过去时代的考察。但是，这样对比是不正确的；因为同样可以有对过去时代的地理学的考察，就像有对现在的地理学考察一样，事实上确是存在一门历史地理学和一门古地理学。本质的区别不在于地理学偏重于一个一定的时间即现在，而在于对地理学来说时间是处于次要地位，它不是从时间的角度来注视过程——确实正是这个方法论的规则还经常被十分忽视——而是用一个局限于某一定时间的平均值来衡量现实情况，只是为了解释在选定的时间中的状况时才引用时间的发展。地理学需要有关起源的观点，但不得变成历史学。

当人们正确地感觉到有必要抛开这样一种时间过程时，就特别想在人类地理学中这样来确定地理学的任务，即它要相反于历史的变动而只论述那些在时间进程中恒常的事物，“持久起充分作用的事物”。但是并没有这样一种在时间进程中恒常的、持久起充分作用的事物，只有随时间变动的事物的一部分才以围绕零点附近摆动的形式发生，其他事物均表现为继续不断的发展，而地理学中主次关系的性质有时就几乎完全颠倒过来。因此，各时期的平均景象或者抛开随时间变动因素的景象，只对前者是可能的，对后者则是不可能的。地理学的考察总必须针对着某一个特定的时间。

因此，地理学应该包括怎样的时间范围，是否只包括真正有历史的时期，或者包括整个人类的时期，这个问题就是多余的了。把时间的确定建基于人类情况之上这种做法，除了把一种格格不入的观点带进我们的学科这一点外，对于较长时期内的区域或者空间考察，只有在此时期内这些情况不变化或者只有不重要的、关系不大的事物起变化时才是可能的。因此，这种考察对各种不同的现象也是很不相同的。对于固体地壳的内部构造，地理考察一般必须从第三纪中期开始，因为对现在的构造具有决定作用的变动大部分在这个时期都已经开始了。在固体地壳表面的变形方面，在气候上，在植物界和动物界，即使在全新的地质时代中其变化也是如此之大，以致需要作历史的叙述，关于现代的地理学就只能去理解它们的作用结果。在人类地理学中，每十年和每年都会有很大的变化，因此地理学的现代这个概念，或者更一般地说作为考察基础的时代的平均值这个概念，必须局限在相当狭窄的范围之内。

第四章　地理学的分支学科和它们同自然科学的关系

如果地理学是关于地表的区域的科学，它就要研究无机和有机的自然界以及人类生活的一切可能的对象；但不是指的这些对象本身，而只着眼于它们是各个地点的重要组成部分这一点。地理学的对象并不是各个单个的事物或过程；它不去过问它们的地理分布情形，这更多的是有关科学的分支领域，如地理植物学、地理动物学等考察的方式，而是就无机自然的三界的表现方式以及就植物、动物、人类和人类活动的布局来研究各种不同的地球空间和地球地点。地理事实是空间的情况，正如历史事实是时间的情况那样。但是只要地理事实仅是空间的情况，它们就是纯粹形式的；只有通过充满事物，成为物质和力量的存在地点，或者说成为生物的即植物、动物以及人类的栖息和活动场所，它们才获得单独的意义。因此，人们恰当地、虽然不是那么吸引人地把地理学称为关于地表空间的事物充填的科学。

第一节　数理地理学和地球物理学

关于地理学对象的第一个见解，并且是以某种方式提供基本的但却不是独立的知识，而是只起着辅助作用的见解，是对它们的空间关系的见解，或者用另一种方式表达，是对地表的不管其内容的纯几何的见解，就是关于天文方法的和地面方法的地点测定和大地测量的学说。对解决这个任务的学科，最好用数理地理学这个旧名称；但是，使用这个名称必须意识到它已经剔除了许多通常算在它名下，而从科学上看却不属于它的内容，例如特别是关于地球的运动的学说，人们只有通过玩弄概念游戏才能把它塞进关于地点测定的学说里去。一般意义上的数理地理学或者天文地理学，特别在学校里占统治地位，不外是它们的一种通俗版，我甚至想说，是天文学和测地学已取得的成就的反刍；把它算做学校的一门功课还有某些理由，但是在科学的体系中它是一个怪物。按我们的看法，它是地理学的一门辅助科学，类似年代学之于历史学以及历史地质学也只是一门辅助科学;因为它没有独立的知识内容,只是为编排地理知识提供一个骨架。它的科学加工大部分也不在地理学家手中,正如年代学的加工工作也很少在历史学家手中一样,它是一门专门学科测地学的对象,或者部分地在用天文方法测定地点的学说方面,归入天文学的范围。属于数理地理学的还有地图科学,它是用图形——更广义地也可以说形象地——表达地理知识的学问。

另一方面,把地球当做整体来研究的学问,即研究地球的形状以及它的物理和化学情况的学问,并不是地理学的一部分,而是地理学的前奏。这门学问虽然不像数理地理学那样只是形式的学科,而是一门具有内容的科学,但是它在地球物理学这一名称下逐步变成为一门独立的科学,并且走在地理学的前面(参阅第二编第二章)。对各个地球空间和地点进行属于地理学范畴的区域考察,当然必须从对地球整体的理解出发,但只把它作为现成的东西来接受,只是在这种理解尚未达到的地方才自己去考察;在不同的地理地点形成的不相同的现象,或者换个说法,即大陆、地区、地方和地点的特有的样式,是由不同种类和强度的内力和外力所产生的,并在自然、人类和人类文化中反映出来,这些才构成地理学的真正对象。

我们现在要通过各个自然界了解这种考察。

第二节　固体地表地理学和地质学

居第一位的是固体地表。虽然我们不像个别地理学者那样(参考第二编第三章第二节)赋予固体地表以过分的优先地位,认为惟有它构成地理学的真正对象，别的自然界和人类统统都只是附属物，并且要在它们对固体地表的依赖关系中去理解，但它确是第一个最惹人注意的事实，没有它，别的一些地理事实就简直无法理解。在古代关于地球的记述中，即使在近代也一样，地理考察完全局限于固体地表的外部形状，对于固体地表只是做些描述工作，从它的作用去探索它，却不去阐述它的因果关系。个别较年长的地理学者，尤其是军事地理学者，现在仍然持这种态度。但是，地理科学已经在两个方面超出了对固体地表的地貌学的理解。一个方面是理解的内容扩大了：虽然高和深、平和不平的交替这类地表形状是最重要的现象，可是物质的组成，即岩石和土壤对于灌溉，植物界和动物界对于定居和人类的经济生活，却也产生很大的影响，各种过程如火山活动、地震和山崩等等对人类生活也起着重要的作用，固然布克莱过分夸大了这种作用。第二方面是由于在佩舍尔和李希霍芬的领导下进行了因果关系的考察[①]。永远只有当人们对现象不仅进行记述而且给以解释时，知识才可能是完全科学的。只有因果关系的理解，才会给感官的无限复杂的直接感觉带来秩序和某种程度的统一性，并且使得有可能在思想中掌握这些感觉和把它们转变为精神财富。制图的大地测量一向不理会对地形的因果关系的理解，现在也已经认识到只有具有地貌学的理解才有可能取得优异的地形测量结果，因为只有这种理解地形学者才会正确地掌握地形。由地貌描述到地貌学的进步是地理学最

① 戴维斯责难德国地理学满足于描述工作，而自认为是他自己把解释引了进来，那是没有道理的。

重大的进步之一。相反地，有一个时期夸大了地貌学并过分地突出了它，这也没有多大关系，新的成就往往会带着夸张气氛，因为这时谁都想尽力填补科学中已变得很明显的空白。在达到这个目的以后，地貌学又完全可以退回到一个比较低的地位；只是现在不应过分地反对它，而这种迹象似乎已经有了；因为这个重要部分要是又萎缩下去，或者完全转移到别的部门，对地理学将是一个重大的损失。谁要是曾经钻研过李希霍芬的《中国》第一卷中关于中亚细亚土壤构成和黄土的章节，他就必然会认识到，关于民族迁徙和定居情况的理解也因而得到了多么有力的促进。反之，在拉采尔文集中的教材上，人们会反复地感到缺乏更深刻的地貌学钻研，这种钻研本来可以导致更深刻地理解土地对人类的作用。人们可以责难几十年来流行的对地貌学的夸大；但是，如果像现在偶尔出现的那样完全不去提地貌学，那就是不分青红皂白了。

对固体地表进行这种在两重意义上说更为广泛的考察时，地理学一方面和地质学接触，另一方面又和土壤学的几种独立学科、独立的地貌学以及独立的火山和地震学接触。

实际上，首先和地质学接触是重要得多的事。这种接触并非总是友好的；曾经存在过某些边界争端，特别是在我们德国，地质学家们虽然没有从地貌学的角度做过什么工作来理解地表，却认为在这个领域中进行地理学的工作是侵犯了它的工作领域。他们指责地理学者工作中在初期不可否认地存在着的某些表面性毛病，这种表面性来源于很多人尚缺乏足够的地质学基本知识就去着手解决这些问题；他们使用了并不怎么风趣的戏言，说地理学并非有关地球表面的科学，而是关于地球的表面的科学。只是他们忽略了地貌学的最重大进步应归功于地理学家，并且他们自己对土地构造的形相及其气候和植物地理条件也缺少严格的理解。地理学者大都很快填补了自己知识的空白，而许多地质学者至今还缺乏较深入的地貌学知识。个别的特别是老的地质学者受狭隘眼界的限制，今天还在大吹战斗的号角；但是从全面看，一种睦邻关系已经形成。两门科学的代表人物都看到，他们在研究工作中必须互相支持，但他们研究目标是不同的，两种科学的知识从一个共同的基础出发向着不同的方面发展。

地质学就其性质说是地球历史；今天的地表事实对它来说是用以揭示地球历史的证据。长期以来，它只限于研究岩石和化石、层积情况和变化过程。最近才把地表形相纳入它的研究范围，因为它踏着地理学的足迹认识到，不仅某些地表变动过程，而且那些内部过程如固体地壳的普遍隆起和下沉也只有通过研究地表形相才能搞清楚，或者这种研究至少同研究岩石和层积情况一样，对于形成见解会提供宝贵的帮助。但是从整体看，如果人们着重科学研究而抛开实际的运用，则对地质学来说内部构造比地表更重要，岩基比土层更重要。除岩石学和逐渐变成为一种真正的历史的地质学的地层学外，作为关于固体地壳内部构造学说的构造学，也成了地质学的一个受重视的研究领域，它也是从地史这个角度上来进行的，因为对构造学来说老造山运动的理解同样重要，甚至比新造山运动更重要。所谓古地理学，即对于过去的地质时代作地理的表述，是和地史学结合在一起的，应看做是地史学的一部分；因为虽然它的理解方式是地理学范畴的，但它却不仅取材于地质学的研究工作，而且是为地质学服务的。

地理学也必须从固体地壳的内部构造出发；但是对地理学来说，这种内部构造并不是地球历史的一个纪念碑，而是理解固体地表现在的形相和现在的性质的基础。如果地理的表述集中于某一个地方的地质发展史，那将是一个方法上的错误；地理学更多的是把内部构造看做既成的事实，若非对认识绝对必要，它不去进一步探索这些事实的产生。它踩在地质学的肩膀上，用感谢的心情领受地质学的研究成果。它的全部兴趣和它本身的研究工作，首先是从形相和性质方面研究地表的现状。它所研究的是地区和地区、地点和地点之间的差别，这正是由于固体地表的形相和性质对于一切别的自然界和人类都具有基本的意义。

可是在一般地理学的文献中，地貌学[①]多半还是采取系统科学的形式，即考察形相本身，而其产状和地理分布只作为它的特性出现。这种表述还没有正确地认识到真正地理学的任务。即使在这种形式上，地貌学也有生存权利；但是，它类似土壤学是一门独立的学科，对于交通技术、军事战略和战术等具有重要意义。对地理学，它在这种形式上则是一门辅助科学。真正的地理学的考察是从空间开始的，它的问题是：在地球上各个不同地点，固体地表具有怎样的形相？这些形相对于地理学来说，永远是景观的组成部分；而且必须这样来理解它们，这些形相决定于构造和气候，必须看做植物界、动物界和人类生活的基础。

同样的看法自然也适用于地理学怎样去理解岩石、矿物和土

① 参考我的《陆地的地表形相》(*Die Oberflächenformen des Festlandes*)第3页以下部分，1921年莱比锡出版。

壤种类，虽然情况的发展正好倒过来；矿物学、岩石学和土壤学一开始就是系统的科学，后来才被地理学用作辅助科学。建立土壤地理学是李希霍芬的功劳，矿物和岩石也必须比以前更多地吸收到地理学的考察范围中来。它们是景观的形相学和生理学事实，是内部构造和气候作用的结果，是植物界和人类的经济生活、农业以及采矿业的基础。不能把它们作为偶然的事实，事后才零散地洒到经济地理的考察中去，而是必须在自然地理学中考察固体地表时就尽可能地包括它们的分布和扩展范围。

第三节　地理水文学

陆地上的水面，如河流、湖泊，还有冰川和泉水，一向和固体地表的形相一起构成地区描述的一个对象。虽然如此，地理学对于如何对待它们还没有取得一个固定的观点。一方面，对它们的考察完全和对固体地表的考察结合在一起并为后者服务，待要作为了解交通或者人工灌溉的基础时才又重新出现，也或者——这适用于雪和冰川——把它们理解为气候的次生现象，这样，对它们的考察往往就太没有独立性了；在许多一般地理学的教科书中，对于陆地水的考察就是这样被扯得支离破碎。另一方面，对于陆地水的考察，往往变成终年积雪和冰川、地下水和泉水、河流和湖泊的一般的自然史，各组分别研究。当然，对水的各种不同的现象需要进行这种一般的自然史的考察；但这是一些专门学科：冰川学、泉水学和地下水学、河流学和湖泊学的任务，如果把它们纳入地理学里，则地理学将背上和自己无关的材料的包袱，而水的真正的地理现象反而会被忽视。对地理学重要的是在不同的地球位置上水出

现的不同样式和水的不同的形成，而地理学必须从上述的地球物理各学科中取得一般的物理的和化学的情况。它必须打破由自然科学考察在不同形态的水之间所建的障碍。因为这些形态实际上是密切结合、互相转化和互相补充的。如果人们不是把水的各种形态综合起来观察，那就既理解不了水面的配置，也理解不了它的地形情况，也不理解一个地区的水量平衡，也不理解水流的物理的和化学的情况。要把地球表面上的水理解为一个巨大的循环系统，人们应在空间配置、地形构成、水量平衡、物理和化学情况等各种不同的观点下来考察这个循环系统。甚至人们还可以再进一步，把河流、湖泊的生物界也纳入水流地理考察中去。

第四节　海洋地理学

海洋地理考察也太过于和一般的自然科学考察搅混在一起了。海洋学似应属于一般的地球科学，跟气象学一样不太宜于列入地理学，因为地理学在海洋方面也必须运用区域的观点，即是说必须掌握海洋的差别性。海洋学不应停留在单纯地考察水本身；因为除陆地以外，海洋是地表另一种巨大的表现形式，并且正如地志学的任务是在无机和有机自然界以及人类的一切现象的并存和共同作用之中理解各个地区一样，对海洋的地理考察也必须努力使之成为一种全面的考察，把对水的考察和对位于它上面的大气、对动植物生活和人类生活表现的考察结合起来。除了为航行服务的航行手册以外，这个意义上的海洋地理学迄今还很少受到扶植。它离开与地志学处于同等的地位还很远。

第五节　气候学

对于大气，地理学和纯自然科学的考察划分得颇为清楚；作为地理学分支科学的气候学是从关于天气的一般学说的气象学分出来的，气象学不是地理学的一部分，而是一门独立的科学，对于地理学它只是一门辅助科学。气象学的形成开始在十八世纪下半叶，并且特别受上世纪七十年代简要天气图问世的促进，因为这些图提供了概括作为整体的大面积地球空间的天气的可能性。气象学自此不再只是一种统计的描述，而同时是一门天气的生理学，是关于大气变化过程的知识，它一方面为阐明这些变化过程的规律而努力，另一方面为服务于天气预报而探索那些个别的瞬时的现实情况。某些地理学方法论者要把这门独立的科学——它源出于物理学和源出于地理学的程度至少是同样大——勉强放到作为一般地球科学的地理学的领域里，这是一种无意义和徒劳的努力。对于大气和大气现象的考察，地理学必须完全局限于区域的观点；只有在地表的不同地点产生了不同情况时，大气现象才是地理学的。这种限制又引起第二种限制。不是单个的实际变化过程都可以成为地理学对象；可以成为地理学对象的只有它们的总状况或者一般特征，或者简单地说是地球上不同地区的气候（这里“气候”这个用语，既不是片面的在医学卫生意义上的，也不是像人们曾用过的那样把它过广地视为全部生活条件，而应该理解为大气的状态和变化过程的整体）。但是，如果气候学到现在还多半表现为一种纯粹统计的学科，只是把平均值和至多还有极限值视为天气的一般特征，而不注意每个地点不同的并且是这个地点特点的天气

过程,那就是狭隘的理解。当气象学还基本上是统计式的时候,气候学就从气象学中产生了,但是它很少参与气象学向生理学式考察转变的过程,很少从中得到好处。最近这方面才发生了变化。

正如地理学和地质学共同抚育了地貌学,地理学也和气象学共同抚育了气候学。我们必须毫无嫉妒之意地承认,要感谢出色的气象学家,较早时期的多费,较近时期汉恩、沃耶科夫、柯本等人做了极其重要的气候学工作。但是,很多气象学家主要是学物理的,并且作为气象站的领导人固定集中于一个地点的天气,他们对气候学不大感兴趣,也很少了解。地理学因此不应放弃气候学的研究工作。地理学的资料库中已经有了重要的气候学研究,在通过自由观测和汇集结果以补充气象站观测方面,特别是在气候变化过程结合水循环的、土壤性质的、植被的和人类生活的诸现象方面,对地理学者展现出了一片内容丰富的工作园地。

第六节　植物地理学和动物地理学

很久以来,地理学也把植物界和动物界包括在它的考察中,既包括植被的一般特征,也包括个别植物和动物的出现,特别是那些对人类有益或者有害的动植物。在古代,植物和动物的描述和这些方面是直接结合的;后来地理的考察才逐渐和植物的、动物的考察分开;但是,关于如何正确地把它们划分开,还有意见分歧。

立足于把地理学理解为一般地学的方法论者认为,地理学考察与植物学和动物学考察的区别,主要在于后者从事研究个别植物和动物,而前者则把植物界和动物界的出现作为整体加以研究。当然,森林比单个树木更重要,大量出现的动物比个别的动物更重要；但是这种区分并没有接触到事物的核心。植物学家和动物学家不能把植物和动物在共同存在和共同生活中产生的情况和涉及植物群和动物群的情况丢开不管，反过来，在某些情况下地理学对个别植物和动物种类也感兴趣。

它们的考察的区别决定于它们一般的着眼点，从这些着眼点出发，地理学是从一个方面，而植物学和动物学是从另一方面对事物进行考察（参考第二编第二章中段）。植物学和动物学的对象是植物和动物本身的不同特性，也包括它们在空间和时间上的出现。地质学包含植物和动物的发展历史；而地理学把植物界和动物界作为地球空间和地点上出现的事实来理解。这样，植物和动物的地理分布就既属于植物学和动物学、也属于地理学的范畴，但是方式不同：前者着眼于植物和动物，后者则着眼于地区、地方和地点。植物地理学和动物地理学，不同于地理植物学和地理动物学。地理学探索在同一地区内其他现象范围对动植物界的地理制约和动植物界对其他现象范围的作用。特别是植物界，在景观的图像中是最突出的特色之一，虽然如此，认为它的意义超过土地构成还是不正确的。土地构成对于动物和人类是最重要的生活条件，对水流、土壤和气候也有很大的影响。动物界不那么突出，作用也比较小一些；但是，它在自然界循环中的地位是同样重要的，略去它的动物，人们就不能理解这个地区。

第七节 人类地理学

在地理学中，对于人类的考察曾摇摆于两个极端之间。在古代，与针对地球表面形态、偏重数理制图的观点并行的，我们看到还有一种偏重民族学的观点。到了近代，地理学大部分也是致力于民族学和国家学方面。卡尔·李特尔所进行的地理学改革，虽然打破了地理学和民族学、国家学的外表上的结合，但是他的地理学也完全是以人类为中心的观点，着重在人，把地球看做人类生息教养的所在。与在地理学中对人类的考察占片面优势地位的这种观点相对立，若干方法论者走向另一极端，想把人类完全排除在地理学之外。对于自然界和人类的考察后来才逐渐趋于平衡，从而人类地理学在地理学中成为与自然地理各学科处于平等地位的分支学科，但是从意义和范围说，它则超过它们①。

许多地理学者不像对待自然现象那样把人类现象也列为地理考察的对象，而只想考察自然对人类的影响，这可以说是目的论观点的残余，并且源出于对人类的特殊的世界观评价；与此相联系的是：他们把对人类现象的考察，例如对交通和定居的考察，直接和对自然情况的考察结合起来，人类的现象主要依从于自然的情况。但是考察工作因此就被弄得支离破碎了。科学上也不能得到满意的结果，因为像我们在本书后面讨论地理的概念构成和思想构成

① 早先人们时常使用"historische geographie"（历史地理学）这个名称；但是，人们现在合理地把这个名称局限于一个较狭窄的意义，并理解为地理情况随时间的发展。"kulturgeographie"（文化地理学）这个名称也过于狭隘，因为它把种族和民族的地理学排除出去，并且几乎不能把它应用于政治地理学。拉采尔创造了"anthrogeographie"（人类地理学）这个名称，这个名称早先偶然出现过。它有个好处，就是可以变成"anthropogeographisch"（人类地理学的）这个形容词，但是这个名称本身并不好。法国人用"géographie humaine"（人类地理学）；可是与此相应的德语"menschliche geographie"（人类的地理学）这个名称则不符合德语的用法。"geographie des menschen"（人类地理学）这个词是好的，只是有个缺点，就是不能变为形容词。"menschheitsgeographie"（人类地理学）似乎是可能成立的，但不好。

的章节中将更详尽地看到的那样，人类的现象绝不会决定于个别一种自然条件，而只能从历史发展中各种极端复杂的条件的综合作用得到解释。上述的考察方式不能提供确切的知识，只是起启发的作用。它没有自己特有的、必须自己努力加以确定和描述的大量事实，但是一种科学没有自己的大量事实，就将永远具有寄生的特征。因此，地理学必须把同样的区域观点像运用到自然界一样运用到人类方面。

在关于地理学的性质和任务的一般性考察时（参考第二编第三章第一节），我们已经看到，即使从区域观点出发，也有可能出现各种不同的理解，并且正是在人类地理学中，各种不同的理解导致对材料的不同的划分。但是，我们已经看到，不论拉采尔的狭义的空间观点，还是施吕特尔和白吕纳限于景观图像的观点，都不能建立一个完整的学术体系，而这是每门科学必须达到的目标，再说由于施吕特尔和白吕纳都已经相当地放弃了他们的片面立场，就不需要再谈这个问题了。地理学不只是把人类理解为景观的图像中的一件景物，而是其本质的一部分。图景只是外表的一面，对它是不能单独地理解的；若是人们撇开作为东方宗教的伊斯兰教不提，怎会懂得标志东方城市景色特点的清真寺和寺院尖塔呢？

这样形成的人类地理学同系统科学以及关于人类的历史科学的关系，类似于自然地理学同各个描述的自然科学以及地质学的关系。人类和它的文化本身显然不是地理学的对象，而正如它的历史一样是以地理为前提。各种人类现象的地理分布也已属于系统科学的范围，正如人类的历史发展对系统科学是不可缺少的一样。但是这种考察，有些不同于就其性质和事物的填充而对地球空间所作的考察。地理考察，包括关于人类的地理考察，均基于地点和地点的差别性以及和别的现象的相互作用这两种观点。这种考察针对着各个大陆、地区、地方和地点，提出的问题是：什么样的人在它们那里生活？他们的活动怎样？他们的生活是怎样安排的？他们是怎样改造这个地区的？它用比较的方法考察地球上的人类和人类的活动。

我们必须从这个基点出发审查人类地理学的各个部分，以及它们和有关人类的相应科学间的关系。

如我们已经看到的，地理学曾经长时间和民族学以及人类学结合在一起，主要是因为两方面的知识都是根据对外国的直接观察，都是出于同一来源——旅行记，还因为它们都没有涉及更深刻的科学的认识。只是在这种认识开始以后，它才必然地遇到了一方面是地区的，另一方面是种族和民族的性质差别，种族学或人类学和民族学或民俗学就必然地变成了特殊的科学部门。在这方面有个特点，就是这种结合在通俗书刊中比在科学中保持的时间长得多，而且还在保持着。不论是人种的体质，或民族（自然民族和文明民族）的精神生活和生活情况，都不能理解为地区的特性或作用，而要求由特殊科学部门进行专门的考察，可是这些科学部门不应该像最近时期遗憾地往往发生的那样，离开地理学的基地。虽然个别的特别是那些曾经在自然民族中生活过的地理学者，还保持着和民族学难舍难分的关系，科学部门却是划分开了。当然也不能理解为地理学似乎完全不再去注意人种和民族了。种族和民族正如植物和动物一样属于某一个地区，地理学也必须考虑他们。种族和民族是不能从他们住地的自然情况推导出来的，他们是独

立的生物；但是，正好是这个种族或民族住在某一个地区这件事，其地理原因部分是位置、部分是自然情况，种族和民族的某些特性只能理解为对现在的居住地区的适应。正如有一门植物和动物地理学一样，也有一门种族和民族的地理学。

对国家的处理情况也相类似。以前，国家学正如民族学一样和地理学结合在一起，地理学有时几乎完全溶化在国家学里。这种结合也分解了，虽然采取了另一种方式；民族学主要出于本身的需要而脱离地理学，因为它的工作领域越来越扩大，并越来越和地理学的工作领域不同，同时地理学也解脱了国家学这个负担，但国家学并没有立即取得独立的存在。由此可以理解，为什么相当长时间内政治地理学大大逊色了，不得不由拉采尔重新恢复起来；如果克耶伦认为地理学现在又想完全掌握国家学，那是他的一种误解。相反，我们地理学家长期以来就赞成克耶伦所设想的国家学，即与纯理论的、基本上是法律学的学说相对立的国家学。我们惋惜并感到这是科学体系中的一个漏洞，即至多只是在不多的迹象上存在这样一种国家学，它就国家的性质、特点、趋向、权力对实际存在的国家进行逐个的研究，并对它们作比较的考察以及研究它们的相互关系。这样的一门国家学必然具有深深的地理烙印，既建立在地理的、也建立在历史的基础之上；它必须有一门倾向地理学的分支学科，相当于地理植物学和地理动物学，人们最好和克耶伦一致使用地理政治学作为这个学科的名称①。它和政治地理学

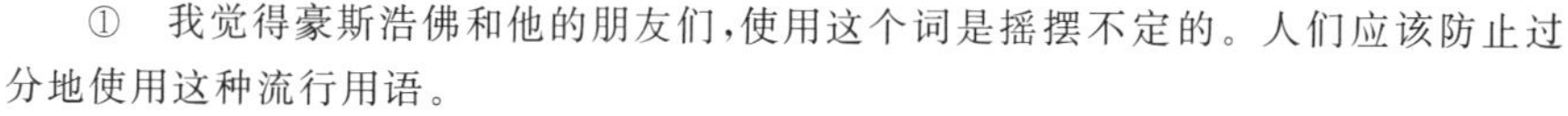

① 我觉得豪斯浩佛和他的朋友们，使用这个词是摇摆不定的。人们应该防止过分地使用这种流行用语。

的关系，同地理植物学或地理动物学和植物地理学或动物地理学的关系相同。在地理学者看来，国家是地区的组成部分或特性。国家宪法和国家行政管理、国家法律、国家财政、国防等等各个事实(它们过去都汇集在地理学和统计学手册中)，均处于地理学范畴之外，和地理学无关，因为它们完全不取决于地区的自然界，或者只有疏远的关系，对于地区的自然界也不发生深刻的影响。但是对于国家所处的空间情况和它的一般特性，地理学也不能置之不理；因为这些要受地区自然界制约，并反过来对地区的自然界发生影响，不过要是把这种作用估计得高于自然情况，也是一种明显的夸张。如果人们越过德国的边境，向奥匈或者甚至向俄罗斯走去，就会感觉到这种情况；但是，这种差别只表现为地区自然情况的细微不同，例如厄尔士山的我国边界这边和那边，其特点基本上是一样的。人们可以具体地怀疑，政治地理学的考察究竟应该深入到国家性质中多大程度。对于单项的研究，科学的严格划分一般是无关紧要的，正是因为还缺乏一种真正的国家学，地理学就像历史学一样，有时也许已经越过与方法论相应的界线。

人类地理学最直接的对象，包括对于把地理学限于景观图像的人来说，也是定居和与此相结合的大地改造。在人类地理学方面，大地所起的作用就是人类的住地(按住地这个词最狭义的意思)，在这里，人类对于自然界的反作用也是最直接的，这种反作用和人类对自然界的依附关系一样是地理学的对象。在这里，地理学强烈地触及实际问题——人们只要想想关于内地的开拓、砍伐森林、排水和灌溉等等一切问题；别的科学部门却只是在个别地方谈到这一方面。在这种情况下，地理学却是在较晚的时期才实际上完成关于移民地理学的科学工作，而这门科学到现在还颇为落后，这是令人吃惊的。当然，这里涉及很困难的问题，这些问题的解决需要具备高度的自然地理学知识，特别是植物地理学的知识。

和定居密切结合的是人口，这是指人的数量说的。在地理学和统计混杂在一起时，这是它最重要的任务之一；就是到现在，人口在一切地理学的论述中仍起着重大作用，这是有道理的，因为它事实上对一切别的地理情况发生很大的影响。但是，人口地理学的任务跟往往和国民经济学结合的人口统计学的任务却是不同的。关于人口情况，按年龄、性别等等的人口构成以及人口运动的更为专门的研究，是人口统计学的任务。地理学局限于那些直接和地区自然情况有关的事实，这既适用于人口密度，也适用于人口的运动；但是它也在没有人口普查的地区中试图去理解人口，这时就超出了统计学的范围。

在所有古代的地理记载中，各种聚居点的描述都占特别大的篇幅。地理的记载有时采用风土记的方式，这种风土记往往和艺术史上的风土记很接近。科学的地理学合理地放弃了这种城市学。但是科学的地理学在一个长时期里几乎完全局限于研究地点的位置，这种做法是片面的。人们把小村镇的周围也列入地理考察的范围是有道理的。如果把小村镇的经济特点和小村镇的生理情况置于考察之外，则这种考察仍然是片面的；因为只有基于这种考察，小村镇的整个特征和它们的地理关系才会变得可以理解。人们必须防止倒退到古代的城市描述。

交通地理学是与定居、人口及聚居点联系着的；因为后者是表现静态中的人，而交通地理学则表现运动中的人。长期以来，它也是地理学中一个公认的甚至是热衷的部门。但是如果人们把它主要列到经济地理学中去，并且直接和商业地理学结合起来，则是颠倒了。交通为商业服务，但是不以商业为限；它也为生活的其他目的服务，且是国家组织的一个重要组成部分。交通地理学与军事地理学的关系，如同它和经济地理学的关系那样密切。

对交通进行考察时地理学接触到了历史学和国民经济学。前面已经指出：因为交通是克服空间，而把交通的历史发展完全包括到地理学中、并把交通地理学作为一种一般性的研究距离的科学，是一种错误的思想。历史的发展是历史学的事情；地理学从事研究时不要局限于作为地表组成部分的道路，至少不要局限于通行性，即开辟道路的可能性方面，必须也注意到运输工具，而它们在不同的地区完全不同，对地理学是具有特点的和重要的。对交通的国民经济学方面的论述会给地理学提供许多观点，反过来又为地理学所丰富；但是，两门科学可以说是互不妨碍的，因为交通的组织主要是国民经济学所关心的问题，不在地理学范围之内。

迄今军事地理学主要出于实用的目的而受到关注，并且多半从事颇为枯燥的描述，以确定部队的运动和驻扎的可能性。但是也可以广泛地进行理论的研讨，因为军事行动的方式在很大程度上受地区自然情况的制约，并又反过来对地区自然情况发生影响；人们只需想想要塞和战略铁道的修建就会了解这一点。像人们区别战略和战术一样，也可以把军事地理学划分为两个部门：对地区自然情况进行较一般的军事考察和较专门的偏于地形的、对各种可以作为战场的地点的考察。两个部门都需要深刻的科学的观点。军事的实践经验也只有从这种观点出发才能取得；迄今为止的军事地形学已表明是不成熟的。

最近经济地理学受到相当大的重视,它是由旧的商业地理学成长起来的。它已经不只涉及对商业,而且涉及对经济生产,对最广义的农业以及矿业和有时很不当地被轻视的工业,还有消费等方面的地理的看法。关于经济地理学的隶属关系和它在科学体系中的地位,最近产生了某种争论。近代国民经济学已不同于老一代(罗雪尔、克尼斯,还有施穆勒)而不合理地忽视一切经济情况的地理条件,正是不顾这一点,这门科学的个别代表人物仍想把经济地理学全部抢过去,把地理学排挤出经济地理学之外①。他们没有认识到两种科学所根据的基点的区别,以及由此产生的两重性考察的可能性甚至是必要性。我们并不想否定国民经济学家考察经济现象的地理条件的权利,甚至愉快地欢迎他们比迄今为止更多地从事这方面的工作;但是,我们也不能因此而允许别人剥夺我们从自己的立场出发去接触经济事物的权利②。我们必须与区分植物地理学和地理植物学、动物地理学和地理动物学相类似地区分真正的经济地理学和地理经济学,地理的产品和商品学是和地理经济学相联系的。对于地理经济学,经济现象和产品是兴趣的中心,它所探索的是它们的地理分布;经济地理学研究的是地区和地点的经济生活。以前的一个错误是经济地理学往往要把整个产

① 哈姆斯在他关于世界经济的著作中,对经济地理学的评价是相当肤浅的。豪斯莱特尔的《作为研究对象的经济和国家》(Wirtschaft und staat als Forschungsgegenstand),1924 年《世界经济汇编》(*Weltwirtsch. Archiv*)第 20 卷第三期,所作的比较深入的考察,也是十分片面的。

② 把这两种科学的关系摆得合适的,是施密特的《经济研究和地理学》(*Wirtschaftsforschung und Geographie*,1925 年耶拿出版)这部书的看法。

品学的内容吸收进来，在商业学校和高等商业学校就经常出现这种情况。个别地理学研究者偶尔会写一本关于产品学的著作——人们会回想起卡尔·李特尔以及后来菲舍尔的出色的这类著作；但是，他们这样做就离开自己科学的土地而到一个相邻的领域中去了。地理考察的目标永远是地区。但是，有些研究者要把经济地理学限于研究经济现象的地理条件，那是错误地运用地理原则，只能解释为对过去的夸大的一种反作用。这样做，他们就在经济地理学的脚下把它的基础抽掉了。上述的影响永远不会成为科学考察对象的全部(参阅第二编第三章第二节)。经济地理学的对象是地区、地点和整个地球的经济特征，不只是生产，而是把整个经济生活当做地区性质的一种现象。自然它不允许也不能够深入到经济组织的细节中去，细节很少涉及地区的性质；它要把这方面留给国民经济学去研究，国民经济学对自己这门科学的地区性方面应该比现在扩大。经济地理学就其性质说是地理学的分支学科。人们曾想把它搞成一门特殊的科学。如果人们只是认为在商业学校和高等商业学校的教学中应该把地理学的一部分分割出来，这原则上是无可非议的；只是必须避免过分地削减自然地理学；因为对于自然条件没有细致的理解是不可能懂得经济现象的。但是从整体上割下一块，还算不上独立的科学。如果人们把经济地理学完全集中到实际应用方面，那就挖掉了它的科学根基。从科学体系的立场出发，说经济地理学属于地理学，同说地貌学或者气候学，或者植物地理学和动物地理学等等属于地理学是一样的。

消费也属于经济地理学的范围，但是，它还有另外一面。它是人类生活方式或者物质文化直至某种程度也是精神文化的一种表现。卫生和身体调养、食品、服装、住宅，甚至娱乐、教育、精神的文化产物，都是地理学的对象，因为它们受自然条件的制约，表现为对自然条件的适应，反过来也影响定居、交通、经济生活，从而间接影响地区性质本身。人们也可以把这些称为狭义的文化地理学。自从地理学和民族学分开以来，地理学就逊色了，有些人类学者想在民族学方面完全排除地理学。这是很可惋惜的狭隘性和无知的一种证据：所有这些事物固然都有它们民族学的方面，但是这并不是它们本质的全部；如果说这些现象中有许多东西我们还没有搞清楚，其原因就正是在于地理学的考察还进行得太少。

这样，我们对人类进行地理考察的圈子就完成了。这种考察扩展到人类生活的大部分现象，但总是只限于它们和地区性质有密切联系并可以理解为地区性质的现象的情况。种族和民族、宗教、国家、聚居和城市、交通、经济生活、物质的和精神的文化等等的地理学，都是人类地理学的一部分。

第八节　历史地理学

和人类地理学有密切关系的还有历史地理学，但是这种关系是另一类形式的，与其说它是地理学的一部分，不如说是和地理学相邻的科学。“历史地理学”这个名称有各种各样用法。以前通常用作地理学的历史，自然是颠倒了；应该说它只能是一门关于历史的地理学。以前人们把整个人类地理学称为历史地理学，虽然人们不合理地把它局限于文明民族的地理学，但是怎么说这个名称也过于狭隘了，因为有关人类的地理现象许多都和历史很少牵连，现象的历史理解又只涉及考察的方法，不涉及它的对象，而名称只能从对象引出来。人们只能把历史地理学理解为对过去时代进行的地理考察。现在颇为普遍地接受了这个名称的意义。但是,在这个概念中,历史地理学多半仍然停留在一种过于狭隘的理解。像地理学早先一般是指一种地方志一样,历史地理学到现在还是偏重于描述国家的疆界和地点;只有少数的历史地理学著作提高到广泛的地区描述,这些描述也考虑到地区的整个状况、聚居、交通、经济生活等等,注意到它们对地区自然情况的从属关系,以及地区自然情况本身,如地表和水文以及气候、植物界和动物界等的变化。只有这样一种包罗广泛的地方学才能为了解历史提供足够的地理基础。

这种含义的历史地理学,原则上在任何历史时期都是可能的和必要的,并要按每个时期分别编写;不是有一种,而是有许多种历史的地理学。事实上几乎只有古代地理学,它还先于近代地理学(参阅第一编第五章第一节后段),以及以后还有德国中古时代的地理学,受到了较有力的培育。属于这一类的最近还有史前地理学;要估计到地区的自然情况差别很大,因而也就必须对它进行独立的研究。

就其考察方式说,历史地理学是一门地理学科,因为它主要涉及人类,它应该说是一门人类地理学的学科。但是,在这方面它的兴趣是历史的,只是在用过去来解释现在这方面才间接地是地理学的。材料的取得,就是说事实的确定,如果和现代的不同,就要从历史资料中来,并采用历史的方法。因此我认为,历史地理学的工作大部分落在历史学家和考古学家的手上,这是有道理的,正如所谓古地理学,即过去地质时代的地理学工作要落在地质学家手上一样。

第五章　美学地理学和作为艺术的地理学

在理论的地理学以外，还有一种美学的地理学，在作为科学的地理学以外，还有一种作为艺术的地理学。乔治·福斯特尔、洪堡和别的旅行家，就已经偏爱以艺术精神培育地理学，在系统的文献中也不完全缺少这种偏爱；克里克在他关于美学地理学的有趣的文章(《关于一般地学的文集》(*Schriften zur Allgemeinen Erdkunde*)，1840 年版第 225 页)里说道："倘若一个地理学家不能像风景画家和诗人一样掌握地区美的特征，他描写的东西就欠缺真正的内容和最美的修饰。"但是，他也马上指出，地理学家的表达和画家与诗人描写有巨大差别。最近兴起了一个有利于美学地理学的强有力的运动。在德国是班泽鼓动起来的，他叫得响亮，但讲得并不清楚，不值得对此详细分析，他是想首先把作为艺术的地理学置于与科学的地理学同等的地位，以后则至少也要放在地理学之上，他这一套特别在教师中得到了不少同情。这可以表明在地理学这个行业中存在着某些不良状况，过去忽视了研究工作上的综合阐述或者综合，直接的观点过分落后于概念的抽象和因果的解释。在英国，扬哈斯班德在一本《关于自然的心》(*Über das Herz der Natur*)的书里，主张在地理学中进行美学的考察，并且提出了喜马拉雅山的美丽的描写作为例证。如果说这个德国人和这个英国人追求的是同一目标，但也存在一个重要的区别：班泽的目标是

反对科学地理学，而扬哈斯班德则主要不是反对科学地理学，而是反对过分注意实用的目的。问题是：是否有一门作为艺术的地理学，它和作为科学的地理学的关系如何。与此有关的问题是：应该如何理解美学地理学。

当人们说到作为艺术的地理学时，正如班泽也明白表示过的，不能把它理解为地理学表述的艺术。这种建立在思维糊涂上的混淆，在历史学者关于历史撰写既作为科学也作为艺术的争论中引起了大量混乱，我觉得这种混淆在许多地理学者的头脑中也在引起混乱。当我们说表述的艺术时，"艺术"这个词就类似"这不是艺术"这句话所表达的意思，它是直接从才干这个词引申出来的，意味着把想说的东西圆满地说出来的能力，也就是不只表达处处贴切，而且思想层次明确又适当，语言流畅，用词优美。人们谈到表述的艺术，不仅指描写风景，还指在进行纯粹科学研究的时候，这方面的光辉范例有洪堡的《宇宙》，或者佩舍尔的《新问题》，以及他关于民族学的著作。显然，每个人都应该努力提高这种表述的艺术；我们现在却不注意这方面，认为表述的形式无足轻重，甚至可能把笨拙的表述当做是科学的。但是，这种表述的艺术和作为艺术的地理学完全不相干。

即使抛开表述的艺术，也还必须对两者给予区分：美学地理学和作为艺术的地理学并不是一个东西，正如美学和艺术不是一个东西一样。

美学地理学仍在科学之内，从某种意义说它是美学的一个分支，把美学的观点运用到地理学的事实上。它审查地区自然现象所具有的美学的或美的价值，如地表形相的，水文的，植物界和动物界的，人类聚居的，以及总的来说根据形式和颜色这两种观点审查景观中人类活动和痕迹的美学价值；这时要根据美学观点预先判断是否有永久适用的美学评价，或者美学评价的差别性和变化性是否更多地表明它们具有主观的心理根源，因而对景观所作的美学评价永远只可能从某种特定的观点出发。克里克写了具有这种意义的一种美学地理学著作，菲舍尔或者克斯特林的美学中的部分内容，哈利尔的一部书等等，它们都是为自然界的美学而写的，当然也包括美学地理学。但这些都只是开端；就是拉采尔关于描写自然界的令人激动的书也只是给了一些格言，马克斯·豪斯浩佛关于地方景观的书仍然停留在浮面上。个别令人感兴趣的说明散见于文学著作中，如在黑恩写得很美的书里，提到北方的特别是阿尔卑斯山的景观和意大利景观的对比。更加积极地和系统地培育美学地理学是一种需要。它必须和科学地理学，尤其是地貌学和植物地理学的成就结合起来；因为地表形态和植物群落以及一般说自然界不同的发育类型也具有不同的美学价值。阿尔卑斯山和德国中等山脉或者亚平宁山脉的形态是多么不同呀！北部地区、地中海南部、沙漠、热带、高山的色彩和风格是多么不同呀！这种对各地区的美学研究无疑会丰富地理学的文献；但是，它是科学而不是艺术，不是班泽所想要的东西。人们可以把它归入人类地理学中去，或者，只要涉及景观对人类精神的作用就起码会接触到人类地理学①。

① 参考黑尔帕赫的《地理心理的现象》(*Die geopsychischen Erscheinungen*)，1911年莱比锡出版。

如果地理的表述是企图用文字或图画再现出景观——采用这个词最广泛的意义——的美，如果它不是针对理解，而是针对读者的，或者在以图解或画面表示时，针对观察者的感情和情绪，这种地理的表述就属于艺术；因为艺术不同于科学之处即在于此。有一种风景艺术、风景画以及风景诗，这些当然很少是单独的，大都只作为活动的背景，对它们存在的权利是不能有任何怀疑的。问题只是：风景艺术和地理科学是否应该各行其是，或者是否地理科学应该汇入艺术之中，是否艺术应该是科学大厦的顶层。这就是班泽和扬哈斯班德以及他们的信徒们所要努力追求的：一种“美的地理学”应该成为这座大厦的塔尖。

我已经指出过，在旅行文学中有大量对风景美和情调的描写，这种描写不仅想对人们有所教益，而且也想影响人们的感情；当然它们有时是不太令人满意的，而且也应该受到更多和更普遍的关注。但是，旅行记完全不是纯科学的作品，而是接近艺术小说。因此就存在这样一个问题：艺术描写是否在系统的表述中有其地位，它是否能和科学的说明以及因果关系的研究协调起来。在这方面引起了很大的疑虑。如果没有真正的艺术天才，要去追求艺术描写就很容易失于浮夸，即使完全抛开这方面不论，两种写法也存在着原则性的差别。科学就是追求和现实相一致意义上的真理。艺术家也致力于寻找真理；但是，他们找的真理只意味着可能性和内在的或然性，他们不重视和某一特定现实的一致，如果这种一致会破坏画面的完整，他们宁肯牺牲这种一致性。地理科学对地区的全面特征比对个别特点更重视，绘画却总是以单个的画面来表达，风景诗为了保持形象化必须坚持个别事物。我不能否认，我感到在地理学中艺术表达的最新尝试是不能令人满意的，而且多半是乏味的。

班泽在这方面走得最远，他甚至要求在地理学中采用表现主义的艺术。“自然界对于我们其实意味着什么？只有它在我们心中的反映才是有意义的，只是为了这种反映才值得费笔墨，一切别的都是替别人打杂”。[1] 随着这种看法他完全离开了科学的基础而只承认风景诗的地位。人们不能否认他个人要由地理学家变成诗人的权利；他必须在另一个讲坛上就此为自己辩护。但是，如果想把地理学整个变成风景诗，不论是印象主义式的还是表现主义式的，都会是一场灾难。正如人们只用历史小说代替历史记述，只用风俗画代替民族学，也是同样的不幸。近代唯美主义，对于地理学也是一种巨大的危险。不论伯克林的一些画是多么漂亮多么有趣，它们和地理学却完全是两回事。

同对地方自然情况作美学评价有某些联系的还有宗教的和伦理的评价。在过去几百年中，特别是宗教改革时代，这种评价起过一定的作用，它成为替神创造世界作辩解的辩神论的组成部分。对地方自然情况作目的论的考察，如我们在李特尔等人的学说中所见到的那样，把地球当做人类受教育的场所，也属于这一类观点。对美学自然观适用的东西，对这种宗教的或者形而上学的考察也同样适用；它们不能代替科学，但是和科学的观点并列，或者在它之后作为这种考察的一个世界观评价，它们有充分的理由存在。

① 参考《新地理学》(*Neue Geographie*)第 55 页。

第六章 实用地理学

长期以来，科学完全服务于生活的实用目的，科学工作受生活需要的指导。到了很晚的时候，科学才取得独立的地位，形成了自由的求知欲，就像电流这个著名的例子所表明的，最伟大的、对生活最重要的科学进步，正是产生于自由的索然无味的研究工作。虽然如此，如果某些学者想使科学完全脱离生活，只把探求真理作为它的任务而丝毫不顾生活的需要，则仍然是一种错误。生活总是处于幕后，从属于生活这点是不变的，只是它不再针对单个研究工作，而是整个科学，科学在它自己的范围内遵循其本身的规律。在科学和它的应用之间存在着一个较大的距离，这个距离对不同的科学大小不一；但是，任何科学都不能、也不允许完全脱离为生活服务这一点。

正是地理学，如我们在考察它的历史发展时所看到的，长期以来完全是为实际生活服务的。在上古时代的极盛时期以及大发现时期，我们看到纯科学的研究和地理记述，它们除了叙述有关外国的事情和查明外国的地理情况外没有别的意图，但是接踵而来的一个时期中，地理学完全成了行政当局和日常生活实际利益的奴仆。地理手册直到现代仍然主要是为实际利益服务的，只是附带把一些对日常生活没有明显重要意义的东西吸收进去。大部分地图手册也至少同样着眼于外界定方位的需要和科学知识的需要。这是李特尔的巨大功劳，他使纯粹的科学面对实用的兴趣站住了脚，自上世纪的最后几十年以来，作为科学的地理学得到了承认。

这个变化的巨大成就在于取得了一个地区各现象因果关系的知识，这种知识在个别方面虽然还不够完善，但是从整体看却已是扎实可靠的。这种知识又是对实际有利的；因为地理学现在也能够比过去更好地、更深刻地解答实际生活的问题。它能根据因果关系的知识来说明受人类影响而产生的变化将会带来怎样的后果。只是由于这一点它才得以成为最广义的地区政治的能干的仆从。它有义务以这种能力为地区政治服务，并且不会因此损害它的科学地位；但是，它也可以要求人们使它在地区政治和地区文化的一切问题上起比迄今为止更大的参谋作用，并进一步要求全体人民尤其是他们的领导人物接受足够的地理教育，以避免把生活的活动、对内对外政治的活动，建立在错误的地理前提上。

实用地理学的任务可以分为两个阶段：第一是评价，第二是作为事业直接基础的改进建议。评价和纯粹的科学知识一样不能超越地区当前的状态，但不满足于对事实及其原因的认识，而要研究这些地理状况对人类的价值，它们怎样为人类物质和精神需要服务，它们可以对人类的寿命和谋生提供什么可能性，它们在哪些方面对人类的生活和特性产生影响。但是，评价几乎是不由自主地导致改进建议，例如通过排灌、更积极的土地耕作、引用新品种或家畜等措施改进农业，采矿，利用水力磨粉或者发电，整治沼泽地，建筑公路和铁道或开辟运河等等。也即从对现实的评价出发创造性地建设新的现实，按照人类的需要改造地区。

如果人类生活的某些需要，不论是经济的、政治的或者一般文化的，处于突出的地位，这时实用地理学的任务就会和人类地理学的某些个别部分结合起来，像我们在本编第四章中所已经了解的那样。和理论交通地理学直接并列的有一门地理的交通政治学，和理论经济地理学并列的有一门实用经济地理学或者称为地理经济政治学，和理论政治地理学并列的有一门实用政治地理学或称为地理政治学(地缘政治学)。没有必要对这些实用学科的任务详细地加以规定，并划清它们和纯粹实践任务的界限。但是必须指出，要防止把各个学科互相严格地划分开。就像理论学科已经是彼此交叉的，实用学科之间的交叉则更要多一些。定居政策、交通政策、经济政策和所谓国家政策必须携手前进。

因此，我们不想把对实用地理学任务的深入一步的讨论建立在区分所谓物的学科上，而是建立在空间的区分上。这首先涉及评价和根据此种评价对自己的地区、故乡、祖国更好地进行改造。第二，这关系到祖国外部，即在自己的殖民地或者在外国的德国人的活动，即关系到边境、殖民地和国外的德国利益。第三，这关系到德意志帝国、德国经济和德国文化和别国的关系，即关系到外事政策。在每种情况下的考察都是各不相同的。

第一是乡土政治，乡土保卫问题也属于乡土政治。我们对我们祖国的一般自然情况是熟悉的，对其研究更多的是关系到地形、水文、土壤的肥沃性、矿藏、工业投资的可能性等等各个事实。地理的评价大都被置于各个专门科学进行的评价之后的理由就在这里。但是又做得太过分了。某一行的专家有时太过于忽略一般性的联系，因而所建议的措施，从他们特殊角度来看是合适的，但是它们对于别的现象所产生的反作用却会给其他生活部门或者景观图像带来损害，计划中的内卡运河就是这方面一个告诫性的例子。为了能够判断一个措施所产生的一切副作用，人们必须清楚地了解结合在一个地点的一切现象的内部因果联系。在所有的科学中，只有地理学是针对着这种联系的。显然它也不能单独工作，而必须和各行专家们结合起来，他们的知识和经验在某些方面要更深入一些，特别是他们更多地懂得有关的技术。行政管理部门的官员须要把预定的措施所产生的各种不同的作用综合起来，但他们大都是过分片面的法学家，因而没有能力完成这项工作。官方的统计已经不灵了，需要根据地理学的观点来进行改革。迄今为止它过多地迎合管理的直接需要，从而不顾较为普遍的任务。

在殖民政治和国外德国侨民的一切问题上，即在外国的活动和移民的一切问题上，地理学的作用就更清楚得多。当地的自然情况和文化我们原来是不熟悉的，我们必须先去熟悉这些情况，以便能够判断德国人是否能够和用怎样的方式能够在那里安家落户，以及取得一个合适的活动范围。因为忽视对于地区自然情况作普遍的判断或者所作的判断不好，多少事业遭到了失败！普鲁士政府当时关于向巴西移民的措施非常不妥，就是因为没有在种植咖啡的亚热带的圣保罗州和温带的南部巴西之间加以区别！在我们的殖民政策明确区别开适合定居或移民的地区和只是适合经济利用的地区以前，曾经有多少失策之处呀！第一个问题必然永远是：一个地区由于气候的原因，是否适宜于德国人做农业工人或者一般地做手工业工人而大量地移居到那里，在考虑这个问题的时候，不但涉及病理学的问题，而且涉及生理学和心理学的问题，这就是不但涉及他们的生活和健康是否受到严重的疾病威胁，而且涉及他们是否能保持住身体和精神的能力而不至于在下一代遭

到毁灭。也还必须查询:德国移民大约会和原有居民以怎样的关系相处,他们很快地被原有居民同化还是他们能保持德国人本色这两种可能性哪一种大些。第三个要考虑的问题是对生产和销售可能性的经济地理判断;因为除了保证个人的和民族的生存可能性以外,经济存在的可能性也必须得到保证。只有在这些一般性得到回答以后,才可以用同国内政治中相类似的方式着手回答专门问题,才能够去注意定居、开拓交通、经济的充分利用等等细节问题。当然,根据是自己的殖民地还是在外国领土上定居等不同情况,考虑的方式也应该不同。

对于外交政策,包括国家的措施和在外国的经济或者文化活动的地理基础,问题就又有些不同。我们和地球上几乎所有国家都存在某种关系;但是这种关系在每个国家都不一样,对它不能采取一成不变的办法,而必须根据它们的特点来掌握这种关系。对于别的国家、经济区域和文化的性质必须摸清楚;但是,只有在地理学的基础上才能理解这种性质。世界政治,世界交通,世界经济,世界文化,在很大程度上是地理现象,如果不想犯大错误,必须用地理学的观点去研究并阐明它们。这种地理的理解在第一次世界大战前还很少受到注意。我们地理学者以前过分把自己局限在纯粹的科学问题上,而科学的看法不为政治实践所重视则加剧了这一点;政治家的圈子里又太不懂得要向我们提出问题,并要求我们参与解决这些问题。只有历史学,不是地理学,被看做政治的科学基础。并且由于我们的教育行政当局缺乏见识,地理学在普通国民教育中最没有成效。英国人由于久已扩张到整个地球的范围,由于几乎每个家庭都和国外的利益联系着而具有一种天然的对政治地理的理解。我们德国人缺乏这种理解,因而必须进行教育。但是,这一点既没有在第一次大战前实现,现在也没有足够地实现。这种疏忽的罪过造成了并将继续造成十分不幸的后果,如果政治地理教育再不加强的话。

第三编　地理学研究

每门科学在其性质和任务确定以后必须解决的第一个问题，就是它进行研究的方法问题；它以什么方式，用什么方法获得构成其工作领域的知识？这涉及关于事实的知识，也涉及因果关系的知识，如果我们还考虑到美学地理学和实用地理学，则还涉及美学价值和实际利用可能性的知识。

地理学的知识是关于地表的空间的知识。可以说，它分成三种活动。第一种活动是发现，即踏进某个地区，取得地区的粗略观感；这是每个普通旅行家在进入一个陌生地区时在主观方面都要重复的活动。第二种活动是确定这个地区的位置和空间情况。第三种活动是了解这个地区的内容，就是在这个地区或者在有关的地点里自然和居民构成的知识。这三种活动中的第一种是其他两种不可缺少的前提，必须先于它们，或者必须和它们结合。第二种和第三种都可以单独进行，但是只有它们互相结合起来才是完全的。一个精确的地点测量，只有在随之取得这个地点特性的知识时才获得价值，若没有空间情况的知识，后一种知识就缺乏地理的确定性。人们不能像佩舍尔有时所做的那样过高估计精确的地点测量的意义，也不能按照旅行家们地点测量的精确性来衡量他们工作的价值；因为正是那些我们感谢他们作出最精确的地点测量的人物，往往很少吸收地区的自然情况。他们可以主要在夜间工作，所以他们从一地到另一地时很容易在车上入睡。但是，许多地理的观察工作需要先有一幅地图，在这种地图上更重要的自然不是绝对位置而是相对位置关系。

然而地理研究中只能有一部分是直接的考察。只有抽象的实验的科学才可能充分地进行直接的观察，因为它们到处都能够进行它们的实验。但是即使是那些具体的、物的或者系统的科学，至少也能把其研究对象如动物、植物、矿物以及文字著作和艺术作品的大部分以良好的复制品提供到研究者面前，而不必改变他所在的地点。像历史的考察终究必须和事变同时进行那样，地理的考察终究只能在现场中实现。可是直接的考察即使对旅行得最远的人也仍然总是有限的；旅行家自己就已经要用探询来补充他的直接考察，即用别人的考察来补充，知识越是前进和越深入细致，就越有必要综合很多人在地图或者旅行记和论文中记载下来的观察。因此，除了考察工作还有文献的研究，地图的研究也属于文献研究。在理论上，考察工作和文献研究是能够完全分开的，实际上也确实往往是这样；但是，如果研究工作结合在一个人身上，即如果进行观察工作的研究者用文献研究来补充他的观察，或者作文献研究的研究者至少也要取得他所研究地区的直接观感，这种研究工作将会是最富有成效的。

第一章　发现

我们已经概括地回顾了发现的进程，并且看到它如何逐渐地取得了进步，扩大了空间知识的领域。在某些年代，这种知识的这种扩大以巨大的步伐前进——比如希腊的殖民时代，亚历山大大帝的远征，罗马人的占领远征，穿过中亚细亚的旅行，伟大的海洋发现，十九世纪大陆内部的发现——而在另一些时代，空间知识的发展却是缓慢的，甚至是倒退的。一个值得的但却很少着手的任务是：研究不同时代和不同民族其发现工作的不同速度是基于什么原因。这个问题可以分为三个方面：导致进行发现和扩大知识的动机、为此而存在的手段和必须克服的障碍。

在原始的阶段，定居区域的扩张就已能促使知识增长；特别是在殖民时代，这种定居区域的扩张具有很大的规律。腓尼基人和希腊人在地中海和黑海地区建立殖民地，中世纪德国东部的殖民活动，特别是南北美洲、澳洲和非洲殖民地的进展，都是具体的例子。

与此有关而不能严格分开的是由于占领战争而扩大了知识。这方面最光辉的例子是亚历山大大帝穿过整个小亚细亚一直到印度的远征。但是可以称述的还有恺撒占领高卢和英格兰，阿拉伯人的占领，十字军远征，西班牙征服者向墨西哥和秘鲁的进军和许多别的占领行动。在欧洲以外各国，每次战争都促进了地理的知识。

知识的扩大部分地是和传教活动联系在一起的。这种活动的意向相应于较高级的宗教。在中世纪前期，基督教的传教活动比别的任何活动都更多地把地理知识扩大到北欧；这个时期的战争多半也夹杂着信仰的热情。阿拉伯人的扩张同时是伊斯兰教的扩张，带着宗教狂的色彩；在东方，如印度和中国，宗教更早盛行，因此只接受了若干阿拉伯影响。西班牙人和葡萄牙人的占领军也总是有僧侣伴随，并为传播基督教服务。耶稣教的传教士从中国带来了第一批地图和地理记述。传教士们如利文斯通和其他许多人都参与了近代的非洲发现工作。

很早的一种旅行动机是通过贸易获取外国的珍宝[①]。锡和琥珀吸引了腓尼基人和古代其他民族到北欧去，皮塞阿斯的大发现旅行实际是一种贸易活动。在当时世界的另一边，吸引力来自印度和中国的香料、棉织品、丝绸或者金矿。这些东西是腓尼基人出航或者古代晚期航行的根源，中世纪时它们吸引了旅行家到东方去。它们又是导致尝试沿海路到印度去的原因，从而推动了美洲的发现和去东印度的海路的发现。对于美洲的发现和占领的进程，黄金比别的任何东西都更具有决定性的作用。皮货贸易在中世纪就已经揭开俄罗斯北部，从十七世纪起更导致揭开西伯利亚和加拿大的面纱。鲸鱼和海象的捕捉大大促进了北极地方的发现。

冒险欲起着一种难于仔细判断的作用。在许多伟大的发现旅行家身上都隐藏着某些冒险家的气质，他们不仅怀有寻求新鲜事物的欲望，而且也乐于经历危险。当然，这种欲望只有和更崇高的动机以及丰富的知识结合起来，才会取得巨大的成就。在近期，它采取某种固定的，我甚至想说是有组织的体育运动的形式。这种体育运动是登山活动，因此大大促进了对于山地的知识。登山运动员都想达到最高的山顶，想征服任何一座山的最高峰，最后要征

① 参考科尔的《民族交往的天然诱饵》(*Die Natürlichen Lockmittel des Völkerverkehrs*)，1878年不来梅出版。

服地球上的最高峰珠穆朗玛峰。北极和南极的发现工作大部分也是体育运动的成绩:努力的目标是创造最接近两极的纪录而最终是达到两极;在这方面,科学的兴趣退居第二位。

为着取得知识而去进行发现旅行,在早期是很少的。某些学者相信可以把皮塞阿斯的航行列为这样一类旅行。一般地说,只有在已经了解的地区进行探索性的旅行,如希罗多德和波里比阿以及别的一些人的旅行是出自求知欲的。到了现代,追求知识的愿望已经变得如此强烈,以致它愈来愈多地成为发现旅行的动机。

发现从不曾是一种顺利的冠军赛跑,它总是会在地区的自然情况和居民中遇到种种障碍。克服这些障碍要归功于文化,人们一般是把文化称为征服自然和不开化种族的胜利。文化越提高,它就越能够通过新的技术(使用这个词最广泛的意义)手段去克服各种障碍。概括地回顾一下地理学史我们就可以看到,地球的发现中的巨大进步多半是和文化及其技术进步密切结合的。

在早期,对于可以说是一种陆上动物的人类的扩展来说,最大的障碍是海洋。原始人第一次到海上去捕鱼是一大业绩。腓尼基人出航远方,虽然是沿着海岸摸索着穿过整个地中海,并且不畏惧出航海洋,也是一大业绩。诺曼人越过大西洋驶向冰岛、格陵兰和美洲的航行,以及波利尼西亚人的出海航行,都是更值得令人敬佩的业绩;但是,他们的航行很少具有地理学的意义,因为这些民族文化落后,他们还不懂得将他们的发现用文字记载下来。在1300年左右开始的文明民族依靠罗盘进行的远洋航行是最大的进步。大西洋岛屿、美洲、到东印度的海路的发现,环绕地球的航行和后来不断深入地揭开海洋的奥秘，以及新的海洋岛屿的发现，都是他们的成就。被冰覆盖着的极地海造成的阻力时间最长，现在仍然还是阻力。但是一般地说，今天海洋已经不再成为知识的一种障碍了。旅行家乘轮船可以迅速、舒适地达到他的陆地旅行的出发点，并再返回故乡。

内陆的水面，包括河流和湖泊，对研究工作一向只起着很小的阻碍作用。相反山脉却是障碍，尤其是位于高纬度的山脉，那里高山地带不能住人或者极少住人，积雪终年覆盖着山顶，一切自然的威力都无阻碍地在起作用，要进入和越过这些山脉总是困难的。因此在古代，阿尔卑斯山很晚才略为世人所知，虽然中世纪时商路和军路都越山而过，但它的深山部分却似乎是自十八世纪末才被发现的。

交通的从而也是研究工作最顽固的阻力之一是广阔的沙漠地带，那里缺水，飞沙蔽天和有掠夺成性的居民。为世人所知的古代穿过撒哈拉大沙漠的旅行是非常个别的。

但是沙漠的对立面，植被最茂密的地区，原始森林，由于它难以通行甚至不能通行，对于研究工作也造成很大的阻碍。这方面最突出的自然是热带原始森林。如果人们仔细地看一下密林地区精确的旅行道路图，就会发现这些道路几乎总是沿着河流走的，在离河流较远的地方是没人知道的地带，在这样的森林地区，飞机已经开始对研究工作提供出色的服务，并发现了某些出乎人们意想的东西。

在一切无人居住的地区，在沙漠和森林里，在山脉和极地中，旅行家还要和缺乏食物，在沙漠地区又要和缺水作斗争。只有在草原地带他可以打猎获得食物;在高纬度地区这样做的可能性有多大,还是一个有争论的问题,要看情况而定。在这种地区旅行家必须携带食物。但是,只有乘船旅行才可能大量携带,到最近人们才学会制造可以保存的罐头。特别是在热带,食物防腐烂、防止蚂蚁和别的令人憎恶的动物是有困难的。

在许多地方,特别是在温暖潮湿的洼地里,热病和肠病是一种巨大的危害。在别的地方有别的疾病。攀登高山则主要是由于高山病而加重了困难,甚至不能进行。如果统计一下牺牲于热病或者痢疾的旅行家,将会得出一个很大的数字。但是在这方面,最近医学的发展也创造了可靠的治疗方法和适当的疾病预防方法。这样,在许多热带海岸地方已消灭了黄热病。

猛兽、蛇和其他野兽的危险,在许多汇编惊险故事的青少年小说里被夸大了。小动物特别是蚊子造成的苦恼,不只在热带,而且在高纬度的低洼地带,都是更为令人厌烦的和危险的。

外国旅行家由于没有得到当地居民的同意就闯进去,并且傲慢地以主人自居,因而当地居民敌视他们,这是可以理解的。这种敌意有多大,决定于民族的特性和具体情况。一般地说,欧洲人成功地战胜了这种敌视态度,虽然往往需要经过一段时间。且完全不说他们的不讲信义,西班牙人和葡萄牙人能以征服美洲和印度的文明古国,倚仗的除了枪炮外就是马匹和英国猎犬。非洲黑人的抵抗往往也只是通过欧洲人的枪炮才被粉碎,虽然在别的情况下欧洲文化的恩惠赢得了土著对欧洲人统治的服从。

这样我们看到,各种障碍、大自然和人都妨碍着发现工作,而且乍看起来似乎都是不可克服的,但是随着文化的进步都逐渐被克服了。殖民和占领的进步,运输事业的进步,特别是用海轮征服了海洋,改进了的食品加工技术,医学的发展,尤其是武器的技术,把欧洲的知识带进了长期以来对它关闭的地区,这就促使地图上只留下小的空白点了。

第二章　地点测定和测绘地图

在发现工作之后,地理研究的第二个任务是确定地表的空间关系。这件工作就目标说必须永远和对地表内容(即它的性质或者在它上面出现的对象)的理解相结合。但是,这涉及两种不同的行动。开始时空间关系的确定工作是不管它的内容的,它建立了网,然后内容填入网内;空间关系的确定是没有内容的,因而其实是没有价值的,而没有空间定位的内容观察虽然本身是有价值的,但却不是地理学的。地点的测定和地图的测绘是地理理解所必不可少的要求;但是,如果人们把这个工作视为地理工作的真正对象,那是误解。相反,地点的测定和地图的测绘愈来愈成为了另一些科学部门如天文学和测量学的工作领域,在这个意义上,它们是地理学的辅助科学。

人们必须区别地点测定的两种主要形式,也就是区别位置关系和大小比例的确定。天文定点是根据星座观测来确定地球地点以地理经纬度表示的绝对位置;由此间接地推导出它们方向和距离方面的相互关系(相对位置)和空间大小比例。反过来,地面上的测绘是按照方向和距离来确定地球地点的相对位置,这要比上一种方法细致得多;但是,相对位置至少必须加上一个天文的地点测定,才能够给出绝对的位置。

第一节　天文地点测定

一切天文定点都基于对太阳或者别的星座位置的精密测角,因此前提是要有精密的测角器。地理学的历史告诉我们,古代是怎样不能不满足于日晷的测定,怎样到了近代初期出现了分度规,后来特别是如何和望远镜结合起来使用而前进了一步,并且怎样设计出来反射六分仪、分角器和经纬仪,或把一种水平度盘和垂直度盘结合起来的全能仪器。前两种可以手提着进行观测,因此可以在摇摆的船上单独使用,后者则放在三脚架上便于在固定地点进行观测。用大的经纬仪可以十分精确地测角,但是用小的旅行仪器也可以得到很令人满意的精确度。结果的正确性自然还取决于另一个前提,即逐渐获得的关于大气折射光的知识。

最方便的方法基于从已经精确确定经度的基准点到观测点的时间转换。这种方法要求有个走时准确的表;长途旅行后很容易出现的一秒钟的误差,就意味着 15 个弧秒,这在赤道上相当于半公里左右。走时如相差一分钟,一个在赤道上的地点就会相差 28 公里。这就需要十分精确的表,以便能够测出可靠的时间转换。人们大概可以由此赞扬船用精密测时计;而即使最好的怀表,如果经受长途陆地旅行的颠簸,也会有几秒钟的误差,因此根据于时间转换的经度测定大都是误差较大的。到了用电报传输,时间转换才得到矫正;但是,只有在设有天文台、拥有直接电报联系设备的地方,才可以运用这种方法。确定绝对经度的方法困难更多;使用这种方法的机会也比较少。古代只有极少数可用的经度测定,至多从十七世纪末开始，大陆的经度伸延才稍为正确地确定下来。就是到了今天，一般地说，用天文方法确定经度也只在沿海是精确的，在内地只有很少地点的经度是用天文方法确定的。只用举一个例子就可以了，就是不久前波哥大的经度至少还在西经 73°43′15″和 74°7′45″之间摆动，相差 24′30″，就是说总计约 45 公里，相当于客运火车一个小时的行程。故去的喜帕恰斯要是生活在现在，大概也不敢绘制地图了。

地点的测定不只是经度，也包括纬度，这样的数据总是有限的。只要地点测定不很精确，它们距离很小时就不会正确地反映出相互的位置。因此，地图上的细节，在没有精确测定经度的地区则甚至是图上大的轮廓，都必须根据地面测绘。人们不能像许多书呆子那样过高地估计天文地点测定。它们是在较广大的陆地旅行时对路线测绘的一种必要的至少是很值得欢迎的补充，路线测绘在较长的距离上总会出误差；但是地理旅行的重点不要放在它们上面，主要的时间和精力永远必须放在地面测绘和对地理内容的考察方面。当然，如果天文学家进行专门以天文的地点测定为目的的旅行，那就是另一回事了。

天文的地点测定的整理工作属于天文学家，只有他们具有做这种工作所需的工具。在公布结果的时候，他除了报告可能是正确的数值外还必须报告误差极限，考察工作是在这种误差极限范围内进行的。地理学者或者制图者的任务就是把天文的地点测定和地面测绘结合起来加工，从这两者的结合中制成正确的地图。

第二节　陆地测量

陆地测量像天文的地点测定一样，不是甚至更加不是地理学家的事，而是愈来愈属于一种专门科学即测量学的范围，具体说它多半掌握在军事化组织起来的国家机构（地形测量局）手中。这里不用重新叙述陆地测量是怎样逐渐发展起来的。现在它完全建立在三角测量的原理上，并和测度工作密切结合。测量技师十分精确地测定一条基线，然后从这条基线起用测角法向前推进。这样非常精确地确定一个第一级的网，然后把小三角形穿插到这个网里，并且在这些三角里用所谓的多角法绘出地形的细节。通过水准测量和三角法测高也可以得出高度比，并以测得的高度数值和等高线把它们表示出来。最近人们借助摄影测量方法达到了更为精确的测绘。所谓平板仪图幅的测绘，在德国是用1∶25000的比例尺，在别的文明国家中采用类似的比例尺，在人口稀少和文化较低的国家里，大都还在用更小的比例尺。但是经验告诉我们，就是更大的比例尺既不能满足民用，也不能满足军用目的，因此，人们现在开始绘制1∶10000，甚至1∶5000比例尺的地图，大部分是根据现有的土地登记图绘制的。

第三节　海岸测量和路线图

文明国家的海军，特别是英国海军，为了使它们的航行获得足够的安全，在别的大陆和地区进行了海岸测量，在这种测量工作中人们不得不使用另一种方法，因为先测定一条精确的基线然后用三角测量法向前推进的办法，在这里显然是不可能的。当测量船沿着海边航行时，用航速器和用天文观测来精确确定它的航线，从而仿佛建立了一条长的虽然是不大精确的基线，从这条基线出发通过定向测量来测绘这个地区。大多数欧洲以外的海岸图，像我们在海洋图中所看到的，都是采取这种方式绘制出来的。只是在陆地测绘创建起来以后，它也解决了海岸制图问题。

道路测绘或者如通常所说的路线图也建立在和海岸测量一样的原理上。在快速地穿过一个地区时，甚至在纵横交错地游历一个地区时，三角测量法就无能为力了，因为它需要过多的时间，而且旅行家绝不能预计在已测定方位的地点准会遇到能见度高的天气。三角测量和用平板仪进行测绘只有在开阔的容易眺望的地带才是可行的；在这种地形里进行过工作并用平板仪测绘取得过良好结果的旅行家，如果认为这种方法可以普遍应用，那他们就错了。一般地说，人们不得不依靠真正的路线测绘。人们用罗盘测量路线的方向，用计步或者也可以用计时测量路程的长度，用计时法时当然要注意到行进的速度，或者可以使用里程计来测量，这样在他所走的路上就取得了基准线，从这条基准线出发，通过至少从两个点进行的方位测定，确定所有在路边上可以看到的对象。

当然，路线图的精确性只能是很接近实际，并且根据不同情况而相差甚大。这种精确性取决于外界的情况，有天气、道路的情况，使用牲口的情况和旅行者本人。但它也取决于地形。如果道路弯弯曲曲地顺着山脊的斜坡上去，或者如果这条路可能在泥泞地面的密林里，人和兽都不能自由越过，在这里人们向前向后都不能看清楚道路，那么，他们就既不能正确地确定方向，也不能正确地测量距离。迈进阴暗地区，有时人们必须在黄昏降临时继续前进以便赶到宿夜地，并为牲口找饲料，还有热带暴雨和别的可能遇到的事变，这些都会打断测绘工作，或者至少是大大地干扰它。重要的是，旅行家用罗盘测定方位的次数和用什么方法测定道路的长度。计步当然比按照时间来确定更精确些；但是，完全集中在道路上则会转移对一切其他观察的注意力。因此，计步只是对于那些在途中不需要观察别的事物的人，如做旅行的殖民官吏或者军官，才是可行的，而对于科学的旅行家则是不可行的。在利用别人的路线图时，我觉得大比例尺地图忽略了周围的景物，它们在地图上完全没有位置。如果对周围的地方一无所知，那么单单一条路线的精确测绘又有什么用呢？我自己多半只绘制比例尺 1∶400000 或者1∶500000 的图，我认为，初次绘制，应以不超过比例尺 1∶200000 为宜。

路线测绘要尽可能和天文定点结合起来。但是，人们多半只能相信确定的纬度具有较大的精确性，而确定的经度的误差往往比路线测绘的还要大。因此一般地说，路线测绘只按确定的纬度校准，就是说延长、而在大部分情况下是压缩（因为它们通常过大）路线测绘的结果，使它们符合测定的纬度，而天文测定的经度只有可以认为完全可靠时才去利用。如果路线测绘再返回到出发点，或者如果甚至存在许多条线路，那么路线测绘就可以大大提高精确性。这些线路，照内行的说法就是必须耦合起来①。

---

① 亨利·基佩尔特在诺伊迈尔的《旅行中科学观察指南》(*Anleitung zu Wissenschaftlichen Beobachtungen auf Reisen*)第一版，写了一个简短但精彩的路线图测绘指南，可惜在以后的版本中删掉了。策普里茨在他的《地图学》(*Kartenlehre*)第一卷第116页讨论到如何根据路线测绘作地图设计。

在路线测绘时只能用气压计来确定海拔高度。水银气压计重而且易碎，因此已越来越多地使用更方便的无液气压计，它当然也有其缺点。这种气压计的动作往往是迟缓的，因而在高度迅速变化时很容易跟不上，它还可能已经坏了而外表上看不出来。因此，最好在表上适当的几个点上根据沸点温度计把它的动作校正一下。把气压计的测值与邻近的一个已知高度的地点在同一时间所作的测值进行换算，是很少有可能的。在热带这种缺陷不那么敏感，因为气压计的动作在那里很有规律，人们只需在计算时把这种每天有规律的波动加进去；但是在热带以外的地区，气压特别低或者特别高时测量，高度的误差就可能很大。

第三章　地理学的观察

在发现工作和空间定位工作以后，地理学的第三个任务就是认识地区和地点的内容，即各种自然界的构成，以及可以视为地区自然界一个组成部分的人。以各别的事实而论，地理学和其他科学部门大都是共同的；但是，地理学以同其他科学部门不同的观点来理解这些事实，因为系统的或者称为物的科学方面总是围绕着物，如石头、植物、动物、人以及物的关系本身，对历史科学则是这些事实在发展进展中的地位，对地理学则是这些事实在地区或者地点的性质中参与的部分。地理学所感兴趣的是这个地点和那个地点的差别性，以及同一地点诸现象的共同存在和共同作用。

这里我们先只谈通过观察所确定的原始事实，而把更进一步的文献和绘图加工工作暂且搁置起来。我已经指出过，地理学的观察工作只有在野外现场去做，在研究室或者实验室里的工作只能起补充作用。地理的观察就是进行游历和旅行。但是这里也存在一个很大的差别：观察工作可以着重深入或者着重广度。进行观察的地理学者可以在家乡选择一个狭小的工作区，在这个地区他纵横穿越，如果发觉他的观察有漏洞，他总还可以重新穿越一次。要是在外国，研究旅行家就只能穿越很少几条路线，并且很少有机会重复他的旅行。很容易出现这种情况，就是坏天气或者别的困难情况使他的观察工作在某些地段成为不可能。他常常必须很快地向前赶路，而在有兴趣的地点也不能久留。他在旅行路线上的视野常常只是一条很窄的地带；观察工作在近处十分清楚，距离愈远就愈模糊，愈不可靠。但是，把这种不清楚的观察结果完全搁起来不用是错误的，有它们总比什么都没有强。

在清楚的视野以外，自己的观察必须和调查结合起来。旅行家要向本地人询问河道的情况、村镇的位置、森林和开阔地的分布以及其他等等。他通过调查能了解到什么，取决于提问的技巧和被问者的才能。施蒂贝尔习惯于幽默地讲述他问印第安人一条河的河道所得到的回答："va abajo, abajo, abajo"，即说它永远是向下流。但是，人们也会得到较好的回答；东非洲的雪山和大湖的知识，最初不是得自直接的观察，而是得自当地人的介绍。在自己旅行路线以外的地方，地图也可以这样填充起来。某些旅行家的作用以前主要就在于提问的艺术。

对于观察和调查还可以加上推测，即设想的补充。这是完全不可避免的；只有从来没有在一个完全未知的地方工作过，或者作为试验，把故乡视为一块未知的地方加以研究的人，才会完全抛弃推测。如果旅行者在离一条河不远的地方走过，只是看到这条河在这里和那里闪现，他仍将会把这条河的河道连通画在地图上，虽然是用虚线。因为如不这样做，他的地图就仍然是凌乱的无价值的片段。在地质图和地质剖面图上，几乎无例外地需要一些设想来填充和补充；如果我们在两个相距不远的地方观察到一个层积类似的地层，我们就可以把其间的一段也画在图上。从别的自然现象作出的推论，会对这类设想补充提供有价值的帮助。因此地质学者也求助于地域的形相、土壤的湿度、植被。如果把目光放远一点，人们还可以从植被推论气候。但是，所有这些设想的补充都要求极端慎重，如果不想让它们增加将来研究工作的困难，就必须总是明确地表明它们是设想。

一般地说，旅行家或者地理学观察家总是怀着说出真实情况的良好意愿，即忠实地观察和正确地反映观察的结果。但是，地理的观察并非总是完全客观和实事求是的。它多少要受到旅行中外界困难的干扰，如饥和渴、恶劣天气等等；特别是对风景的美的判断，相当程度上取决于外界的情况。巨大的自然事变：地震、火山爆发、海啸等等可以造成一种如此巨大的印象，以致描述言过其实。一个不得不和当地人进行斗争的旅行家就很难公正地描写这些当地人。他对自己的行动也许要添油加醋或者保持缄默，从而损害客观性。传教士喜欢贬低“异教徒”的精神文化。在理解土地的肥沃或者矿藏的富饶时，物质的兴趣往往会掺杂进去。

在古代，一切观察工作的进行都是素朴的、未经训练的，不具备特别的基本知识。受过训练的观察工作是随着科学的进步才产生的。但是真正的发现旅行家的主要任务在于征服自然界的危险和当地人的对抗，他需要学者的知识远比需要其他气质为少，因此他的观察更多的会是一个没有受过训练的人的随便打量一切的观察，而不是专家的观察；他的报告容易超出他的能力范围：他会混淆花岗岩和砂岩，每种黑色的岩石对他来说都是玄武岩。类似的情形也适用于科学的专门家，如果他们报道非本行的自然界方面的事情。科学旅行观察工作指南（德文书名，诺伊迈尔编的集子）所谋求的目标，就是也对非专家指出科学观察的方法，它肯定对发现旅行和研究旅行取得科学成果做出了很多贡献。要获得进行深刻观察工作的能力不是轻而易举的事。科学越进步，观察工作就越专业化；像洪堡那样广博的考察旅行家，现在不再可能有了。只有植物学家能够完全胜任植物问题的研究，动物学家胜任动物问题的研究，地质学家胜任地质问题的研究等等，总而言之，只有专家能够完全胜任他的专业的科学问题的研究，地理学者因而也必须自己来担任自己领域的考察旅行家和观察家。

只有知道关键在什么地方，就是说只有认识到科学问题的所在，人们才能够向自然提出尖锐的问题。只有粗浅的现象才会直接表露出来，观察中只有小部分是无意看到的一些事物，大部分则是回答有意提出的问题。外行人对于河谷阶地这样突出的现象也视而不见，或者不作什么考虑，不加注意，虽然它们对理解这个景观具有巨大的意义，而地理学者却为此不断地寻找这些现象。可以提出无数的例子来说明这个情形。但是，也只有根据专门知识才能够作出正确的回答。在动物、植物、岩石、矿产方面这个道理是显而易见的；这也适用于景观的一般现象。只有地理学家或者地质学家，由于原来就已认识河谷阶地的特点，才会对它们就其所有的特点作正确的描写。当然，另一方面，行家也会有陷入科学成见的危险。他往往看不见现实存在的东西，而是看见他想看到的东西，而一旦现实有某些和他的现存观念相类似的情况，他就只看到那些被教导在类似情况下他应该看到的东西。道地的戴维斯学派在景观中看得出平原化趋势。但是帕萨格要求作完全不具先决条件的观察，这样他就走得太远了，而当他认为这种观察完全可能时，他甚至陷入空想了；因为科学的设想总是带着抱成见的危险。

古代观察者只使用他自己的感官，随着时间的推移，他得以拥有越来越多的工具。对旅行的地理学者最普通的工具是望远镜，这使他可以看清楚远方。钟表对于他除了其他用途以外，可用以确定道路的长度；一个备有望远镜或者照准孔的罗盘，可以用以确定道路方向，也可以确定地层倾斜度。他可以借用地质学家的铁锤。他可以用气压计测量气压并从而确定海拔高度；温度计以及湿度计可用以测量空气的温度和湿度。再列举其他用于特殊用途的工具就没有必要了。毫无疑义，通过这些工具许多观察更深入细致了，或者许多观察才成为可能；但是工具也能够变成胡闹。有这样一些旅行家，他们完全成了背工具的人，对他们来说，除了用工具进行观察以外就没有别的观察方法了。但是，即使我们拖着一整车工具，我们仍然不能掌握景观的一切更细致的特色，它的形式和色彩的、植被的、定居方式的、经济生活的特殊的形态，因为这些都不是测量的、工具的观察所能得到的。李希霍芬强调地理学家最宝贵的工具是通过望远镜也许变得更锐利的人的眼睛，这是有道理的。

设站观察在某种研究部门已经成为习惯，它部分和使用工具

观察相结合，部分则与此没有联系。有些现象随时间发生十分强烈的变化，不能一次观察就掌握，而必须连续观察，对于这些现象设立观察站是必要的。这特别适用于对天气的观察，因此气象站越来越扩展。也适用于对地震和火山爆发、河湖水循环、动植物界的物候学现象等的观察工作。人口迁移、收成预测和收获产量等由统计局进行的观察也可以算做这一类。但是，这里也要提出和关于工具所谈类似的情形。观察站是必不可少的，但也不会解决所观察的对象的全部问题。台站观察人员履行他的定时的职责，却不大适合担当更深入细致的观察工作。某些台站特别是气象站的观察还有一个问题，就是它们总是只能掌握台站附近的天气，而包括不了台站之间的地带。必须用其他的观察加以补充，这一点下面还要进一步讨论。

也要组织其他的科学观察，以便覆盖广阔的地面。得以由个别研究过渡到大量观察的前提，是一个特定的科学命题，即建立一个特定的观察模式。这方面的例子是地形的和地质的地区测绘。气象站网和别的观察站网或者地方统计局的人口普查，都可以算作这方面的例子。所有这些一般地说已经成为必不可少的了，对地理学也如此；但是，这是必须马上补充一句限制性的话。这里也只是掌握粗略的事实；一个观察者，如果是个有科学能力的人，自然能够把观察工作深入到细致的科学问题里去，但这更多的是他个人的事情；一般地说，观察工作是要按程式进行的。而对地理学还要补充一点：这些测绘和数量统计大部分都是为实际目的服务的，它们的结果往往以一种地理学所不能直接使用的形式来表示；地理学为了自己能使用，必须对它们进行加工。人们也容易陷入某种惰性，相信官方的测绘，而对于没有进行这些工作的地方，不费力气去用自己的工作代替和补充比较粗略的地图测绘、天气观察、人口估计。

另外一个问题是，地理学家的观察和其他科学部门的观察的关系。对于这个问题，我们需要回忆一下以下的看法(参看第二编第一章)：科学部门的划分并不根据其研究工作，而是在于它们的系统的阐述。在研究工作上严格的划分是不必要的，甚至不希望这样做。可是研究者大都来自某一特定的科学部门，并使他的观察主要服务于这门科学；但是他并不会缩手缩脚地把观察局限于这门科学，而是乐于使他的研究有助于别的科学，此外科学的加工工作也乐于使用来自别的科学的观察。地理学的观察工作恰恰和别的科学的观察有特别密切的接触，因为它研究的是同样的对象，只是以另一种观点来理解这些对象。对土壤情况的观察感兴趣的不只是农民和地质学者，而且有地理学家，因为不同地区和地点的不同土壤情况，对于经济生活具有极大的意义。地质学家和地理学家都对地方的地表形相进行考察，地表形相对于前者是了解大地内部构造和地史的钥匙，而对后者则是地方自然情况最重要的事实之一。一个地区的植物界，植物学者是从植物的角度发生兴趣，地理学者是从地区的角度发生兴趣，前者趋重于各个个体，或者它们的种属的特性，后者则趋重于植物界的一般特性，即植被。其他科学领域也有类似的情况。但是，由于角度不同观察方式也总会产生差异；其他科学部门的观察，往往是要么会超出我这个部门的需要，要么又满足不了这种需要。

地理学是否有一个自己的观察范畴，或者完全可以依靠别人

的观察工作，即依靠国家机构和其他科学部门的观察工作，这个问题最近有过多次讨论，特别是在1908年纽伦堡地理学家会议上，蒂森和彭克[①]之间辩论过这个问题，不久前班泽和奥布斯特表示支持后者。我认为他们对这个问题的理解是不同的；一部分人把观察工作置于和文献研究对立的地位，另一部分人则想完全否定地理学的研究，认为它的任务只是从事综合、归纳、阐述。我觉得这种看法完全否定地理学可以作为科学；一门科学没有自己的研究，只是想摘取别的科学部门培植好的果实，那是不可想象的。

毫无疑问，大部分资料对地理学家是现成的，随着时间的推移更越来越这样。地理学家在新的国家里要自己画地图，而在文明国家里他们却是从国家机关得到地图，这些国家机关和科学地理学不相干，多半是军事性的。他们在新的国家里要亲自作地质观察以及一般地说是自然科学的观察，这是为达到他们的目的所需要的，可是在文明国家里，他们可以依靠官方的地质图、气象站的观察记录、植物名录等等。他们也可以使用本国及外国其他科学部门研究者的观察记录。但是问题在于他们是否拥有全部观察资料，是否只需要做文献工作，或者是否还必须着手进行真正科学地理学的观察。那些测绘工作和研究工作是否包括了地理学者所需要的一切材料？通过地图和文献的比较研究是否能够认识现象的因果关系？或者还需要这方面的新的、直接涉及这方面的观察？

近几十年地理学的历史发展已经回答了这个问题，并且是不

① 紧接在此以后，我在1908年第14卷《地理杂志》(第562页以下)讨论了这个问题。

能再推翻的。地理学从简单的描述事实进到研究因果关系的时候，这种研究开始时着重建立在文献研究上。我们再提一次已经引用过的例子，佩舍尔关于峡湾、岛屿、三角洲等等的光辉的研究就完全是文献的研究，而在他之后有许多研究工作也是用类似的方法进行的。和佩舍尔不同的是李希霍芬，他把建立在自己的观察之上的研究引入地理学里。彭克是追随他的最早几个人之一，他研究了德国阿尔卑斯山的冰川作用。我还很清楚地记得，在哈勒召开的第二次德国地理学家会议上，齐特尔在作了一个按照佩舍尔的方法研究阿尔卑斯山湖泊的精彩报告后，又介绍了彭克刚完成但尚未公布的关于巴伐利亚阿尔卑斯山湖泊的观察结果，给人留下多么深刻的印象。我相信，当时所有在场的人都感觉到了观察比纯粹文献研究优越。

当然，只有在旅行家进入一个迄今为止未经研究过的地区这类少有的情况下，研究工作才会是完全要依靠自己的观察；在所有别的情况下，研究工作都必须和文献研究结合起来。要注意的只是研究的重点在于自己的观察。虽然存在着由观察工作本身的空间局限性带来的缺陷，但是进行观察还是比地图和文献的研究具有优越性。这种优越性在什么地方呢？这种优越性在于提出问题和观察工作直接结合。即使最好的观察家也不会把所有的东西都看到了，而是只看到他所注意到的东西，他认为重要的东西。一切由国家或其他系统地组织起来的观察工作，都是按程式进行的，只是确定某些看得见的特性；即使最能干的旅行家，对于他所不理解的现象所作的记述也只能停留在表面上；只有钻研某个问题的研究家会觉察到不显眼的但对理解问题往往具有决定作用的特性。

如果观察工作是直接为一种科学研究服务的，它就会积极得多。显然，也不应否定基于查阅地图和文献而进行的研究工作的意义。它是对过去情况唯一可能的研究形式，过去的情况只能由古代的地图或记述流传下来。在只有通过有组织的大量观察（如国家的地图测绘、气象观测站、人口普查等）才能取得形式完备的资料的情况下，资料的研究就有它充分的理由。如果某一问题要追溯到整个地球或者很广阔的地带，或者虽只限于很狭隘的空间，但已有别的研究者研究过，则地图和文献的研究也是必要的补充。在进行观察性的研究前，如果任务清楚问题明确，研究工作就会进行得更快、更可靠，在这种情况下，地图和文献的研究对于取得初步知识，对于准备工作，具有很大的价值。但是单纯的文献研究很少能提供可靠的知识。如果地理学放弃观察研究，或者把它交给相邻的科学部门，那它就是放弃科学的独立自主而成为别的科学部门的附庸。我们不能再让别人把观察工作抢走。观察工作完全不是只在地貌学中才需要，地貌学的观察工作迄今为止是最赢得承认的，而且在植物和动物地理学、人口地理学、经济地理学、移民地理学的领域里，甚至在气候学的领域里也是必需的。在这些领域里观察工作还太少。如果以关于居民情况的观察代替许多只是进行计算的人口密度工作，也许我们的知识会得到更多的促进。如果某一次观察研究不够深刻，如果观察者可能搞错了，因此从一次粗浅的观察中得出太过分的结论，那对于这个基本的要求也不会有什么损害。它不外乎是从奔放的求知热情和某种胜利的陶醉中产生的一种幼稚病，对此当然不能赞许，但是就今天的科学水平看是不难理解的事，而且比趑趄不前、安于陈腐的书本知识总还是好些，并更能促进科学。还必须更多地推动地理学的观察工作——在这一点上我的看法和彭克完全一致——地理学者必须取得比以往更多地到海外各国进行观察工作的可能性，但是，他们也必须接受更多方面的基础教育。

第四章　地图研究和文献研究

除了观察工作就是文献的研究，地图研究也属于这一范围。如果一个发现旅行家进入一个迄今一无所知的地区，他掌握的东西只有他自己的观察和调查，就不存在文献研究。专门的科学研究也往往找不到前人的工作，踏进一个科学的处女地就非常缺乏文献的研究，虽然多数情况下至少可以利用现有的地图。但是这样的地球空间越来越缩小了，大多数地方已经先有别人去过，发现和研究过了，也许甚至已经有了地图测绘和其他种类的观察网。旅行家必须尽可能事先对这方面进行了解，无论如何在事后整理自己的观察结果时要参考一切已有的资料。对地志学和普通地理学的文献研究也可以不和自己的观察联系起来，而只对别人的材料进行加工，李特尔在他的地学巨著里就是出色地这样做的，勒克吕斯在他的《新世界地理学》(*Nouvelle Géographie Universelle*)里也是如此，虽然后者在大部分国家的材料中借助了熟悉国情的专家。一般来说有一定的分工，一部分人更适于做观察，另一部分人则适于做文献研究；但是如果这种分工太过分，如果前者完全忽略文献研究，后者完全忽略观察工作，那就会带来很大的危险。对于文献研究者来说，具备观察的能力以及掌握他进行工作的地区

或现象的某种直观印象，也是有好处的。

在文献研究中适用的方法，一般地说当然特别是那些在语言学和历史学中形成的方法，它们比在自然科学中形成的方法更适用。

第一个任务是搜集文献，它往往十分分散而且难于找到。所涉及的很多是古书或者外语文献，常常是不相干的属于别的知识领域的，或者地区性刊物中和官方公布的各种各样文件中的摘录，以及旅行记中零碎的叙述，这些材料常淹没在大量无用的材料中。这种工作常常有赖于训练有素的对文献的敏感，在这方面我们不如语言学家和历史学家。在地理学中，辅助手段也远不如上述那些科学成熟。由于资料必须取自极其不同的科学领域，所以造成了资料的多样性，使编制完整的图书目录和良好的文献报告碰到特别大的困难；不可否认，在这方面本应可以做更多的工作。《彼得曼通报》（*Petermanns Mitteilungen*）和《地理学报》（*Annales de la géographie*）中的地理学文献报告是很不完全的，有些内容也不太令人满意。由柏林地学会编辑的《地理学书目》甚少去粗存精的工作，现在已经停刊了，《地理学年报》（*Geographischen Jahrbuch*）中的报告时间间隔很长，并有某些漏洞，《地理杂志》的综合报道则更是如此。产生这些缺点的一般原因似乎是：外界的因素致使地理学领域中科学工作者人数比别的科学部门少；对一门科学的培植总也决定于给它提供的基础的大小。

第二个任务是对资料来源的鉴定。从地理学观察的陈述中，可以确定需要在什么意义上作出鉴定。一般地说，在鉴定中估计资料编写者心怀恶意和对观察的有意歪曲这种情况，地理学方面比历史学方面要少一些，虽然绝不是没有。地理学的历史上确也有某些虚构的旅行——我想指出骑士曼德维尔的旅行或者库克的发现北极——虚构的登山，如所谓维纳登上了伊利马尼山。但是，地理学的历史上也见到过对于真正的旅行所作的过分的怀疑，如在古代怀疑皮塞阿斯的旅行，或者在中世纪怀疑马可·波罗的旅行。但是，必须比历史学更多地注意对观察者科学能力的鉴定，因为大部分科学地理学的观察必须首先具备某些基本知识；我在讨论观察工作时已经指出这种错误根源。必须从各种不同的角度进行鉴定。鉴定时必须针对旅行者或者观察者的特点和基础教育情况，又必须检查观察工作本身。为此要对不同的旅行者的观察进行比较，如有可能也要加入自己的看法，或许也要检查其内在的可能性：例如关于某一种火成岩或某些植物形相的出现的观察是难以置信的，因而要是得不到进一步的证实就不会承认它。文献研究者必须对他所研究的地区或自然现象有自己的想法，必须把各个个别的观察纳入这个设想的图像中，而如果某个观察与这个图像不相称，就要根据情况改变这个设想的图像，或者批判地考察这项观察。

第三个任务是对资料进行加工，就像必须把砖瓦砌成一座大厦。人们可以满足于表面形式的编纂，或者进而做到内在的结合。但是，这样做已经进入综合、编排、阐述的领域，对这个领域以后还要讨论。

到此为止，我完全是一般地谈论地理学的原始资料，但是，在地理学中原始资料种类如此繁多，以致人们必须对各类资料分别研讨。

第一类资料来源是地图，此外还有剖面图。它们不仅是对文字阐述的注释、直观的手段，如人们通常所理解的那样，还是文献来源，是工作资料。只有地图可以给出一个精确的深入细节的空间图画。当然不只地形图具有这种作用，就是地质图、植物地理图、关于人种的分布图等等也同样具有这种作用。旅行家就需要它们，以得到一幅关于空间情况的正确图画，因为自己从分散的立足点出发进行的观察往往是歪曲全景的；如果还没有现成的地图，他就必须根据自己各种不同的观察草拟一幅这样的地图。地图对于室内研究者更是需要，他不了解那个地区，并且单从文字的描述不能给自己构成一个精确的空间概念。

尤其是佩舍尔使地图成为了地理学研究的基础。他的《比较地理学的新问题》一书基本上是基于比较的地图研究，而且是基于一览图的研究。他的继承者克莱德纳和吕德克等的著作，由于对大比例尺地形图进行了研究，同时又以文献研究取代一览图的研究，从而意味着超越佩舍尔的一种方法上的进步。但是这种研究还有很大的缺陷，因此地图的研究为直接的自然观察所排挤而退居次要的地位，虽然它除自然观察外无疑还保持着它的作用。在戴维斯的影响下地图研究又重新得到了重视。他显然把他的研究首先放在地图方面，然后才走到自然界中去，以便验证他的成果，同时进行抽查取样；其他不少人追随他的做法。我也完全不否认运用这种方法取得了良好的成果，但是相信这种方法也带来某些错误的结论。

人们必须清楚认识地图研究的优点和不足之处。地图之大大地优于自己的观察以及文字的阐述，在于它表现空间的完整性和一目了然。我已经指出过，观察者(也包括飞行员)永远也不能轮廓真实地看到地方的景况，而总是透视式的，他的视野总具有局限性和漏洞。而在文字阐述中，关于空间关系的理解则几乎完全丧失了。地理学研究所遇到的困难，可以说没有比缺少精确的地图更大的了。进入外国的地理学旅行家如果找不到现成的地图，就必须自己绘制。他只有在地图上才能够完全辨认出任何现象的空间布局和分布。

但是，人们不能因这些优点而无视地图的不足。和自然相比，地图总是小的：就是在我们的平板仪地图上，1 厘米也相当于自然界的 25 米；人们因而可以说，小于 25 米或者 10 米大小的事物是不可能在地图上正确地表现出来的。从而固体地表的微小形态以及居民点的单个事实等都是地图所不能表现的。戴维斯学派特有的忽视微小形态是和这个学派着重地图研究分不开的。制图的表述也是象征性的，通过符号来实现的。这就意味着概括化和公式化。概括不进概念的东西，就不能在地图上表现出来。直接的观察，或者风景图片、文字阐述，就必须涉及这些东西。还存在下述困难，地图总是孤立地、各类现象单独地表现出来，只有一部分现象能够集中在一张地图上。地图把自然界中相互结合的东西割裂了。各种不同现象的因果关系在自然界中往往直接涌进观察者的脑子，而却通常很难从地图中看出来。要是只研究地图，就很容易沉湎于传统的老框框。因此，单单进行地图研究常常会得到不完全的或者错误的结果；人们不可将它置于自己的观察之上，也不要片面地把它置于文献研究之上。

第二类地理学资料是图片：绘画、素描、照片。它们对于地图

的基本轮廓补充侧视的景况，不是提供公式化的概念，而是个体的现实情况，固然多少是缩小了的。如果它们是出于一个有地理学素养的旅行家之手，那对于科学是最有价值的，因为他知道要把什么样的在科学上有重要意义的事实表现出来。但是，业余爱好者的图画也会介绍很有价值的科学的直观景况，让人清楚地了解特征性的地表形相，植被的组合，聚居的位置和形式等等。

对各种不同的图片的价值，看法是不一致的，还不能作出一个普遍适用的判断。现在业余爱好者通常都倾向于无保留地宁愿使用照相术，因为认为它排除了主观性。但是它也还带有某些主观性；它比绘画和素描掺杂有更多的光线的偶然性，尤其是照片常常包括有令人不清楚的细节，而主要的事实只是在这些细节中模糊地闪现出来。纯粹科学的素描，如美国科迪勒拉山研究家的素描或者施蒂贝尔关于厄瓜多尔火山的素描，都把主要的特征清楚得多地描绘出来了。古代的风景画或者艺术家的素描，都往往放过那些具有特征性的自然现象，把所描写的形相理想化，因而抹杀了它的特点；但是近代的艺术家大都学会更敏锐的观察，尽力追求真正忠实于自然界，因而他们的画就可能具有很高的地理学价值，虽然它们的真正价值是在美学方面。

气象和统计图表载有丰富的地理学资料。如何根据这些图表计算平均值等等以取得地理知识，就没有必要在这里讨论了。同样，也用不着谈论如何很好利用植物界、动物界等等的著作了。

文字阐述也表现为多种多样的形式。特殊的地理学形式是旅行记，在方法论这个意义上，人们可以把它和编年的历史资料相比。古代的旅行记偏重于采用日记的形式，按照旅行路程把观察结果串联起来。但是,从洪堡起就已经开始在科学研究家的旅行记中加入了描写和讨论,发现旅行家和旅游者的旅行记中则较少。其价值自然是因旅行者的特点和他们的科学素养而有所不同。必须对旅行日记加以分类摘要;就是说,必须把观察内容分别提出来,或者是从地志学角度,或者是从一般地理学的角度,把它更有系统地整理出来。我有这样一个印象,就是现在在我国好像还极少从科学上去利用旅行记;通过对其中包含的零碎的说明进行全面和批判的整理,人们往往可以得到该地区以及地区地表构造、气候、植被等等方面的一幅图画,它固然不会具有像一个有科学素养的旅行家的直接观察那样的价值,但总可以暂时代替这种观察。这里给做地理学博士论文开辟了一个有益的园地。

最方便的是利用专门著作或者旅行记的综合概述中的独立描述。独立的描述可能是各色各样的,因而也要用不同的方式来利用。由政府主办的而保持古代地志文体的地区记述是常用的资料来源,它们包括很多很有价值的资料,但多半缺乏深刻的科学见解。地质学的、植物学的、动物学的、民族学的、考古学的等等方面的记述,大都含有对地理学很有价值的事实。大部分的历史记述,内容的丰富程度远不如人们所期待的那样,因为它们过多描写人物的历史,甚少深入到一般情况,特别是一般的事实情况。但是,历史地理学以及当代地理学考虑到居民点发展等的记述,都必须追溯各种历史资料如纪年史等等,都必须进行历史的研究。这方面很难在地理学研究和历史研究之间划一条明确的界线。

第五章　因果关系研究*

人类的思想并不满足于对事实的知识，而总是要追问原因。小孩子很早就要追问为什么，甚至达到成年人讨厌的程度。就是未开化的人也认为一切事物都有一个原因，只是他们多半持万物有灵论的观点，看成超自然的神灵的干预。当然科学常常停留在记述阶段，人们就恰当地称之为描述的自然科学，但是这只是一种暂时的发展状况，那时人们的思想还不能去探索事物的原因；再经过一段时间，人们的眼界开阔到事物的因果关系，于是因果关系的研究就开始了。直到前不久，地理学也是一种只是或者几乎只是记述的科学。人们先是在某些人类现象中开始发现因果关系。其实只是从半个世纪稍多一点之前以来，地理学才对自然现象开始因果关系的研究。自此它才完全地成为一门科学了，而从那时起解释就太过于压倒了描写，以致达到了一种心理上可以理解的过分程度。

这样，地理学也必然面临这个根本问题：我们怎样才能取得关于地球表面现象因果关系的知识？可以考虑的是两种结论。一方面，我们注意到，不管是通过直接的观察还是地图或者文献的研究，要解释的现象总是和某些别的现象一起出现，由此可以得出两种现象存在相互依赖关系的结论，这时我们先不管情况是 A 从属

* 本章的考察是我的论文《关于地理学的性质和方法》(1905 年《地理杂志》第 624 页)的继续。

于 B 还是 B 从属于 A，或者两者都从属于 C；另一方面，我们可以根据某种直觉提出一个假设的原因，而在试图理解某个过程时就从这个原因出发，通过思维追溯这个过程，以推导要加以解释的现象。前者是归纳的程序，后者是演绎的程序。两者中任何一个单独使用都是不可靠的。从经验中得出结论的可靠性随着事件数量增多而增大；但是，经验总是有局限性的，总是存在着新经验推翻旧结论的可能性。再者，我们的思想常会发生激烈的变化。不用我说大家也知道，流行的风气往往是根据不确实的类推法虚构出某些联系，而在更成熟的思想看来这种联系就像是迷信。即使在科学中我们也常会碰到令人惊奇的不确实和不可靠的结论，甚至最稳重和最谨慎的思想家也会陷入错误的结论。只有运用了两种思维方法而得到同样的结果时，认识才可以视为可靠的。但是这可以用不同的方式进行。或者先运用演绎的考察，在此结束后再进而和现实查对比较，予以验证，这就是我们讲的演绎法。或者先比较事实，随后再从原因出发通过追溯事件过程进行推导，这就是归纳法。或者不是把这两种方法中的任何一种用到底再用另一种，而是频繁地交替使用这两种方法，以取得对现象的解释，这也许可以称作进行解释法。以这种或那种形式把演绎法得到的和归纳法得到的结论作必要的结合，这在逻辑学上自然是早已得到承认的，但是在专门科学内部的方法论表现上却很少被注意。演绎法和归纳法所得到的结论总是互相结合的；人们只能根据是偏重这种或偏重那种方法，以及是哪种方法决定着研究的进程，来区别是演绎法、归纳法还是解释法。

在自然科学界，我们常常碰到这种想法，认为归纳法纯是自然

科学的方法。这是一种值得注意的误解。我们看到，正是那些发展得最完全的自然科学，如天文学和物理学，极重视使用演绎法，穆勒[①]把这称为近代科学的趋向是有道理的，就是说演绎法越来越代替归纳法，因为只有演绎法直接可靠地表明联系的必然性。但是，这方面的努力不要操之过急。现象越复杂，就越难于推论出主要的原因，并认识现象所从属的一般定理，以及据此正确地估计一切次要的情况。对事变过程的知识本身往往也还是很不可靠的，特别是如果考虑到情况的变化。在物理或者化学实验室里得出的规律，并非总是可以立即运用到大地自然界的大得多的事变过程上。关于冰川的侵蚀作用，比较的观察和数理的演绎推论两者长期争论不休，前者断言存在，后者则反对；但是后者犯了一个错误，他们把冰川视为纯由冰构成而代入公式，却没有考虑到嵌入其中的石块起着相当于磨料的作用。地貌学演绎推论法是由吉尔贝特创立起来的，由李希霍芬、菲利普松和我，特别是戴维斯加以发展，而帕萨格则在另一个方向加以发展；但是，在戴维斯手上它出现了错误，把事变的持续时间当做是第一位起决定作用的东西，过少考虑事变过程的多样性。对于有机的自然界，所有演绎法的结论都变得更不可靠，对于人类的事物则最不可靠。在这方面，科尔关于交通路线和人类定居位置的研究提供了运用演绎法的最圆满的范例。从他这个研究中，人们可以认识到这种方法的优点和局限；这个研究很好地指出了因果关系，但绝没有提出一种真正的解释。

① 《逻辑》(*Logik*)，席莱译德文版，参阅该书第571页。

归纳法的形式之一即实验，比较接近演绎法。实验方法在于人们尽可能单纯地制造要研究的现象，就是说排除一切附带现象，然后看看这种现象是否真会从认作原因的现象中产生。实验是物理、化学和生物实验室的研究方式，只有在人类可以控制这些现象，能够任意改变这些现象时，它才可以运用。这在地表现象是做不到的；对作实验来说，这些现象太大太强有力了。实验不能重现现象本身，而只能使用大大缩小的模型；人们必须把这种从实验取得的经验，通过类推法运用到大地的实际中去。但是，运用这个方法和运用演绎法一样，类似的错误来源会起作用；这里的问题是，在实验室进行小规模模拟实验时，是否正好把现象的主要性质排除掉了。实验也只提供宝贵的提示，而不是真正的解释。

如果说在地理学中只能少量地考虑使用数学演绎法和实验，却为比较的方法开辟了广阔的园地。把比较法引进地理学并非始于佩舍尔，但是他特别巧妙运用了这种方法。这种方法对地理学和许多别的科学其实是一样的；在地理学方面所表现的特点只是它的特殊形式，这种形式产生于地理学的区域的特性：地理的比较是一种不同地点的比较，附带的问题是，需要解释的现象所表现出来的地理分布是否和预想的条件一致。佩舍尔进行的比较扩展到整个地球表面，并且如赫尔曼·瓦格纳针对勒曼的批判意见所正确地强调的，首先不单纯是建立在比较的地图研究上——只有个别的追随者犯了这种错误。如果认为这就是地理学中比较法的本质，那是误解。比较的方法也可以局限于个别的地球空间，同样也可以甚至更为可靠地建立在观察和文献研究以及地图研究之上。在地理学的所有部门或者至少是在其大部分部门中，大量的专门研究工作都是借助这种方法进行的。并且，正是那些根据自己在局部地区的直接观察，而且照顾到各种情况而完成的研究工作，大都比概括整个地球的比较工作取得可靠得多的成绩，就事物的本质看，后者本身就带有某种肤浅性。这种比较工作只有与在较小地区中所作精确的比较工作相衔接才能取得较大的可靠性。这里只要举一个例子，李希霍芬关于黄土的学说是在中国北部建立的，后来才推论到一般的黄土，这个学说对于理解中国北部的地区性质和对于理解普通土壤学同样都是重要的。

比较的方法从通过观察或者地图研究、文献研究以确定事实开始。这时首先要做的是暂时地、也就是说只根据记述来建立种属概念或划分类型。例如佩舍尔在他关于峡湾的论文中就忽视了这个工作，这个疏忽的后果是沉重的，因为别人从另外的大都是更广泛的意义上来理解这个概念，自然得到了另外的结果。人们接着必须研究分布情况。做这项研究时人们可以盲目地前进，但是，人们大都还是基于对现象的原因所做的一定的假想进行的。佩舍尔发现峡湾分布在多雨的海岸，大都限于年平均温度在10℃以下的高纬度西海岸。丹纳在此以前已经以某种方式把峡湾的分布和过去的冰川作用联系起来。但是，这种比较结果开始时只是经验的通例，不是规律；因为随时都可能出现一个相反的例子，它和通例不相符合，因而认为通例是错误的，或者至少需要加以限制。在接着提出假设的时候，就要有科学的想象力，即和另外的似乎毫不相关的事实联系起来的才能。如果人们能够从已经研究过的相类似的现象出发，如果人们依靠思维联想，那么就会便于发挥科学的想象力；但是即使最不受拘束的最大胆的假说，在某种情况下也能

导致真理。只是永远必须要求就分布的实际情况仔细地检验假说。许多有才华的研究者没有做这方面的工作，特别是人类的地理学中的诸多推断，都缺乏对它们作相应的审查。不那么富有想象天才的人和不那么有才华的人，会由于比较突出的批判精神最终更多地促进了科学。把想象和批判结合起来的研究者是最伟大的。就事实批判地检验了其形成的假说，这种比较法的任务就完成了；但是，如果现象和假设的原因的因果联系是由现象的性质推论出来的，如果演绎法最终和归纳法结合运用，人们才会把这种认识看做科学的一个牢固的组成部分。

如果研究工作不是根据质量而是根据数量的关系，不是根据种类的差别，而是根据数值的差别，归纳法就具有一种特殊的形式，这就可以说是统计方法。正是在这种意义上，随时间而变化的那些事实也进入地理学考察之列。从自动记录仪的直接记录中，或者从根据每天几次的普通的台站观测制作的图表中，人们可以认识到一天的或者许多天平均的温度动态。在这个问题上，人们从日常生活的经验中知道，温度的动态取决于太阳的运动、云量、风等等，问题只是在于更精确地去掌握一般的经验。但是，气压日变化的原因就不那么容易认识；而是必须通过和许多别的现象比较去寻找。这种做法同样适用于研究人口和经济现象随时间的变化。空间的情况直接属于地理学的范畴，一般说来最一目了然地表现在地图上。这些情况大都异常复杂，不那么清楚明了，以致有必要把它们简化。可以根据情况采取两个不同的方式来简化。气压和气温随高度变化而变化，而且其幅度是颇为确定的、可以普遍地计算出来的。因此，人们可以在给出气压和气温的数据时去掉

高度的影响，把它们还原到海平面。而且必须这样做，因为只有这样才能得到一个稍为清楚的概貌，而在把等值的各点用线（等压线和等温线）连接起来时，就有可能认识除海拔高度以外的其他影响。研究其他现象时也是如此，人们必须首先排除海拔和其他次要的影响，才便于发现那些更为普遍的影响。而在另一些情况下，要计算出涉及较大面积单位的平均值，那些较小的多半是地方性的影响就也要排除掉，以解释更一般的、波及更大地区的影响。各种图示和统计表达的方法，当然都要参照这种研究方法的；在这里详尽地探索这种研究方法，既不必要也不可能。

但是，这种比较的方法是有一定界线的，对这条界线人们多半注意得太少。比较方法的先决条件是，被研究的现象不是单个的，而是大量存在的，并且这些大量的现象可以看做是同类的。就是说这种方法基于形成类概念，并导致提出规律或者通例，即定理，这些定理表明大量现象的因果联系。但是类概念的形成和运用，如我们还要深入一步探索的那样，在地理学中只能有限地适用。对于一系列对象物和事变过程，按照考察工作的精确性和周密性，或多或少地必须单个地去理解，就是说把不可忽视的个体性质和某些种类的共同特征结合起来。内卡河谷是一个山谷，而且是一个具有湿润气候和没有冰的作用的山谷。我们可以进一步说，它是一个穿过阻挡去路的地块的切穿谷。我们大约还可以找到若干更为专门的类概念的特征。但是，超出这些以外的就属于个性的东西了。埃森是一座城市，而且是一个典型的工业城市；但是它的特征并不尽于此，而是仍然剩下大量的性质没有包括进去，其中若干也许还可以归入某一个类概念，可是对于它们的聚集和共同作用来说它们是个性的。比较法在自然界或人类生活这种个性的甚至是单个的地理对象中运用的程度，只限于它们能够以类概念来理解；因此这种方法并非如人们所认为的那样是地理学唯一的研究方法，而只是其中的一种，除它以外，为了探寻具有个性的现象还需要另一种研究方法。在这方面，自然地理学和人类地理学之间完全没有什么区别。对于自然地理学的事实，如山脉、山头、峡谷、单片的森林等等，必须同样单个地理解，并因此摆脱了比较法的专属范围，如城市或者国家。

在比较法以外和使用比较法以前，地理学中还使用另一种方法，这种方法是严格的归纳法和严格的演绎法使用之前的由演绎法和归纳法组成的一种特殊混合体。我认为，它实质上就是冯特——当然是限于人文科学的范围——称为解释（更准确地说是高一级的解释）的那种方法，有些像人文科学的“领悟”的东西。这种方法的实质在于：人们首先限于注意单个的情况，尽可能仿佛置身于其中，并且从认为可能是原因的事变的性质中试图阐明这种情况。如果有人在我们关于峡谷形成知识的初期试图解释一个峡谷的形成，那他也许首先要考虑这个问题，即这个峡谷是否会是山系构造中存在的一个断裂；而缺少一个沿着峡谷走向的断层，以及同断裂构造性质相矛盾的大弯曲，会使这个假定难以成立。由于缺失海洋沉积和冰川痕迹，人们大概也不会设想是受海水作用或者冰川影响而形成的。于是就会得出是由河流本身所造成的结论，把河流作为可能的形成原因。人们在倾盆大雨以后直接看到过流动的水的作用方式，联系到附近的小水流或者其他地区的河流的类似经验，人们会去考虑流水的作用方式；这些考虑表明，在

千百年的变化过程中河流能够越来越深地进行侵蚀，能够造成一条大的峡谷——在这个过程中，原初地表上崎岖地面所产生的河道的小的不规则，逐渐开拓成大拐弯和大河曲，河谷的两坡受风化和水的冲刷逐渐倾斜，简而言之，河流的作用及其派生物很有可能造成一条这样的峡谷。然后人们也许会进一步去寻找直接的证据，证明这条河以前是流动在比现在谷底高一些的地方，并且在河谷阶地和砾石沉积中也找到了这样的证据。但是，这种理解仍然存在一个巨大的困难。如果河流造成了这条河谷，它就必须曾经流动在高原面的高度上。但是，这怎么可能呢？——如果原来的地表是向相反方向倾斜，即在上游反而低。用张开的断裂来解释是站不住的。那种关于河流在缺口的上游先是堵塞形成一个湖的推测，并没有得到实地观察的证实，因为找不到这样一个湖的痕迹。可以提出两个不同的建议来解决这个问题。在别的地区有过这样的经验，即分水岭不是固定不变的，强烈作用的河流能够溯源夺取位于分水岭另一边的河流流域而扩大自己的流域；这样人们可以设想，河流的泉源最初是在山的高处，后来才把位于其下的地区的水吸收到自己这方面来。而别的一些研究者则从这种想法出发，即认为构造过程是逐渐完成的，在一条强大的河流的原来河道里有一座山在隆起，隆起时河流能够像锯子切开向着它升起的木梁那样切开这座山，就是说这条河在对今天的构造起决定作用的构造过程以前和现在一样地流动，即这座山在它面前拦路升起的时候它保持了它的河道。人们必须考虑，用什么证据能够支持两种假定，砾石沉积的高度情况大概可以证明第二种假定是可能的。

这就是说研究工作是以这种方式进行的：对于事情的发生人

们先提出一些推测，根据关于这类过程的一般知识仔细地设想一个假定的过程，弄清该过程的条件和作用，然后通过观察来确定这些条件和作用是否符合事实。在做这种研究时借用别的地区已取得的经验只是作为类似的对比，即从这些经验中取得提出假定以及检验事实的启发。这既说不上是一种比较的研究，也说不上是一种严格的合乎逻辑的演绎法。凡是深入钻研地理学基础研究的人，都不会反对这样来进行地理学各个部门中的大多数研究工作。地理学各个不同部门在方法上的差别只是由于这些部门中的因果关系各有不同，在使用解释法时就必须考虑到各种不同的因果关系。

今天，如果没有演绎法、比较法以及解释的方法，地理学的研究是不可想象的。从时间上说，一般首先使用解释的方法。只有很少的一些现象，其分布和另一种别的现象是这样明显地一致，使我们可以立即通过比较的研究来肯定因果联系的事实，此后才联想到是那一类因果关系，而也许还缺乏理解这类因果关系的知识；就像在植物地理学中，生理学的解释是在用比较研究取得关于植被形相和植物群落同气候、土壤的因果关系的真正知识之后。没有先走一步的或者同时进行的解释，比较研究容易陷入歧途而不能说明那些明显的例外，由于地理现象的复杂性这些例外几乎到处存在。例如佩舍尔正是在其常常作为比较法范例的峡湾研究中犯了这种错误，因为他把峡湾的出现和一定的年等温线联系起来，虽然年等温线和这个问题不可能有什么联系，它只是偶然地大致指示出冰期的冰川界线。在人类地理学中，过早地运用比较法这类错误最多，由于人们不是把要研究的现象和它的直接原因联系起来，而是跳过中间环节和相去甚远的原因相联系，当然就为无数的例外情况开了路，于是人们就只好用方便的办法，借助人类意志的自由来说明这些例外了。可惜佩舍尔在这上面也成为不良的典范。任何地方都不能不使用推论，因为只有推论才给我们开拓对现象相互联系的真正了解；由于相互联系的极端的多样性和错综复杂性，有许多对象我们必须看做是独特的，比较的方法对这些对象是完全不能用的，在这方面，自然地理学和人类地理学之间只存在程度的差异而不存在原则的区别。

在所有科学研究工作中，错误普遍地导源于科学的时尚，而且这一点适用于所有三种方法，因为它们都必须作出假定的设想。在演绎法方面，科学时尚一开始就导向错误的道路；在归纳法方面，它很容易导致某种程度的草率；在解释法方面情况更是如此，它往往不假思索就夸夸其谈。理所当然，每个后来的研究工作都应当利用先前的研究工作经验，否则科学就一点都不能前进了。特别是在旅行中进行研究工作，由于时间不够又局限于某些路线，不能像在家里做研究工作那样细致，便乐于立足于先前已经取得的成就。新的思想引起人们的热情，人们首先只去看与首创者较旧的看法相比的进步，而只有当这种见解不符合事实时，错误才会逐渐地暴露出来，这是可以理解的。在修斯和海姆用褶曲作用建立起山脉形成理论以后，人们就必然会根据这种见解来解释别的山脉的构造；一个北德地质学者则假设了断层和地块结构，而今天的地质学者又认为到处是岩床。这样的一些假定促进了科学，即使它们后来证实是错误的。但是，在运用这些假定的时候必须防止夸大，不能为了这些假定而歪曲事实，或者无视事实。在瓦尔特

描述了沙漠中风的作用，并且自己首先过分高估了这种作用的意义以后，就到处都要端出风的作用，把措伊根峰式的诸山都归结到风的作用；德国也不得不在最近的地质历史时期曾经有过沙漠气候。在彭克把阿尔卑斯山大山谷中的砾石阶地和过去的冰川作用联系起来，并把这种砾石阶地解释为冰川沉积以后，某些研究者到处都把砾石阶地当做古冰川作用的结果，即使这种阶地正是出现在热带山中较低的地区；他们完全没有想想，是不是也会有别的气候变化和构造运动可能导致形成砾石阶地。确实没有别的时髦像戴维斯学说那样在地貌学中起到过如此之大的破坏作用，他的学说是用不同的年龄说明地形的差别，并轻率地假定陆地的夷平作用。在这样做时，健全的研究工作的通例往往完全丢掉了；忘记了假定就是假定，在被接受之前需要经过批判的审核。这些是人们建立起来的空中楼阁。这里我列举了一系列地貌学的例子，在地貌学中，科学时髦可以说是最为灾难性的；但是，也可以从地理学的其他部门举出它的恶劣影响的例子。在大胆的思想和对其批判的检验之间，人们总必须去寻找正确的平衡。

第六章　空间联系的构想

除了研究原因外还要进行空间联系的研究，或者空间联系的构想。地球上各个不同地点并不是互不相关地彼此接壤的，而是这样或那样互相联系着，组成复合体或者体系，理解它们是科学的最重要任务之一。这绝不是一个阐述的任务，而是研究的任务或者分析检查的任务；因为这个复合体和体系都是真正的实体，是必须由科学来认识的事物。这关系到填补观察工作的空白，这种观察工作只是在例外的情况下才能没有漏洞，这关系到建立和理解真正存在的联系。人们如果为此使用“构想”这个词，并不是断言这是一种新创造；因为认真地说，这只涉及现实的再造，现实的复原。

人们可以同为肢体不全的古代雕像做补缺工作相比较。但是在一切经验科学里，这种有联系的补缺和复原都占据重要地位，这个情况往往很少被逻辑学家们注意。考古学家必须补齐或复原古代雕像或者一般艺术品，同样地，古生物学家必须修补化石，特别是找到的脊椎动物骨骼，并根据居维叶所建立的关于躯体各部分相互关系的知识复原动物的骨骼。从废墟上复原破坏了的建筑物并非躯体的复原，而是精神的或者想象的复原。系谱的编制也是一种精神行为，如系谱学家所做的那样，采取别的范围更广泛但是不那么可靠的方式的，有古生物学家或者系统动物学家和植物学家进行的编制工作。历史学家在资料中很少会发现各种现象完全连续的联系，他们必须根据推测设想出这种联系；为此他们必须设身处地想象这种事件和作为历史承担者的男人或女人的灵魂。

天文学提供了关于空间构想的范例。通过观察，给天文学提供了不同时期星球的位置。天文学通过所提出的运动规律把这些位置连结起来，开始时把运动全部归之于星球，而假定地球是静止不动的。它观察得越精确越完整，就必须去假设越是复杂的运动。哥白尼因此把这种见解颠倒过来，而假定那些运动的大部分只是表面的，相反地是地球在既围绕着它本身的轴又围绕着太阳运动。开普勒确定了星球的轨道和它们的运动速度，从而完成了这个构想。牛顿把这种现象归结到它们统一的原因万有引力。接着又通过计算认识到还有缺口，并指出星球的存在，事后这些星球用望远镜找到了。

地理学的构想按照它们的本质也是空间性质的，正如历史学的构想按照它的本质是时间性质的，系统科学或者物的科学的构想按照它的本质是物的性质并有亲族关系等等一样。地理学在一切时代都进行过构想，这种构想在古代甚至比现在具有更重要的地位，至少是以更大的幅度活动，因为当时确切的知识少得多，而人类却总是感觉到要追求一个完全的图景。那里缺乏知识，人类就让幻想活跃。当人们认识了地球的大小，以及地球上真正已知的部分即有人居住的地方只占比较小的部分时，幻想有着最广阔的活动范围。就是一直到晚近，极地和大部分大陆内部还是人类不了解的。特别是制图家出于地图的性质而怕留下空白点——这是可以理解的，人们常说感觉上的空虚会令人生畏——所以爱用想象的山脉和河流或者传说性的东西来填补未知的空间。由于知识的进步，在地形图上这种构想越来越缩小了；但是，就是在这些图上也绝不是没有构想的东西，在对自然现象的理解方面，这种构想还占据着很重要的地位。

构想往往是一种简单的甚至应该说是质朴的行为，它几乎是无意中和观察相结合的，就像旅行家在绘制地图时，在他真正看到的河流的区段之间插进他所没有看到的区段，或者像制图的地质学家在两个相同的露头之间的中间地带处，在同一个地层上画上相同的岩石（参看第三编第三章）一样。但是，构想也能够成为一种特殊的、基于深入考虑的行动。人们也许采用逻辑的区分来区分基本构想和因果构想，虽然这种区分不是截然的。在任何情况下都不可机械地构想，永远必须让对整体本质的设想来掌握构想，这也就是为什么最好不只是提补充或者解释，而是提构想。但是，事物的本质在不同的现象系列中有不同的表现。

最妥当最明了的是关于运动系统的构想：水系、洋流、风系、交通流量等等。运动的一定的意义和它在某种界线内是连续的过程，在这里都为构想指出方向。一条河流向下流，它的下游的水量取决于它的上游的水量；河流挟带的砾石必然源出于其露头远在上游的岩石。根据对高程和水量的研究，贝姆当时就认为由利文斯通所发现的卢瓦拉巴河不是尼罗河上游，而是刚果河的上游，他用假设的形式构想一种联系，后来为斯坦利的航行所证实。藏布江，有的认为是布拉马普特拉河的上游，有的认为是伊洛瓦底江或者萨尔温江、湄公河的上游；于是作出了不同的构想，直到持续不断的观察认定只有第一种构想是可能的。砾石的研究对旧河道的构想尤其重要。即使海潮也既不会突然消失，又不会突然产生；而是存在着一种所有运动着的水体的空间结合。同样的情况也适用于大气循环的事实。如果空气从一个地区流出，因此而产生的空隙必须从别的方面得到补偿；如果空气流向一个地点，必然也要存在一个外流的情况。水的循环活动也这样。由于空气中会产生巨量降水，人们必然要追究这种降水的补给，在观察工作认识到这种现象以前很久，人们就已经想到用大量蒸发来解释。沿着这个思路下去，人们必然可以得出这个论断，即不只是在海上和大的水面上，而且在有植被覆盖的陆地上蒸发量也是很大的。至于交通流量，人们可以从港口的进出口货物清单和关于航运货物资料中构

想出来。

另一类构想根据形成规律。属于这类的有某些古代地理学家为使得地球保持平衡而设想在南半球也有一个大陆。十八世纪下半叶，布阿歇和布丰以不同的方式设想了一个规则的结构或者框架，把山脉都安排到这个框架里。到了十九世纪，博门特提出一个地质构造规律，山脉都必须与这个规律相符。穆什克托夫根据另一种理论的观点把中亚细亚山脉大致标志为弓形，李希霍芬则持与此有某些类似的见解描绘这些以锐角相接的中亚细亚山脉。

第三是根据关于起源的理论来构想。属于这类的有关于地质剖面图的构想，只有在既没有植被也没有砂土覆盖岩石露头这种例外情形下，才能够完全根据观察作出这种构想，否则大都是根据假定完成的。对于复杂的情况，构想必须置于构造理论的指导之下；但是，正如上面谈到过的，时代的风尚往往强烈地掺杂到里面。看一看莱普西乌斯所作的德国南部地质剖面图吧！它们充满了断层，却并不存在任何观察结果，只是根据当时的构造观点来绘制。如果说不可能完全放弃假定性构想，也还是应当在构想时——正如特别是施蒂贝尔所强调的那样——要谨慎一些，小心一些！在作雨量图的构想时，大都掺杂着关于降雨原因的理论考虑。

第四，在构想时，人们都会借助于对其他自然界或者别的现象系列的观察，它们应被视为所研究的现象的原因或者结果。这可以称为间接观察。我们的等压线图部分地是根据风向构想的。风化土壤以及地表形相会显示出岩石的种类，植物的生长情况则显示出土壤，或者在整个地比较后还会显示出气候。如果人们通过深入的研究认识到了热带草原是降水的某种季节分配的结果，则人们可以在没有降水观察而旅行家遇到了热带草原的地方也认为存在这种降水的季节分配。但是这样做时必须注意防止陷于循环推论法，把根据原因或者结果而构想出来的事实，以后又当做因果联系的证据。

第七章　地理学各个部门的研究

虽然地理学所有部门的研究具有某些共同性——它来源于我们这门科学对象的普遍性质，但是地理学的不同部门，按照自然界的不同特点，其研究工作就采取不同的形式。因此，我们现在必须逐个地论述这些部门。

第一节　固体地表的研究

固体地表的科学研究可以分为几个方面。

第一是关于固体地表形状的描述。这种描述在主要点上和地图测绘是一致的，因此地图测绘所述及的一般也适用于它。在文明国家里，测绘工作都是通过全国规模进行的，迄今为止，它大部掌握在军事部门手中；只有偶尔碰到特别有兴味的对象而要求更精确的地图时，研究者才自己来完成这项工作，阿尔卑斯山协会在阿尔卑斯山中组织过大比例尺的地图测绘。通常只有在文化落后的国家里，地图测绘才会落到研究旅行家的身上，他之所以这样做是不得不为他的别的研究工作创造基础。地形测绘通常总是由地形学者完全机械地进行，他们欠缺对地形的深刻了解，因此画出的地表形相往往很不自然。科迪勒拉山地区的地形测绘和地质测绘，美国人一开始就把它交给所信赖的既有技术能力又受过科学训练的人们手上，这是他们成功的巧着儿。在欧洲，法国的地形学，开始是在诺埃领导下，以后在贝托特领导下，首先致力于了解地表形相的因果关系；而德国的地形学，很长时期墨守机械的做法，到了最近才致力于科学的理解。当然，也有一个像帕萨格那样的地理学者赞同机械的测绘，说它似乎是客观的，而地貌学的见解似乎总是从某种往往过分虚构的值得怀疑的科学设想出发，因而损害了观察的客观性。说这种情况可能出现那是对的：一些新的美国地图好像都是根据戴维斯的理论见解绘制的。但是，就是较早的地形学也不自觉地从某些可惜往往很公式化和肤浅的关于地形形相的假定出发。自然界的完全直接的复制总是不可能的；某种程度的构想永远是和观察工作相结合的，而观察总带有一种先入之见。有过这样的事，与峡谷口的小砾石圆锥体对应的等高线的弯曲——这些等高线是地形学者正确地绘制下来的——在校勘的时候被删去了，因为它们和这些校勘者的观点相抵触。重要的是构想要建立在尽可能比较妥当的有深刻根据的基础上，而不作超出必须的构想。

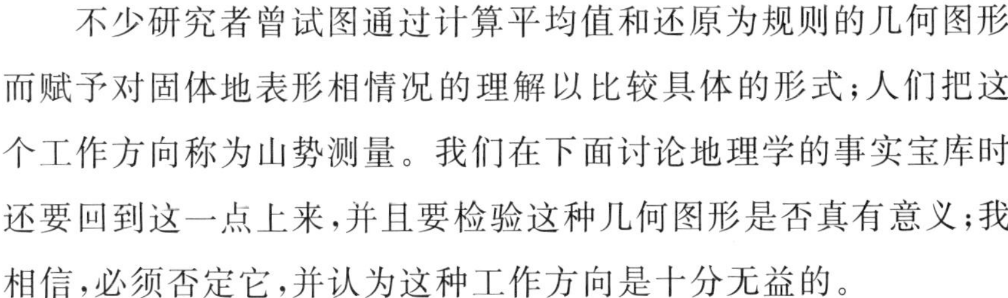

不少研究者曾试图通过计算平均值和还原为规则的几何图形而赋予对固体地表形相情况的理解以比较具体的形式；人们把这个工作方向称为山势测量。我们在下面讨论地理学的事实宝库时还要回到这一点上来，并且要检验这种几何图形是否真有意义；我相信，必须否定它，并认为这种工作方向是十分无益的。

对于固体地表进行科学加工的第二方面是地质学的研究。从主要点看，它自然是地质学者的任务，只有当地理学者在进行地貌研究中所需的地质基础工作尚不存在时，他才必须自己来做这项工作。这种情况在研究旅行中经常出现，但如果缺少详细的地质测绘，就是在自己家乡进行也会遇到。还在八十年代，我在作萨克森瑞士的地貌研究时，还不得不自己建立构造学的基础工作(关于断层、玄武岩露头的种类等等)。地质研究者个人也只能从事部分工作；大面积的地质测绘是全国性机构的事情。

地质研究的任务划分为许多部门性任务。第一是岩石研究。在这方面的研究中有一段时间流行这样一种分工方式，即一批人在野外收集岩石，另一部分人在家里作显微镜研究。但是这种分工得出的结果是不能令人满意的。岩石的性质必须和它在自然界中的露头情况联系起来研究，岩石学家不能蹲在屋子里，必须亲自到野外去收集。第二个任务是根据地层关系和化石确定地质年代，以及与此相关联地区别不同的相。岩石研究的道理在此同样适用，只有亲自在野外收集了化石的人，才能充分地利用它。地理学者其实大都对地质年代不感兴趣，但是他要用它来了解地层关系和内部构造。内部构造是地质研究的第三个对象，长时期中比另外两种研究更被忽视，现在它却占据显著地位。地质学家的兴趣现在从纯粹的岩石学和纯粹的地层学更多地转向了构造学。地质学从而更接近地理学了，但是，同时地理学却被排挤了一部分。如果地理学家接受一点地质学训练，他也可以理解内部构造的一些大的、比较简单的或者显露得简单的特征。但是，最近证实大山脉的内部构造十分复杂，要求作深入的研究——不仅指地层的层序，还指年代关系和岩层层相特征，这种研究需要充分的地质学教育和完全聚精会神的研究，这在地理学者是不可能的，因为他永远只能把内部构造理解为地区自然情况的一部分。地理学者在理解构造方面必须去请教地质学，但是却必须理解构造的研究，必须能够检验这种研究的成就，尔后才把它们运用到自己的系统中去。

门外汉往往会误解地质学观点的可靠性，过分地把它看做直接观察的结果，而不了解其中含有并必然含有多么大程度的构想，因为内部的构造只有个别地在露头处才会暴露出来，大部分都为植被或者沙砾泥土所覆盖，并且相当大部分为侵蚀和冲蚀作用所破坏。但是，正如我们已经看到的，构想大都是在一定的观点支配下进行的，这些观点是假设的，并且会随着时间的推移而变化。因此人们不要抛弃它们，没有这样假设的构想，任何理解都是完全不可能的。但是，旅行的研究者在运用这些观点时必须谨慎，利用这类研究的学者则必须批判地进行工作，必须搞清楚这些观察是在什么样的理论影响下完成的。

除了在自然界中进行的观察以外，纯粹的演绎法以及实验都只具有次要的意义。关于创造了固体地壳内部构造的地球内力，我们知道得太少，因而我们不能从它的性质推论出这种构造；修斯根据收缩假说推论隆起的不可能，他所运用的极妙的演绎法后来表明是错误的。但是这种演绎法总还是作出了贡献，引起人们去注意那些先前没有受到足够重视的现象。

第三方面是土壤学的研究，最近它的物理和化学方法更臻完善了。一般而论，这种研究也不在地理学者工作范围之内，而是操于专门的土壤学者或地质学者之手；但是地理学者也能从事这方面的工作，而在某些情况下则是必须做的。过去它直接和岩石学在一起，现在却脱离岩石学了，因为人们越来越认识到土壤是受气候制约的。

落到真正的地理学工作领域中的，主要是狭义的地貌学研究。在这里，地理学也和地质学交叉，并且几乎好像还另外形成了地貌学这一门特殊的学科。地理学者和地质学者的出发点不同，并具有不同的才能。前者是从外形出发，试图从内部构造和引起地表变化的力量来理解这种外形；后者则从内部构造出发，并一直追溯到地表的形相。前者更多地带来关于外形和地表变化条件的知识，后者则更多地带来关于岩石和层积情况的知识。人们曾尝试作这样一种分工，即每个人只用自己的方法来处理他的问题，例如河谷阶地的形成问题，而不使用其他学科的方法，并且耐心地等待，看两门学科的工作是否得到相同的结果。我认为这种做法是错误的。正由于这种做法，让我们还用上面举的例子，地理学者只是根据外形，地质学者只是根据砾石来着手研究，从而甚至认识不到侵蚀理论的最简单的法则，因此这些工作常常毫无结果。永远必须使用一切可以达到目的的手段来处理一个问题，这是一切科学研究的一条根本法则。要在一个边缘领域上进行工作，就必须去掌握相邻科学部门的研究方法，或者和这个科学部门的代表结合起来共同工作。在文献中常常碰到——虽然比以前少了一些，地质学者责备地理学者没有具备足够的知识就进行工作。他们的责备并非总是没有道理的。但是，同样有道理而且甚至更有道理的是反过来对地质学者的责备，即指出他们的地理学教养太少了；因为在他们关于地貌的提法中碰到全是基本错误的事是屡见不鲜的，这些错误是由于对侵蚀过程和地表形相缺乏理

解产生的。

当地理学在佩舍尔领导下转向地表形相的研究时，这一方面还受着李特尔学派的传统束缚，所以首先是通过文献研究和地图研究来进行的。佩舍尔自己就从没有在野外自然界中进行过观察，几乎一次也没有用过专门地图，而只限于对地图集的比较研究，在他以后有不少年轻的地理学者也用同样的方法进行工作。地质学家责备他们是有道理的，因为地图总是大大缩小了的，许多现象完全未能描绘出来，特别是小比例尺的地图，所以地图研究很容易导致错觉，并且无论如何都是不完全的。倡导在地理学中运用自然观察，是李希霍芬和彭克的大功劳；因为只有在自然界本身人们才能够研究小地形，小地形不只本身对于景观的形貌有重要作用，还往往会给人们指出理解大地形的方向①。"近代"地貌学忽视知识的这个泉源，又重新把直接的自然观察置于次于地图研究的地位，这是一个重大倒退。这大概和演绎法运用的过度膨胀有某种心理上的联系，我认为这正是近代地貌学的主要缺点；因为地貌过程取决于许许多多的条件，以致人们很难稍有把握地抽出一个基本条件来视作前提——戴维斯把过程的持续性当做这样的基本条件，从而一开始就犯了错误——我们对外部过程如同对内部过程一样认识不足，因而不能从它们的性质推论出它们所起的作用。只有在野外自然界中对自然过程进行直接的观察和深入地分析地形，特别包括分析小地形，才能达到

① 参考我的《大陆的地表形相》(*Oberflächenformen des Festlandes*)第 11 页以下部分。

目的。

第二节　水文学研究

陆地上水面的科学论述往往和固体地表的论述同时进行，虽然原则上前者不得和后者混在一起。

这里第一个任务也是地图测绘，它不限于水面的配置，而是在某种程度上也包括泉、河流、湖泊、雪原和冰川的地形特征。在这里，地区测绘和旅行研究之间的分工自然也是适用的，而直接的观察也要用构想来补充。

第二个任务是狭义的水文观察，即关于随时间变化的水量，还有关于水流运动的速度、水和冰的物理和化学情况的观察。一般说，对于地下水和泉水、河流、湖泊、终年积雪和冰川的研究是分开进行的，并且分为水文学的四个学科，这是我们已经知道的(参阅第二编第四章第三节)。这些研究工作大都必须系统地较长时期地进行，因此它们(特别是河流的研究)较少由个别的研究者进行，而更多的是由水利当局承担 。

水面的地理研究有一个和地貌研究相类似的任务。它必须探索水面的情况，即其分布、地形特征、水量和物理、化学等方面情况，以及它们与土壤形态、气候、植被、人类的影响之间的因果关系。这种研究工作也不能受地图和官方编制的图表所限制，而必须到野外自然界中去进行；它运用演绎法也只是附带的，必须主要运用归纳法。

第三节　气候学研究*

气候学的研究大部分沿着自己特有的道路进行；因为这种研究首先是台站观测，这种观测处于主管气象的地方当局监督下，观察所得的材料也是由这些当局整理的。在这方面，气候学研究的地位往往低于为天气预报服务的气象学资料处理，这种处理偏重于用统计的方法。必须把有关气候的精确观察记录下来，长期在观察站有规律地持续观察，这些应该说是合理的；观察站的增加，观察站观察工作的长期进行，观察工作扩展到更多的气候因素，自动记录仪器的使用，也总会促进气候学知识的。虽然如此，它仍然在三重意义上是片面的和不够的。

第一，观察站网的网眼太大。在文化比较落后的国家里，常常在几千平方公里上只有一个观测站，这个站也不是设在一个具有特别典型气候的地点，而是设在正好有一个观察员的地方。只要认真地研究过这种地方的气候就会知道，一种只根据观测站而取得的知识可以说是毫无用处的。人们必须用对天气的正常过程的考虑，用从河流的水量、植物生活的季节变化过程和植被的种类(不管是森林、热带草原或者草原等)所作的推论来补充观测站的观察。一个值得下工夫的科学任务是从旅行记中收集所有这方面的记录。但是，即使在欧洲文明国家中，观测站网也不会稠密到足以掌握为了科学的和实际的目的所需要的气候情况。山区尤其是

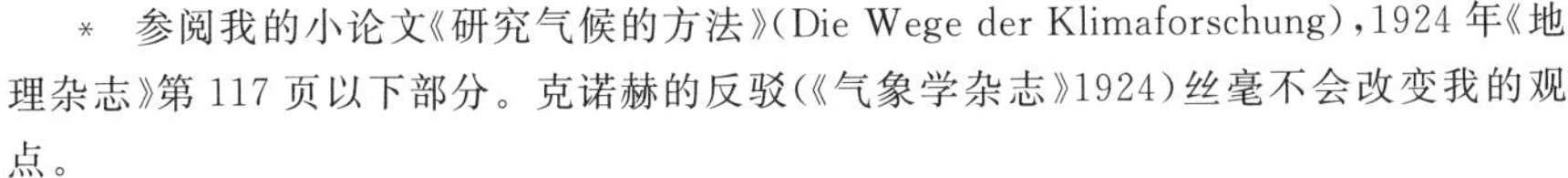

* 参阅我的小论文《研究气候的方法》(Die Wege der Klimaforschung)，1924 年《地理杂志》第 117 页以下部分。克诺赫的反驳(《气象学杂志》1924)丝毫不会改变我的观点。

这样，这里相距不远的地点气候就有变化，差别不仅在温度随高度增加而降低，还以难以计算的方式表现在雨量等的分布上，并且涉及天气的整个流程。几年前我曾经在靠着斯特罗姆山西峰的许特恩能岩待了一个星期，那里一直到海拔400米还种植葡萄，并且是一种满好的葡萄。天气很热，足以构成暴风雨的天气，但是我们没有遇到。在我们查询时人们说，暴风雨大都在北边和南边，紧靠着空旷的贝壳石灰岩台地，而绕开这个小的有树林的山。这个小林山没有观测站，只在边缘地区有观测站。就是说当局的气候报告没有向我们提供任何这方面的情况，但是，没有关于这个地区的气候知识，对于整个小山区的经济生活就完全不能理解。在这里正如在文明程度较差的国家里一样，必须比迄今为止更多地向护林者、农民、牧师和教师作查询，并由植物生长情况进行推论，这样做会是有益的。

第二，像汉恩这样的人士常常要求气象观测者不能满足于从观测仪器读取数据，还要对云层等进行观察，描述天气的全部特点；但是，有多少观察者满足了这种要求呢？

第三个缺点存在于观测资料的利用方面。一般说它过分限于计算平均值和极端值，即过分地是统计式的，而过少地是生理的——也许人们可以用这个词来表达。但是同样的平均值，其天气特点和过程可以完全不同。某些状态例如温度，其持续性就很少计及，而看来它对于例如植物的分布却是主要的事情。在通常的气候描述中，非周期性天气变化的特点就更没有显示出来，虽然这种特点对于气候的性质同样是非常重要的。有时似乎整个气象学的近代发展是一掠而过，对于气候学没有留下一点痕迹。但是，如果气候学仍然保持纯粹统计式，而不包括生理的方面，它就和它的任务不相适应。

在整理气候观测资料的时候，构想和解释必须齐头并进；从逻辑上看构想是先行，事实上则构想往往要在原因研究的基础上才能进行。首先它要根据各个观测站上天气随时间的变化情况，并且最好用图解（曲线图）的形式表示出来。人们多半在地图上显示的较大地区的气候构想，就其全部的意义上说都是地理学的。这种构想往往只是根据观测站的观察，并按一定的程式进行；而如果有一个稠密的观测站网，人们又坚持小比例尺，根本放弃理解地点的差别性，则这种做法是可以允许的。但是，如果人们死板地采用这个方式来设计在只有稀疏的观测站网和具有复杂地形的地区的天气图——这种事是常有的——那他们得出来的图像就会不符合客观。在此情况下，就只能在引用和事先进行原因研究的条件下，例如深入地注意由植被以及由植物生活现象得出的结论，来进行构想。

这种研究当然必须估计到实际上存在的因果联系。不应企图直接通过海陆分布以及海拔高度，从只有微小变异的数理气候出发推论某地的气候，而必须从大气环流的系统出发。这种大气环流是通过归纳法的考察辨认出来的，而气候的研究以后也主要是用归纳法。在气候学中，演绎法推论的运用往往比地理学其他部门更广泛，因为它大部分涉及比较简单的物理过程。

第四节　植物地理学和动物地理学研究

植物地理学摇摆在两条不同的道路上。一方面它和系统植物学有密切联系，并按照植物的系统组成来研究植物区系，即研究植物界。它说明每个地区出现什么样的科、属、种、变种，并强调指明那些特殊的产地。这方面可以和植物区系统计联系起来，这种统计说明出现在一个地区的科、属、种的数量；它具有什么价值，这里可以姑置不论。植物区系组合的提出和不同地区植物区系组合的比较有较大的价值，因为人们可以从这里推论出植物区系的形成和变迁。这种考察主要应留给植物学家去做。另一方面，它结合狭义生物学或者生态学观察植被形相，即按照植物的形貌和它的生活方式观察植物，这种观察立即就会和在地理学上更为重要的对植物群落的观察——即对大范围的植物现存量的观察——结合起来。这些观察工作特别从洪堡以后就引用到植物地理学中，对于地理学来说，这比植物区系的观察更重要，地理学者可以更广泛地进行这种观察工作。当然，人们长期以来满足于一种较为简明扼要的理解，慢慢地才进而更精确地测绘；它和地质测绘相类似，记录在专用图上。尤其是瑞士人着手进行了这种精确的植被的地形学考察。

因果的研究对于植被和植物区系也是各不相同的。前者是从生活条件来解释；研究工作因而必须针对生活条件。它由两个步骤组成，这两个步骤结合起来才会得到可靠的知识。其一是在与气候和土壤条件的分布相比较中考察关于植被形相和植物群落的真实分布；这种考察主要是地理学者的工作。另一个步骤是从植物的构造和生活方式来解释其限制条件；它是植物观察和植物实验的事情。这种考察方法是在上个世纪的后几十年才使用的，但是接着就取得了很大的成就；席姆佩尔和瓦尔明的著作是这个研究方向的第一批综合论述。当然，在这种生态学的解释方面人们似乎并没有经常保持足够的谨慎，可是最近植物学界在菲廷的领导下开始了一股反对活动。

植物区系的研究自然也必须顾及生活条件；但是，在这里还有第二个方面。一个植物种属只有在它们的生活条件得到满足的地方才能出现；但是，在这种情况下它也并不是到处都能出现，它还必须能够到达那里，因此这种考察还必须针对在发展过程中它分布的可能性。在这里，考察也必须首先是归纳的，即从现在的分布着手，而只是附带地运用演绎法，即从关于现在的和以前的分布可能性方面的知识着手。

动物地理学的研究和植物地理学的相类似。动物地理学研究的两个方向也只是着重点不同。直到不久前为止它几乎只是动物区系的，人们可以把这一点理解为与植物区系相对应的方向，到了最近动物生态学的研究才开展起来。海塞的书可以看做是一部开拓性的综合著作。

第五节　人类地理学研究

人类地理学也不应像过去那样，致力于不扎实的、缺乏可靠基础的考察工作，而是必须有真正的研究对象，这种研究涉及地理学确实可以掌握的关于人类和人类文化的各种现象。正是在这一点上，人们必须特别注意防止超越描述(即确定事实)这个阶段，防止没有这种可靠的基础就立即进入原因的理解。

在文明国家里，关于人类地理现象的知识比关于地区自然界的知识，还更多地建立在有组织的国家的编写、测绘工作上。地形图就已经是包括居民点、道路、森林分布和垦殖结构的地图，从而提供了丰富的人类地理学资料。此外还有人口数字和经济生产同商业的统计图表。但是在另一些国家里，从事旅行的地理学者就必须亲自观察，在他绘制的地图上填上聚居情况和道路，对人口加以估计——拉采尔很强调这一点，力求通过自己的观察和调查来掌握经济生产情况和商业情况。在国民经济中直接观察几乎完全做不到，调查也不会起到那样大的作用，某些对地理学也颇重要的情况只能通过询问才会了解到，但是必须处处用调查来补充观察工作之不足。

研究文献要和观察及调查结合起来。必须阅读该地区中以前的旅行家所作的记述，研究记述所附的地图，必须利用专门科学如人类学、民族学、国民经济学等等的经验，必须从历史作品中熟悉这个地区的历史，不仅是这个地区的政治史，还要熟悉它的聚居和经济生活的历史，才能够对它的现在得到充分的了解。

因果关系的研究必须基于这样的前提，即确实存在一种因果关系。这种前提在自然地理中是显而易见的，而在人类地理学中则完全不是普遍承认的。因果关系的研究一再地在求救于人类自由意志的情况下结束，这就是说，人类的决断以及从属于这种决定的情况都是没有原因的。不能先验地决定世界观问题，不管是宿命论还是自由意志论；但是，找出因果关系是科学研究的要求。科学研究必须尽可能地寻求因果关系的知识，如果沿着已经采取的路子达不到目的，它必须尝试另一条路子。不能让奇迹、偶然、任意作为天外飞来的救星来干预。只有我们（参阅第四编第四章）搞清楚了人类的地理现象中因果关系的特点，才能完全懂得解释的方式；这里只能附带提一下。它将不会像长时期以来那样，是人类中心目的论意义上的目的论，人类中心目的论从科学的意义看绝不是什么解释，解释必须针对着起作用的原因。这种解释也不应该卷进关于人类意图和行动这种只有历史小说才能解决的混乱中，而是要牢记关于目的世代交替的规律，尝试把人类的地理现象置于和地理条件的直接关系之中，这是出于确信这些条件最终将战胜纯粹的任意行动和偶然性而会得到贯彻。

人类地理学的研究往往是在和人文科学研究中相同的意义上运用演绎法；更正确地说就是它存在于解释之中，这里"解释"的词义就像我在前面已经指明的那样。人们把人类现象和地区自然界的某一种突出现象联系起来，并说后者可能是原因；人们仿佛置身于那种现象之中，并想象那就是原因所在。像"南方人情绪的欢畅是他们天空晴朗的结果"这类格言，就是根据这种方式产生出来的。佩舍尔已经对此进行了尖锐的我认为是过分的批评，拉采尔也有理由地责难了这种研究方法，他说，"比较并不是解释"。虽然有这种疑虑，但是人们却不可以简单地放弃解释；因为许多人类的地理现象太错综复杂，以致人们至少目前还不能用较严格的方法来处理。但是在解释之前，永远必须先精确地确定事实，并把它们分解为各个组成部分，而且永远必须把这种解释用比较的眼光和其他地区联系起来。

上面已经提到过，科尔在他关于交通和人类定居的书里(1841年)作了一次比较严格的演绎法尝试。启发他这样做的自然是所谓古典国民经济学的演绎法理论，而且不能否认，他从而开创了一种更为严谨的观点。他提出的规律固然往往被别的原因所起的作用所掩盖，但是人们用基于地形原因的关于地点位置的解释来反对科尔，在我看来其间却并无矛盾，而仅是一种补充；因为科尔不会设想，他从交通出发所作的解释会包括所有的定居点。在国民经济学的文献中，例如在谢夫莱的《社会体的构造和生活》(*Bau und Leben des Sozialen Körpers*)和扎克斯关于交通的书中，或者在韦伯关于《工业区位》(*Standorte der Industrien*)的书中，我们就碰到了关于交通和地点位置或者与此相联系的关于工业布局的类似的运用演绎法得来的观点。这些文献中的这种观点要更为深刻，却可能更不符合实际情况。在人类地理学中，演绎法考察可能还会有很长时间是处于准备阶段，情况大致就像拉采尔或者我关于自然对人类所产生的作用的分析那样。

佩舍尔在他对于李特尔学派的批判文章里，首先强烈地要求进行比较的考察。但是，他本人却运用得很肤浅，在比较之前太少分析现象，甚不重视地理学中的历史因素，而李特尔已经正确地指出过这种因素。一种自然现象不可能在任何情况下对人类都产生同样的影响；相反地，其影响随着文化的进步而变化，说明这个道理的最令人信服的例子是海，特别是大洋对于交通和一切从属于交通的现象所产生的不同的影响。因此，人们只能在其他条件相同或者类似的情况下来比较自然界的影响。比较的方法将总是在统一的地区(即文化情况一般，那里人对自然界所处的地位可以视为是相同的)取得最大的成果。如果基于自己的包括一切情况的观察，比较工作也将会是最可靠的。它不能只限于研究地图，至少必须增加文献的研究。

第八章　关于地区美学价值和实用价值的研究

我们已经看到,“美学地理学”这个词可以在两种不同的意义上使用。一方面它是对地区、地方和地点就它们的美学价值方面所作的考察;此外它又是美学描述,或者我们可以直接说是艺术描述本身。显然只有第一种情况可谈得上考察工作。也就是说问题在于审定景观的各种现象的美学价值,或者我们可以说是审定它的美丽,如果我们给予美这个词以一种比通常稍微广泛的意义的话。对于考察工作也具有决定作用的先决问题是:到底是否像古代唯心主义哲学所假定的那样存在绝对的美学价值,抑或美学的评价是否只是一种主观的、心理的过程——大多数近代美学家的意见认为是这样。如果人们比较不同时代尤其是对风景所作的美学判断的区别,那么人们几乎不能怀疑只有后者的看法是正确的。风景美的典型在古代是幽雅的地方,在法国路易十四时代还认为卢瓦尔河边的风景属于这一类,而我们现在却觉得那里几乎是单调乏味的。几百年来,阿尔卑斯山只是一个可怖的对象,到十八世纪末时才为人们所赞叹。再晚些时候,又揭开了原野和海的美;也许可以一般地说,随着文化的进步,特别是有了城市文化,对于文明风光的美的评价就降低了。而过去完全不被重视的荒野的自然美却慢慢进入人们的意识中。就是说,美学的研究总必须从一个特定的美的理想出发,像在一定的时代存在特有的一定的民族文化,对于我们来说它当然就是德国的文化。这方面当然也还是有

随时间的波动，以及社会阶级和个人方面的差别。

它的考察方法类似于因果关系考察中所运用的方法。这种考察开始时限于人们正巧看到或者想到的个别地点，并尝试解释人们出于什么原因感觉这些地点美或者丑。与此同时，人们也会联想到类似的其他地方，并回想美学的普遍原则，而主要的事情将是对直接印象的剖析。不过科学的理解不会满足于到此为止，而要寻求取得更严格的理解，于是又要使用演绎法和归纳法这两种方法。

运用演绎法的考察必须从美学的一般原则出发，如果我们是从心理方面建立美学的，则从心理美学的原则出发。但是因为美学还没有具备普遍使用的原则，所以根据一般的美学原则所作的推论，仍然是非常成问题的。在这方面，归纳的方法似乎有希望取得较大的成绩，但是人们很少使用这种方法。归纳的方法看来要这样开始，即我们时代和我们民族中正常的受过教育的人们对各种不同的风景会产生什么样的感觉，然后根据自己的经验，别人的、文献的特别是风景画的印象，对各种不同的单个景观、景观类型产生的感觉作比较，以便确定普遍的原则。举一个例子，人们一方面可以把挪威的峡湾和其他各种各样的峡湾互相比较，另一方面也可以把不同类型海湾的峡湾就它们的风景美进行比较。人们可以用相类似的方式研究不同山脉的美，例如带状山脉和块状山；或者研究冰川作用形态的和纯粹流水作用形态的山脉的美，例如阿尔卑斯山脉和亚平宁山脉；或者研究各种不同气候、不同植物界和定居方式的地方的美。

这种美学地理学的考察，如已经提到过的那样（参考第二编第五章有关部分),数量还是很少的。福斯特尔和洪堡的旅行记中有许多好的评论,但是很少研究工作。自从克拉克[1]尝试建立一门美学地理学以来,这个对象在地理学方面大大地被忽视了;班泽和扬哈斯班德也很少做这方面的工作。美学家本身缺乏足够的地理学教养,即便是在美学上非常重要的景观类型这类地理学前期工作也很少指出过。特别是新美学家,往往置风景美于不顾,而把他们的全部注意力集中于艺术。美学地理学的考察给自己开辟了一个广阔的园地。

实用地理学研究所运用的方法,即关于地方和地点的考察、它们经济的或者整个地说实际利用价值的研究所运用的方法,人们可以说,大致和美学地理学研究所运用的方法相同。这种研究在时间的进程中随着技术的一般进步和有关地方经济的开发而变化,不同时代和不同文化的人从实用观点对地方和地点的看法也不同,就是说实际的评价是主观的;这些都是显而易见的,对这一点不会存在任何疑问。人是怀着一定的目的去接触一个地方的:他想在那个地方住下,经营农业或者寻找有价值的矿藏,或者想设立工厂、建筑铁路、修建运河……这里没有必要列举那些名目繁多的经济目标。他要问,这个地方到底是否适合,在什么地方和怎样可以最好地安排所计划的事业。在这些方面,能判断事业的特殊条件的专家,以及懂得某个区域基于位置、土壤构成、气候等等条件一般特征的地理学家,必须通力合作。人们往往对这种研究的一般的地理方面考虑得太少;但是,正是从这方面可以解释不只是

① 参考《杂录》(*Vermischte Schriften*),1840 年莱比锡出版,第 293 页以下部分。

在国外，而且也在国内所犯的许多错误。只有从地区自然情况的整体来判断，经济生活和文化的和谐成长才是可能的。这个道理也适用于对外政策，如果不想在对外政策上犯严重错误，就必须从全面理解地理条件出发，以避开危险。

第四编　地理学概念和思想的构成*

第一章　地理学逻辑的任务和意义

概念和思想构成的工作是逻辑学的对象，但各门科学的方法论也不能置之不理。研究工作提供资料和几乎无穷无尽的单个概念及原理，或者按逻辑用语说即判断，它以极不相同的形式来自不同的观察者，不同的时间，来自别的科学部门，也来自官方的地图和报表。这种资料的取得可以和采石工人及石匠提供建筑石料以建造楼宇相比较，但是显然不应当由此得出一个可以轻视的结论。必须既有工程师又有泥瓦匠的工作，必须把各种工作结合起来以完成一座建筑物，综合的工作同样重要，并且在精神上是独立的，跟研究者的分析工作一样。由于地理学本身的情况，也由于一般的时代思潮，最近几十年地理学过分忽视研究工作；我们除了绘图的表述以外，对于一般的表述——使用这个词的最广义的解释——做得太少了。研究工作之需要表述工作，正如人们在建筑工程施工之前，必须先提供足够数量开好的建筑用石；但是人们往

* 在本编中，许多地方都是参照我《关于地理学的基本概念和基本原则》(Grundbegriffe und Grundsätze der Geographie)的论文(见1903年《地理杂志》第23页，第121页和第193页等页及以下部分)编写的。

往还没有足够地注意到,所谓描述科学的研究结果,只有通过综合和表述才获得科学上尤其是一般教育上的完全价值,而不能等到研究工作完成以后再去做表述工作。

在许多科学中,表述只限于用文字;而在地理学中,这种工作却既用文字,又用地图和图片。因此,地理学的任务分为三部分。第一是概念的深入研究,或者叫做地理学的逻辑,明确提出基本概念和基本原则;这是本编研究的对象。第二和第三是把这些概念和原则以地图和文字表达出来,在以下两编中将讨论它们。

地理学概念和思想构成的方法还没有完全搞清楚;逻辑学家本来就很少能跟上所谓描述的自然科学,对我们则完全不予置理,而我们地理学者在这方面作的努力也太少。当然,主要事情是详细地理解事实和事实的因果联系;但是单项的研究容易陷入歧途,并且,如果不是同时努力拟定更精确的概念,这种研究就会失去精确性。正是在地理学中这种做法特别需要,因为它的对象很复杂,一般只有通过一种特定的理解方式这个对象才会成为地理学的。在许多别的科学中,特别是在国民经济学中或者尤其在所谓的社会学中,概念的研讨过分地占据突出地位,过分地代替事实成为科学的内容;但是,我认为在地理学中,却太过于忽视概念的研讨。李特尔凭着超群的虽然有些模糊不清的理解来着手解决这些大问题,并且试图搞清楚地表的性质;但是自他以后,不只是我们的正面知识大有增加,就是我们整个世界观也起了变化,以至于我们今天不能从他的看法的角度出发了。但我们还甚少从与我们今天的世界观相应的立场并根据此后取得的知识去理解地表的性质;甚至我觉得,地理学的系统表述工作把周密的概念研究看得过分轻

而易举。但是，地理概念的模糊和概念表达的不严格最后也妨碍了研究工作的理解和进展。关于地理学的基本概念和基本原则的研究属于地理学的方法论；它是理解制图和文字表述工作的必要基础，希望也会给逻辑学家提供一个依据，以便更深入地考虑地理学。

第二章　地理学观点的性质

第一节　区域的观点

如果我们想周详地确定一门科学的内容，就必须从这门科学的基本思想出发，搞清楚它是怎样从它的历史发展和科学体系的逻辑地位中形成的。地理学的基本思想是根据其空间的差别性，根据空间划分为大陆、地区、地方和地点来理解地表。在古代有两种片面的理解平行发展：一方面是数理的理解，另一方面是描述的理解，后者虽然不排除地区的自然情况，但却给人类事物以大得多的位置。在近代地理学中，第一个任务大都落到制图学身上，从而减轻了文字的描述；但是在第二个方面，文字描述工作却扩大了，也更符合自然情况，成了一种全面的包括自然和人的考察工作。

谁要是从外部接触地理学，他会反复地因它的研究对象（以我们对事物的普通的分类方法来衡量）巨大的多样性而感到惊奇；因为它伸展到所有的自然界和所有的现象范围。它比局限于人类事物、固然在这方面探讨得更深的历史学所涉及的范围更广一些，也比地质学所涉及的范围广，在地质学中只有在考察最新的年代时才有人类的影响。历史观点使三分法成为可能，即分为地球自然界的历史、人类前史和真正的历史三个阶段；而运用到地球上的区域观点比历史观点所涉及的范围更深广。

以区域观点考察地表事物和事变过程，意味着不是把它们理解为这些事物和事变过程的本身，也不是理解为它们随时间的发展，而必须把它们理解为对空间的充填。这种考察有双重面貌：它并不由于了解到某一个自然现象在地球的不同部分是不相同的就终了，如果仅是为了这个目的就不需要把它从这一自然界的知识中独立出来，而是由于聚合在地球上一个地点的各种现象间的因果关系才变得有需要独立出来，通过这种因果联系每一个地球地点就被确认为一个整体、一个个体。到处都相同的现象不列入地理学研究范围；但是，即使在不同地点表现有不同的现象，只要它们的差别是无关紧要的，微不足道的，对于别的现象不发生影响的，就不属于这个地区和地方的特性，因而也就排除在地理学范围之外。由此产生理解和表述的两种观点，但是它们不是互相取代，而是互相补充的，因而必然在地理学这个科学系统中平行地和先后地起作用。一方面地理学必须探索涉及较大地球空间的各种地理现象，另一方面它必须根据由此产生的所有现象的地理特性去理解各个空间——即地点、地方、地区和大陆。

如果我们运用类似我们对整个科学体系已经运用过的那种见解，就可以把地理学的内容设想为一个填满了的空间，它的底面是地表，而其中各种自然界和它们的各种不同的现象群成层状叠置起来。人类的思维不能一次就全面地理解这个空间，而是必须依次从两个不同的角度出发。当人们在这个空间以外从旁把目光自下向上扫视时，就会依次看到每一个范畴的现象分布；使这种做法遍及整个地球，那就是一般地理学的考察。但是，如果从上向下看，那么虽然总只能看到某一个地点或地球空间，但是如果我们设想目光能够透过这些层次，就可以同时看到所有的现象；这是属于特殊地理学即地志学和景观学的考察。谁只考虑第二种观点而简单地把各个地方互相挨着排起来，那他虽然能够把全部地理学的材料叠置起来，却只得到一堆松散的片段，这些片段不是由内在的必然性贯穿起来的。另一方面，谁要是依次地去弄清各个现象，这样虽然能够懂得它们，但却失去了地理学的精神，这种精神在于理解集中在一个地点中的自然现象整体。

第二节　直观的和概念的观点*

像每种科学一样，地理学的任务也是如实地理解现实，或者以认识论方式来更正确地表达，也即在我们知识的范围内尽可能地接近现实。但是，这种理解可以有两种不同的形式。

张伯伦在他的关于康德的书中，对歌德和康德的见解作了一番富有想象力的比较。两个人都是有见解的天才，都具有对现实的非常丰富和明确的见解，但是这两个人见解的类型却完全不同。歌德的见解直接建立在感官上，主要是视觉上，是外在的感官的见解。而康德的见解则建立在理性上，亦即基于把看到的和读过的事实通过清楚的思考联系起来，是内在的、思维的或者理性的见解。事实上这样就阐述了两种不同类型的见解。只根据感官感觉

* 参照我的论文《地理观》(Geographische Anschauung，1912 年《地理杂志》第 33 页以下部分)编写的。

的见解和只通过思考把知道的事实联系起来的见解，显然是两个极端，这两个极端之间存在着许多中间阶段；谁要是在这方面细心地检查过自己和别人，他就会觉察到各种不同的人的见解类型有很大的区别。

感官的见解在长期被忽视以后，近代的教学法又重新特别强调它。这是有道理的！因为它是大部分人得以真正接近自然界，并获得地理教育的道路。必须重新唤醒在学校中长时期不仅没有培养还恰恰是被窒息了的能力，而且要赋予它强大的生命力。我们必须重新学习自由地观察外界，并通过眼睛吸收可靠的知识；因为只有直接感官的见解，才会给我们反映出充满活力和生动性的自然界。但是，它也有一定的界限。

一个是空间的界限。直接的感官印象只能达到我们视野所及的范围。在绝大多数情况下视野范围是很有限的，从一个高峰上或者从空中远眺，它会得到扩大，但却变得不清楚，在形状和色调方面都模糊了。不同的图景可以在某种程度上连接起来：如果我们在一个山谷里漫游，或者乘火车沿着一条山脉走，图景就会一幅接着一幅在我们眼前出现，就像地方的风景在电影放映机里闪过。我们仿佛看见面前有一条长带，不是透视的，而是正射投影的，一幅图接着另一幅。但是，图景的这种直接连接是例外，甚至在穿过山地的漫游中也大都是不存在的，因为我们在成大段的途程中只直接看到周围的情况。谁要是检查一下他的回忆就会发觉，他对于一个游历过的地方的直接感官回忆，是由许多单个图画拼起来的，而不是一幅连续的感官图画。

第二个界限是时间界限。感官的每个观点都和一个特定的瞬间印象联系着。但是某些地理现象，特别是天空外观和光线照射，影响着地方的情调，它们是随时间变化的。艺术要抓住一个瞬间；而科学地理学的问题则不仅在于某个瞬间，而涉及整个时间。谁要是在一个地方生活，并且总是注视着自然界的情况，就会在头脑里留下很多图景，它们加在一起构成一个整体。谁要是只在一次旅行中一度看到一个地方，必须能够抛开瞬间的情景（因为它也许是个例外），以便得到平均的地理图景。

第三个界限是物的界限。因为大量的地理现象——不仅是精神的，而且除阴云以外的气候事实，水的物理和化学状态，从某种意义说还有固体地壳的物质组成——都不能直接用眼睛感觉到，所以也不能形象地表现出来。

第四个界限是心理的界限。除了少数得天独厚的直观天才，如达·芬奇和歌德外，我们一般人把周围世界的印象摄入头脑并转变成生动的观感的能力是有限的，而把这些观感保留在记忆里的能力就更有限了。单纯建立在感官的观感上的地理教育，对大多数人来说是很不完备的。

由于这些原因，内在的理智的观感必须补充或者代替直接的感官观感。内在的理智观感是通过关于各种事实的思想贯通而取得的，这些事实则是通过观察、教材和口授汲取的。这种观察以对自然界作概念分析为前提，并对直接的感官观感所提供的事实加以思想的综合。为了留在地理学的范围内，一方面要把属于不同自然界和不同范畴而集中在一个地点的事实重新拼合成一个整体图景；另一方面要寻求各种不同地球空间之间的关系，不论这种关系是基于同一类型或者作用，并从而把地点归纳为或大或小的地球空间。一种是直接的、形式多样和色彩丰富却往往不清晰的关于现实的图景，这种图景还要求有一种生动的富有画意的风格，歌德的风格就是这种风格的典范；此外还有第二种图景，它色彩黯淡而形式不那么多样化，较为简单、抽象，也比较概括，但正因此而比较一目了然，更为清楚，逻辑上更为明确，文字准确而实际，就像莱辛的文字。只有根据这种抽象理解，才有可能形成一般概念，才有可能取得演绎和归纳的逻辑方法，从而才有可能作出因果关系的解释。但是它必须防止过分严格的概念，防止概念的支离破碎，这在法学和其他某些科学也许是必要的，但运用于理解既存现实的科学却是有害的。现实既没有在自然界也没有在文化中显示出截然的差别和界限，也不遵循精确的概念和分类，现实并不会迁就过度的抽象，因为这样做会失去它的主要特点。过分精确的概念和分类会变成烦琐哲学，弊多利少。

第三节　个体化的和概括化的观点

不久前科学的逻辑性质再次经受了考验。逻辑学家的一个老学派完全从抽象的自然科学出发，把一切科学最终都归结于提出规律，甚至认为一切科学的存在正在于此。文德尔班和里克特和这一派相反，他们着重强调个体作为科学知识对象的十分有价值的作用，最近格拉夫把这种观点运用于地理学[①]。他们认为可以提出两类科学，当然它们并不是截然分开的。一类只靠类概念工作，提出规律是这类科学知识的目标；而对另一类科学，则提出类

① 参考第二编第一章。

概念和规律就毫无意义，或者只有次要的意义，它们的目标相反的是去认识那些十分有价值的个别事物。他们把这两类科学区分为法的科学(nomothetische)和记述特性的科学，或者称为规律科学和事象科学，又因为大部分自然科学属于前者，历史科学属于后者，也可以区分为自然科学和历史科学(或文化科学)。

这里不是对这种新的逻辑观点进行广泛审议的地方[①]。这种观点的意义在于在个体和一般这两者中十分强调个体；它的错误产生于没有足够地考虑到描述的自然科学和系统的人文科学，忽视类概念和规律的真正意义：它们不是目标，而是认识的手段。这里我们只探索地理学的逻辑特性，当然我们指的是作为关于地表的区域科学的地理学，我们的问题就是在地理学中个体的事实有什么意义，以及在多大范围上类概念和规律的构成是可能的。

地理学的、归根结底是整个科学的目标，不是关于某些普遍性的知识，像意外保守地追随中世纪经院现实主义的人们还经常认为的那样，而是对于真正的现实的知识，各个现实的事实的知识，不管这些是状况还是过程。只有物理和化学的规律似乎与此相抵触；然而这些规律最终也是为理解现实服务的，只是这个现实属于其他科学的或者技术的范围。地理学的对象是地表——按照它的甚至是细微的差别来说也即各个个体的地球空间和地点——的特性。我们对这方面的兴趣可以是实用的，比如说经济的或者军事的兴趣。这种兴趣也可以来自美学的评价。在纯粹科学中则是理

① 我已经在《普鲁士年报》第122卷(1905年)第二期第254页以下部分的一篇论文中详细地讨论过科学的体系。大多数哲学家，如冯特、迈尔、屈尔佩、赫夫丁、贝克尔、卡西埃尔等，也都不同意那种看法。

论的兴趣，这种兴趣不需要外表的论证，而只根据事实的内在意义；而就地理学说地表的所有事实都有重要的意义，这些事实在不同的地点是不同的，它们的差别性和别的事实的差别性有因果联系，因此这些差别性对地区、地方和地点具有特征性。

当然，在各种不同的情况中我们感兴趣的程度有不同，因而对于细节的考虑尺度也不同，而且就是最详尽的表述也不可能把所有的细节都包罗进去。但是，每种地理学表述都会提及和描写大量个体的地理事物；不管这种表述多么简短表面，却都必须提及和描写：例如阿尔卑斯山和喜马拉雅山、勃朗峰、珠穆朗玛峰（埃佛勒斯峰）、维苏威火山和埃特纳火山，里斯本的地震，亚马孙河、密西西比河和尼亚加拉大瀑布，德意志帝国、法兰西、美国等国家，伦敦、巴黎、柏林、纽约等城市，并且绝不是只作为类概念和规律的例子，而是要按照它们个体的特性来写。

长期以来，地理学甚至几乎只是一种“记述特性的”科学，只认得个体事实。古代地理学的表述满足于提出和描写地表的单个情况或者事变过程；在这些表述中，普遍性的理解只具有粗略的形式，例如那些在日常生活中已认识的类概念：山、山谷、河流、国家、城市等等。地理学最大的科学进步在于它承受和继续发展系统科学的成就，在这一或那一部门先后过渡到概括性的或者类概念的考察，在于它对地表形相以及气候现象和其他地理现象根据个别的特性用描述方法人为地进行分类，然后按照它们特性的总体归结为类型，并最后尝试通过成因分类来理解。虽然它仍然完全承认个体化的理解和肯定这种理解的必要性，人们还是可以说地理学这时才算取得了比较严格的科学性格；因为类概念的理解把许多特性和标志概括为一个词，只有通过这种理解，明确的因而比较简短的和便于记忆的描述才成为可能，并为基于比较研究的、归结为规律的、更加严格的解释形式创立了基础。在这方面，现在的地理学远远地走在历史学的前面。在这个意义上，可以把它称为一门概括的或者法的科学。

但是，在这方面还必须考虑到两件事情。

第一，类概念的和规律性的理解永远不会包括全部的实际情况；相反它总会遗留个体的事物，这种被遗留事物，只有是较小的或者是离我们比较远的地理对象才对我们无关紧要，而在离我们比较近的和较大的对象方面则对我们是重要的和很有意义的。例如人们建立峡湾这个概念，不论开始时是描述性的，还是后来从成因方面来看把峡湾解释为受冰川改造后淹没在海平面下的山谷，就都不只是针对挪威的，还针对着苏格兰、西巴塔哥尼亚等的峡湾，用很少几句话就把它们的主要特征刻画出来了。但是，这样并没有表达出各个峡湾的特性。后来人们进一步把山地峡湾和台地峡湾区分开了；但是在这两种类型中，例如在松内峡湾和哈丹格尔峡湾间也存在着显著的个体差别，这些差别人们只能从个体上进行理解。我们不满足于把尼亚加拉称为瀑布，而是还想知道关于它的高度、水量、外貌方面的情况。我们怀着同样的求知欲去接触其他地理现象范围的突出对象，也包括人类地理学的对象，例如人类的聚居情况。提出含义愈来愈窄的类概念使得我们更接近现实，可以说是逐渐地接近现实。但是，想只用类概念和普遍规律来对地球作地理描述是不可思议的。

第二，绝不能把提出类概念和形成规律理解为目的，遗憾的是

在普通地理学的某些表述中发生了这种情况。相反，类概念和规律永远只是达到目的的手段，其目的则是得到关于现实的尽可能简单和清楚的知识。因此如果只把其目的是提出规律的那些科学称为规律科学，那么地理学自然就不是规律科学；但是，这种含义的规律科学就只能是那些抽象科学。

跟一切具体科学一样（虽然程度不同），地理学也既是记述的同时是法的。地理学是记述的，只要它取得事实的知识这个目标是针对个体的现实，因而必然从确定和描述个体现实开始。在它使用普遍的规律来描述系统地建立起来的类概念，并使用一般的规律来进行解释时，它又是一般的和法的，但这时总会遗留下一部分不能运用类概念和规律，而只能个体地领会的。

第四节　资料的选择和简化

如果地理学的对象是个体的现实，它只有一部分和在某种程度上可以用类概念去理解，那么就有必要通过资料的选择和简化去掌握具有异常丰富资料的地表现实，也即对现实进行逻辑的处理，迈尔把这种处理称为直观的概括[①]。表述的详细程度可以高一些或者低一些；我们在提及和描述地理事实时可以完整一些或者不那么完整；可以抛开不大重要的事实，局限于最重要的事实；可以不把地理形相的全部细节描绘出来，而是加以简化，只提最重要的特性。这种选择和简化资料的处理，在众所周知的地图的概括中体现得最明显，在地图上的这种处理，是以某种方式同比例尺

---

① 《历史的认识》（*Das Geschichtliche Erkennen*），1914 年格廷根出版。

的缩小联系着的。文字表述上也必须采取这种处理方法，只是在这方面不那么引人注意而形式则更自由一些。

这样做会出现这个问题：选择和简化资料以及表述的详尽程度方面什么观点应该是决定性的[①]。

第一个观点是表现在大小和多样性中的明了性观点。只要用比较的眼光看一下不同比例尺的地图或者具有不同详尽程度的文字表述，就会发现在比例尺缩小或者详尽程度降低时，较小的对象就会被排除，而保留下来的则是较大的对象：大城市、大河流、高的山峰和巨大的山脉。对结构错综而多样化的物体，不可能像对有较大相同性的物体那样以相同的方式简化；对于前者必须更多地深入到细节中去，要求较为详尽的表述。单是出于这个原因，对西欧地区的研究就必须比对于单调的东欧低地详尽得多。

但是，这两种观点的运用，随着我们所考察的地区在空间上的远近和我们接触的多寡而变化；我们生活活动的地区或地方，比我们只是偶然去一下因而和它们的关系不密切的地区或地方，就要求更详尽的表述。在德国的地图集中，德国以外的地区就采用比德国部分小的比例尺，欧洲以外的大陆和地区又采用比欧洲部分小的比例尺，文字表述的详尽程度也采取类似的做法。但是，我们特别感兴趣的而在实际意义上对于我们也是重要的地带，例如我们的殖民地，就用较大的比例尺和较详尽的表述加以突出。

显然，详尽的程度也要视我们的知识而定；虽然地图上的空白

① 关于选择资料的问题，贝歇尔在《自然科学和人文科学》一书中作了深入的阐述，虽然对于地理学来说深入程度还不完全够。

点在逐步消灭，但是对于许多地区所知道的还只是大致的轮廓，只是一般地载入，因而较大比例尺的地图和详尽的描述是绝不可能的。

另一类观点可以称之为目的论的价值观点；这是里克特认为关系到价值而予以特别重视的观点。这里涉及各种不同类别的价值。

对于生活的实用价值似属于哲学家研究的问题，因而在纯粹科学的考察中也就必然要退居次要地位，但是，事实上在地理文献中它占据特别重要的地位，因为这些文献以往几乎只是为实用的目的服务，现在多半也还是如此，更不能完全摆脱这些目的。研究定居和经济利用的可能性，交通开发，军事活动的安排这些问题，将永远要求大部分旅行家和地理学者集中注意力，虽然这些问题在科学表述中不得过度膨胀，而有时情况却还是如此。这种实用的兴趣程度也很不相同，距离愈远程度也愈低；但是，在世界交通、世界经济和世界政治的时代，我们对外国的实际兴趣却比以前增加了，我几乎觉得地理学还没有经常足够地适应这种变化。

第二个价值观点是伦理宗教的观点。地表的真实现象被尊崇为上帝的创造以降福人类；地理学成了辩神论，由于上帝的创造，地理学成了对上帝的认识和崇敬。这种宗教的观点特别在宗教改革时代起着重要的作用；但是，它以稍微变化了的形式也贯穿在赫德尔和李特尔的看法中，因为他们把地球当做人类的教育场所。他们也强调曾经对人民具有特别教育价值的现象。对海岸的评价稍有夸大，似乎也源出于此。

取代宗教伦理评价的多半是美学的评价，时而偏重景观外表美的评价，时而偏重景观对精神和情绪的气氛的影响，对于灵魂的影响，这似乎就是班泽想用他的表现主义见解所要表达的。这种美学见解并不是新的；以福斯特尔和洪堡为代表的前一时期的伟大旅行家树立了这种见解，而许多新的旅行记和其他记述也很喜欢强调美的或者情调丰富的地点，并描写这些地点在他们自己心中激起的感情。但是，严格说这种见解是一种和科学格格不入的观点，并且如果它过分膨胀，会变成对科学的一种危险。插入一些对美丽的建筑或者其他艺术事物作品的详尽描述，尤其格格不入。如果这种做法得以扩展，美学的观点甚至可以变成有害的东西。

历史的价值观点情况类似，这种观点以前在地理文献和地理课程中占据重要地位。在那里，战场、会议和缔结和约的地点、伟大人物的出生地等等都成为地理事实；历史故事或者传说也编进了对风景的描写中。西姆罗克、格雷戈罗菲乌斯、冯塔内和其他许多作家对风景的描写，完全表现着这种情调，它们的主要魅力正在这里。这种以地方这条线贯穿历史事实的文献类型具实有它的道理，我不愿加以否定；但是它不得盘踞在地理学中；不要让历史的兴趣挤掉地理学的兴趣。但是，如果对具有历史兴趣的地区像巴勒斯坦、希腊、意大利等等，比较详尽地加以讨论，而那些历史上比较默默无闻的地方则简单些，倒也是有道理的；因为地区的价值也在于它们的历史意义。当代的特殊文化意义同样可以要求得到比较详尽的评价。

我们也可以就一些地区、地方、地点谈论它们的特殊地理价值或兴趣。开始时，特别是那些由于某种罕见的特点而引人注意的地区和现象获得了特殊的地理评价，其后则是那些很好地体现出

重要的一般现象而一般地理学可以用作范例的地区。在这方面起作用的不只是现象本身纯粹和清楚的形态，还有往往是偶然的情况，即这种现象的研究恰巧是在这里开始的。由于洪堡所作的经典描述而著名的委内瑞拉的利亚诺斯平原，永远被视为热带大草原的范例，维苏威则成为火山的范例。

不管所有这些观点如何流行，且时而偏重这一种，时而偏重那一种，严格地说，它们全都多少和真正的科学理解有些格格不入，还干扰和打断了后者，人们必须时刻注意不要让它们过分滋长。狭义的科学观点是现象相互间联系的观点。大厦的骨架本身就好比是基于这种联系，而那些现象则更像是装饰和陈设。根据这种看法，即根据对其他现象具有重要性的观点，或者如人们所说过的具有地理作用的观点，就规定了选择的标准和考察的不同的详尽程度。其所以具有重要性，不像往昔流行的以人类为中心的考察那样，不只是对于人类而言，也是对其余的自然现象而言，如土地构成和土地情况对于流水、气候、植被等等具有的重要性，气候对于土壤、水和植物界所具有的重要性，植物界对于土壤、排水、气候等等所具有的重要性。对选择详细地研究，将是下一章考察地理事实宝库的任务。

第五节　一般的或者概括的考察

地理学的对象是个体的现实，即使那些最简短的表述也总是必须讨论个体的现象，表述的压缩首先必须靠选择和简化事实。就是大的地理复合体和体系，如山脉、水系、国家等等，都是个体的甚至是单个的事实。但是如果地理学只是采取个体化的考察和表述途径，像过去大部分做法那样，就要牺牲它的材料和科学内容的一大部分。甚至在十分详尽的表述中仍然会遗弃许多小的事实，如单个的山脊、许多小溪流和小山谷、农舍和村庄等，不可能把这些都逐个提到并描述，只有把它们综合起来描述才能写进去。放弃了这些，景观的普遍特征就会丧失，这种特征正是存在于大量的小现象之中。除了通过资料选择得到的概貌以外，一般的特征描写也是必要的。

人们可以采取两种方法实现这个要求。

一种是运用典型事例的方法。若是我到一个地点作考察旅行，我就不但想认识所走的那条路，我的指导思想是沿着一条路来掌握这个地方的整个特征。我可以尝试这样来描写一个大的地区，即抽出一个特别具有特点的，也就是特别适于体现普遍性质的地段，详细地描写。特别是在选择附加于文字描写的图片时，宜采取这种记述方法。人们选择尽可能典型的图片，使得它们不仅反映个别的地点，而是表现出这个地方的普遍特征。这是科学家的插图同业余爱好者或者纯粹艺术家的插图的区别。地图绘制者除了一览图外还可以提供单个典型地方的地图，文字记述特别是旅行记也可以采取同样做法。这种表述形式是一种通俗的形式；它倾向于不越出直观境界以外，在形成概念时不需要像真正的科学记述走的那么远。

另一种方法是用类概念对整个地区特征平均地作系统描写的方法，这种方法试图对极其大量的现象在它们涉及的全部范围内来解决。它和个体化的考察没有严格的区别，因为后者也使用习惯的类概念，像日常生活的词汇（山峰、山谷、河流、城市等等）所提

供的类概念一样。但是，当创造出新的科学的类概念时，它就前进了一步，虽然往往只是采用这种方式，即对当地通常的用词（峡湾、河口、峡谷、石灰岩洞等等）赋予普遍的意义。用类概念描写特征，就是尽可能广泛地把个别概念归并于类概念之下。从而人们可以用一个词代替详尽的描述；如果值得，也就是说十分有利的话，人们还可以把数量等各种个体特征附加到类概念上。当然，如果要想使一般性概念达到它们的目的，就必须正确地建立这些概念。特别是对建立在成因基础上的概念，存在着形成错误概念的危险，如戴维斯用其生存年龄标志山谷形相。对一个地球空间的表述越是简短，同使用的比例尺越小一样，就不但必须更加简化资料，即一切个体事实均须舍弃，而且一般化也必须更深入。

因为地球上同类的现象会在不同的地点反复出现，也可以把同一类概念运用于不同的地点，虽然得充分承认现象的个性。这就是比较和比较研究之所以可能的基础，也是提出地理现象因果联系的定理或判断、亦即提出地理的规则和规律的可能性的基础。

某些逻辑学家和从事理论工作的人文科学家，对自然规律的性质和意义有一种奇怪的观念，这种观念似乎又只能解释为中世纪经院哲学现实论的一种残余。他们赋予自然规律以真实的存在和无限的有效性，而且把它们视为一种更高权威的命令，自然事实必须顺从这种命令。在实际上，科学规律不外是定理或判断，它们不取决于个别的事实，而涉及共同的并以同样方式理解的大量事实；科学规律可以做到这点，因为它们不再是从其全部个体的实际这个角度来理解事实，而是将个体的、此外也是特殊的性质加以抽象后去理解事实，科学的规律限于理解一般的、属于整个类属的性质。如果这些一般的定理只是经验的、由直接经验推论出来的，我们就称为规则(或称经验的规律)，如果它们产生于事物的性质本身，我们就称之为规律。严格地说，规律永远是条件定理：如果条件A得到满足，就得到结果B；但是，此外它并没有表明条件是否已得到满足。人们经常误解了规律的这种特性，原因就在于人们在形式上常常不是把条件清楚地表示出来，而是把它们作为名词或形容词拼入定理的主语中。规律只是提出一个模式，客观现实可能按照这个模式进行；只有当一定的初始状态给定了，人们才可从这个状态借助规律解释现在的状态和过程。

地理学的规则(也即关于现象出现的一般定理，还未考虑因果关系的性质)，可以首先局限在一定的地点和时间来提出，然后逐步地扩展到别的地方；而真正的规律包含着因果关系，因而具有必然性，对整个地球普遍适用，即使它们首先是在个别地方取得的。然而在这方面，由于低估地方的特点，人们很容易搞错，并且只有经过在许多不同的地球空间检验，才能认为一条规律充分有效。只有在事物存在着因果联系和相同性质的范围内，才可能提出规律。谁要是相信任意或者自由意志(用这个词的严格意义)和绝对的偶然适用于人类精神生活现象，或者甚至适用于自然界，他当然就不会承认在这方面有规律，并且谁要是不承认现象有相同性或者低估了它，他也就不会让规律在广阔的范围起作用。这是大多数历史学家，特别是政治史学家和追随他们的哲学家对历史学所采取的立场，许多地理学家从那里借用这种立场到人类地理学特别是政治地理学中。人们必须随时意识到，任何放弃提出规律都意味着放弃严格地阐明因果关系。人们不应把由于我们现在的知识水平所限而难于在今天提出一种规律这件事，混淆为根本不可能提出一种规律。总而言之，科学的努力永远是为了取得普遍适用的规律，并不是把这一点作为它真正的目的，而是因为普遍规律是使我们在思想上得以掌握复杂的现实的最有利手段。

在类概念和规律的运用上，我觉得地理学的不同部门之间不存在根本性的区别。地理现象之间的一切因果联系，因而一切地理规律，都是错综复杂的。因此，为了使规律严格有效，就必须提出大量的前提条件；如果忽略这方面，就会出现例外情况。甚至就是一种比较简单的现象，如一股沿着山坡上升的湿风常会造成降雨这个现象，也必须附加对于风的原有湿度、山坡的高度和情况等等许多方面的精确的确定，以至于要提出一条关于降雨形成的精确而又要求普遍适用的规律几乎成为不可能。这个道理在土壤的化学改造、地表形相的形成或者甚至生物过程中，要比在简单的物理过程中更显著得多。由于把所有的条件都纳入定理中十分困难，或者是不可能，以及由此产生屡见不鲜的例外，在自然地理学中人们大都不说规律，而只说规则。因此，往往从人类自由意志出发，把不可能提出严格规律视为人类地理学的一个特征，这是错误的。人类地理学规律的特别不足之处，往往只在于事先缺乏推理而错误地提出这些规律，特别是跳过了因果联系的中间环节；如果人们只就是直接的原因研究现象，这些规律就会可靠得多。

第三章　地理事实的宝库

第一节　地表的空间关系

作为地理学对象的地表这个概念，不是很容易确定的。它并非只是固体地表的外形，或者一般地只是一系列任何个别的事实，而是还包括一切自然界：土壤、水、空气、植物界和动物界，人类和它的活动，而在每个自然界中又体现为极端复杂的关系。它不仅包括地表的一切现象，这些现象表现为景观的外貌，而且包括由于它对某个地球地点其他现象的影响而表现为该地点主要性质的那些现象。确切地讲，它完全不是平面，而是一个具有相当厚度的立体形状，而是由固态、液态和气态等部分组成并蕴藏着生命的地球外层。地理学要去理解地表各处的差别，只要这些差别对各该地点是重要的，就是说，它们在地表的外貌或者在它们对其他现象的影响中有所体现，如果用李特尔的目的论表达方式，则它们是充分起作用的。

关于现实的地表可以有三种不同的概念。真正的地表，即大气的上部界限，只对很少数地理现象有意义，由于它的不确定性，也不能用以确定空间。第二个是最明显的地表，它在一些地方属于固体地壳的界限，在另一些地方是气圈对水圈的界限；它是人类生活以及植物和动物生活的所在，并被习惯地用来表示一个物件是(在地表之上)多高或(在地表之下)多深。第三个地表部分是固体地壳对水圈、部分是固体地壳对气圈的界限；它是真正的固体地表，这个概念具有巨大的科学意义，但是在粗略的直觉中却很不引人注目，以致长时期完全被忽视，而且到现在还有某些地形学者天真地对它不予注意。

固体地表的不规则外形，很早就导致人们去设想固体陆地下侧海面的继续伸展，这个水面（部分是真实的、部分是假想的）作为地球的数学表面被用作测定一切位置和空间的基础。于是一切测量工作的简化，以及地球的这个数学表面对大气的压力现象和运动现象具有的真实意义，都使海平面不可缺少。但是对固体地壳的现象来说，海平面和我们公元纪年的起点相类似，是一个任意的零点。高和深并不意味着对立。这个零点在不同的国家和对不同的测量，例如对高度和海深的测量，并不相同。地球的数学表面也不像过去人们所相信的那样是一个简单的数学图形，好比一个旋转的均匀物体在凝固时所产生的形状那样，而根据最新的研究，在固体地壳崎岖不平的影响下它构成一个完全不规则的形状，人们把它称为地球体，对它的精确确定现在成为高等测量学的主要任务。

人们借以标志地理位置，或者更确切地说，借以标志地表上或者靠近地表的每个地点的绝对地理位置的坐标，是地球的数学表面。这里所用的“绝对”这个词和用在绝对的物理量时有类似的意义，它要表明区别于相对的位置标志。测定绝对位置的辅助手段是经纬网：地理的经度和纬度表明一个地点的位置，或者在地球的数学表面上的基点的位置，高或深表示与这个基点的垂直距离。地理地点测量、测高和测深，都是其他一切地理知识的必不可少的前提，但却只是一个前提，而不是知识本身。地点测量的精确度必须与对事物认识的广度和深度成正确的比例。

在许多情况下人们给出相对位置。这个位置是通过经纬度差，或者通过天文方位角、磁方位角和距离，用几何方法求出的。这种相对的数据常常是权宜之计。三角测量和路线测绘，先是求得相对的位置关系，然后必须和至少一个天文点测量相结合，以便取得绝对位置的知识(参阅第三编第二章)。迄今为止，大部分的地理经度测定也是相对的，并且往往精确度很小，因此欧洲以外各国的地图测绘——和我们的地图远远不能相比——很多是不扎实的，只在它本身是正确的，而涉及绝对经度则是值得怀疑的。即使人们知道绝对位置，还是要使用由方位角和距离确定的相对位置，以表明不同地点相互间的某些关系，为此人们按照自己要求的意图，依靠直线，即在最大的圆上测出最短的距离，或者通常依靠以相同角度与所有经线相交的恒向线确定方位。同时表示出距离和高差，这一点具有特别的意义，因为这样就可以算出坡度。

以不同形式表示的相对位置数据在有些情况下是常用的，即当不同的状态(如陆地和海洋)或不同的国家相互毗邻，或者它对某些固定点(特别是在城市中)的位置很重要的时候。正是这些最粗略的地理位置测定，不仅因为最方便而在日常生活中经常使用，而且因为它们指明某些因果关系而对于地理知识十分有价值。海岸、河道、国界、较重要的城市，可以说构成第二个度网或者坐标系，和数学度网相对应，我们可以称之为地志度网。

大部分地理状态和变化都不是点状的，而是沿一个或者数个方向伸展。因此它们不只有位置，而且有形状和面积，以构成地理形态。某些形态，特别是由固体和液体接触生成的形态，都是可以直接用感官感觉到，人人皆知的，而在地理学中也久已被注意到，另一些形态则是感觉不到的、完全基于抽象的，因而只有在科学继续前进的过程中才会被掌握。这些形态构成研究工作的一个重要对象；但是，对它们的理解容易流于儿戏，导致许多无谓的几何构图。

严格地讲，一切地理的形态都是三维的，即实体的、立体的形态，是空间；但是，实际上在许多甚至在大部分情况下，人们可以设想把球面削平，并把位于海平面上或者海平面下的情况投影到这个球面上，这样就把实体的形态转化为平面的图形，以平面的考察代替立体的考察。范围不大的情况常常可以归结为点，或者在某一维占优势时归结为线。大部分地理的形态都是很不规则的，因而难以作数学处理。对于某些研究目的，人们固然可以把它们还原为简单的数学形态，例如科尔在用演绎法研究土地外形对交通和人类聚居所产生的影响时就是这样做的；但是，在这样做时，人们必须仔细注意不要恰好忽略了那些重要的不规则性。

在考察投影到平面上的面或者实体形状时，界线往往特别重要，特别引人注目，因为各种不同类情况的接触会有独特的诱发现象，如波涛拍岸和各种不同种类的平衡现象。拉采尔强调指出，这些界线大都不非常分明，而是表现为一种逐步的过度，因此在多数情况下不能说是一条界线，只能说是一种边缘。尽管这是正确的，人们还是不得不在给出度量数据时坚持界线这个观念，无论是测定上述边界线的距离（与边界线等距离的点和线），测定所谓边界线的长度和伸展，还是测定面积和测定空间。

地理科学合理地致力于尽量精确地掌握空间的计量，尽可能准确地测定和计算长度和高度、面积和空间体积。由此几乎发展成为一门单独的学科，称为量图学，因为大部分测量不是在自然界中而是在地图上完成的。但是，这样做人们往往会失去基础。人们常以同其中所含误差不相称的精确性给出测量结果，这一点特别经常地受到哈默尔的抨击。姑且完全抛开这一点不论，就是在长度测量上，人们也常常很少意识到，大部分地理上的线是弯曲的线，它们的长度会因地图比例尺和基于这种比例尺的概括度不同而得出不同的结果，因而把在不同比例尺和精确度的地图上所测出的长度进行比较是荒谬的。这个问题以前已经有一些明理的人多次提出过；但是没有任何解决措施就去测定河流、海岸和边界的长度这种事却反复出现，因此这些测定都是毫无价值的。

地理考察研究的对象如果是孤立的，那么除了往往要完全略去的各个对象的形状和大小外，就是它们的数量和出现的次数。除了种类的差别，我们还要问：在已知的面积上，这个对象的数量有多大，每个对象占有多大的面积，相邻的对象之间的距离有多大？本来应该对每个单个对象都提出这些问题，但是由于对象数量大并因而不可能按照对象的空间关系来个别地研究，人们就正是从这里迅速地转向概括性考察，这种考察提出的问题是在单位面积上的平均数量（所谓密度），或者是它们占有的平均面积，或者是它们的平均距离。密度是用算术方式表示对象的数量，例如人口数量与单位面积的比例；但是不应该忘记，两种极不同的概念的这样一个算术商只是一个平均值；人口密度的表达本可以因此避免某些不明确的地方。

第二节 地理现象的时间过程

按照概念规定，地理学严格地说只限于考察现代，把对时间过程和发展的考察让给历史地质学、前史学、历史学以及它们的分支学科。但是因果关系的解释需要追溯到发展过程，而研究发展原是和我们没有关系的事。即使完全抛开这一点，由于许多变化进行得如此迅速，以致对于现在（采用这个词比较严格的意义）的考察只能得到一个瞬间图景，这样对于它的理解就不够了，所以对于事实的真实知识只能经过对较长时期的考察才能得到。

地理现象在时间上的变化是以两种方式进行的。

一种是围绕零点发生的周期性或非周期性变化，即随时间的摆动。属于这方面的首先是潮汐运动和一切直接或间接受太阳辐射影响的现象：天气、水和土壤的温度波动，冰雪的产生和消失，植物界、动物界以及人类生活的物候过程。对于地理学来说，在这种变化中首先是不变的东西具有重要的意义，因此人们特别着重时间平均值的计算，甚至把地理的考察完全限于此；但是，不但是平均值，还有其临界值（极限）和幅度值以及变化进行的方式方法，实际上在不同地点是不同的，并标志为它们的特点。地理学的理解和地球物理学的或者自然历史的理解的不同，在于对后者来说各个瞬间的情况是研究的对象，而前者则采取变化的平均或通常的情况——我们可以称为变化性——作为地点的属性来理解。地理学如何考虑在较短时间内发生的变化还是也考虑长期的变化，在某种程度上是任意的，因为“现在”这个概念并没有确切的定义，除非作最抽象的完全不切实际的理解。

发展的过程是另一类，对这种过程的研究不是返回过去的情况，也不是研究围绕零点的波动，而是研究在进展中的变化。在物理的特别是气候的情况方面，这些变化类似长周期波动，常常难于与这种波动相区别，地理学对它们的研究因而也采用相类似的办法。而固体地壳和有机自然界的大部分现象，它们变化的持久性这个特点表现突出，进行也缓慢，我们完全可以提有固定状况的“现代”；如果只涉及确定事实，地理学的任务就仅限于这个“现代”，过去了的状况的理解和表述则相反地可以给予别的科学部门。只有某些现象如火山爆发、地震、山崩等等虽然持续时间是短暂的，但是经常反复，要和天气的变化类似而包括在地理学中。

随时间发生的变化有多少应属于地理学内容，提不出一定的规则。一般只能说，地理学所以不得不考虑到随时间发生的变化，与其是出于需要，不如把它看做一种不可避免的祸害，并且由于对时间进程的考察，自然地理学不应蜕变为历史地质学，人类地理学也不能变成人类前史学和历史学，虽然以过去来解释现代往往会诱致这一结果。历史的或者地质的发展过程中的任何一个时期，显然都可以列入地理学考察的范围；历史地理学、史前地理学或者地质的地理学（古地理学）在研究时间时，也要像地理学本身一样重视同样的规则。

第三节 地理学的物质内容

地理学是关于地表空间情况的科学，它的特点清楚地表现如下：在考察固体地表时考虑的只是固体东西和水圈以及大气圈的对比，所以对固体地表纯粹形相的考察，过去占据着、现在仍一直占据地理考察的首要地位，除了它非科学地完全转化成民族学和国家学的那些地方。像李希霍芬所强调指出的，只要不是必须求助于测量学，固体地表是完全由地理学者主宰的领域（至少到现在为止是这样，因为最近地质学挤了进来），而它在考察一切其他对象时则必须和别的科学部门共同工作。虽然没有哪个地理学者会把地表形相视为地理学的唯一内容，但还是有许多地理学者，特别是老一辈的地理学者，把地表形相当做地理学的基础，他们认为地理学者可以把它当做一个既存事实，从它出发进行研究，至于解释工作则可让给地质学去做。

空间观点在地理学中的统治地位也可以从下述情形窥知，即这种观点在其他事实系列中愈是明显地、一般地也可以说愈是明了地显示它的作用，因而也更适宜于用制图方法来表述，则地理学就更易于把这些事实系列据为已有。地理学方法的最大进步在于：地理学在越来越多的地区中逐渐明确地掌握了空间配置的观点，从而使该地区得以进行地理学的研究和制图学的表述。在许多领域中，特别是在人类地理学中，我们还没有完全找到进行地理学理解的途径；但是，我们一般已认识到地理学考察的方向，并因而获得了一个概貌。

我们可以把地理学全部物质内容称为地理状况的事实，或者称为地理的特性，并把空间和时间的关系放在相对立的地位；但是，这种对立自然只是一种逻辑的对立，并非事实的对立，值得指出的是人们常把它错当做事实的对立。地理的位置、形状、大小和数量以及时间的历程，本身都是纯粹的思维形式和概念形式，它们并不包含内容；但是，某种位置、形状、大小以及某种时间行为，都具有各种地理特性;它们因而才成为地理学的事实。因此,在地理学中,物的性质和空间关系不能分割开来研究,而必须互相结合起来[①]。

一个事实系列对地理学的意义取决于它对别的事实系列所产生的影响的大小。地理学的工作总离不开理解地点、地方、地区的整个特点。它只是着眼那些在这方面直接或间接表现出来的事实,情况越是这样,它就越是对这些事实给予更大的注意。地理学对地磁可以像对各个国家的勋章制度一样置之不理,而如果地理学对一个地区的矿产只是,或者主要只是注意对人类有用的矿产,那么这一种对地理学选材具有决定作用的基本原则的运用是没有理由指责的,因为矿业和采石业就是建立在这些有用矿产的基础上,而矿业和采石业曾是交通和聚居的诱饵,并常常引起地方图景的彻底变化。

地理学事实,不论是状况或者是事变过程,都划分为无机自然界和有机生命这两个主要类别。无机自然界是领先的,它决定地表的本来性质。生命是后来才有的:我们可以设想没有生命,地球大概有一个时期是没有生命的,生命也许是从外界带到地球上来的。除了无机自然界和生命的对立又加上了自然界和人,或者自然界和精神的对立:人在与地球自然界的关系中首先是作为生命的一部分,但却是具有突出意义的一部分。

地球表面最初可能是均一的;但是,在冷却和凝固的初期,地

① 关于"位置和在世界上的地位"的章节,往往被放在地志学表述之前,大都只讨论地区的一般位置对于人类的影响,也就是说是人类中心主义观点的残余,其实不如放到人类地理学的章节中去。

球表面就分化为三个带有不同聚集态的自然界，就全体看，这三个自然界构成依次叠置的外壳或者圈层：固体地壳（岩石圈），占据地壳的凹陷的水壳（水圈），分布在两者上面、向外逐渐稀薄并逐渐过渡到宇宙空间的空气壳（大气圈）。但是，分界却不是截然的。空气中几乎总是飘浮着尘埃，常常还夹杂着沙子，更重要的是包含着液态或固态的水分。水圈也几乎到处含有固态的组分，它在冻结时转化为固态，这样它就暂时或者持久地作为雪和冰而变成固体地壳的组成部分。固体地壳的一切空隙里都含有水和空气，在沼泽地里固态的东西和液态的东西如此交融，以致它们处于两者的中间状态。在这三个圈的每一个里，它特有的聚集态占优势，但却不是单一存在，所以把一种现象算到这一个圈或那一个圈，在某些情况下是任意的。

人们可以按三种范畴来理解无机的自然界：它的形状、它的物质组成和在其中进行的过程。但是，相应于它们的聚集态的不同，三个范畴的意义也是不同的。在固体地壳方面，形状是最重要的，但它在水圈和气圈里却不存在，或者它在这里起码不是一种独立的事实。物质的组成也只有在固体地壳中具有较大的意义，而在水圈和大气圈中，运动过程和特有的物理状态则比在固体地壳中显得重要得多。

第四节　固体地表

如果人们还像以往流行的，在许多属于老学派的地理学者那里现在还流行着的那样，只是从海面来看固体地表，即只考虑突出于海面的陆地，那固体地表自然就要比水圈更为支离破碎了。但是，更深刻的科学观点首先把它理解为一个互相联系的整体，这个整体有着结构复杂的从而其比较低洼的部分被水覆盖的地表，并在此基础上划分为陆地和海洋。

固体地壳具有很复杂的物质组成，可是地理学长期忽视这方面的研究，就是现在也还有许多地理的表述几乎没有注意到这一点；但是，随着研究工作的日益深化，水利、植物生长、人类的经济等等对地壳物质组成的依赖关系更清楚地显示了出来，就更强烈地表明有必要把它吸收到地理学的考察范围中。这种物质组成在不同的深度是完全不同的，因而要求采取不同的考察方式。在很深的地方，我们可以推测存在一种无定形的、逐步过渡到液体聚集态的岩浆，它有不同的化学组成；但是它不再属于地表，只是由于它的作用才对地表具有意义。在较深的地方，地壳由各种明显不同的矿物和岩石构成；考察必须建立在矿物岩石学的基础上。但是，在地表本身，性质大都又发生变化，在那里明显的岩石结构过渡为没有岩石结构的土壤，土壤学则更多的是采用化学和物理的方法而不是矿物学的方法进行研究。土壤的质量远少于在其下面的岩石，但它却对植物界和农业具有极其巨大的意义，自从李希霍芬以来，它已经有理由成为地理学研究的一个对象了。

人们也可以用年代的观点来考察固体地壳的组成物体。这种观点对于地质学是至为重要的，因为它的目标主要针对地球的历史，地质学在地层性质和化石内容中发现了证明过去时代情况的证据，在地质学的考察方式运用到地理学中后，地理学也往往认为岩石的形成年代具有重大意义。这是有道理的，因为地层的年代可以用以判断层积关系，即用来理解内部构造，从某种程度说可以用来判断岩石的性质，而历史发展可以阐述对现代的理解；但是，年代没有直接的地理意义，因此在地理表述上使用地质年代数据应该谨慎。

形状关系即组成物质的排列作用，是由固体的聚集状态产生的。像岩石和土壤的物质组成有区别一样，人们也必须区别各个组成物质的内部排列即内部结构，必须区别固体地壳和水圈及大气圈相接的上部界面即地表的外形。地表的外形长期以来只有地理学予以注意。但这是不应当的。土壤并不就是岩石，而是岩石经变化产生的，同样，外部形状也不是内部排列的直接结果，不是单纯由内部结构产生的，而是和内部排列以及构造地表处于某种矛盾状态；因此，地貌学——关于地表外部形状的科学——也不同于大地构造学或者说关于内部结构的科学。

地表的形态是一个整体；但是为了真正能够理解它，人们必须设想把它分解为互相毗邻的各种形状。同时可以分出各种不同大小的等级，它们一部分是独立的，一部分可以设想为只是另一些较大形体的变形或者分形体，因此，人们可以区分为独立的和非独立的形体。它们是否向上与大气圈或者水圈相接，即是否是在大气下或者在水下，构成了形体的一个重要的区别。这样的划分大体和划分为陆地形态和海底形态相一致，但是湖盆和湖床、河流和冰川也属于为水覆盖的形态。一种特殊类型的形态产生于海洋、湖泊和河流沿岸，那里水和陆地互相连接。人们习惯于把这种形态的水平划分相对应于形态的垂直划分；但是这种说法却不妥当，因为在海岸地区也要注意到垂直划分，而对陆地和海底的形态不能不顾它们在水平方向上的伸延。

固体地表垂直划分的一个事实就是海拔高度，它由于温度随高度增加而降低以致特别重要；因此自人们学会了测定海拔高度以后，这方面的数据在一切地理记述中均占据重要地位，这是可以理解的。一般都首先给出山峰的高度，准确到米，有时甚至到分米。有人反对这样做，但他们似乎也已经做得太过分了。山峰的高度总还是同反映内部构造最接近的，它使人能了解山脉的一般高度，除非山峰是叠加上去的寄生的火山构成体。山隘高度对于交通地理学具有特别重要的意义。山脊的纵剖面使人可以同时清楚地辨认山峰高度和山隘高度。而平均山峰高度、平均山隘高度、平均山脊高度以及平均谷峰差（这是指平均山峰高度和平均山隘高度之差）的计算，在我看来对地貌知识和对交通都没有什么价值。我认为这个判断甚至可以扩大到用所谓山地测量计算出来的平均值，也可以扩大到最近流行的等高线。这些平均值显然都是仿照时间的平均值，它们特别在气候学中，也在商业统计学等等中起着重要作用，同时有助于显示出一种现象在排除了周期性的和非周期性的干扰后的一般过程。但是，不能把地球表面的崎岖不平理解为好像是对由平均高度和平均倾斜度所表现出来的一个标准体的干扰；这样一个标准体没有任何现实意义，无论对土地形态的产生和作用都不会起澄清的作用。我从来没有看到过研究工作在这一方面或另一方面使用过这些材料。只有实际表面积的计算并与还原到海平面的表面积相比较，以及整个山脉空间容积的计算，才对认识它们的巨大作用有意义。

固体地壳的力学和固体地壳的构造有着最紧密的关系；这实质上是同一个东西，只是从不同的角度出发来考察。组成物质的

排列产生它的静力学，而运动产生动力学。如果其一部分只是由于决定了层积关系才具有意义，其他的组成物质则直接地作为过程而具有重要的地理学意义。这里，除了地球内部的运动，还有地表的运动；人们曾将洪堡所创立的一种划分方法稍加引申，把前者称为内力运动，把后者称为外力运动。属于前者的有火山的喷发和侵入，褶曲和断层，地震；后者可以单纯由重力引起，但是大多数情况是固体地壳可移动的组成部分在一段时间内为水圈或大气圈所接纳，并通过水或空气的运动而促成。在固体地壳中，这些运动主要表现为搬运和堆积这类事实。

狭义的物理现象在固体地壳方面的作用较小，虽然对它也往往过分忽视，或者只在别处附带加以讨论。地温通常被看做整个地球的特性，而和内部地热一起讨论，实际上却是固体地壳的一种特性，正如水和空气的温度属于对水和大气的考察范围一样。经常被忽视的土壤的颜色，也是景观的一种具有标志作用的特点。土壤的声响和气味现象则是不大重要的。

第五节　水圈

地球上的水大概最初曾在岩石圈之上形成一个普遍相连的外壳；但是由于地壳错动，水占有的地球表面领域部分地被夺走，由于受太阳照射产生的循环作用而从大气中降下的水，一部分落到陆地上，以各种不同的形式留在那里。固态的水成为雪或冰留在固体地表上，在某些方面看，它几乎可以说是固体地表的一个组成部分，但是就其多数的性质看仍然属于水的范围。水渗入固体地壳里，形成无数的水线或者较大的水流，在固体地壳里循环流动。

在地表上它则以溪沟和河流的形式流动。在地面的低洼处，它汇潴为池塘和湖泊。雪和冰、地下水、河流、湖泊都是除海洋以外的水的特殊形式，每种形式的考察都要求不同的观点。但是，在主要特征上它们属于一个整体，不能把它们分割开，而许多地理著作由于层出不穷的地球物理学的考察方式却出现了这种情况。

虽然各部分水本身由于易于移动而不能具有特殊的形状，而是填充固体地壳的空隙至一定高度（这些空隙部分地是水自身挖成的）；但是，我们把这些被水填充的空隙形状一般理解为水的形状，如河流和湖泊，并确定它的空间关系，如河流的长度和流域的大小，湖泊的面积，冰川的长度、宽度和厚度。

也谈不上水有固定的内部排列；相反，水只有变动不定、边界模糊不清、感官难于感觉到的形体，这种形体本来产生于物质组成的不同和物理状况的运动。只有冰川由于固体的聚集态而具有一种独立的不规则的表面和明显的内部结构。

水量决定于它的面积和深度；它经历巨人的、和大气过程的变动相结合的时间波动。物质的组成同样有变动，但作用比较小，因为只有溶解的和悬浮的组分在量上的差别才属于考虑的范围。水的力学或者说水的运动现象具有最大的作用。流动的水（包括地下水和冰川的水）的运动现象与其他不同，它们表现为重力的一种直接作用；在静止水中，特别是在海洋中，重力不在考虑之列；相反地，月球和太阳的引力、地震和火山爆发、风和密度差都会引起运动。各种狭义的物理状态中，热状态最重要，聚集态的变化也和它相关，颜色和透明度也都是特征性的，而声和电却没有多大作用。

第六节　空气层(大气圈)

对于自然界的循环和对于人类生活都具有巨大作用的是空气层或称大气圈的状况和过程，它们构成气候①。就其性质而论，它比固体和液体地表的情况要简单些。对大气圈，完全谈不上形状；大气圈和水圈一样，它的形状只是被动地依赖于它的基底，而它的基底则是由水或者固体地壳的表面形成的。至于说到组成物质的内部排列，则和水的情况相同。它的物质组成差别较少：氧和氮是大气的主要组成部分，按照我们现在能作出的判断，它们在量上的波动是小的、无关紧要的；只有形成为臭氧的氧，空气中碳酸气和水蒸气的含量以及悬浮在空气中的固态和液态微粒的量有较大的波动。物质组成中最重要的事实即水，它以三种聚集态出现，对它们以理解为热现象更适宜。对于空气，主要涉及的是机械的和物理的事实。大气的静力学和动力学是从强度和不规则性方面理解气压和空气运动的现象，或者说是理解大气环流。在狭义的物理现象中，人们长期过分地突出温度，即暗箱温度，却忽视了太阳辐射作用，太阳辐射作用是光也是热，又是化学能。除空气的温度以外还有空气中的水蒸气含量，我们把它表示为绝对湿度或者相对湿度。云量常常被过分忽视，按太阳的不同位置，云量对于太阳辐射量，也对于地球辐射量具有决定的作用，云量的种类对于天气因而也对于气候具有标志特征的作用。对于降水，人们往往过分满

① “气候”这个词的原意既不限于卫生医学的意义，又没有扩大到整个环境，如孟德斯鸠等人所做的那样。

足于雨量，而从许多方面看，降雨次数还更重要些。放电是次要现象，空气带电的作用暂时还不了解。

但是，大气圈的过程和状况的单纯性，被它在每天的过程中（日周期）、在一年的过程中（年周期）、在更大的时间范围中的巨大变化抵消了，而且除了这种周期性变化外，还有无法估计的非周期性变化。变化构成天气的性质，在气候方面也必须加以注意。对于气候来说，不仅平均值和极限值是具有特征性的（气候学往往只满足于这方面的理解），而且变化的整个类型，特别是非周期性变化的类型和程度也是特征性的，非周期性变化在气候的表述中大都过分地被忽视。

大多数气候现象是可以从数量上去探讨的，人们必须设法通过长时间的仪器观察以求得到尽可能精确的数值。但是关于天气类型的记述有理由成为这些数值的补充和替代，这种情况还将长期保持，因为如同我们考察一下气候研究的情况就会看到，即使在文明国家中观测站网也还是很稀疏的，在可见的将来仍会十分稀疏，从而还不允许对整个国家的气候有一个完整的理解。对个别的气候现象还完全不能够从数量上去探讨；这一点特别适用于云量的种类和天气变换的方式。如果忽视这些现象，如果对气候的探讨只是统计的，而不是也从自然学的角度进行，那么在理解气候上就仍然存在一个大漏洞。

第七节　植物界和动物界

对生命的地理学理解，是否能完全归结于物理的和化学的力，或者是否存在一种特别的生命力，在我看来是无关紧要的。与此相关联的问题是:生命是否起源于地球上并完全属于地球,或者是从外界移植到地球上来的,这些同有机体在地理学中的地位没有多大关系。重要的是,有机体不是结合在一起的大块物质,而是各个个体,它们可以变换位置而不失去它们的特征。只有在它们枯萎死亡从而转入无机自然界时,它们才失去这种可移动性,变成真正的地表组成部分,如腐殖质、泥炭沼泽和珊瑚礁。与大气圈、水圈和岩石圈相类似,人们也可以说有一个生物圈;但是,这种类似是会引起误解的。人们既不可把物质的组成和形式的特征,也不可把机械力、物理的和化学的力强加于有机自然界这个整体,而必须把它们理解为各个有机个体和群体本身,从其与地表的关系方面来考察它们。但是,对我们来说问题不在于研究有机体的某些种属的分布,这是植物学和动物学的观点,我们要研究的是地点和地球空间作为有机体栖息地这个问题,研究地表不同地点上有机体各种不同种属和数量的配置问题;这样做时,我们按照它们在自然界循环中所起的作用和它们对人类的重要性,而赋予有机体各种属以不同的意义。

植物学对于植物的分类——撇开按照它对人类用途的分类不论——最初是按照它们的生长情况,但不久就越过这个界限,把分类主要基于繁殖器官(花和果)的成长。这个原则对于林耐的人为的体系(他的体系只着眼于取得一个关于植物界的概略了解),也对于天然的植物体系,具有决定性的作用,天然的植物体系是针对着植物的天然的亲属关系和种源关系的。但是后者也还不能适应植物的生活情况和生长情况,因为这些情况不取决于起源,而取决于外部的生活条件,并表现有机体对外部生活条件的适应。因此,洪堡就已经以其天才的直观在遗传的植物体系之外提出了植被形态的体系，他首先把这个体系建立在植物的形貌上，但还是过分地和流行的植物体系相混杂。最近的科学已经开始把这个体系——当然带着许多细节上的改造——转移到生理学的基础上来。我们现在有两种关于植物界的分类，它们只是在最下面的环节即种与变种上是一致的，而在上面的环节则是分歧的：一方面是所谓天然的植物体系，它建立在繁殖器官上，试图反映起源关系，另一方面是生理学形貌学的分类，它建立在植物性器官的构造上，并反映生活条件和生活方式的同一性或者差异性。人们对这两种理解方式使用了简短的词汇，即根据起源观点的把植物界称为植物区系，根据生活方式的观点则把它称为植被。这样，也就给植物地理学考察指明了两种观点。一方面植物地理学探究一个地区的植物区系，即探明系统的植物群或者种族如纲、目、科、属、种和亚种的存在或缺失。它提出植物区系目录方案，根据这个目录可以建立一门植物统计学。它把不同地点作比较，确定每个地点的特点、地方物种以及它们和别的地点的亲属关系。它也研究植物的变迁和在植物区系内部的变化。另一方面，它还探究植被。它要认识每个地区特有的植被形态，这些植被形态具有特殊的生存方式和植物性器官构造，主要是茎、叶和根，它要认识植物结合成为群体，即所谓植物群落[①]，这些植物有些具有同样的生存情况，有些则是不同

① 我也知道，近代的植物地理学者都反对用植物群落这个词，从文字上说，这个词也不美；但是我觉得，所有建议使用的词都代替不了这个词，除了植物群体（Bestand）这个词，但植物地理学者使用这个词却是表示另一种意思。“生活集合体”这个词难于表达出植物群落的地方性。

种但由于它们的生存方式而互相依存。正因为这些植物群落使人第一眼就觉察出它们是景观的主要组成部分,植物地理学出于偏爱对它们倍加注意。由于植物固定在一个地方这个特性而显示出固定的空间关系,植被和植物区系就便于为地理学所探讨。

动物界不同于植物界的是它的活动性和动物多是单独出现。风景画家不把动物界算做风景本身,而是作为它的点缀,在地理科学中帕萨格就是这样处理的;但是从科学上看,把植物界和动物界这样截然划分开是不正确的;因为所有有生命的东西的内在亲属关系太大了。

一般地说,较低级的动物种属在地理学上的意义较小,因为它们在地方图景中并不显眼,在分布上也很少表示出特征性的区别。有些动物如软体动物,对于理解动物界的历史发展特别重要;脊椎动物特别是哺乳动物的地理意义是直接的、最大的。

在动物界中,我们遇到和植物界同样的区分;与植物区系及植被相应,我们可以对动物区系和动物的生活与习性二者加以区分。由于动物界具有较大的和较明显的差别,由于它们更多的是以个体出现,基于种源的特点即动物区系的差别就更加突出;但是,生活方式和与此有关的性质,以及皮肤的颜色,运动器官,感觉器官,胃、肠、心、肺的结构,即使是完全不同的属和种,都以如此相似的方式去适应环境,因而动物地理学应该比它迄今为止更为注意动物的生活情况和它们的生理学和生态学。动物或其生活群体,也和植物群落一样,我们也可以说标志着一个地区的特点;但是这些生活群体无需乎直接的空间联系,在景观中不如植物群落明显,因而对地理考察的要求也少些。

第八节　人类

人类也作为生物出现在我们面前，而且人类具有高等哺乳动物的一切特性；但是由于形成了更为丰富的精神导致极其重大的区别，人类几乎完全独立于自然界之外，成为和自然界同等重要的考察对象。我们对于精神与自然的关系无需多作讨论，对生命与无机自然界的关系也是如此。关于这种关系的各种各样的形而上学观点，几乎不会触及地理学的看法；只是地理学的观点必须防止过分强调它们的区别，以致以像经常出现的那样忽视人类和自然之间极大的相似之处。

按照生物的种源和生物的生理或生态的形成来进行的对生物的双重考察，也适于运用到人类方面。

当然，种源的差别要小一些；因为（这是我们对具有遗传特性的人类种源宗系的称谓）并不相当于动物的种、属，而相当于动物的亚种，这几乎是把习惯或者生活方式的特点即生态的适应特点也用来进行区分了。诚然，地理学必须尝试理解一个地区的居民所属的种族；因为即使我们只是想把人类视为景观的点缀，也要区别住在那里的是白种人、黄种人还是黑种人。种族的特性会达到怎样的程度，它们对不同文化的形成起怎样的作用，这是一个争论的问题，它强烈地激起人们的感情。公正的科学考察不宜于随便把民族的性格特性视为种族特性，而要从这种种特性中认识对环境的生态适应，关于种族对文化发展的作用，则不像那些争吵家们给予的评价那么高。

但是，人类的生态适应所采取的形式不同于植物和动物。只有在人类时代的早期，生态适应才像动植物一样实现在自己的身上，以后则体现在他们的文化中；因为随着时间的进展，他们拥有了各种衣服、住房、器皿、工具和武器，他们凭借这些东西保卫自己，抵抗自然侵袭，并对自然进行改造，逐渐掌握自然，但是他们必须把这些东西和自然协调起来——这里“自然”这个词是就其最广泛的意义说的。

人们可以把文化的事实分成两类。一类是在人与地区自然界直接关系中表现出来的种种现象，另一类是组织形式和集群形式。

属于前一类的首先是聚居，它总是和地区面貌不同程度的改观联系着，在景观中比其他事物更为明显地显示出来，另外从方式和发展程度看，它是地区的自然界所决定的。作物和家畜从一个地区传播到别的地区，也可以列为地区改造的事实。

就数量方面来理解人口与对聚居的理解存在极其密切的联系，它们其实是问题的两个方面，因为人口的数量和聚居的程度是平行发展的。因此，长期以来人口密度就是地理考察的一个受重视的对象；但是，人们往往过于孤立地来理解人口密度，过于忽视人口的流动（包括所谓自然的人口流动和迁徙）；人们确实只能从人口的流动中了解它的状况，地理的因果关系是在人口的流动中起作用的。当然，在找不到人口统计数据和地区自然情况之间的联系的地方，地理考察就只得相应地停止进行。

人口是分布在聚居点中的，如独立的居民点、农村和城市，正是聚居点的种类和分布在地理学上特别引人注意并具有特点，因此首先吸引地理学者的注意。如果过去地理的研究归结为对城市的详尽描述，而且这些描述着眼于艺术史和历史的往往多于地理，那么可以说科学地理学的研究是长期过分局限于地点的位置，到了最近时期才着手搞居民点的经济类型、轮廓、建筑式样、整个的管理制度，或者换种说法是着手居民点的生理学和形相学。

关于交通的考察常常也是片面的。居首位的是道路，它们已经是一种地形事实，出现在地形图上，成为景观的一部分；古代的地理学就已经把道路的方位和居民点的位置一起包括进去了。相反，人们却比较少注意道路的状况，它在很大程度上取决于地面形状、水流和气候，另外也取决于现成的建筑材料；对各个地区的特点很具有特征性的运输工具的特点，虽然偶尔在地区描述中曾有提及，但是，却是在以后才得到系统的概括。甚至铁路的建筑和经营也能反映出地区的自然环境，但是，在这方面地理学当然必须防止把组织和运营的细节纳入自己的范围。

关于一个地区的经济生活取决于它的自然环境，或者至少是受它的自然环境制约，这是不言自明的。固然这是一种人类的活动，但是这种活动必须适应自然环境。它和聚居及交通也有密切的联系，以致缺了这方面就不能理解另一方面。近来经济地理学越来越成为地理学的受重视的部分，但是它过分经常地陷入这种错误，即阐述产品和经济形式的地理分布——这本应是地理生产和经济学的任务——却不去研讨地区和地点的经济特征。它也必须防止离开地理的基础，把经济的经营和组织方面的细节纳入它的考察范围，这些和地区的自然环境只有很少的关系。经济生活的事实是由农业生产、矿业、手工业和工业、商业和消费组成的，它们以不同的方式取决于自然环境，并表现为地区的特征。但是，在工业和商业中也存在对于自然环境的高度的依赖关系，某些经济地理学者忽视这种关系，这是方法论的错误。

消费导致我们接触生活方式、物质和精神文化的各种现象：卫生和保健，粮食，服装，住房和家具，劳动，体育和娱乐等活动，精神和道德的教养，宗教和科学、文学及艺术财富。对于所有这些现象，地理学还未能有足够明确的态度，亦即还没有在要么过于详尽地描写它们与地区自然情况几乎无关的方面和要么完全略去它们这两者之间找到正确的折中办法。许多细节，特别是精神文化的细节，肯定不属于真正的地理学考察范围；但是，许多别的事实则和地区自然情况（既和地区的生产潜力也和自然的要求特别是气候的要求）有如此明显的关系，以致任何地理的表述缺少这些事实就是一个大缺陷。

人类现象的另一大类是社会化的形式：民族、宗教、国家。虽然它们在景观中不起或者只起微小的直接作用，却仍然是地方的主要组成部分。

不要把民族和种族混淆起来。民族不是种源方面的事实，而是历史的变化过程以及共同的感觉和思想所形成的集体。它们大都是有共同语言的集体；但是，人们不应把共同的语言看做民族性必不可少的特点。这些集体可以说总是形成在共同的居住区域，从而它们已经表现为地理事实，地区位置和地区自然情况直接或间接地造成了它们的大部分特征，它们又反过来以自己的特征影响该地区。

与民族相比，人们可以说国家在地区图景中体现较少，而对地区的性质则作用较大。它的第一个并且是最为显著的地理特性是它的伸延，这在大部分地图上都通过国界或者通过国土的着色而得以突出。政治地理学的注意点也首先针对由此而产生的相对于自然情况以及其他国家的面积和位置这些事实。领土本身的划分不那么重要,但却被科学过分忽视了。这一点更适用于国家的政治特性,这种特性是由地区的自然情况和它的居民结构造成的,而且既反映在它所努力的事业也反映在它的力量中。

宗教除作为精神文化事实外,也作为社会化形式和组织形式而受到注意;它和民族及国家一样也是空间的现象,由于各种宗教相互对立,它特别在过去时代具有重大的世界政治意义,所以也具有重大的地理意义。

第四章　地理的因果关系

第一节　地理因果关系的一般性质

前一章整个的意图是限于对地理事实宝库进行所谓初步的或者描述性的分析,因为虽然因果关系的研究完全属于近代科学的性质,虽然地理学吸收了这种近代科学的精神,并且只有少数守旧的代表人物还避不接受这种精神,因而是很值得欢迎的事情,但是一开始就把单纯地考察事实同理解因果关系混杂起来,却是错误的,可惜这还丨分常见。思想混乱是这种做法的必然后果,过早地把描述同因果关系研究混杂起来,会影响两者各自的纯正性和明确性。只有在确定事实的范畴以后,我们才可以进入对事实因果关系的分析。

古代对自然的一切解释都是宗教式的。自然人总认为在每种现象中都有一种超自然力量的干预。在古希腊人看来,风、火山活动、地震还都是神的直接行动，在《旧约》中这种理解更为明显。中世纪直到近代的教会对自然的整套理解，都受创世和奇迹思想所支配，人类中心主义的目的论往往就和这种思想联系着：地球是上帝为教育人类而创造的。

这种理解只是逐步为科学所排挤[①]。但是，直接取代它的并非是一种完整的因果理解，而正如孔德所正确地指出的，夹杂进来的是一种形而上学的理解，这种理解把地球看成是一个有机体，一种生物，并且在地理现象中看到它的发展。甚至到前世纪中期，在富有才华的物理学家和哲学家费希纳的《岑达费斯塔》[②]中，还可以找到这种观点的反映。人们可以把它视为形而上学的空论，但是不能列入科学。地球和一个有机体的某些相似之处只是由于它具有很复杂的构造，而并不是一种特殊生命力的结果。我们将在论述景观概念时再回头来谈这个问题。

科学只能使用那些来源于已知的变化过程的因果关系。但是，那种认为因果的解释似乎应服从于一般规律的看法，是一种奇怪的错误理解。相反，对一般规律的服从总只能是用以解释的手段；在具体科学中，解释本身总是只能回溯到过去的一种状态。解释总必须从一种以前有过的状态并最终从它所假定的原始状态出发。发展不是从混沌一团开始的；不管我们追溯到多远，即使回溯到根据康德和拉普拉斯的假说即从太阳系分化出来的星云状球体，我们仍必须赋予它一定的质量以及分子的某种排列和运动速

① 关于这一点特别可以参考怀特著《关于科学和神学间的斗争史》(*Über die Geschichte der Fehde Zwischen Wissenchaft und Theologie*，1911年莱比锡出版)。

② 《岑达费斯塔》(*Zendavesta*)，论天国和阴间。——译者

度，才可以得出今天这种对地球结构的看法。只有发展的方式可以部分地给以概括的理解，并以规律的形式表现出来。

地表变化过程和现象赖以产生的力量泉源或能源，部分是地球本身特有的，自从地球形成以来就属于它的；部分地来自别的宇宙星体，特别是太阳，并以机械的或物理的形式作用于地球。因此人们可以区分为地球能和宇宙能，并且一方面把它们比做人类或者生命的遗传特性，另一方面比做教育及整个环境的影响，人们必须防止倒退到人类中心主义的观念。

宇宙在物质方面的影响没有什么显著的作用；月亮会落在地球上这种假设可能性不大，陨石的坠落不意味着值得注意的物质增加，至于地球碎片脱落到宇宙空间这种事我们也毫无所知。太阳乃至月亮和星体的引力，使地球维持在它的轨道上，但是在地理方面，即作为地表差别的原因，则几乎只表现为海洋的潮汐运动。太阳辐射更为重要，它不只给地球带来光和热，还以化学和电的形式作用于地球。如果说本来它只因地理纬度不同而不同，那么它产生的作用却随着地面的情况而有很大变化。大气循环正是因这些差别而产生的，并从而导致一切天气和气候现象，以及由这些现象产生的效应。

地球不断运动的能量对于地表的差别几乎不起什么作用。而地球的自转却作为离心力在起作用，不但使地球表面上各个运动发生偏转，而且至少在大气层中引起完全新的运动系统，这些运动系统对于气候的形成具有决定作用。

我们可以设想地球的重力在地心相交，一切降落、滚动和滑动这些现象都是由于地球的引力产生的,这些现象则改变着其他所有的运动;但是引力的差别是不大的,在地理上几乎是无关紧要的。

一切内力过程和由这些过程导致的状态的原因,即固体地壳内部构造的原因,我们要在地球自身热量包括地球内部的机械、物理和化学能中去寻找;但是,我们只能从它产生的作用中去推论,至于这些能量如何体现在地球内部结构的形成中,我们毫无所知。

地表的一切变化过程和状态都基于这些宇宙能和地球能的共同作用。探索这些能在各个自然界中如何起作用,正是整个地理学研究的任务;这里只能陈述那些一般性的观点。这些观点绝不是简单的;因为由于初始能转变为别的形式的能,例如太阳辐射产生的热转变为运动现象,以及由于不同的能结合起来共同起作用,产生着变化无穷的各种过程,这些过程又不仅限于一种自然界和一种表现形式,而是以极其多样的方式互相过渡。在我们现有的知识水平上,对于这些过程只有就其表现方式去认识,却还不能在能量守恒定律的观点下来理解。我们不能说地球的总能是否保持相等,或者是否由于从宇宙空间接受能量而增加,或者相反由于放出能量而减少。

人们如果要正确地理解地表现象的因果关系和与此相关的能量转换,就不应满足于一般的概念,如影响、作用、依赖关系,而必须区别起作用的原因——这种原因起作用的时候本身也发生变化,因而它服从能量守恒定律——和单纯的条件,单纯的条件只确定已经产生的过程的方向或表现,而且只是因为由于摩擦消耗了

一部分能量，才有必要去理解它们的能量。只有对起作用的原因才可以说是一种作用，而对单纯的条件则只可以说是一种影响，或者更准确地说是一种条件。前者好比机器的动力，后者可以比喻为机械的支架。大气的一切现象，不算那些无关紧要的例外，都是太阳辐射、重力和离心力作用的结果；这些都是它们的原因，而固相和液相地面的形状和状态则作为条件加以考察。水流动的原因在于重力，但是水流的渠道却取决于地表的外形和状态（渗透性）。

能量由一种自然界转移到另一种自然界是很常见的事。例如太阳辐射首先主要是加热固体地壳和水体；然后由于反射、传导和流动，热量从固体地壳和水体传到大气，在大气中产生气压差以至垂直的和水平的气流，然后气流以机械的方式影响固体地表和水体，在水体中产生波浪运动和流动。热量使水蒸发，引起水从水圈或者从植物界到大气中的物质转移。在大气中，热量使空气膨胀而引起蒸汽上升，而蒸汽到了相当高度又凝结。由此而产生的潜在重力能早晚会导致水滴降落到地表上，并且在地表上逐步向下滑动和滚动直至海平面。在这个过程中，运动能量的一部分消耗于使固体下垫面一块块脱开并开始运动。再举一个例子，地球的内力首先引起固体地壳的位移，并从而造成高差。这种高差把重力的潜能转变为动能，并且引起水的运动，也引起固体地表松散的组成部分的运动。由于高差和地表形相的不同，太阳辐射、气流的偏转和降水所造成的增温作用也各不相同。但是，这些作用并不限于无机的自然界，而是也包括植物界和动物界以及人类，它们都和无机的自然界相适应，并且还彼此适应。

能量从一种自然界转移到另一种自然界，或者一般地由一种表现形式转变到另一种表现形式时，一种现象可以在某一瞬间是原因，而在另一瞬间却又可以是另一种现象的结果，因而存在着相互作用。溪流通过冲走岩石颗粒而为自己挖出小沟；反过来小沟又给溪流规定了渠道。经常的降水使森林繁茂；但是，森林的存在则由于有了更大的蒸发作用和散热受到抑制而有利于降水的形成。当然，在这些过程中，开始时起作用的现象似乎永远不会成为原因，而只能成为别的现象的条件；正如叔本华所强调的那样，互相作用这个词严格地讲是不正确的；人们其实只能说因果的相互作用。因果的相互作用在地理学上具有特别重要的意义，但是它们增加了探求因果关系的困难。

地理现象的复杂性也由于不同地点的互相影响而有所增加，因此最初只是对一个地点起作用的力，其作用将扩展到别的地点。这些作用表现在通过空气或水的运动，或者通过有机体自身的运动，而造成物质、力或有机体的传播或者转移。山麓的砂砾堆积，海洋气流带着它的湿气和均匀的温度波及附近的大陆，从大陆出发移居到岛屿上，都属于这一类现象。由于风、河流、冰川、沿岸洋流而造成的搬运地区和沉积地区间的巨大差别，以及分水岭和风的分界线作用，都与此有联系。帕萨格称为外来形相，但他把这个概念局限于极为明显的现象，过于忽视大部分地理现象都处于邻区的影响之下。

在许多情况下，例如波浪运动的传播，这类转移是和各种作用的总和分不开的；因此潮汐的波浪和风的波浪只有在大的水体中才达到可观的规模，生存空间大小的意义也和这有关。如果某种现象在它运动或者传播的时候过渡到另一种介质中，就往往会出现特殊的边界现象。在机械运动中，这种现象是由于增大摩擦或者堵塞造成的，如沿海岸的怒涛激浪；在有机体的生活中，特别是在民族生活中，往往可以把这种现象理解为转义的堵塞状态。不同地点的这种同时的且互为因果的变化，人们可以比喻为有机体中各部分的相互关系。它们也就构成了福尔茨提出的地理的节奏。

地球能和宇宙能的源泉及其作用在时间上的变化是很重要的。地理的考察只直接研究在短暂时间内完成的、并且属于广义的现代的那些随时间波动的过程，研究继续进行着的变化；如果地表到处都只有液相和气相的聚集态，那么属于过去时间的能源就和我们没有什么关系了。但是固体地壳以及植物界、动物界的现象，并不像大气圈和水圈的现象那样易于消逝；相反地在它们之中，作用比原因更为持久，而空气和水的现象又和固体地壳相关联，因此它们也间接从属于过去。帕萨格的用语"太古形相"，在这点上也只涉及那些至今还有特别显著痕迹的过去时代的现象。

人们也可以认为过去时代的这种影响和一个有机体有某种相似之处，因为加于一部机器的作用总只表现为推动力，机器的轮子传动装置和杠杆装置本身除了一定的损耗外都是不变的，而地球的整套装置则和受吸收营养所影响的有机体相似，不断地在改变，从而使它在每个后来的瞬间对外来作用的行为都和此前的瞬间不同。只有历史地质学所作的历史考察才能全部地包括整个发展；地理学不得不满足于只罗致那些最重要的事实，以便利用它们来

理解现在。这样做时地理学当然不仅努力去掌握每个个别的发展事实本身，还要借助于地质学以认识发展的规律，并且提出经常反复出现的发展系列。其中发展系列和动植物的年龄阶段以及世代交替的比较——最近这种比较成了风气——对于科学是否有所促进，自然是值得怀疑的。

对地理现象的复杂的因果关系一直追溯到各个自然界中去会是有益的。

第二节　气候

气候方面情况最简单。它归根结底几乎完全基于太阳对地球的辐射；至于机械的原因，不论是由于火山爆发或者地震干扰了平衡，还是由于月球和太阳引力造成大气的潮汐运动，以及其他的热原因，如月球和星体的辐射或者地球内热的影响，它们对于大气的状态和变化过程都只起次要的作用。在古希腊，人们相信气候、至少是温度的差异可以完全归结到太阳辐射的不同，并根据这个看法建立了数理气候带；但是在同一纬度上温度的不同却得不到解释，人们用这种解释无法说明风和降水。随着认识的进步，人们发现太阳辐射因地面的情况而产生不同的作用，特别是在陆地上和水面上，在光秃的土地上和森林或草地上等等，它所起的作用是不同的，因而称之为太阳气候，它是太阳辐射作用于实际地表所导致的气候，而和数理气候不相同。这样就更多地考虑到了自然界的热的复杂性；但是这种理解仍然停留在静态上，还缺乏与风和降水的联系。后来人们才又认识到，由于受热的不同，大气的平衡受到破坏，产生了水平的和垂直的气流，同时由于地球自转的影响而形成大气循环的巨大的特殊体系，这些体系本身却又受制于地面的状况。现在人们认为，水平的气流对温度和湿度有极大的影响，而垂直的气流的影响甚至更大些。

如果过去可以把气流对温度和湿度的影响看做次要的干扰现象，而大多数教科书出于习惯势力仍然保持这种看法，那么这种理解经过深入一步的科学考察就再也不能成立了。我们十分有必要建立对气候的动力学理解，把大气的运动理解为太阳辐射的结果，把它的物理作用理解为它的动力学作用的结果，由此得出原因和作用之间的下述系统：

1. 太阳辐射，不仅在于它的天文分布（数理气候），而且在于它对地表的不同作用（太阳气候）。

2. 大气的静力学和动力学，即气压和气流的分布，或者换一个表达方法是大气环流系统，不仅表现在它的平均特征中，而且表现在它的非周期性变化的方式中。

随之而来的还有它们的各种不同的次生现象，它们同时发生，并且互相影响，即：

3. 尘埃的搬运。

4. 来自海洋、陆地水面或者也包括来自植物界的水蒸气吸收到大气中（即湿气），水蒸气在水平方向和垂直方向上的运动，水蒸气凝结成雾、云、露、霜，以及在重力作用下形成降水；由此产生的结果——放电。

5. 由于湿气和云所引起的热的吸收和释放的变化；光和辐射热的关系。

6. 温度作为实际的辐射结果以及由于气流所引起的热传导作用的结果，在这里自然要十分注意垂直气流中的变化。

第三节 水文

水文的情况要复杂得多。地表的水构成一个巨大的循环：由于蒸发，水升入大气，后来又变成液体和固体返回到地表。在固体地表上，水受制于重力的支配性影响，重力一般地——这里我们可以略去在地下循环的水的流体力学——把水从地表上较高的地点吸引到较低的地点，一直到它暂时地或者持久地停留在湖盆或者海洋中。降落到每个地点的降水量和降水方式是一种气候事实，由于蒸发作用回到大气中因而脱离地表的水量决定于气候，但此外也决定于土地和植被的状况。冰川、河流和湖泊的水量，不论是它们的平均总量还是它们随时间的波动，首先是气候的一个函数，第二位才是土地包括植被在内的状况的函数。而在每一瞬间的运动方向和落差，则相反的是由固体地表的现状所决定的，虽然它们本身又对地表形状的形成具有决定性的影响。运动的速度和方式以及搬运固体组分的能力，则是由水量和落差决定的。

静止水面的运动，特别是海水的运动取决于别的一些原因。潮汐是一种月球和太阳引力的作用；某些偶尔出现的波浪运动要归结到火山爆发或地震；通常的波浪是由风力引起的，所谓沿岸洋流或者海岸变迁和大部分真正的洋流，也许也要归结到风的作用，而狭窄海峡中的海流以及水的一般环流是水的密度差引起，而由大气的物理状况最后形成。固定的水面的运动，除潮汐和地震波浪外，是各种大气过程引起的，但是它的构成却取决于固体基底的形状。

水面的物理情况像大气的情况一样，主要处于太阳辐射的影响下，太阳辐射并不按它抽象的数学分布起作用，而是按它实际的由于大气过程而变化了的分布起作用，因而水的物理情况取决于空气的物理情况，反之空气的物理情况同样也取决于水的物理情况。太阳辐射支配着水域表面的温度，从而和大气的湿度一起决定着蒸发的总量。蒸发作用、降水和从陆地流入的水量决定海水的含盐量和密度，我们已经认识到它们的差别是某种洋流产生的。海水的颜色可能决定于温度和含盐量。

第四节 固体地表

固体地壳的情况更为复杂。长期以来科学试图对固体地表使用一个统一的解释原则，并对这个原则的性质进行过激烈的争论，这就是众所周知的水成论者和火成论者之争。前者想把实际地表对一个规则的数学形状的所有偏离都归结为大洪水的作用，而后者则认为在地表的构成上水只起次要作用，而主要归结为火山爆发和火成岩的扩展。这两种观点都因它们的片面性而站不住脚。关于洪水的设想已经完全为科学所抛弃；相反，我们知道，海浪的拍击、河流同风化、风和雨结合起来所起的作用虽然是不明显的，但在持续很多百万年的过程中却完成了过去人们认为只有大洪水才能起到的作用，而在别的地方则冰川和风也参与了地表的改造。因此不得不把水成力扩大为所有外力即地表范围的力。同样，火成力也为内力这个更为广泛的概念所取代，因为地壳的巨大断层不取决于火成力，可是它对于地表的构成却重要得多。水成力和火成力，或者像我们现在更一般的说法，外力和内力，不是互相排斥而是互相结合起来改变地表，并对地表进行物质改组。

抛开无所不在的重力不论，外力一部分是大气和它所含水分的物理、化学过程，一部分是空气和水体的运动，这种运动则又一部分产生于重力作用，一部分来自月球和太阳引力的作用，特别是太阳辐射的作用，而地球内部变化过程的作用只是次要的。内力的原因还不清楚；一派认为原因是地球向宇宙空间的释热作用和由此带来的地球内部的收缩作用，另一派人把这种原因归之于地球内部的化学变化过程，又一派人把原因解释为表面质量位移的结果。按照后者的说法，内部的过程要归因于外部的过程，因而，略去重力不论，最后要归因于宇宙力；但是，更大的可能性却表明其原因和外部过程无关，而相反地是存在于地球内部的构成和性质之中，即根源还在地球本身。

在一个地点的发展过程中，内力和外力是极端复杂地交织在一起的。在每个由于内力而产生的地面隆起上，风化作用就在进行，水、风、冰搬走岩石物质的一部分，然后在别的地方，最后在海洋里又重新沉积。这种沉积物后来可能会受褶曲、断层、挠曲的破坏而改变形状和位置。由外力形成的地层的内部排列或者构造，与此同时还有构造表面——未经外力改变其外观的表面，是内力作用的结果。但是，它现在又受到外力改变，物质进行改组，而新的内部过程也接踵而来，并且如此反复不已。地史的考察必须仔细地探讨内力和外力这种不断的互相渗透。只着眼于理解现代状况的地理学，它的考察就可以比较简单些，而且如果它不愿变成历史地质学，也必须这样做。它在作因果分析时，只追溯到现存的内部构造，它把岩石组成以及层序关系当做既成的事实，而把它们是如何形成的这个问题让地质学的历史考察去解决，地理学只过问从物质和层序关系的分布与现在地表其他事实的关系中是否可以认识到某些规律性。完全意义上的地理考察从外力改变内部构造开始，这种外力在一个地方起造形和剥蚀作用，在另一个地方则起沉积作用而把内部构造掩盖起来。当然，要判断一种物体是否应作为内部构造还是理解为外部的变形，有时是很困难的。岩石或者松散状态物质，其形成方式和形成年龄的标志都不是完全肯定的；一个形体如果它的原始形相后来因搬移而破坏得如此厉害，以致对地表的外貌已不具有决定作用，可以列入内部构造的范畴，而时代较近的海洋沉积、河流沉积或者冰川沉积则相反被理解为外部的变形体。

地表变形过程的因果分析也与时间这个因素有关；因为固体地壳的一切现象，包括内部构造以及外部变形的一切现象，除了最简单的物理过程，都由于它们持续的时间甚长而有别于水圈和气圈的现象。后一类现象在时间上或多或少地和它们的成因紧密相连，即只要成因存在它们就存在，一旦成因消失，它们就会消失，因而消失了的成因对于现代就不起什么作用了，这些作用只有在短暂的属于现代的时间内才会互相叠加起来，而固体地壳的现象不但会超过它们的成因一段时间，甚至一直存在下去，直至再被别的力量所消除掉为止。虽然单个瞬间的作用在地表往往比在水里或者空气里不显眼得多，可是只要成因足够长时间地保持着，这种作用就会逐渐叠加，成为巨大的总的作用，并且如果成因起变化，那么早一些的成因和晚一些的成因所产生的作用会结合起来成为共同的作用。因此，水圈和气圈的现象是变换的，每个现象都像蜉蝣一样总是新的和年代不长的，固体地壳却没有这种变换，而代之以一种发展过程，类似长寿的有机体。形相和物质的形体具有一定的年龄，它们可以随年龄而发生完全的变化，因而在对它们作判断时除开形成方式外还必须注意到它们的年龄。一种构造单元年龄越老，外力参与对它的破坏的时间就越长，一般地说，这种破坏作用就会越深。因此，在各个剥蚀系列中都可以辨认出年龄的作用，例如修斯和雷耶就曾经提出过火山的这类系列。但是在比较各种各样的改造过程时，不应像戴维斯及其学派那样，过高估计年龄的作用；人们曾经试图划分出形相的年龄阶段，这只在少数场合是可能的，而某种大轮回过程的反复出现则只在有限的程度上才可以这么说。地质的年龄既在破坏作用的持久性中，也在参与改造的力量的变换中显示出来。冰期在温带地区产生了强大的影响；其他地区的地表形相则似乎反映出早先是一种草原气候，我们现在高山形状的格局，只能解释为第三纪时期气候温和。在理解年轻的、对现在的地表构成仍具有决定作用的地史阶段方面，地质学和地理学互相交叉着；但是地理学和地质学相反，在这方面也不是研究形成过程本身，它不作历史的表述，而必须满足于把现在的地表理解为已经形成了的东西。

第五节　植物界和动物界

在理解植物地理学和动物地理学情况的因果关系时，一定程度上和固体地壳相似，即现况的原因部分地存在于过去时代中。此外，生命的特殊情况方面也适用因果关系相互制约的方式。我们对于生命的过程，特别是生命借以反应环境刺激的适应过程，是否理解为纯物理和化学过程，还是以一种特殊的生命力来解释，这一点对我们的世界观具有非常重要的意义，但是对专门的地理理解来说乃是无关紧要的事；地理的理解是把这种刺激和对于刺激反应的方式作为既成事实而接受。对地理理解来说，如我们已经看到的，与无机自然界的区别在于：从后者的整个本质看，它的现象固定在某个地点，和地点存在着不可分割的联系，而有机体则是独立的东西，可以从一个地点迁移到另一个地点，在迁移时只是经受外形的改变，因此不是有机体的特性本身，而只是它们的出现或者缺失，以及某些往往对它们的外貌起决定作用、但却只附着于它们外表的属性，才是该地点的事实。植物和动物的本质是它们的种原就已经决定了的；外界的改变仅涉及生活方式和营养器官的构成。因此，对应地划分为植物区系和植被的植物界事实系列和相应的动物界事实系列，在进行因果考察时我们必须清楚地区分开。

新形相的产生往往是适应别的生活条件的结果，不论是在时间的进程中故土生活条件起了变化，还是一个种属迁移到另一个地区，以致在那里它只有变形才能生存下去。这些变形涉及营养器官和生理或者生态结构的情况，在植物界中是植被的事实，在动物界中则是习性的事实。它们并不是按照简单的力学、物理或者化学规律发生的，而是出于有机种属的原有特性，表现为有机体对环境刺激的一种本能反应，是对这些刺激的适应。要在某个一定的地点生活，就必须适应给它提供的生活条件，否则就要消灭。在这个意义上，我们只能把植被的现象和动物习性的现象理解为现存地理条件的一种作用,特别是现在的气候的一种作用。近代的植物地理学,最近还有动物地理学的最大成就,在于从生理学方面解释这种制约关系,而迄今为止人们只是从某些植被情况的分布和地球无机自然界的某些状态重合来推论出这种制约关系。这种制约关系,在某些情况下只涉及单个的种,在另一些情况下涉及一个属,又在别的情况下是一整个科(如仙人掌科),以至整个植被的组合;在某些情况下,适应作用似乎发生得较晚,并且只在空间上有限的地区,而在另一些情况下整个属或科必定长期以来就已经生活在相同的外界条件之下。

只要人们还相信地表的变化是由于巨大的灾变造成的,旧东西被毁灭了,新东西代替了它们,那么人们就可能仍相信存在造物主,人们就必须设想每个植物和动物的种都是适应于它们现在生长地区的地理情况而被创造出来的;有机体和生长地区之间存在着因果关系这一点必然包含在现代的气候和土壤之中。但是,当地表和它的生物界是逐渐发展形成的假定代替了巨大灾变的说法时,这种理解就再也站不住了。这种理解的变化是由两个阶段完成的。福尔布斯在研究不列颠群岛的植物和动物时首先认识到,它们的大部分必定是在海峡形成之前就已经迁移进来了,也就是说今天的植物种类和动物种类的分布范围,部分地比海陆分布中的某些特征更古老一些,并且肯定比现在地表形相的形成要古老,因此必须从过去时代的地表情况出发来解释它们。以后达尔文和华莱士,而莫里茨·瓦格纳则以稍为不同的方式,指出在不相邻的地区里以及自然情况不同的地区里,变形是不同的,地表的逐步变异伴随着有机体的变异,这样他们就把植物和动物逐步变态的理论运用于它们地理的分布。这样，亲属的形成和散布就成为发展事实了，这种发展和较近地质时代中地球无机自然界的发展有着最密切的联系，因此在原则上必然构成历史地质考察的一个对象，对动物是如此，而植物界的发展由于缺少植物残骸化石而使地质研究很多方面都接触不到。这方面的地理考察必须类似于对固体地表的考察，如果地理考察不愿放弃因果关系的解释，它就不能停留在现代；但它又不宜于深入到和它无关的地质历史理解的领域中去，相反它要把植物区系和地区动物群看做已经形成了的事物。它把一个地区的植物区系和动物群同另一个地区比较，并据此把它们分解为不同的亲缘关系和不同的形成或者迁入的因素，然后把过去地质时代的条件也引用于对它们的解释。

在地球上大多数地方，现在的植物界和动物界已不复是纯粹的自然物，而是受了人类的影响变成它们现在的样子；不仅已开发地方的植被和动物界是这样，我们习惯视作原始地方的那些地方在某种程度上也是这样。橡胶树和金鸡纳树也生长于热带原始森林；在热带大草原和一般草原，放牧牲畜和由人类放火烧荒都影响着植物的品种，特别是排除了木本植物；许多荒凉不毛的山坡地是人类夺去了它们的森林外衣；人工培植的植物和家畜被从这一个大陆带到另一个大陆；杂草和野兽的散布虽然不是出于人类的意图，却也受人类影响。如果说这类受人类影响的某些变化是易于辨认出来的，那么在另外一些情况下就需要为此进行深入的研究；把对自然景观的理解和对一个地区的聚居的理解联系起来，是地理学最重要的并且是目前正在广泛开展的任务之一。

第六节　人类*

人类生活中的因果关系，过去是作为某种非常特殊的东西来理解的。人类对自然来说被视为造物的目的，即自然是为人类而存在的，人类不是自然的一部分，不是自然的派生现象，而是独立的目的，所有自然现象都是达到这个目的的手段而已。在科学的考察中，狭义的因果关系的理解只是逐步地才代替了这种目的论的理解；但是，就是今天我们也常常碰到目的论的看法，这种看法作为科学考察的一种形而上学补充，也无可厚非，但是不能让它混进科学考察里边。因果关系现在往往还分析得太少，并且太缺乏明确的理解。

物理和化学的因果关系支配着无机自然界，而在人类生活中正如在有机自然界中一样，只起着比较无关紧要的作用。地震、火山爆发、山崩、洪水泛滥、飓风等等则是起力学的作用，气候和土壤的物理及化学作用倒会对人类的生活直接发生影响；但是，它们的作用却次于生物的和心理的原因。自然界也可以以刺激的形式对人类起作用，人类则以适应现象来回答。这方面除了真正的生理现象以外，也可以把心理现象包括进去，在心理现象中精神的行为是被动的，并没有引起意志行为。特别是在人类绵长的古代时期，文化还不怎么发展，人类还没有自卫的手段和工具，只是像动物一样赤身裸体而且粗野地面对自然，他不得不用自己身体的适应来

---

* 这一节的思想整个地取自我 1907 年在纽伦堡地理学家会议上《论人类地理学》(Über die Geographie des Menschen)的讲演。这个讲演发表在 1907 年《地理杂志》第 401 页以下部分。

回答外界的作用。但是除此以外，和高等动物一样，就已经加进了有意识的意志行动，他以这些行动来反映动因，而人类的文化越发展，意志行动就越占上风。

这里有个意志自由问题，这个问题在于人类的行动是否由动因所决定，还是自由的(参看第三编第七章第五节)。宿命论的理解并不是说每个人对于同样的动因必然作出同样的回答；相反，决定总是取决于人类的性格和人类的全部前史；人类并不由于承认了他的意志的决定作用而免除了道德的责任，而是用他的整个人性来保证这种道德责任。自由要是理解为无缘无故，则它在科学中是不能存在的；科学必须是宿命论的，永远必须追问原因，不找到原因不得罢休；因果关系是科学的一个要求。

地理的理解涉及的活动大多数是集体活动，或者至少对我们显得是集体活动；像民歌那样，原作者已被遗忘而消失在群众之中。只有在个别的事例中我们才清楚地知道创立者，例如城市建立者；我们把彼得堡[①]或者南德意志的王宫这类城市，区分为人造的城市和天然的城市。但是这种区别并不说明任何因果关系；因为个别人的行动和集体行动一样，可能具有深刻的动因。

如果我们把人类的行动理解为对来自环境的动因的反应，即从心理方面来理解，这不是说人类行动的结果总是与目的相符，并不总是符合行动的人类的意图的。相反，人类行动的结果总多少偏离这种意图；由于同现存状况和其他人的行动的对抗和相互作用而造成了意想不到的结果，这就形成了冯特称之为目的变异这

① 现名彼得格勒。——译者

种现象。人类生活的一般现象，特别是文化的伟大事实，存在着一种独立的因果关系，这种因果关系已经很少取决于单个的意志行动，人们把这种因果关系作为命运同主要是心理上的因果关系相对照。对于地理考察来说，这种独立的因果关系恰恰是最重要的；抛开人类的意志决断不论，我们把人类的地理事实归因于由地区自然情况所决定的条件。

过去人们大都只考虑一种单独的自然因素作为某一种人类过程或状况的原因，这不仅由于科学的观察仍处于起始阶段，还根源于早期的目的论的理解；因为如果自然现象只是用以教育人类的手段，那么造物主就要把每一种自然现象创造得符合这个目的。但是，实际上各种不同自然界的现象是共同起作用的。如果人们想懂得航海的自然条件，就不仅要注意到海岸的水平结构，而且必须考虑到海岸的整个构成，以及气候的情况、经济生产的条件等等。植物界以及同样地还有农业，几乎总是同时受制于气候和土壤。不要满足凑到几个数据，不管是关于结构方面的还是气候方面的，而是还必须钻研自然条件的整个特性，这只有通过对自然条件本身因果关系的考察才能做到。人类地理学只有基于坚实的自然地理学知识才能取得成果；谁要是不具备这一条，就容易浮在表面上。甚至对许多杰出的地理学家也免不了要提出这种责难，对国民经济学家和历史学家则更是如此。

显然人们首先总是注意自然现象对人类生活的一种直接作用，并且不只是指那些相当明显地受制于自然界的事物，如农业，也包括那些相去甚远的现象如人类精神生活的以及某些其他的事实。这类直接作用也确实是存在的；但是它们的意义大都不及间

接作用重要，间接作用是通过聚居方式、交通、经济生活表现的。在这方面，人类地理学无疑为经济史观或所谓的唯物史观所丰富。人们不必效法它的片面性，这种片面性现在已普遍地被抛弃，但是人们不应反对它的无可否认的真理；因为不能否认国家生活和精神生活取决于定居方式和经济生活。现象间的联系也是可逆的：自然可能先对国家的情况或者精神生活发生作用，而这些后来又反过来影响经济生活。方法论的一般要求只是不要把人类生活的现象孤立起来，而总是要从其相互联系上以及作为整体来理解文化（采用这个词最广泛的意义），把文化同自然界联系起来，尔后再从这里过渡到单个现象。

关于一个地区中人类和他们文化的发展在多大的程度上是自发的，并且文化的传播具有多大的意义，对这个问题的意见是有分歧的。在民族学中，这种意见分歧已经成为公开的科学争论了；民族学的老前辈巴斯蒂安主要考虑地区自然情况的直接影响，并论及地理省区的民族思想，而拉采尔则推重思想和工具的传播，用他的人类地理学方法与巴斯蒂安的心理学方法（拉采尔给起的名称）相抗衡；人种志的所有学派都只用人类地理学方法论进行研究。上述这些名称在任何情况下都是不合适的；因为两种方法都是抓住心理的变化过程，只是采取的方式不同，两者也都从事研究地理的条件和情况，只是一派着重自然状况，而另一派则着重地理位置。即使从事实上看，这种对立也是被夸大了：人们既不能否认传播这种想法，也不能否认在自然状况的影响下形成思想和事物。一般地说，同植物界和动物界的情况相似，发展是这样进行的：一种文化事物得以传播，以后在别的地区在别的条件下形成为不同的东西；但是，这种文化事物也能多少保持它的特性，并且看来在分隔的地区中能够不谋而合地产生相同的发明和相似的组织形式。人们必须对每个事例加以检验，以确定发展的经过是怎样的。地理学既不应片面地只考虑位置，也不应片面地只注意自然状况；它不能像拉采尔所要求的那样，把自己限制为一门关于运动的学科，而是还必须适应地球内部的变动。

因此即使我们把目光限制在现在的时代，人类的地理因果关系就已经很复杂了，加上历史发展的事实它就更加复杂了。人类的情况像固体地表和植物界、动物界一样，不只是表现出变化，也表现出发展，即使原因消失了或者变化了，作用仍然保持着，因此作用是积累和结合的。人类现况的地理原因大部分存在于过去时代，现代起源于过去时代。人类的史前时代比最多只经历了六千年的正史时期要长得多，我们必须一再估计到完全另一种的气候和植物界、动物界的状况——人类是在冰期才出现的！——而且部分地要估计到海陆分布的不同。反之，人们必须防止在有史时期中一下就以这些状况为基础来进行分析，正像那些其实最少关心地理影响的历史家有时的做法那样。

历史的发展，部分地还有前史的发展，主要基于人类文化由于发明和发现的积累或者有时丧失而引起变化时，人类在每一瞬时都对自然采取不同的立场，对于自然的影响采取不同的态度，学会防御自然影响所造成的损害，利用它所给予的好处。把历史原因和地理原因互相对立起来是一种非常轻率的做法；相反这两者总是并存的：历史的发展总是为地理的条件所决定，而地理的影响则日复一日地和历史发展一同起变化。

人们可以按照地理状况对人类发生影响的种类把人类的发展划分为两个主要时期。第一个时期事实上延续很长，而却仅凝聚为一个历史的缩影，在这个时期中人类几乎还没有脱离动物性，还是裸体的，几乎没有器物和工具。和对动物相似，自然的影响直接触及人类自己的身体，它的作用就像刺激似的，激起人类肉体的适应性，也激起精神生活的适应性。这样就出现了种族。但是后来文化给人类带来了保护手段和工具，他自己的身体因而就较少受到波及了；除了通过异种通婚，种族就很少发生变化了，发展于是在文化中完成。种族多少稳定下来了，类似动物种类那样；因此，地理考察对待种族必须持和对待动物种类类似的态度，把它们的特性作为既成事实来接受，并且只从移居和归化的条件来解释一个地区中种族的出现与否。从而种族的特性就变成一种独立的原因，但是，人们不要像种族狂热主义者那样夸大它的意义。

地理的制约性在文化的形成中表现得更为明显。这种制约性由一系列各种不同的现象组成；但是这些现象并不是独立地并存的，而是结合起来相互作用的。因此，考察必须首先面向作为整体的文化，然后才能从中推论出各个个别现象。也只有从发展史的观点才能理解文化，只有在例外的情况下可以孤立地去理解一个单独地区的文化，但是一般地说，只能在全球考察中来理解文化[①]。只有我们看到了文化萌芽是怎样从一个地区传播到另一个地区，而且在这个地区新的条件下有了不同的发展，我们才能够理

① 我在一本小册子《文化在地球上的进程》(*Der Gang der Kultur über die Erde*，1923 年《地理学论文集》第一集)中，作过这方面的尝试。

解不同的大陆和地区中当今文化的结构，然后从这点出发认识文化的各个部门。

我们最直接碰到的是一个地区的聚居受自然条件的制约关系，这种聚居的进程是由土地构成和植被情况确定的；在这方面地理研究最近指出了一个和国民经济学以前轻率地设想的完全不同的次序。货币经济这个新时代的活跃的殖民活动表明了也和交通位置、矿床等等有一定的关系。人们只需深入地研究人口密度分布图，就可以认识到这些不同的制约关系。各个移民区的地理限制性长期以来就是注意的对象，并且大部分都是十分明显的。如果人们对于某些城市，例如柏林，怀疑这种地理限制性，那只是在于人们开始时错误地理解这种限制性，而没有努力更深入地钻研这个问题。所谓人造的城市，例如卡尔斯鲁厄，也是从一定的地理动因中成长起来的，当然，这些城市只有经历了曲折的道路才达到今天的繁荣。

交通和聚居以及移民区也完全相似。在这方面人们也早就认识到受地理条件的制约，但是后来又有了矛盾，原因固然是对现代交通条件的唯理论解释往往失灵。可是必须知道，古代的许多交通线是在完全不同的条件下产生的，而以后在变化了的条件下仍保存下来了。一般说来正是交通的适应能力是颇强的，并且正是交通的改变在地理学上富有教益。

经济生活在更大程度上扎根于过去的时代。试图只从现代的条件去说明今天的经济地理情况是必然要失败的，尽管这样做时非常注意到政治的干预。这些尝试总是只能导致影响现存事物变化的倾向，却永远不能彻底变革这种现存事物。现在的工厂工业的分布，在很大程度上取决于以前的家庭手工业的分布。现在世界经济的组织只能从整个文化进程中去理解，欧洲在延续几百年的这个进程中取得了强大的优势。

奇怪地被忽视了的是关于生活方式、物质和精神文化的因果关系的研究。但毫无疑义的却是，卫生、营养、服装、住宅都多少是很好地适应地区的自然情况的，精神文化的水平和种类是由经济生活的繁荣、人口密度、交通位置并且还直接由气候和地方的景象所规定的。

人们曾想对于人类的大组织形式如民族、国家、宗教不作地理的解释。这种想法是没有道理的，因为地理条件对它们的限制虽有些不同，但仍然是存在的。这方面较少涉及直接的自然关系的事实，更多地涉及传播的事实。只要自然状况有助于或者妨碍传播，它就是重要的；传播的障碍作用表现为限制。

民族是在程度不同地划分开的居住区中形成的，在这些居住区里迁入者聚集并混杂起来，民族的特性部分地来自迁入者的祖籍，部分地来自地区的自然情况。民族自然是由历史的命运结合成的；但是这种命运却和地区的自然情况分不开。

国家的情况也类似。它们都是在自然区域里发展起来的。只是它们大都属于较晚的时代，在和邻邦的斗争中又更易于迁移；偶然性起着更大的作用，有些时代中国家的边界划分违背一切地理的理性，我们现在看到的正是这种情况。国家的内在特性和权力也是受地理制约的；它们在很大程度上取决于人口密度和地区的经济特点！

宗教比民族和国家更容易具有传播能力，可以说是一种流动的现象。但是，它们的传播也不是偶然的，而是服从迁徙和归化的地理条件。在这方面，从阿贝尔克罗姆比所绘制的伊斯兰教分布地图和雨量分布图的比较中，人们可以接受到印象深刻的知识。伊斯兰教是东方特有的宗教，基督教是温带的宗教，基督教的教派也是按照交通位置和气候划分的，当然这不是就个别而是从整个情况来说的。

如果说我们因而在人类生活的一切现象中都认识到地理的限制性，我们却不能把这一点推广到一切细节中去。我们在尤其是较高文化发展阶段中所遇到的人类生活的大部分设施，都不再涉及对自然的直接适应，而是对其他的人类情况的直接适应；因此，它们对地区特性的依赖就变得如此松散和偶然，以致这种依赖关系已经与地理的理解无关了。现在的地理学和古代的地理学的主要区别在于，它已不再以包罗万象的民族学、国家学和经济学为归宿了，而是明确了自己的界限，并且不去涉及那些毫不相关，或者只是松散地和间接地与自然界相关的人类情况。

第七节　地球诸因果关系的各种联系

我们已经研究了各个不同自然界中的因果性。这里再综合观察一下这种因果关系，并搞清各个不同自然界的间接关系，提出贯穿几个自然界的原因系列，将是有益的。

第一系列出自内力在不同地点产生的不同作用和由此而造成的内部构造的差别性。我们可以把它称为构造原因系列。内部构造当然包括地球过去时代由于外部过程而形成的地层特点；但是，地理考察必须把这些特点作为既成事实接受下来，而把它自己的注意力针对着现在的层序关系。水陆分布和固体地表的重大特征从而也就肯定下来了。河流体系在很大程度上也是据此而建立起来的，虽然在这里气候条件夹杂了进来。在其他所有自然界中，内部构造的影响都和其他的影响相结合。

地史学在另外的方面伸入现代。植物和动物的分布部分地完成于过去的地质时代，那时海陆是另一种分布，固体地表是另一种形状，不了解这些情况就无法解释现在的植物区系和动物群。由气候决定的外部过程在过去的地质时代中有些也不同于现在，虽然这些过程本身已经消失了，它们的作用却仍然在固体地表的状态和植物界中保留着，并且由此进而影响到动物界和人类生活。研究工作越深入到固体地表的特征之中，或者还探讨了植物区系和动物群，就越会在其中碰到冰期的影响，一个已往的草原时期的影响，以及第三纪暖湿气候的影响。

第三系列的原因是现代的，因而完全属于地理学的范围。除开其他的宇宙原因不论，这一系列的原因所包括的事实主要来源于太阳对地球的辐射，就是说首先是气候方面的。但是我们早已知道，数理气候是一种抽象，而实际的气候则是出于太阳辐射在地表上的不同状态，包括内部构造所产生的影响。也就是说，气候事实系列产生于宇宙因子和地球因子的结合。在对其他自然界、地表形相、土壤情况、水体、植物和动物的生态关系以及人类的生活条件所起的作用中，气候因子同内部构造与地表的重大特征中的因子，就更加交错在一起；而且由于几乎到处存在着各种自然界之间的相互作用，这种因果关系就更为复杂。

生命和人类的事实不是通过简单的力学的、物理的和化学的原因就和无机自然界联系起来的，而是如我们已经看到的，具有一种特殊的因果关系，但是，地理学可以把它作为现成的东西而接受下来。一种我们不再进一步研究的发展动力导致新亲族的分化和形成，但是它们必须使自己的特点适应于生活条件，并且在传播上取决于由地表结构和气候造成的限制。这些影响对人类有多大，这里不用再一次讨论了。但是，植物界、动物界和人类也会对自然界起反作用，特别是人类的影响能够对自然界尤其是植物界和动物界进行深刻的改造。这种改造往往是自然对人类影响的一种伴生现象和反作用，但是也会采取独立的形式，并被人类看做非常特殊的东西而特别突出，使人相信人类有绝对的意志自由。

所有这些因果联系都针对着地表上具体的个体的现实。但是，因为这个现实部分地可以概括地来理解，也即因为许多现象都是相似地反复出现，所以它们可以作为类概念的样板，对样板的理解虽然不是完整的理解，但是就我们的兴趣和我们的认识能力来说却已经足够了。这就发生这样的问题：现象群和单个现象间的因果关系如何。不少地理学家和逻辑学家把它们截然分开，并把普通地理学——他们认为它和一般地理学是一致的——严格地和研究个体化的地志学和景观学区分开。但是，这却全然是错误的。不仅是地表每个个别现象中都结合着一般的和个体的特性和特征（问题只在于考察工作的周密性，我们在什么样的程度上注意这些特性和特征），而且每一个原因也可以起不同的作用，例如太阳辐射在接触地表时有各种不同状态而产生不同的气候，只是这些气候在地表条件类似的地方互相类似，所以可以作概括的理解。我们将在考察地球空间时进一步探讨这个思想。

第五章　各个自然界中的地球空间

第一节　分类、划分环节、区划

如我们在前一章中所已经了解到的，从各种力量的复杂活动中产生了地表的无限复杂性，它展现在我们的感官和思维前，对它的认识构成了地理学的真正对象。

为了便于考察，我们愿意设想一下：各地球空间相互间的一切关系只存在于地球表面的一种分类、一种区分，如果不算过分粗俗我还想说一种分化之中，于是我们研究的只是较大或较小的相似性或者相异性。这个设想是不正确的；但是，没有什么东西阻碍我们首先以这种观点考察一下每一类现象，只要在考察时清醒地记住，现实并不是到此为止了，而这乃是一种抽象做法，构成上相同的地区不一定要在空间上连在一起。因此，我们可以使用惯用的分类规则，把地表现象列到各个类概念之下。

显然，同一性和差别性这两个概念是相对的；概括地考察和从远处看，事物表现似乎相同，而从近处更仔细地考察时则会呈现出区别。在距地球很远的地方，我们只能察觉到陆地和海洋的对立，如果我们设想水圈不存在，就觉察到大陆的隆起和海洋的凹陷的对立。如果靠近些，我们就会在陆地上看到山脉、高地和低地。在更靠近的地方，我们又可以辨认出山脊和山谷的对立，最后还会辨认出结构上更细致的形相。人们可以把一个本身相同而和周围相异的空间理解为个体；但是，同一性这个概念的相对意义导致个体性这个概念也是相对的：开始表现为个体的空间，在进一步考察时会分为很多个体；个体这个词从严格的意义说只是适用于单个地点。

一个范畴的现象内的差别，可能表现为现象的大小或者强度。山峰的高度、河流的长度和河流流域的大小、温度的度数、气压的强度、雨量等等都属于这种情况；至于随时间变化的现象如天气，其差别还涉及时间的平均值或波动。在这里人们提出了数量等级。但是，各种不同的强度通常并不是明显地接替的，因而过渡不是跳跃式的，而是互相衔接的。因此，每一种界限的划分都是任意的。虽然人们不可避免要作这种划分，特别是在用图像来表述时提出和强调数量等级在文献中会起一定的作用，但是却不值得推荐；因为用经过进位的数据，特别是如果把这种数据编排起来，也可以达到这个目的，并且避免了尖锐对立这种错误印象。

在其他情况下，区别是这样一种类型的，它们涉及物质组成、形相或者过程。在这里提出等级或者类型有它的道理，因为虽然它们往往是逐渐过渡的，但是对于现象绝不能作相同性或者相异性之外的别的理解。

以数量或者程度差别为基础的系列和以属的区别为基础的种，首先总是只涉及一种特性，因此必须以人为的植物和动物体系去比较它们。它们提供一个清楚的概貌，对于初步的理解是有益的，但是并没有涉及其对象的全部内容。因为各种不同的特性不是任意结合的，而是互有因果联系，正如不是任意一种动物头部的形相能和任意的肢体结合一样，在地表上也不是某一种物质组成能和任意的形相和任意的物理状况联系起来；一种特性起了变化，其他的特性也必然要起变化。植物和动物的天然体系是建立在它们特性的总体上，同样，地表现象的一种分类法也只有当它考虑到特性的总体时，才能视为天然的。例如人们对于海岸的分类，最初按照它的平面轮廓，后来按照它的立体轮廓，最后是按照它的性质，而这样做还没有包括它的全部特性；随着研究工作的进展，人们认识到，一定的平面轮廓通常都和一定的立体轮廓以及一定的物质组成有联系，人们首先是对个别特别突出的例子，如峡湾，然后普遍地对天然的海岸类型进行论述，它们都用一个词表达出整个特性。

各种不同的标志按规律相结合，建立在它们相互间的或者对同一原因的共同的依从关系上。建立在这种关系上的种类或者类型具有因果意义或者成因意义，表明同样的起源；因此它们是天然的种类或者类型。

人们可以通过不同的途径提出这种天然分类。人们通常采用归纳法，从对事实作比较的考察出发；但是这样取得的分类，只有当人们已经证实了其起源相同时，才能视为内在的分类。人们有时也反过来采取演绎法——在采用归纳法打下了基础之后，无论如何人们也应该采用这种方法——从已知的起源探寻推论其起源，从而推论出其各种性质。

由于地球表面所有过程的复杂性，各种不同的标志只是在例外情况下才具有完全相同的分布：天然的分类永远不会是严格的，永远不能完全避免任意性。因此，人们大都放弃严格的分类而满足于提出类型，这些类型是根据经验把一系列特性概括起来的。但是，这种适度的做法只相应于一定的知识水平才是正确的，并非原则上是正确的。因为虽然这些类型可以建立在成因上，它们却不是从完全的因果分析所产生；它们互不联系地并存着，并使人不能认定是否已经没有其他的产生的可能性了。类型的提出应该导致真正的成因的分类。

如果一种特性类型或者种类的产生是已知的，如果我们是采用演绎法把它推论出来的，或者至少是能够推论出来的，例如气候情况现在整个说来就是如此，那么，特性是已知和给定了的，同时空间的情况即位置和扩展范围就是已知和给定了的。反之，如果类型是通过描述取得的，并且还没有追溯到它最后的原因，那么就要加上位置和扩展范围，作为新的似乎和特性无关的标志；比如现在内部构造类型大部分还属于这种情况。但这一点的原因只在于我们的知识水平；事实上，随着特性的确定，位置和扩展范围也立即确定了。

不同地球空间类型的分布大都只能从地球上的大系统去理解。但是它和地球整体的联系，迄今为止大都只是提出一种要求，事实上并没有进行研究。因此普通地理学，包括自然地理学和人类地理学，往往缺少真正的地理特点，更多的是表现出系统科学的形式，把现象本身作为对象，只是附带地（常常只是在举例时）提到地理分布。在这方面，它必须进一步以地志学为榜样。

种类和类型在多数情况下都不相连，而是分割的分布，其一是原来存在的联系以后消失了，另一是一开始就只建立在分离的地球空间中相似的形成上。这都不是地理的区划，而是类型的雷同。

各种类型的界线可以是线条或较宽阔的带；只有在各种不同的形成引起位置关系时，这些界线才间接地具有特别的意义。它们的轮廓和大小，也只有当它们标示出现象和起作用的范围时才有直接的意义。只要我们只注意到现象的相同性或相异性，就谈不上真正的、总是以各部分间相互关系为前提的环节划分，而只能说是现象的排列。

但是，各个地点和地球空间之间不只是相同的或者不同的这么一个问题，而是它们也互相起作用；因此，除狭义的特性以外我们还必须注意到位置的关系。它们可以有各种不同的根源：对于人类地理学，以光和声为媒介的动因具有特别重大的意义；在无机自然界以及植物界和动物界中，它们大部分基于运动现象——可以是真实的运动以及随之而来的物质的或者力和态的转移，也可以是波动的传播。

这类活动或者其他的位置关系可以是暂时的，附带的，并且只被视为干扰，但是它们也可以是恒常的和主要的，那就可以具有重大的地理意义。一个重要的区别产生于它们的持续性和作用的持续性间的关系。那里它们还在持续着，如在大气循环中，我们就比较容易觉察到运动系统中各种不同部分的关系；反之，那里它们消失了而只有它们的作用持续着，如固体地壳现象和大部分有机自然界现象，我们就把运动的各种不同片段和它们的位置关系首先只理解为各种特性同时并存的状态，通过更深入的考察才认清它们是运动系统的组成部分，即一系列环节的各个现象。一个系统的每个部分都具有某些固有的特性；例如运动起源部位，它的中间段落和结尾部位，大都是不相同的。但是不同部分之间存在着一定的关系，我们可以把这种关系理解为它们的特性的相互联系；一个部分的每个变化总伴随着另一部分的一个特定的变化。因此，在各个部分的原有特性上又增加新的、属于运动系统本身的特性，这些特性在各个不同部分衔接的地方(如拍岸浪现象等等)特别明显。因此,一个运动系统的诸部分或者存在位置关系的诸地点,可以比做生物的各个器官;我们可以把整个系统称为生理个体,李特尔曾经偶尔使用过这个词,并把各种不同部分的形成理解为环节划分。

从逻辑意义上说不得把系统和类概念混为一谈。赫策尔曾经指出过,系统不如视为个体的复合概念;因为它们一方面包括一系列地理个体,另一方面它们本身也是个体,因为每个这样的系统本身就具有特定的、基于诸部分相互关系的特性。阿尔卑斯山山前地带中舌状盆地、终碛地形和砾石坡的相关性,就可以作为这样一种复合体的例子。福尔茨把节律概念应用到景观上时,特别注意了这类复合体的反复出现。如果说复合体的性质要求一种特殊的考察,那么个体的性质就要求把对普通的地理个体的全部考察同时运用到复合体的性质上去。在这方面,也适用地理分类的一般规则;除了数量系列和其他人为的分类以外,在这里我们也必须设法取得一种根据全部特征和能表达出其起源的天然分类。复合体或者系统相互间也可以存在位置关系;较大的系统可以划分为分系统,较小的系统可以组合成为较大的系统。

这样我们就必须在地球表面上划分两类关系:第一是相同性或者相异性的关系,第二是位置关系或者相互作用的关系。从前者产生种类和类型,从后者产生系统和复合体。前者表现出一种静态的排列,后者则反映出动态的环节划分。

于是产生两个问题。这两个关系系列具有怎样的因果联系?它们怎样结合起来成为一种包括每个单个范畴内所有现象的地球空间群体，或者换言之，成为地表的区划？要回答这些问题就必须把我们在地理学各个部门的全部知识综合起来。人们只有深刻地研究各类现象才能作出回答。在进行纯逻辑的考察时，人们可以尝试把各个存在的、可以用类概念概括的事实视作本原，并从这些事实的组合来解释复合体和系统；但是，因果关系的研究却表明，巨大的一次性现象先发生，并分解为大量较小的、在某种程度上是同类的现象。山脉在过去被看成一个个山峰和山谷，大范围的大气循环则被看做各个地点的气候，其实后者是从前者派生出来的。

区划就其概念说是整体的一种不断进行的分解，一种地理区划就是地表不断地分解为它的部分。这些部分必然在空间上相互连接，而种类及类型则不同，它们可以是分散分布的。区划的根据是任意的；我们可以区分量的分类和质的分类，人为的分类和天然的分类，同样也可以区分根据量的等级或者质的差别性的分类、区分根据一种特性或者特性的总体的分类；正如根据特性的相同性或者相异性一样，也可以把区划建立在位置关系上。单纯根据特性的相同性或者单纯根据位置关系的地表区划，都是片面的、人为的，天然的区划必须照顾到这两个方面。

可惜还缺乏被普遍接受的名称来表示分类、环节划分和区划的空间情况；在地理学的不同部门中，用语是不同的。“地带”这个词的滥用现在少多了；人们把这个词正确地局限于呈带状环绕着地球的现象，或者把它运用于下列受限制的形式：用高山地带来表示垂直的排列，这种排列大都是带状的。植物地理学者喜欢用区域（Region）这个词表示高度次序，正如赫尔曼·瓦格纳正确指出的，这个词既在语言上不妥当，又不适用；它最好用于表示具有一定面积的地理地区。用于表达这类情况的词还有:国、地区、区、省等等;希望这些名词在使用上能取得一致。

第二节 固体地表的类型和区域

在考察固体地表的因果关系时,我们已经看到它的形相和它的性质都产生于地表的力对内部构造所起的作用。内部构造也是可以单独存在的;而地表的力却只能在小的和个别方面造成独立的形相,相反地,在整体中和在自然界,它只起改变和变形的作用。内部构造的事实和地表的变化过程以及它的产物,都可以置于类概念之下,即加以分类。相反,由于地表力(特别是河流)而形成的各个环节则只能是次要的,只能在一种已有的构造之上并取决于这种构造;初始的环节划分必须在内部构造的基础上。

对于内部构造的理解,岩石尤其是地质年代的层系都居次要地位。在地理上最重要的却是构造单元,它们是由巨大的内力运动造成的。现在我们知道,它们都经历了一段漫长的发展史,而且老的地质历史时代的变化过程还在它们现在的构造中反映出来。对地质学来说,这些老的变化过程往往甚至比新的更重要,其部分原因是老的变化过程往往规模更大,部分则因为新的变化过程在沿着老的轨道运动,并且受制于它们。但是,对于地理学这门关于现代的科学来说,老的褶曲——它们随着时间的推移几乎完全萎缩了或者为断层所破碎——却意义不大,许多地理学者不假思索地接受像修斯对亚洲的构造区划,则是一种方法论的错误。地理学必须掌握现代的巨大形相,这些形相的存在是现代的或者较近的已往变化过程的产物。

分类或者类型的形成是根据构造变化过程的方式和由此产生的形相而实现的，大致区分为简单的褶皱山和逆掩山、断块山、块状山等等，每种主要类型又区分为亚类型，至于它们在空间上是否相连则完全无关紧要。对于环节划分和区划却要提出空间联系的要求，这种联系和同类性完全可以不相一致。因为在同样的条件下，相同的形相可以完全彼此独立地产生，也可能是其联系后来中断，而分别产生的不同种类形体却可能接合起来。如果在同类型的、也许原来是统一的形体之间存在着海洋，空间的分离会是特别强烈的作用，而如果过去的海洋空间中陆地衔接了起来，那么这种连接也是作用特别重大的。

外力成因的地表变形过程及其地表形相和土壤种类的分类，首先根据变化过程的方式。但是这种分类不能局限于一种变化过程，必须包括一个地点所有起作用的变化过程，首先必须考虑到那些最重大的变化过程。这时，河流地区、以前的冰川地区、沙漠和海岸等地方的土地构成会表现为重点，对每个这种主要类型，人们都要区别主要是搬运作用地区还是沉积作用地区。在每个主要类别内又会由于起作用的力的微小差别，以及受力作用的基底不同，而发生较小的区别。要在这里讨论这些区别恐怕是扯得太远了。

因为地表过程的种类主要取决于气候，而气候在分离的地区中又可能是同类的，所以分离的地区中地表过程也可能是同类的，即归属一个类型，但这不是划分环节的实例。搬运地区和沉积地区因为处于必然的空间联系中，这两者的区分才同时相当于环节划分，从而也可以用来作地表的区划。另一种环节划分则起因于山谷和其他凹地，这些山谷和凹地切入山体，大都在某种程度上取决于内部构造和山脉的形成。从成因看，这种环节划分是次生的，但是，在地理学上它却可以比原生构造成因的环节划分重要得多，因此在作山脉区划时必须拒绝优先考虑原生构造环节划分这个要求。

第三节　水文

在陆地上水以多种主要形式出现：雪和冰川、地下水、涓流水和径流水、静止水（湖泊和沼泽）等，这些主要形式的每一种又在伸延、运动，物理和化学状况方面有显著差别。人们可以根据这种差别建立种类或者类型，可以用来从事类概念研究并提出规律。适用于地表形相的道理对这些差别也同样适用：雷同性并不建立在共同的起源上，这些差别在空间上没有联系，因此并不表明地表的水文区划，或者至多也只表明一种次要的区划。如果我们想作这种区划，就必须综合陆地水的一切形式：积雪谷地、冰川以及湖泊和地下水都属于河流系统，它们一起形成有机联系的单位，这些单位的水量和别的特性都互相依存。河流系统是水文环节划分的原始事实，分水岭把水文单元分开。从某种意义说，人们也可以把单独的但是流入同一海洋中的河流归并为河流族系；但是，它们的亲属关系是很少的，因为水体的性质更多地取决于它们的来源，而不是它们的归宿，即海洋。

海洋根本不同于陆地上的水体。海洋——在进行特殊的考察时还包括内湖——按照它们的水文情况要求一种特别的区划。在这里要比通常更多地强调静止水体中水的运动；因为只能根据运动来理解物理和化学性质。克吕梅尔把海洋称为生理个体是有道理的，他把海洋的区划建立在这种见解之上。各种海洋的类似首先涉及运动的形式，因此对海洋和海洋各部分的分类必须首先估计到运动。

第四节　气候

希腊地理学对地球的自然气候区划作了第一次天才的尝试。这个尝试是运用演绎法进行的，出发点是气候（当时首先只想到光和热）是太阳对地球的辐射的函数，并据此从为纬度位置决定的太阳辐射差别推导出气候的差别。这个尝试是不可能完善的，因为它忽略了增温作用对基底的依从关系，并且没有考虑到空气运动和降水的作用。数理气候带只是一个理想图式，对于温度以及光辐射和热辐射的状况都没有现实的意义，因为温度也受云层的影响。真正的气候为许多状况所决定，以致演绎法的理解完全不行，只有根据广泛的观察才可能获得正确的理解。因此现在人们对各个气候因素单独地研究，这是很容易理解的。进行这方面的研究时人们首先局限于数量的差别，特别是不同时间的平均值；但是如果人们相信根据这些平均值，例如年温度和月温度或者年降水量，就可以建立地球的自然气候区划，则是一种奇怪的自我欺骗。

柯本引入炎热期的持续时间，并且不依靠还原为海平面温度而依靠实际的温度，还有人根据雨量在四季的分配来理解降雨，则意味着一种超过过去看法的进步。但是这些尝试还是片面的，没有考虑到其他气候因素，以及各种不同因素的共同存在和综合作用。他们只区分各个具有突出特征的类型，如区分海洋气候和大陆气候，高原气候和平原气候、季风气候或者一般地区分为同温带气候相对应的热带气候，以此来理解整个气候。这只是个别的经验的开端；对气候进行普遍区划的更为广泛的尝试则是更晚一些时候的事。可以把这些尝试分为两大类：描述的区划和成因的区划。

在对地球进行广泛的描述的气候分类方面，还是柯本的功劳最大。他对这个分类进行了多次修改[①]，但是分类的原则却保持未变。它从理解温度和降水量这两个最重要的气候事实出发，这些事实来自长年的气象站观察。就是说它根据数量方面的数值，但却不让气候类型的界限机械地同四舍五入的十进位数值相一致——即大多数早期气候区划所做的那样——而是使临界值尽可能适应气候对灌溉和植物界所起的作用[②]。这样它就更多地针对气候的作用而不是气候的原因。对于气候的原因以后将作补充说明；但是往往在一种气候类型中综合了各种不同的因果关系。在某些情况下这可能产生于区划和归类上的缺点，这些缺点是可以排除的；但是，只要人们把区划建立在气候的某些个别方面(这在描述的区划方面几乎是不可避免的)，则这种区划就会缺乏对因果关系和天气过程的充分理解。天气或降水量的相同的平均值是可能由各种不同的原因产生的，可能是一种辐辏现象。但是这样的分类仍是有益的，因为它使人认识其他地理现象的条件，只是不能

① 他 1900 年在《地理杂志》中，后来 1918 年在《彼得曼通报》中，最后在《地球的气候》(*Die Klimate der Erde*，1923 年柏林版)这部书中，论述了这种分类。

② 柯本主要考虑到植物界，也考虑到动物界，大部分从上述角度给气候类型命名，而彭克在他的分类中则主要着眼水体的水循环和由此决定的土地构成的现象。因而他所提出的分类，更多是水文的而不是气候的。

算做科学的最后论断，因为它不能适应认识因果关系这个更高的任务。

因此，除了描述的分类外还必须同时进行成因的分类[①]。由于气象学首先是通过使用所谓风向玫瑰图，以后通过对气压的研究认识到不同天气现象之间的联系及其地理分布的原因，成因的分类因此就可能了。我们现在已经能够大体解释气候的分布，如果我们不愿忽略科学的一个重要任务，就必须这样做。作气候区划时我们必须从这种想法出发，即空气的垂直的和水平的运动不只是引起次要的干扰，而是控制着大气的一切状况，这样就只能把气候区划理解为大气循环的一个函数。气候的分异和运动现象及其作用，以复杂的方式相互交错，因此一种天然的分类可以、并且必须寻求同时符合下述两者。由于不同地理纬度上不同热辐射造成的原生差异性，即生成数理气候带，紧接着就是巨大空气涡流的产生，如果地球表面是均匀的，它们理应围绕地球旋转，事实上它们在高层大气中似乎确实在旋转。因而就存在一个按照纬度的、原生的或者一般的（普遍的）、包括整个地球的环节划分。这是一。但是这些关系的规律性，却受到海洋和大陆不同的增温和对空气运动不同的阻碍，以及因此产生的气流偏转所干扰；在海洋上一般的大气循环以及它所特有的天气状况保持稳定不变，而在大陆上及其邻近地区则形成空气运动的特殊系统和温度、降水的特殊状况，人们可以对应于前者把这些系统称之为大陆性的。大陆的气

① 我在关于地球的气候（über die Klimate der Erde，1911 年《地理杂志》）的一篇论文中作过这样的尝试。这个尝试不像柯本和模仿他的奥布斯特所设想的是演绎的（他们混淆了演绎法和综合法），而是在比较归纳法研究的基础上取得的。

候不单只取决于纬度，而且取决于大陆对海洋的位置。其形成的情况，根据每个大陆的形状和大小而有所不同，但是在所有大陆上都是类似的。此外，大陆气候的形成还因水平的和垂直的环节而复杂变化；气流既由于机械的阻力也由于所经基底不同的增温而受到阻挡和偏转；温度和降水状况也由于这个原因而起变化。人们可以把这种变化称之为地区性的变化。接下来还有因海岸环节划分、山脉的各个环节划分等等引起的地方性气候变化。这种地区性的和地方性的变化在不同的地球空间中相应地重复，因此可以并且必须对它们作类概念的概括，即概括为类型。

在气候方面，我们也可以首先抓住同类（类似）的事实，并且按照分类的逻辑规则处理这些事实：在两个半球上，在不同的大陆、半岛、岛屿、山脉等等的互相对应的方面，支配的是同类的或者类似的气候，虽然它们具有不同的空间伸延和强度（气候的类似性）。如果气候区划忽视这种类似性，那是一个错误。但是，在相同性的观点下去理解是不够的；因为每个半球或者每个大陆、每个岛屿或者每座山脉的内部，不同的气候在空间上联系在一起，是运动系统的部分或者环节，并处于相互联系中：这一方面的形成受制于另一方面的形成。天然分类必须把相似气候的排列理解为环节划分的结果；在分类上，不要忘记气候的环节划分。

第五节　植物地理区域和动物地理区域

从上面讨论过的对植物界和动物界理解的两种观点，即从种源观点和生活方式（因而是适应生活条件的观点）中，也产生两种不同的地理分布，我们可以把它们称为生物成因分布和生物生理或生态分布。

因为在植物的生活条件中气候占第一位，其次是土地情况，因此，同样生活情况、植物生活具有同样季节性过程、植物营养器官有同样的相应构造和有同样相应群体的区域，就是植被区域，虽然系统的组合不同，但其大的方面和气候区域相结合，在小的方面则和同样土地情况的区域相结合。至少在考虑到气候辐辏现象的情况下，这种协调一致会很广泛，以致柯本得以按照植物地理标志命名他的气候区域，并部分地用来确定他的气候区域的分界，也使得他的地图在最重要的特点上和植被区域图相一致。因此植被区域在不同大陆的相应部分中也表现出明显的类似；但是，每个个别大陆上，不同的植被区域以某种方式同时存在，从而造成该大陆植被一定的环节划分。动物生态图，即关于动物生活方式以及因此造成的动物器官结构的分布图，由于动物取决于植被而大概会和植被图，而且也和气候图都十分相似。

从植物和动物的种源观点看，它们的分布要复杂得多。人们过去曾试图主要依靠种、属或者总的说是亲族的统计表征植物区系和动物群区域，而现在人们则主要注意找出惯常共同出现的群体。按说同样的种在不同地点多次反复生成并不是不可能的；但是，单个的种却未必如此，那么整个的群体就更不会是这样了。那么，植物区系的和动物群的一致就应该说表明了共同的种源，而单纯的生成的类似只表现在某种偏于形式方面的特性，例如海岛植物区系和海岛动物群的一般特性。

植物区系和动物区系，或者在原来的同一个区域的不同部分中，生活条件起了不同的变化，或者具有相同生活条件的两个地块之间插进了一个具有不同生活条件的地块时，它们似乎总是产生分裂。新种的发生虽然也可以没有这样空间的分异或分离；但是在生活条件相同时新种可以蔓延到整个地区，即不会引起植物区系或者动物区系的分异。按照生活条件差别的大小，也就会有较多或较少的种能适应两个地区的生活条件。各按隔离程度的不同，也会有较少或较多的种能够逾越障碍。隔离的时间越长，植物区系和动物区系的分异就会越明显。较新的分异只会波及种，较老的则会波及属甚主族。反之如果原来分离的地区连接起来了，或者它们的气候或者其他自然生活条件趋于一致，那么植物区系和动物区系也将会趋于一致或者混合起来。这种过程有些还在大量进行，有些则已经结束，原有的差别性已经完全不再表现出来，或者只在一些细微处表现出来。

在分布的一般规律方面，植物界和动物界的一切群体都是一致的；但是，实际的分布方面，每个群体各因其地质年龄、适应能力及蔓延能力而不同，因此，建立在不同类上的植物地理和动物地理区划必然互相不同。如果人们想制定地表上统一的植物区系和统一的动物区系区划，就必须把它建立在某些特别重要的群体上而略去其余的群体，或者采取折中的办法。

首先和最重要的区分，是水中和陆地的植物区系和动物区系之间的区分；我们先不管这种区分是否是一举完成的，还是总是重新反复进行的。我们先不管水中的生物；对于陆地的植物和动物，我们可以认识到有按三个气候带的基本区分，即热带、南北温带和极带。随后才是东半球大陆和西半球大陆之间的区分，而这种区分在热带和在南半球要比在北温带显著得多，在北温带，大陆之间相互靠得很近，并且比较长期地连接在一起。这种区分不如气候的区分重要，其原因就在于今天的大陆年龄比气候带小。居于第三第四位、作用大致相等的是其他地貌的和气候的区分，特别是岛屿的分离和山脉造成的分割，以及凉爽高地和干燥地区的形成。因为它们既造成有关地区生物界的直接区分本身，也造成位于它们两侧的地区的分离，或者相反造成它们之间的联系的产生，所以使得各种现象极其复杂。它们的末端导致现在的生活条件，因此较低级的植物区系和动物区系是与生态区一致的。但是，正如特殊的土壤种类赋予植被和动物生活以特别的形态，它们也导致植物区系岛和动物区系岛的产生，在这些岛上古老的植物区系和动物区系残余得以保存下来，而显得和周围环境格格不入。

第六节　人类地理空间

在人类地理学领域里，区域的复杂性比植物界和动物界还要大得多，因为除了种源和适应这些事实外，还要加上有组织的社会化这类事实；或者它们至少获得了更大的意义，因而具有内部联系的区域变得和具有同类性的区域一样重要。人类和他的业绩由于具有较大的扩散能力而把事情搞得更为混乱，这样，区分和划分界限就大都只能依据起支配作用的特点了。最使事情复杂化的是：为数众多的现象范围中每一个的情况都不同，要求专门进行分类。

人们可以把种族区域与植物区系和动物区系相比较；因为两者都研究种源亲族关系，它的形成是历史的。但是混杂的情况十分突出，并且不只始于世界交通的形成，而是自古就已如此，由于我们还很少能够判断各种不同特性对种源的作用而特别加剧了提出种族区域、设计种族地图的困难。大部分地图和表述仍然含糊地把种族和民族混淆着。

民族地区是比较统一的，它们是在不同程度地封闭的地区中共同居住和经常交往而形成的。但是后来的迁移和殖民也把民族大大地搞乱了，特别在一些边境地区，两边民族的成员错综地杂居在一起。有时也缺少一种确定的标志，因为语言虽然一般地对民族是表征性的，但也并非总是如此；例如讲英语的爱尔兰人就丝毫不认为自己是英格兰人。由历史的发展产生的集团感情是决定性的；但是往往缺乏一种客观的手段来确定这种集团感情。语言上亲属关系疏远的，例如印度日耳曼语系，除了用以判断种源和迁移以外，意义很小；因为这个语系的不同民族自分开以后，由于同别的一些民族混合和不同生活空间的影响，有着如此不同的发展，以致它们只表现出微弱的相似性。

适用于民族的这些道理在许多方面同样适用于宗教。宗教大都是在统一的地区中产生的，但它们可以传播，并且在传播时往往失去联系。除了统一的宗教地区外我们可以找到十分混杂的地区。

在古代，人们可以说国家地区也是同样的。而在较近的时代，国家地区表现出一种强烈集中和明显分界的倾向；但正是在我们德国，政治地图上繁多的我国和别国飞地显出复杂多样的面貌。区分和分界的困难也来自分裂和未定的占有关系，这些关系在近代变得越来越频繁。如果国家本身是具有个性的单位，那人们也就可以根据某些观点，例如根据国家形式，用类概念对它们进行研究，并提出国家形式的类型。

生活地区和文化地区的提出是很重要的，它们是具有同一性的地区，但是大都同时意味着某种联系。有时它们范围广阔，有时却由于迅速变化的土地构成和植被而搞得十分混乱。可惜人们很少注意在文字和地图中对它们作明确的理解和表述。同样的聚居和居民、相同的交通、相同的经济生活、相同的生活方式和教养的地区，总是和生活、文化地区密切相关的。此外，交通地区和商业地区却具有独立的意义，这是基于这样一种观点，即它们的联系可以伸展到文化和经济生活完全不同的地区。

我必须满足于如上的概述；详尽地叙述人类地理学区划的可能性将会是过于广泛的。

第七节　综合的自然区域

前一章关于因果关系的考察教导我们，各种不同的自然界和现象范围都是以因果关系密切联系起来的，因而在一种自然界中存在的差别必然会扩展到其他的自然界。因此，我们提出了原因系列（参阅第四编第四章第七节），并且可以一开始就设想：人们在一种自然界和一种现象范围中提出来的区域，同别的自然界、别的现象范围的区域会在一定程度上一致。但很少是完全一致的，因为每种自然界和每种现象范围都有它的特殊规律。一种现象范围中的差别首先会在依赖于它的现象中引起差别；而且这些差别可以成为运动过程的原因，如高和低的对立引起流水的运动和各种搬运现象，大陆和海洋的对立引起大气的运动。就是说它们能够影响造成环节划分的现象，即复合体或者系统，并且反过来，由一个现象范围进入别的现象范围的运动系统，其作用只需要形式的差别。因此，现象的联系变得十分复杂，一种自然界和现象范围的区划将永远不会完全符合另一种自然界和现象范围的区划。

一系列现象主要取决于固体地壳的内部构造；据此，它们的区划在一定的范围内追随着固体地壳的构造区划，追随着大陆和大的土地形式——山脉、高原、平原——的区划。不同构造区域有不同的排水方式，不同的植物界、动物界以及垦殖的环节划分，不同的聚居和交通等等。但这还只是某些普遍的特征，人们可以说是一种一定的基调，而在细节上则其构成还有不同。河流不受内部构造的制约，又常常使土地构成和内部构造相矛盾。例如一条山脉每每是一个统一的地理单元，它的次级小区却不再随从内部构造，而是随从地表的变形。因为相连的构造体往往为后来的穿插所肢解，同类的形体也会独立地和互相分离地生成，因此它们对划分类型比划分地理单元具有更为重大的意义。

第二个大的区划系列来自于气候，这时人们当然不必完全遵循成因气候类型，而必须考虑到表现在描述的分类中的辐辏现象（参阅本章第四节）。气候的作用贯穿在所有的自然界中。风化作用和土地构成，河流的流量以及水体的配置，都随气候而变化。植物生长也变化，因为各种森林、草原和沙漠——这里只指出最重要的植物群落——都和一定的气候相联系。动物生活也随之相应变化。就是人类的定居和经济及文化生活，在各种不同的气候区域中也遇到不同的条件。帕萨格的景观型主要就是这种由气候决定的景观型。

对于固体地壳的表面构成，以及与此相关的丰富多样的形相和土地状况，过去时代的气候比现在的气候更起决定性作用，比如现在温带的第三纪后期湿热气候，冰期，第四纪后期草原气候；虽然它们和现在的气候也许只有程度上的不同，但地表构成和土地状况所形成的区域却不同于现在的气候区域，况且对于这些区域来说，由气候决定、但不直接和气候的差别相一致的水和冰的分布，甚至比气候本身更具有决定性作用。

植物区系和动物区系的区域情况又不相同，它们是地表形相及气候逐步发展的结果，部分地基于对不同生活条件的适应，部分地基于因其他生活情况的区域造成的分异，因而虽然吸收了构造区划和气候区划的因素，但却似乎是独立地消化这些因素。它们也对其他的自然界产生一种反作用；但这种反作用比较小，而别的地理现象极少完全与植物区系和动物区系区域重叠。

对人类及其文化的地理区域所作的论述大概也是类似的。只要这些地理区域建立在对自然界的直接适应上，它们就和构造地貌区域及气候区域相衔接；只要交流十分强烈，或者较高程度的发展在起作用，它们就独立地存在，互相有些相似，也和植物区系以及动物区系的区域有些类似，但是却和这两种区域不同，而后者相互间也是不相同的。意见分歧之处在于：人类对自然所起的反作用到底有多大，以及与此相关的是人类地理区域对自然界有什么样的意义。某些地理学者特别喜欢对国家的作用作十分高的估计。固然不应当否认这种反作用；人们只用跨过民族边界线或者国境线，就会接触到这种作用；但是人们很难把一种自然现象完全归入民族区域或者国家区域，换言之，很难把这些区域同时理解为自然区域。

第六章　大陆、地区和地方*

由于地理学不是从事考察单个的自然界和它的现象范围，而是研究包括它的居民在内的整个地表自然界，所以在理解地球空间的时候地理学就不能停留在个别自然界。像我们在前一章对它所做的那样，必须着手搞出一个包括现象整体的地表区划，区分大陆、地区、地方、地点；因为每个地点有它的个性，这种个性在一切自然界和它的一切现象形态中都有所显示，而互相毗邻的地点形成复合体，于是按照它们的大小，我们分别称之为地方、地区、大陆。景观的确立和对地表的区划是我们关于地表的科学知识的表现，同时也是从事地志阐述的前提；错误的和笨拙的区划必然也带来错误百出或者至少是冗长不当的阐述。

个别的地志研究可以局限于理解它所表述的范围内的自然单位，也许也可以满足于直观的理解。但是，作为整体的科学则必须采取严格进行的科学分析，从其因果关系上寻求了解地球空间的差别性和关系，并提出关于地表区划的原则。

当然，不少地理学者不喜欢在这方面进行基本性的研究，认为只有单项的研究工作才真正推动科学，也只有在一个地区下工夫才能够成功地确立自然景观和对自然景观进行区划。这种理解既有真理也有谬误。诚然，成功的思想产生于对研究对象的深入探

* 我的论文《地表的地理区划》(Die Geographische Einteilung der Erdoberfläche，1908年《地理杂志》第14期第1页、第94页、第127页等及以下各页)，为本章的基础。

讨；但是，这种思想必须通过对概念进行系统的澄清而作好准备，并且通过系统的比较而得到证实；只有这样它才会成为科学的可靠财富。

关于地理区划的基本性研究迄今还进行得很少；在这方面起决定作用的原则大都过分地被看做是不言自明的，而对其中的困难则过分低估了。然而它却必然属于我们建立地理学逻辑的一种尝试，不是作为建立一种新区划的正面的尝试，而是作为对迄今为止的各种区划进行一次批判的审查。

第一节　人为的区划

每门科学都从区划开始，区划是从描述产生的，并片面地建立在个别的标志上，也就是从人为的区划开始。区划可以非常多种多样，可以由此看到一个逐步发展的进程，就像人们在植物系统上特别清楚地看到的那样。最初的区划大都与一种外部的目的相结合，如人类的实用需要；进而是根据大小和外形的区划，然后过渡到根据不那么表露的特征，这些特征却更为稳定并且对研究对象更具表征性。林耐的人为的植物体系就属于这个阶段。如果现在高傲地蔑视这些人为的体系，那是错误的；它们对于科学的发展曾经具有重大的意义，现在仍是有部分意义的。因为它们建立在特定的易于认识的标志上，从而对如此复杂多样的现象提供了一个便于了解的概貌，并便于把每个新的对象归纳进去。但是它没有考虑到现象的因果关系，因而没有触及事物的本质，也就满足不了真正科学的、针对事物因果关系和事物起源的求知欲。人为区划的特点是更多地注意严格划分事物的界限，而不是完整地掌握事

物的本质。

地理学也曾有过它的人为的区划，不是在理论上而是在普通的实践上，现在大部分仍然处于这个阶段。

属于这个方面的主要是按照国家以及国家的省和区的地表区划。这种区划是国家学的既成划法，但不是地理学的，地理学现在已不再以国家学为归宿，而是从事研究地区的自然情况以及地区中人类的其他情况。虽然政治地理学把国家连同它的土地看做统一的有机体，地理学的另一些部门却只有在能证实国家和自然地区总是吻合、并随后者而变时，才把国家看做具有一定特征的地球空间，而这是没有的事；或者，国家的从属关系对地区的影响很大，以致原有的自然差别已经消失，至少非常微小，这同样是少见的。

我不能赞同基希霍夫的意见，他违背了自己过去的看法，把德意志帝国说成是一个自然区域，这样一来，例如巴伐利亚的阿尔卑斯山就和蒂罗尔的阿尔卑斯山分割开了。事实上，大都是外部的原因使得按照国家区域而制定的区划一再得以维持下来。特别是在许多实用目的的手册中；虽然这些书自称为地理的，实际总还是国家学的兴趣高于地理学的兴趣，这也同样适用于为学校课程而编写的许多教科书。按照国家区域制定的区划是最容易的区划，作者可以省却任何思维劳动；由于它并不对资料作思维加工，而只是进行事实的堆砌，特别是堆砌国家学和城市学的事实，就使人感到这种区划是非自然的。第三个原因则是比较有根据的，即是一大部分地理的原始资料是由国家的测绘获得的，因此只适于对各个国家地区进行统一的加工整理。主要依靠国家测绘资料的专题论文，必须按照国境线标明它的地区；但是在阐述一个较大的地球空间时，必须解决资料不划一的问题，而且只有当国境线遵循自然的界线，或者在一个和自然条件一致的地区中它具有很大的地理影响时，才可以接受这个国境线。如果在大的文明国家里国家的影响还远不如自然的影响，那就更不用说在文明程度比较差的国家，在小国家以及在国家的一部分如省、府、县等等之中了。

人们有时想用久远历史上产生过的国家形体代替现代暂时性的国家形体。这种思想虽然不是在拿破仑时代产生的，但是在那个时代这种思想却获得了特别的意义，并且扎根在那个时代绵延不绝的政治改组中。这种不断的变换显然是难以忍受的，因为某些书上的区划由于事变的迅速进程，还没有印行问世就已经站不住脚了。这种暂时性的国家形体不会具有深刻的意义。倒是过去的国家和省区有些存在了几百年之久，因而意义反而更深刻；它们显示出较大的居民特点，从而也包括了自然界的特点，而且在时间变化过程中它们通过退出或者扩大而和自然区域融合了。在政治上和平稳定的时期人们就不再那么强调这种差别，在世界大战前，可以说不会有人想到要返回到过去的国家状态，除了法国原来的省区划分——这些省区同只是表面上根据自然情况划定的现在行政区域相反，部分地和自然景观或者统一的民族区域相一致。世界大战再次表明，国家的区划和境界划分是没有道理的，和约建立了比以往任何时候都更为不自然和更缺少持久性的国家形体和边界，因而自然情况从属于政治区域的情况就要求学术系统进行深刻的改造，而这样将会切断主要的自然联系。因此，恰恰现在有些学校教科书退而采用已经克服了的、按照政治单位的区划，就令人难以理解了。

个别地理学者打算用政治地理学的所谓自然区域(拉采尔用语)代替现代或过去实际存在的国家,这种自然区域就是在事物的自然过程中假定没有任何人类的随意参与而成为国家区域的地域,可以说是潜在的政治空间。但是,这个概念引起很大的疑虑,因为是否适宜于成为一个国家区域这一点是随着定居、交通、经济等方面的发展而变化的,一个合适的国家区域绝非一定要和自然区域相一致,相反,正是由于追求在经济上取长补短而常常导致各种不同的地方合并为国家。

种族、民族、部落的区域也常常成为区划的根据。毫无疑问它们是有重大意义的地理因素,因为各个民族会采用他们几百年来甚至几千年来所保持的生活方式和经济方式,即使他们不是居住着一个作为国家而与周围隔开的区域,以至给这个地区加上一种固定的特征,姑且不论他们的居住区域往往本来就和有一定自然特征的地区相吻合。但是这种作用和国家的作用一样,同自然环境所具有的更大的特征相比都要屈居次要地位;因此,片面地推重这种作用是一种人为的做作。

从远古时代以来,不管在日常习惯上还是在科学上,除了按国家和民族来区划地表以外,起作用的还有一种根据自然特征制定的区划,这种区划对处于较低文明阶段的人类甚至比现在更为深入人心,这就是海洋造成的区划。岛屿以及同大陆只有一线相连的半岛总被理解为个体。各大陆的划分也基于海洋的分割,这一点对欧洲来说则源出于腓尼基和希腊船工的习惯。但是,地理发现的进步正是在这种最大和最重要的区分上证实用海洋来划分的方法是一个谬误;这种长期以来唯一基于自然情况的地球空间区分是这样流行，以致人们无法反对，可是它只是部分地符合自然情况，此外却是纯粹的因袭。[①]

十七和十八世纪，当一个追求科学的地理学派开始摆脱国家区划和探索自然界线的时候[②]，许多地理学家都沿用大陆的区分和岛屿及半岛的分割，到处都把静止的和流动的水当做界线看待，这是可以理解的。不久出现了另一个学派，它虽然同样着眼于水，但不是把水看做界线，相反是看做一种联系，而把界线放在分水岭上。两种见解的代表人物之间进行了一场长期的并受政治倾向强烈影响的争论，在这场争论中，从全盘看后者的见解在科学上取得了胜利。但是我们现在必须说，这两种区划都是人为的，并只有在某些情况下才是合理的。不论是河流、湖泊还是小海湾的相对的两岸，或者一个分水岭的各侧，都不显示出它们在本质上有深刻的差别，即使有也只是一般的差别。河流很少成为不同自然形体的界线，除非它们在大段流程上沿着重要的构造线，如阿尔卑斯山脉中那些大的纵向河流，或者莱茵河从库尔到博登湖之间的那一段；即使国家境界或者民族境界也只在少数情况下才是不同自然形体的分界。分水岭起分界作用的稍多一些，因为河流流域不只是表

① 参阅我的讲演：《论大陆的概念和它的地理学意义》(Über den Begriff der Erdteile und Seine Geographische Bedeutung)。1893 年在斯图加特召开的第十次德国地理学家会议的讨论记录第 188 页及以下各页；以及维索茨基在他的《地理学中的时代思潮》(*Zeitströmungen in der Geographie*)中关于大陆这个概念，1897 年，莱比锡出版，第 353 页及以下各页。班泽在这方面事实上没有讲什么新内容，和我们这些人的看法所不同的只在于，他相信能够废除一般惯用的“大陆”。我担心，他的尝试只是曼查骑士对风车之战。

② 维索茨基在他关于纯粹地理学(参阅《地理学中的时代思潮》第 193 页及以下各页)的论文中，详尽地讨论了这个发展。

现为水文单位，对于某些别的情况也间接地具有决定作用。但是，这种作用绝不总是涉及其余的自然界。对河流流域的地理意义作过高的估计会导致认为分水岭总是和山脊一致的这种错误见解；反驳这种见解的同时必须压缩对分水岭作为分界线的意义的估计。如果河流流域即使到今天也仍然经常作为地理区划的基础，如果像勒克吕斯这样的人士在他的巨著中仍十分推重，这主要是由于它们大都能提供明显的分界线，而这在真正的自然区划中是很少能够做到的。

如果人们用山脉代替分水岭，并把山脉的不同山坡和它围成的不同盆地作为自然区域区分开，就很容易从水文分界这种形式转变到山岳分界。在一条山脊的两边，事实上气候、植被、居民和国家制度常常是不同的；但是，山脉作为统一的形体却被山脊分界线割裂了。用山脊对地球进行普遍的区划，只有当人们假设在地表上有一条相连的山脉时才是可能的；自从这样一条山脉从我们的地图上消失，很多的广阔地区不存在山脉，许多山地中也辨认不出占支配地位的山脊以后，山脊就不再到处被认作分界线了，也就是说它不再符合一切人为区划的最重要的要求，不再使用方便和普遍适用了。

人们还可以回想出别的一些人为的地表区划方法，但是它们都没有什么意义，我们不用对它们多费笔墨。

根据简单的标志制定的人为区划可以提供一个直截了当的概貌，给出一种醒目的区划的可能性，还会带来一种给地理事实明确归类和确定位置的可能性。但是，没有一种人为的区划方法哪怕是稍为能满足地理的复杂性；相反，每一种区划都和大部分其他事实系列相当格格不入。对自然区域的全面理解是地理学的主要任务，它在这些人为区划的束缚下是不可能做到的。

第二节　李特尔的目的论区划

人们在十九世纪头几十年中开始着眼掌握地球空间的全部本质，并且在这上面建立自然景观，这意味着一个重大的进步。这最早是由自然科学旅行家们，特别是洪堡实现的，他在他的美洲之行著作中，后来在他关于中亚细亚的著作中，把那些整个自然情况相同的地区综合起来描述，并在其中表达了诸现象的因果关系；人们永远可以把他对利亚诺斯平原的描写称为表述一个自然景观的典范。

李特尔把这种新理解引用到系统地理学中，并且第一个尝试按照地球空间的整个自然性质提出一个完整的地球空间体系，也就是建立一种自然的区划，同在此以前的人为区划相对照。要完全懂得并判断李特尔这种理解是不容易的事，因为他从不曾把这种观点有联系地和原则地加以发展，而是把他通过直觉获得的见解作为成品端出来，也因为甚至在和福勒培尔打笔墨官司时他的表达方式也缺乏明确性。因此，应当感谢赫策尔[①]和维索茨基[②]，他们大体同时尝试系统地综述李特尔的见解并予以发展，他们，至少是赫策尔，在某些方面比李特尔所表达的或许还考虑过的更深刻些。

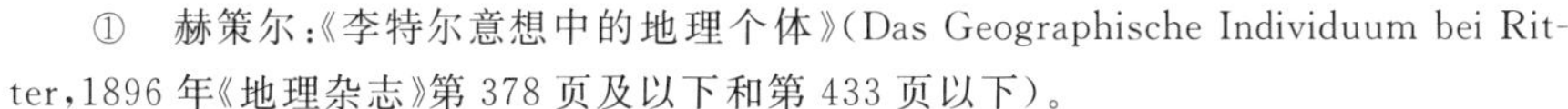

① 赫策尔:《李特尔意想中的地理个体》(Das Geographische Individuum bei Ritter,1896 年《地理杂志》第 378 页及以下和第 433 页以下)。

② 维索茨基:《大陆的概念》,参阅《地理学中的时代思潮》第 376 页及以下。

李特尔论述问题方式的特点并不像赫策尔认为的在于他从整个地球出发，并从整个地球来确定地球各部分的性质。在李特尔描述亚洲[①]的序言中，他强调自己论述问题方式的特点正在于：“我们……首先到处都要持批判的态度，十分仔细地把其自然情况和空间都属分离的地点分清楚，以便以后在同属的组群中，根据最个别的现象、情况和突出的规律，在力的作用及与其同时的空间范围中理解这种地点，并基于各种不同组的结合，提高到涉及物理方面和每个地区对于有机物和生物所起的其他作用情况、构造规律的更普遍的描述。”就是说他强调必须从个别事物出发，只有通过这种方法才能提出自然区域，事实上他在他的名著中就是采用这种方式进行工作的。像论述非洲时他不用导言概述，或者像论述亚洲时他只用简短的概述，为了首先精确地认识各个单独的地方，他直截了当地深入论述它们。大都是在大段的结尾中才把研究结果综合为地球空间的一种更普遍的特征。在这种地方，他完全采用严谨的归纳研究法，在表述的时候甚至更为明显，超出了为了便于编写教材的需要。由地球整体推论各个地球空间这种做法只见诸某些一般性的考察中，如他在《地学》(*Erdkunde*)一书的序言中，在柏林科学院宣读的论文中，以及在关于普通地学和关于欧洲的讲义中所做的那样[②]。当然，只有在这些文章中才反映出他全

① 《地学》(*Erdkunde*)第二版，第二卷第 15 页。

② 《普通比较地学》(*Allgemeine Vergleichende Erdkunde*) 第二版，第一卷第 10 页及以下，第 61 页及以下(柏林新版第 12 页、第 18 页和第 65 页及以下)，第二卷第 15 页及以下，特别是第 29 页。《论文集》(*Abhandlungen*)第 103 页以下，第 206 页以下，特别是第 239 页以下。《普通地学讲义》(*Vorlesungen über Allgemeine Erdkunde*)第 11 页以下，第 197 页以下，《欧洲讲义》(*Vorlesungen über Europa*)第 1 页以下。

部理解方式的特点，反映出为谢林、黑格尔和洪堡等人左右的那个时代的特点和李特尔的严格的宗教气质。

他的见解主要追随哲学家克劳泽，或者至少在克劳泽的见解中找到了先驱，这个先驱者从自然哲学的基本原则出发，把地球划分为若干具有独特自然生活的大陆，但是他并未能富有成果地完成这种观点。李特尔认为地球“并不是一个杂乱无章的自然界的毫无生气而僵死的集合体，乃是一个真实而十分奇异地组合起来并且继续不断发展着的自然体，它自身包含着促使自己进一步发展的生命胚胎，并具有一种伦理规范”[①]。地球不仅是人类的基地、摇篮、住所，还是人类巨大的教育场所。这个有机体现在发展成为许多特殊的有机体或者个体，李特尔首先把大陆看成这种个体。“在我们的星球创造出来时，每个大陆都像从整体分化出来的别的任何有机体一样，在其可塑形态中包含着它特有的类型。每个大陆都被赋予了特殊的形态体系，这个体系和任何一个别的体系都不同。每个大陆及它的各环节都接受了发展自然和人类世界的独特功能，它们都各具有自己的特性，从而能在不同的时代参与世间事物的进程：对过去几千年的回顾能够感觉到这点，对未来时代的展望也能够预想到这点。这种特有的体系使这个星球上每个大陆都能在一系列自然体中突出为一个特殊的自成一体的地球个体。诸大陆不只是机械地划分开的块块地壳，无机地互相挨着的地块，而是一个互相关联并独特地拼合起来的、宏伟的、巧妙地互

① 《普通地学讲义》第13页。

相嵌接的星球结构中艺术地划分开的部件。”[1]在我们看来，诸大陆表现为“许多多少被自然分割开的整体，我们一般可以把这些整体看成是地球上巨大的个体”[2]。“诸大陆的这种个性存在于它的基本形态，自然本身通过这种基本形态表明了它对世界所处的地位”。[3] 一个高地，“它以许多孤立的高原或者一整个大高原出现在每个大陆的中部，赋予整个大陆以它的特征，它周围的大陆的较低地面，好像只是布满它伸出的肢体，并洒上了零散的瓦砾。地球上的大河以及它们的体系和主要干流，把我们从内地经过其整个地表都由瀑布、急流和峡谷最清楚地划分开并且在自然条件和文化方面都很优越的广阔的中段，向下带到地球的平原地带。这些平原地带形成广阔的地段而散布着，以其复杂多样的扩展和倾斜连接着高原和海洋，并且以每种基本地形所特有的方式，时而表现为山脉和山系或高地群而显示出大陆的高原优势，时而又表现为潮湿低洼的沙滩，相邻接的列岛和群岛则更多地为海洋所主宰。这三种主要形式和它们的组合……产生了大陆的主要构造形态”[4]。不同地点所表明的各个大陆的特征是符合这种观点的[5]，这样，我们就从它们在水平和垂直方向上的不同环节划分辨认出构成的不同阶段。在波利尼西亚，没有任何陆地的联系，都是星罗棋布的岛屿，在亚洲是互相邻接的陆地和支离破碎的地区的尖锐

① 《普通地学讲义》第198页。相类似的有“论文集”第243页。

② “导言”(Einleitung)第12页。

③ “导言”第14页。

④ “导言”第16页。

⑤ 特别参阅《普通地学讲义》第203页及以下。

对照，在欧洲是各种形式的奇特混杂，具有固态和液态的最圆满均匀的配置和最有利的造型，在非洲则缺少成为造型原则的任何环节区分。[①]

从全面看，李特尔关于地球上个体的一般推论停留在大陆这个范围——在他的名著中关于地区和地方的提出则不在此列，因为如前所述，它们是根据归纳法从有关地域的直接观察推论出来的——他只是偶尔暗示应把中央高地、阶梯地区、边缘低地和为海洋分割开的半岛和岛屿理解为二级自然区域。最近赫策尔才有意地根据李特尔的想法继续发展了他的观点，把地区表征为二级自然区域，即统一形成的并且可以和有机体比拟的地球个体。这种观点在其他地方也时常不知不觉地反复重现，班泽表现得最为明显，他的景观环境或者灵魂不外是李特尔的地球个体，并且错误地向全世界吹嘘为新东西。"和谐的景观图景"这个词，至少也很容易会导致这种目的论的观点。

如我们从上面摘引的段落和其他许多言论中看到的，李特尔的观点是自然哲学的和目的论的：之所以是自然哲学的，是由于他不把地球空间的各种不同划分归之于某种地球力或者宇宙力的作用，而认为是不能进一步解释的一种地球生命的展开；之所以是目的论的，是由于他主要根据其对人类产生的作用来观察这种展开，并把人类看做它的目的。

如果我们仔细地检验他关于陆地的提出和陆地的特征，则我们首先看到的是他不加任何批判地接受这种流行的区划，这种区

① 《地学》第二版，第二卷第29页。

划是腓尼基和希腊船工对旧世界提出的，并且在发现时代引申到整个地球，这种原来基于海洋的分割而建立起来的大陆的区分，由于证实了亚洲和欧洲之间有着宽阔陆地连接已经失去了它原有的意义，而只是由于习惯势力才保存了下来。如果人们今天还想承认大陆的这种习惯区分，特别是亚洲和欧洲的分割，就必须提供大陆之间存在内在区别的证明，说明这些大陆具有特殊的土地构成，或者有其他的特殊的本质。李特尔曾提到对区分亚洲和欧洲的理由的异议，虽然他并没有反驳这种异议，但是只以一句轻巧的话把它处理掉：对于两个大陆中的任何一个来说，“它的个体性是由它的可塑性构造的内部联系所具有的一种本身的内在体系所保证，这种构造比起分离作用的海洋更能导致分割。”①

李特尔的区划方法，正如我们从这些话中看到的，是基于土地构成；他从不言而喻的前提出发，即认为气候、水利、植物界和动物界都是土地构成的简单的派生现象。赫策尔在区分大陆和自然区域本质的构成因素和延续因素时，就把这种思想表达出来了。但是这种做法和事实有矛盾：气候并非单纯是土地构成的结果，而是数理位置和土地构成相结合的作用的结果；如果我们设想把具有既定土地构成的一个地区转移到另一个地理纬度上，这个地区的气候和整个自然情况就会发生根本变化。在不同大陆上，即使土地造型相同，植物界和动物界也完全两样。其他的事实也绝不是土地造型造成的必然结果；相反它们是与土地构成并存的，是独立的，同等重要的。各个地球空间的性质，在同样程度上取决于它

---

① 《地学》第二版，第二卷第16页。

们，取决于土地构成。

用土地造型来论证地球空间的那种方式也是站不住脚的。李特尔把外围有阶梯地带和低地环绕的一个或者若干个中央高地的出现看做大陆的个性。这个理解是根据亚洲的构造建立起来的，但就是对亚洲也已不能再坚持下去了，运用到其他大陆更是勉强的或者完全不行的；在南北美洲大山和高地位于边沿地区，因而特纳正是用槽状形态来描绘南北美洲。大陆的造型没有普遍的规律；相反它们几乎全都显示出是由各种不同的断块拼成的。高山和由它们围着的高地，按照我们今天的知识并不构成由阶梯地和低地依次围绕起来的大陆的核心，而大都是颇为年幼的形体，相反大部分低地和台地的年龄却较老。这些低地和台地倒更应看做大陆的核心，而高山和高地却是在较近的时代挨着它们成长起来的。现在的大陆也不是逐渐地有机地发展的结果，而是在颇近的时代中分割开或连结起来的；人们几乎可以说，古老的在历史上产生的大陆被肢解了，让位给新的偶然形成的大陆。

如果李特尔把代表亚洲的致密的陆地地块和支离破碎的地区的尖锐对照，和代表欧洲的具有固态和液态最圆满的均匀配置和最有利的造型形式混杂解释成为特点，他所赋予大陆的性质就涉及设想互相挨着而结合成一个整体的地区和地方的相互关系。赫策尔有理由地指出，在李特尔的理解中大陆并非类概念，而是个体的复合概念。李特尔本人在反驳福勒培尔的论战中把大陆称为地区体系[①]，基希霍夫在他尝试论证欧洲的大陆性质时，又接受了这

① 贝格豪斯编的《年鉴》(1831年)，第六卷第519页。

个定义[①]。

大陆、地区、地方，或者一般地说自然区域，事实上必须建立在复合概念上；但是，综合很多地区成为一个复合体，赋予它以个性和独立的生命，这只有当这些地区彼此之间比与其他地区之间具有更密切的关系时，才能表明是有理由的。但是，不论是李特尔还是他的任何一个继承者，这个问题都没有回答或者起码是提出过。欧洲到底在多大程度上是一个地区的体系呢？没有证据证明算做欧洲的地区相互之间具有比对亚洲的地区更密切的关系，或者证明俄国也加入到这种紧密的关系中。赫策尔强调，按照克吕梅尔的看法，不只是地块而且甚至海洋也可以理解为独立的生理个体。这种观点的确是正确的，用之于地球的自然区划将是有成就的！但是，要用它来支持李特尔的观点，那就必须证明通常所说的大陆都是这种生理个体。事实上，人们可以把多少隔离开的大陆，如北美洲和南美洲，澳大利亚以及在某种程度上还有非洲，看做是生理个体，反之，亚洲和欧洲，从许多方面看也包括北非洲，共同组成一个生理体系。只有当海洋环境对围绕着的地块赋予一种特定的共同标志时，这种区划的依据才是正确的。大多数半岛和岛屿都同样不是地球生命的独立的展开；其实也只有在海洋封闭性和由此引起和别的地区分离这一点得到证实时，它们才会表现出一种统一的烙印。斯堪的纳维亚半岛是最一致的自然区域之一；但是，肖南地方按照它的构造属于丹麦群岛，而仅由于空间上的联系才属于瑞典。大不列颠的统一性也完全奠立在它的岛屿性质上；南英

① 《欧洲地志》(*Länderkunde von Europa*)，第一卷第 11 页。

格兰和巴黎盆地，康沃尔和布列塔尼，如果不是由于海峡把它们分开，人们本应把它们结合起来。

李特尔关于大陆和地区的理解的最后理由，是他把地球理解为人类的教育场所，对此，拉采尔[①]表示同意地宣称，当李特尔把这个问题与民族生活、因而也与政治地理学联系起来的时候，他就把个体的自然区域这个问题放到唯一富饶的土壤上了。但是，即使用这个说法，这种理解也是站不住脚的。首先，每个大陆形成一个多少统一的文化范围这种说法是不正确的。人们无论如何可以说有一个美洲的和一个澳大利亚的文化区；但是在旧世界中，文化区的划分就不是或者只部分地是和通常的大陆区划相一致的。小亚细亚在历史上和北非、南欧的联系要比它和北亚、南亚和东亚的联系密切得多，或者说比北非和撒哈拉以南诸地区的联系更密切一些；人们甚至常常很多地、而且是理由充分地提到地中海地区的共同文化标志。俄罗斯与西伯利亚的关系，在各方面都比与意大利或者西班牙更密切一些。小亚细亚和巴尔干半岛长期以来都是一个文化区域。各大陆在文化历史方面的对立，只有当它是由于海洋的分割而产生时，才予以考虑。就是国家，也绝不是总和自然区域重合的，经常包括不同自然区域的地段，类似的情况也适用于其他的人类事物。甚至从不曾观察到国家或者民族和自然区域间存在一种确定的持续的关系，相反它随着人类文化而变化。如果人们把李特尔观点中的自然区域这个概念局限于人类的地理情况就相信能挽救它，那是一种谬误。

① 《国家和土地》(*State und Boden*)，第 30 页。

认识到建立一种有各方面根据的地球空间区划的必要性并试图实现它，这个大功劳仍然属于李特尔。但是，他进行这个区划时太过于追随当时的思想潮流，因而也只能随着后者的消失而消失。由于研究工作的进步，不但是许多个别的错误需要矫正，而且整个理解都变得站不住了。我们不能赋予地球以一种可能是超越地球或宇宙来源的机械、物理和化学力之外的生命力，因此也不能把各个地球空间看做这样一种地球生命力的特殊发挥。现在恐怕只有少数地理学家还有意识地坚持李特尔的自然哲学目的论理解；但是，这种理解在许多人身上还不知不觉地发生影响，他们在别的方面却是从因果关系上考虑问题的。再者，为什么人们一再被引入迷途，在提出和分界地区和地方的时候如此夸大人类事物的影响呢？否则如何解释那种对自然区域的天真的信仰呢，经验不是已经表明，各个大陆和较大地区的情况都各不相同吗？

第三节　自然区划的原则

长时期支配思想界的一种理解如果为科学所抛弃，常常会面临这种危险，就是这种理解所包含的好东西也会丧失，而旧的已经被克服了的理解又死灰复燃。事实上，许多地理学家是被这种危险压倒的，因为他们在反对李特尔的活动中，又采取旧的人为的区划方法，甚至放弃了对各个地区、地方和地点的考察而只按照事物的范畴来归类资料。但是，李特尔的尝试失败并不证明自然的区划是完全不可能的。这种区划必须保持在科学知识的基础上，它既不允许倚仗神秘的生命力，也不能只从人类的角度来理解地区的自然情况，而必须建立在对现象的因果关系明确而全面的理解上。非地理学的放弃自然区划的时代现在可以认为已经结束了，至少在德国和法国的科学地理学中是如此[①]；在很多地志学著作中，我们可以找到对地方的环节划分进行理解的认真尝试。但是事情还涉及清楚地认识这方面具有决定作用的原则，在这方面还没有取得一致的看法。各种区划基于极端不同的标志；根据水平的环节和山脉构造、气候、国家和民族等等所作的区划，往往五光十色地交错在一起，有时还使用十分次要的标志来划分大区域的界线，如用个别植物种属或者动物种属的分界，例如用山毛榉划分中欧，用槲树划分全欧。

首先提出的问题是，我们怎样才能成功地建立一种自然区划。我们应该从各个地点开始，然后把这些地点综合成为地方、地区和大陆呢，还是应该从地球整体开始，通过区划下到各个地区、地方和地点呢？这两条路李特尔都已经走过，在他整部大作的内容中走的是一条路，而在他的一般阐述中却走着另一条路；在他身上我们感觉到一个错误，就是他不曾把两种研究方式互相协调起来。不过这只是有关达到同一个目标的不同道路问题。一条是归纳法的道路，另一条是演绎法的道路；单项研究走一条路，系统的表述走另一条路。分析的区划方法似乎在任何别的科学中都不像在系统植物学和动物学中那样符合事物的本质，这两种科学涉及系谱的确定；但是，确定系谱的程序实际上是把个体结合成种，把种结合成属，然后再从系统的整体出发来检验已经取得的种和属。在

① 在皇家地理学会上，赫伯特宗作过一次关于自然区域的讲演，接着是一场奇特的讨论。在这次讨论中，多数认为这种努力是不对的。许多教科书和学校的地理学者也持反对态度，并且认为国家区域比自然单位更生动有力。

地理学中，自然景观的提出也必须首先深入到自然界中去做单项研究；自然景观不外是在相似或者相异和位置关系方面所取得的全部知识的简单化表达。洪堡不是用南美的区划达到利亚诺斯这个地理概念，而是通过掌握那种自然区域的同类性达到的；李希霍芬之提出中亚细亚，是通过他关于无外流导致的土地建造的各种情况的强烈印象；如果人们把萨克森小瑞士一般地看做一种特殊的景观，那么人们达到这一点也不是通过德国中等山地的区划，而是通过关于岩石组成造成的地表形相特性这种直接印象。理论的考察应对出现的自然景观用比较的方法进行概括的观察，认识对这种景观的提出具有决定性作用的原则；在这个基础上，它才可以怀着一些信心去接触它的积极的任务，并从地球整体的自然情况出发着手地表的区划。

任何一种自然区划都必须是成因的，即要反映出存在于现实中的因果联系。一种自然的地理区划必须追溯地球的那些创造力，必须注视地表的现象怎样从这些力的共同作用下产生出来，必须在头脑中重新设想地球这个大厦，并必须从而学会就其本质和作用去理解这座大厦的各个部分和空间。

但是，地球并非简单的建筑物，而是在我们所见中最复杂的。几乎好像是不同的建筑师怀着各种不同的想法参与了建筑工作，因而内部的布置和计划不相协调，而中途又产生了别的考虑，也好像是两个建筑师在建筑时一再改变了他们的意见。地表的状态出于众多互不相干的原因。一方面，它从宇宙原始星云分离出来时就获得了它的固定的地球特性，另一方面它继续不断地处在其他天体，特别是太阳的影响之下。我们已经详细讨论过，地球内部的各种力是地球起源的，这些力创造了固体地壳的构造，从而也引起了按照重力规律进行的运动。太阳辐射造成热的差别，从而引起空气和降水的调整运动；因此气候的分布首先取决于地理纬度，它与内部构造无关，第二、第三位才是内部构造。因此，构造现象和气候现象从一开始就是两组互相并行的原因系列。大多数其他地理事实则以这种或那种方式为它们所决定，但是并非一个事实为这个现象而另一个事实为那个现象所决定，而是大多数事实同时为两者所决定。除简单的制约关系外，也要考虑到由于差别而引起的运动和特性的转移。地球原因和宇宙原因一样随着时间的推移起变化，但是过去时代的作用部分仍然保持着，并和现在的作用结合起来，因而有些重要的地理矛盾都不是由于现代的原因，而是由于过去的原因，用帕萨格的话说，是太古时代的形相①。

所有的一致或者差别以及相互关系，首先都只属于一种自然界，并且大都只是属于一种特定的现象范围，但是由于所有自然界和现象系列的因果关系，它们就扩展到一切或者至少是几种自然界和现象系列。这时，如我们已经看到的（参考第四编第五章第七节），它们采取特有的方式和基于其他原因的差别和相互关系结合起来。一种现象范围中的差别在另一种现象范围中先是引起差别，这些差别又会引起运动，这些运动的意义则远远超过原先的那些差别，如高低的对立引起流水的运动，陆地和海洋的对立导致大气的流动。除了狭义的地理特性外，地理位置的重要性就在这里。滨海的位置之所以重要，就在于风把海洋的气候特性带到大陆上。

①　参阅 1903 年《地理杂志》第九卷第 193 页及以下各页。

在人类地理学中“位置”最为重要，人们从人类地理学的角度也就优先考察位置，这部分地因为人类的流动性大，部分地因为在这里对立已经作为动因起作用。

地表上最大的差别是陆地和海洋之间的差别。虽然从成因上看它是后加的、次生的；因为海盆，即使是大洋盆地都不外是固体地壳的沉降，就它们的起源说是由地壳的内部构造决定了的，并且在许多情况下海洋两边的陆地构造是同样的。从构造和地史考察的角度看，陆海的分布往往是次要的，甚至是偶然的。但是，对于明显地摆在我们面前的、有机生命赖以演变的地表来说，这种分布比任何一种别的差别都更为重要；一切其他差别都只是存在于一种自然界内的差别，而它却是各个自然界的一种差别。无机和有机自然界以及人类生活的一切情况，在陆地上和在水中都不同。

陆海对立固然具有如此突出的意义，而陆地的不同部分和海的关系以及海的不同部分和陆地的关系，也同样具有巨大的意义。

海洋对陆地的分隔最重要；它的作用有多大，决定于分隔的程度。问题在于分隔是完全的还是不完全的，即把陆地分隔成为岛状还是半岛状。重要的还在于起分隔作用的海的宽度；因为有机体能够越过狭窄的海湾，且狭窄的海湾对气候几乎毫无影响。海的深度其实无足轻重，但却是海的起源和年龄的一个标志。这个标志对于起因于现今地质时代的现象，即气候和人类生活，固然无关紧要，但是它对于植物和动物的分布却是重要的，因为种、属，部分地也包括科，可以回溯到早期的过去时代，并且往往还能够越过今天已变成海洋的陆地。

海洋的分隔，首先产生了被大洋和三个地中海完全或大部分分割开的大陆，以及位于大洋中的岛屿，这些岛屿或者从未和某个大陆连在一起，或者完全和大陆脱离开了；其次是被较小的海隔离开的独立的岛屿和半岛，最后是被狭窄的海湾分隔开的沿海岛屿和半岛。大陆以及只是任意划归某大陆的大洋岛屿——虽然这些岛屿在构造上不统一，它们中有的和其他大陆往往比和本大陆更一致——从整个看，它们是陆地的最大的单位。因为它们在地貌上是单独的地体；它们具有自己特殊的河网，形成大气循环的特殊体系，大都各有不同的植物区系和动物区系，不同的种族和民族、国家和文化。由较小的海划分开的单位带来的差别也较小；但是，如果这种划分十分强烈、明显，像在欧洲、南亚和东亚、澳洲各岛、北极的美洲和中美洲，其岛屿和半岛具有鲜明的特性，使它们彼此之间有区别，也使它们和大陆本体的相邻部分有区别，因此可以把它们称为独立的岛屿和半岛。反之，大小不等的近海岛屿和半岛，只是被狭窄的大都是新形成的海湾分隔开，并且与海岸的发展过程相近，它们就很少具有什么特性，对主陆来说不是独立的。大的内陆海如里海或者北美的大湖区，在某种程度上都类似较小的海。

在排水方面，陆地和海洋的关系表现得最明显；人们可以把大陆以及岛屿和半岛分成各个海洋的集水区和内流区。它们也是河谷倾斜一致的区域和冲积物搬运方向一致的区域。它们对有机体的迁移和对交通具有某种意义，但不是决定性的意义。植物区系和动物区系以及交通区域并不和河流流域相重合，对它们的地理意义过去总的是估计过高了。李希霍芬所强调的外流区和内流区之间的对立，是从属于湿润的和干燥的区域之间这个更大的对立的。由风传递的气候关系是很强烈的；但是海洋对气候的影响不是单独起作用，而只是改变了数理气候和太阳气候，因此在作地理区划时只能和它们结合起来考虑。愈向内陆推进，所有这些关系或者渐渐地趋于消失，或者程度不同地为山脉所限制，因而对于地区的区划，按照与海的关系去划分和按照山脉的隔离作用去划分，大致是一致的。

在由海洋造成的划分之后，对于地表的区划就要考虑固体地壳的内部构造和形态方面的事实了，这些事实从它们的生成看虽然先于陆海的分布，但是从外表印象和作用大小看却次于陆海的分布。

具有不同构造和不同形态的区域，例如山脉、地块区、古陆台和台地，或者在地块区内的地垒、楔形地块、古陆块和台地，它们的区分也根据排水的方式、气候以及植被和文化的配置方式以及居民点的分布和交通的方向。在低一级的区划，即各个地区或者各个地方的区划，这种构造地貌单元大都处于突出的地位，而它们在高一级的区划中则常常必须退居次于气候区划的地位。

如果同类的构造和形态导致相同的从属关系和适应性，则和周围环境的差别就会起区分的作用。特别是大的完整地形如山脉，起着分隔两侧较低地区的作用，相反，凹地则分隔山脉和山脉区段。如果在阿尔卑斯山的区划上严格依据山群，则必须清楚地意识到：从水文和文化地理上看山谷更适宜作为单元。

河流也是一方面表现为单元，另一方面表现为分界，在考察人为的区划时，我们已经看到，河流从两个方向上都非常经常地被用于人为区域，但也看到它们在这一方向上和另一方向上都不适宜于自然区划，或者只有当它们和别的地区或界线相一致的时候才是适合的。

在陆地和水的对立、内部构造以及包括形态的差别之后，气候的差别也成为区划的基础。曾经存在一种奇怪的误解，就是人们有时认为可以从地区水平的和垂直的划分推论出气候的差别；其实它的原生原因是随着地理纬度变化的太阳辐射。气候的区划因此是自成一体的；只是在细分时它才取决于地区水平的和垂直的划分。古希腊地理学家的数理气候带，应该说不但是一种数理的和气候的区划，而且是一种普遍的地理区划，这种区划也涉及动植物生活现象和人类现象；它与习以为常的根据海洋分隔陆地而建立的大陆区分互相竞争。较多地针对现实，但时而偏于统计、时而偏于生理的近代地理学气候区域（参看第四编第五章第四节），有时——例如在帕萨格的比较景观学中——也被过分推重了。不管气候如何重要，却仍居于陆海分布之下，也居于陆地的大垂直划分之下，而且也只有从这些方面才能理解它。只有在一个均匀的水球上它才会完全独立，不受别的影响；可是事实上，在相同纬度上，在大陆不同的边缘和内部，在平整的和结构复杂的海岸，在山脉的向风面和背风面上，气候是不同的。

每个气候区有它的特点，这种特点贯穿所有的自然界，除了气候本身，也表现在土地形态方面，水循环方面，植物和动物界方面，聚居、农业和人类生活的其他现象方面，其作用常常超过土地构成和它的作用。撒哈拉和苏丹、利亚诺斯平原和亚马孙河的伊拉埃阿森林的对立状况，纯粹是气候的对立，并且在非洲或者南美的任何一种区划上都正当地得到重视。

对气候区除了注意它的特点，还要考虑它对其他地区的相对位置。在另一类区域隔开两个相似的区域时，植物、动物和人的扩散以及交通就受到阻碍，或者起码增加了困难。沙漠和高寒地带隔开了两边的较湿润的或者较温暖的因而对植物生长和耕种更便利的地区。草原或者开阔地区隔开森林地区，反之，森林地区也隔开这种开阔地带。另一方面，不同气候的邻接造成运动、补偿现象和交换现象，它们对于人类的经济生活和文化生活有重要的意义。

有机自然界和人类情况对地理区划的作用，比无机自然界的水圈、陆圈及气圈的作用要小，因为前者取决于后者要比前者决定后者多得多。前者从整体上说更多的是基于无机自然界的差别和区分的一种体现，而不能增添什么新事物。

地球的植物地理区划可以依靠植被或者植物区系，地球的动物地理区划则相应地可以依靠动物的生活方式和习性或者动物区系。植被的大的特点可以从气候来解释，其小的特点可以从土地来解释，而动物的生活方式则主要要从植被来解释；同样的气候产生同样的植被，不同的气候产生不同的植被。但是对于植物区系和动物区系，除了气候和土地所赋予的生活条件的差别外，还要考虑现在和过去海洋、高山、沙漠的分隔，或者一般说还要考虑别的植物群落。就是说植物区系和动物区系产生于按照相同气候和相同的其他生活条件所作的区划，而和基于隔离作用所作的区划相结合。在这里，植物区系和动物区系中每一组植物和动物，其实是随它们的寿命和传播能力而异的。虽然个别的植物区系界线和动物区系界线，比如东印度群岛的著名的动物区系界线，由于它们的重要性可以在对地表进行地理区划时加以注意，但是某些植物地理学者和动物地理学者对地球的植物区系和动物区系区划认为是道地科学的区划，这种主张则出自一种非常片面的理解，地理学不能采用这种理解。

人类地理区划的情况相类似。先前的考察（参阅本章第一节）已经告诉我们，根据现在的或者过去的国家区域或者民族区域来对地表进行区划是人为的。这个论断也适用于根据经济形式和文化形式以及根据交通区域和经济区域所作的区划。这种区划对于相关的现象系列及其结果是重要的，但是它们的作用却极少扩展到其他自然界，甚至也极少扩展到人类的其他地理现象，因而在作一般的地理区划时它们不在考虑之列。如果说自然区域往往和政治区域、民族区域、文化区域相重合，则其原因并不在于来自后者的作用，而在于后者取决于前者，符合了前者。只有在自然区域彼此逐渐过渡的地方，国家界线才可以作为区划的分界线。不使用政治的界线、人类学界线、文化地理学界线，这一点完全不伤害政治地理学、人类地理学和文化地理学；相反，如果人们在自然区划的范围内不偏不倚地考察人类的地理现象，比一开始就把这些现象作为区划的基础，更能清楚地从它们的自然规定性来理解它们。

这样，地球的区划和大陆、地区和地方的区划，就呈现出异常多样复杂的现象。我们可以根据这种复杂性建立地球空间的类型，既有相同和不同的事实，也有分开或者结合的关系，它们导致对复合体的理解。在这方面，差别性或者关系的重要性，完全不一定总是符合它在原因系列中的地位：成因上某些次要的对立，它们的作用在所有的对立中却最大，因此在地理区划上必须把它们放在优先地位来考虑。

只根据一个原则对地表进行区划是不可能的；相反，一种自然的地理区划只能多少是折中地建立在多种区划因素的结合上。任务在于以比较的方法概括这些因素，并估价它们的重要性。陆地和海洋的对立情形，内部构造、固体地壳外形的区别，气候的区别，还有由水体分隔成的陆地，由山脉分隔开的平原地方，或者由洼地和山谷分隔的丘陵，由草原和沙漠分隔的林区和农业区，由森林分隔的干燥区域，以及有时还有不同的地表状态间的关系，例如陆地对水的关系，所有这些都必须吸收来作为区划的依据，因而在许多情况下人们会犹豫，何种区划依据应占优先地位。固然，人们出于逻辑的原因，在同一个单位中必须保持同样的区划依据，但是在区划的不同阶段上，以及在不同的单位中，人们可以赋予其他区划依据以更大的意义，因而就可以变换区划的依据。在这里是可能存在一种双重关系的。一方面各种不同的区划依据可以互相补充，只要各种不同的现象其作用方式一致。这一点特别适用于各种不同种类的分隔，比如由于海洋、山脉、沙漠或者森林。因此，我们乐于把半岛对大陆本体的界线，例如西班牙半岛或意大利半岛的北界，划在山壁上，因为它补充海的隔离作用，虽然在构造上山脉是海洋的最大的对立面。另一方面，各种不同的区划依据也可以互相矛盾。像图林根林山、比利牛斯山、阿尔卑斯山这些山脉都是构造单元，但是同时又是其两侧的地方之间的分界；要使基于构造同类性的区划和以山脉分隔作用为主的区划调和起来是不可能的。正是这种困难，使每个致力于研究地表自然区划的人绞尽了脑汁。

大多数人都想努力解决这个困难，但却没有觉察到这是在试图把圆的变成方的。例如赫策尔提出这样一个原则，认为人们不要把一条山脉分割开，而要把它划归这一个地区或者另一个地区，应该指出，他的地区不是根据构造的同类性而是根据海洋的分隔提出来的，这样他就忽视了山脉事实上位于两个地区之间，它的一个山坡属于一个地区，另一个山坡则属于另一个地区。如果人们变换区划的依据——这往往是适宜的——就必须接受这样一种弊病，即低级的区划和由高级区划得出的单位不相符合，而是超出或者落后于它。人们必须把在高级区划中被分割开的区域，例如作为界线的山脉，理解为一个单元；这样，人们对两侧地区的哪一个作综合考察，是把法国一侧还是西班牙半岛一侧作为比利牛斯山的特征，就是无关紧要的了。

在这个困难中，已经明显地表现出对所有地表区划方法价值的判断。有些教师以值得称赞的干劲赞成把地理课程建立在自然区域上，并要求把自然区域当做地理教学单位，他们认为自然界中存在一种十分明确的地表区划，而问题只在于正确地认识它。这是错误的。甚至在个别的自然界范畴中也不存在确定的自然区域；基于各种不同的范畴的区划以极端复杂的方式互相交错，任何一种区划都不能说绝对比别的区划优越。地理学者必须在这些区划中间选择，如何选择决定于他们主观上对于这些区划的意义具有的价值所作的判断。因此，人们实在不能说哪种是正确的或者错误的，只能说是合适的或者不合适的。没有一种普遍适用的区划可以适合一切现象；只能努力找到一种区划，它的优点尽可能地多，而缺点尽可能地少。

正是最高级和较高级的单位本身表现出最大的区别。大陆还有大的岛屿和半岛，包括完全不同的山脉构造区段和完全不同的气候。大的构造单元时常被海洋分割开，分属于不同的大陆，并且在气候上也不同。反之，大的气候区域在构造上是复杂的。班泽的大陆绝大部分不外是早已提出来的大陆的主要单位，绝不是自然的大陆；例如南美被两分为一个安第纳和一个东南美而弄得支离破碎。一位著名的地理学家有一次严肃地向我提出这样一个问题：法国景观和德国景观的区别在哪里？事实上既没有一个法国景观也没有一个德国景观；法国的各个部分之间或者德国的各个部分之间只有在次要的特征上才是互相一致的。此外，布列塔尼、普罗旺斯，或者皮卡尔迪厄和加斯科涅是完全不同的，况且这里从土壤或者气候导致的差别，贯穿于所有地理现象之中。地理学必须理解这些不同的景观；它用不着力求做到很圆满的地步，但是也不要对法国或者西班牙的整个自然情况只有一种模糊的理解。一个地区越靠近我们，由于这样或者那样的理由越使我们有兴趣，我们就越是需要对它作进一步的区划。德国人必定对黑森林山、萨克森的小瑞士或者吕内堡草原有一个清楚的概念。

把地球划分为大陆、地区和地方的区划，在逻辑上相当于历史学和历史地质学的分期；因为这两者都涉及为了理解和表述而把一个联系在一起的整体分解开，不论是哪个学科领域都没有一种放之四海而皆准的划分，因为不同现象的表现是不同的。但是在历史的划分和地理的划分之间存在一个重要的区别。在历史方面涉及的是一种时间的次序，涉及一种先后关系；在地理方面则涉及一种空间的毗邻关系。因此，在历史上随着划分本身也就形成了单位的一定的顺序；而与此相反，大陆、地区和地方的顺序是任意的，哪一个也不得优先。固然，人们可把欧洲的地区按它们在历史生活中的觉醒排出一个次序，把它说成是符合自然情况的；但这种观点完全是片面的，和地区的自然情况格格不入。地区年龄这个概念太过于含糊，无法以它作为依据。有这样一种思想，李特尔也曾有过，它把位于中央的地区当做大陆的核心，赋予支配的地位，并因而把它们列在前面，这种想法是从一种错误的见解出发的。不存在地区的等级次序①。

第七章　景观的美学价值

在我们考察地理学的性质和任务时，已经谈到过美学地理学，它试图确定不同地方和地点的美学价值（参阅第二编第五章）。我们在本书这个部分前面所作的尝试，是确定构造理论科学内容的概念和原则，那么现在我们也必须探索美学地理学的一般概念和原则。

第一个根本性的事实是美的主观特征，或者一般地说是美学价值的主观特征，而美学价值不仅可以表现为狭义的美，还表现为景观的庄严、伟大、明朗、优美。现在人们相当普遍地相信，这些性质不存在于自然界，而是人类带入自然界中去的观念。只有这样才能解释为什么美学评价在不同的时代、不同的民族、不同教养阶

① 在我的论文《关于地表的地理区划》（Die Geographische Einteilung der Erdoberfläche，1908 年《地理杂志》第 137 页及以下各页）中，我作了一个区划的尝试，但这已超越本编的主题了。还请参阅我的“地志纲要”。

层的不同的人是有变化的，甚至同一个人在不同年龄和不同的时刻，根据他的心情和外部环境，也有着变化。这些特性给予感觉的影响，旅行中所遇到的炎热、严寒、风、雪、雨、饥饿、干渴各种不便，马车夫和挑夫的怨恨等等的影响，人们固然多少可以排除掉；但是，更一般的主观的东西仍然保持着，即一种美学的判断，它更多的是由我们时代有教养的成人从一般说是我们民族局限性的立场来作出的。此外的人们，将必须满足于描述这些特性，这些特性是美学评价的基础，并决定美学的评价。

对于美学评价最重要的是表现在外形和色彩中的景观图景。此外起作用的还有声调，像小溪的潺潺流水声，鸟儿的歌唱，或者令人不快的噪音，起作用的还有气味和温度；但是，这些作用却完全居于景观图景之后的次要地位。一些美学家，如费希纳，在美学评价时赋予联想的观念（历史的回忆和神话的回忆等等）以巨大的意义，而罗斯金走得更远些，他一般只承认狭义的历史景观是美的。此外，毫无疑义，许多人、也许是大多数人，把对风景的欣赏建立在对伟大人物、对战役和别的历史事件的纪念上，对传说的联想上，还建立在个人愉快事件的回忆上。但是，虽然权威如罗斯金，我却觉得这在景观的美学评价上是一种次要的形式，我几乎想说，只是一种起干扰作用的伴生现象；一种纯天然形成的景观，可能具有和历史景观同样的美学价值。

用景观是否适宜垦殖的观点对它作评价也是一种特殊的方面：这种评价主要出自实际生活中的人物，美学家往往轻视这种评价，那是不应该的。它完全不一定是琐事，而可以涉及伟大的远景。在殖民者的敏锐眼光中，整个森林景观会转变成农业景观：田地和果园、村庄和农舍、公路和铁路纵横交错着。技术专家会在景观中设想到横跨山谷的高架桥，在挖掘运河的地点，工业家设想到了矿山和工厂。他会焕发各种设想；将来之对于他，犹如过去之对于历史学家。利己主义的思想容或掺杂进去，但是，基本思想却是向着人类的进步。

在景观的统一性、现象的谐调这个观点下——用格拉德曼的说法是和谐的景观图景，按福尔茨的用语则是节奏——目的论的考察已经更接近美学考察的真正本质；因为在我看来，这两种用语所具有的美学意义多于理论意义。有一些景观，它们那里一切现象的相互联系和相互谐调特别突出，人们觉得这些现象是一气呵成的杰作，而另一些景观不那么严谨，或者还包含着格格不入的组成部分，特别是那些人类的作品。但是这种形式的美学欣赏是和对景观本质的深刻体会分不开的，因此大部分人领受不到。自然，人们常常听到这样一种论断，即科学的理解损害了对景观的美学欣赏。但是这只适用于科学的一种低级形式，它研究纯粹的地形学或者对景观的单纯的分析。综合的理解导致对景观的充分了解，恐怕从思想上重现它也会促进美学的欣赏。这个道理适用于地理学和景观美的关系，正如美学和艺术的关系一样。

景观必须有一定的范围，像恰到好处地镶嵌在一个框架中以表现出美；在空间上它必须构成一个整体 。如果一个外来的、不属于这个景观的片段落进这个图景中，就会破坏这个图景的统一性，并从而破坏它的美的一部分。但是如果观察者用手遮住这个外来部分，或者闭眼不看这一部分，他多半可以复原这幅图景。

一个景观要使人感到美，就不能单调，而必须是变化多端、复杂多样，这和现象的和谐以及景观有范围并不矛盾；因为单调使人疲倦。广阔的平原上远景是这样大，以致可以想象成海洋的景色，但是如果人们几小时地穿越平原漫游，即使是骑马或者驱车，只要没有植物生长的强烈变化带来变换，就会感觉疲倦。原始森林中虽然植物异常丰富，生长异常复杂，长时间行军也会引起沉闷感，盯着一个被森林密不透风地覆盖着的山坡，由于缺乏对照，就说不上美。在景观中，长长的直线是会刺眼的。固然，如果景观不应使人们感觉烦乱，不应显得不和谐，那它也不宜表现出过大的形式对立和过分的华美色彩。景观如果和运动连结起来，运动的形式和色彩又不断变化，那它的复杂性就特别显著；波浪、流水，或者跌水、行云，动荡的树叶或者摇摆的草茎，其迷人之处就在于此。但是，过分强烈的运动又会干扰美的享受。

美学的作用来自景观的一切现象，如固体地表的形相，水，天空，植被和动物界，居民点和人类的作品。详细讨论这种作用不是本书的任务；这一章也不应成为美学地理学，而只是阐述它的概念和指导原则。美学地理学的任务也不在于评论自然界的各种事物和现象，而在于就其美学价值来评价自然界的整体。既在科学的意义上，即根据现象的因果联系，也在美学的意义上，即根据对人类感觉所起的作用，景观都是单位，说得更合适些则是形体，它们对人类的感觉引起一种统一的作用。这就是班泽在错误地把感觉作用放到景观本身中去时称之为景观的灵魂或者景观的环境的东西，也就是福尔茨所说的景观的馥郁之气。拉采尔提出景观的风格，从而创立了最客观、最符合美学的用词。因为事实上如同艺术史中各个时期的各种不同风格那样，人们也可以区分景观的各种不同风格，不同的艺术风格对不同的人会引起不同的反应，这个人也会喜欢这种景观风格，而另一个人则会喜欢另一种。哥特式和文艺复兴式不一样，北方的景观或者阿尔卑斯和意大利的景观也是互不相同的。这个人喜欢山，而那个人喜欢海。

人们会尝试按照景观的风格对它进行比较和归类；但是，这时人们将会碰到对景观进行科学理解时相似的困难，因为美的作用来自不同的自然现象，而这些现象的分布却服从不同的规律。因为美学的理解大都只涉及一个有限的景观，只在具有广阔的远景时才包括较大的空间，因而决定地表最重大现象的地理原因就更不明显了。占据突出地位的是土地构成：山脉、高地、平原和它们的各环节，以及它们的单个形相；另一方面是气候和其主要特征取决于气候的自然景观及农业景观中的植被。在某种程度上我们可以说，气候更多地决定大的地区，而土地构成则使这些大地区形成次级的变异。我们大致区分为北方景观，意大利景观，沙漠景观，热带景观等等；但是就是在意大利，冰川造成的阿尔卑斯山谷，纯粹河流作用造成的北亚平宁山，阿布鲁增石灰岩山，维苏威火山，坎帕格纳地带[①]，表现得多么丰富多彩啊！建立一个统一的景观风格分类恐怕是不可能的。人们最近刚就亚马孙河的赤道低地发展了和谐的景观图景这个概念，对于美学意义上统一的景观，这块地方是一个出色的范例，它的风格是由赤道气候决定的。但是，即使还在这种气候范围内，一旦我们登上山地，风格就起了多大的变化！

① 坎帕格纳是罗马周围的有丘陵的平原。——译者

人们一定要研究一下，我们根据现象的因果关系时景观提出的基本原则，是否可以和在多大程度上可以按其美学作用运用到景观中去。注意一下在不同大陆上各种风格的重复出现，似乎会是特别富有教益的。

第八章　景观的实用价值

关于景观的实用价值，即它对人类生活实践所具有的价值，比之美学价值，没有多少可以补充论述的。我们已经谈过实用地理学的任务，并且已经看到，实用地理学按照人类不同的生活实践可以划分为若干学科，在这些学科中，聚居地理学、交通地理学、经济地理学、军事地理学、政治地理学是最主要的。它们涉及正确评价那些地方的自然界为居民点、交通、经济生产的各个部门以及商业、军事行动、国内外政策的措施提供的条件。但是这些条件是这样广泛，这样复杂，这里只能阐述最一般的观点。

在这里，地理学的问题也不在于各种具体的对象，如岩石、植物、动物或者人种、民族、宗教等等，而在于地区和地方本身无机和有机的自然情况、它们的居民和它们的文化。这涉及土地构成和土地状况，包括内部构造和深部埋藏的矿藏，涉及河流的河道和流量，气候、植物界和动物界、聚居、交通、经济生活等等，但绝不是涉及这些现象中孤立的某一个，而总是和别的现象一起存在和共同作用，即涉及地区和地点的一般特性。问题不只是：存在有价值的原料吗？而是还有：有劳动力吗？必需的机器可以运到那里吗？运费不太贵吗？所有这些问题只能从整个的地区自然情况出发来解答，也就是只有在地理的基础上来回答。一个地区对于定居的价值是由气候和卫生条件，土地好坏，交通条件和市场条件等等组成的，同样在于地区的整个地理情况。在计划建造一条铁路时，人们除了考虑这个地区的土地构成外，还要注意它的水利情况和气候，以及生产和生产的可能性。

不同的地区和地点之间有类似之处，把它们罗致到一起就容易判断。在某些方面，实用地理学也要注意到景观类型。但是，不是说把所有现象包括无遗；相反这些类型总只是针对一系列现象，而把另一些现象略去。这些类型要与前面(参看第四编第六章第三节)已经讨论过了的类型相衔接。很多类型出自地表的外形。山脉不管出现在哪里，都具有与崎岖不平相关联的某些特性，正是由于这一点，人们才可以进一步谈到各个种类的山脉和地表的所有其他主要形式。

第二系列类型是从气候得出来的。炎热和严寒、日照和降雨，就已经直接影响人类的一切活动和整个生活。但是地区的土壤和水循环，最重要的还有植被和与它有关的动物界，都决定于气候。不同人种的健康和劳动能力是受气候影响的，或者简言之是他们适应气候的可能性。不但是农业完全离不开气候，气候的影响还广泛地扩及矿业、工业、交通和商业。在这方面的这种影响不是那么显而易见的，气候的特性不像人们有时想象的那样易于掌握。因此，不是表面地根据个别数据，而是着眼现象的整体来区分气候类型，就具有特别重大的实用意义。

对于由大陆和岛屿的分隔而产生的现象，特别是表现在植物区系和动物区系的差别中的现象，也必须注意，并可以按类型加以概括。

还可以找到其他的类似情形，也可以提出另一些景观类型，以便于实用的判断。但是，每个地区和地点同其他地区和地点的区分，最终都是根据典型的性质起作用的程度，根据各种不同系列性质的结合，而实用的判断和理论的认识一样，最终必须总是个体的。如果忽视个性，就像不去理解反复出现的东西和典型的东西，是同样大的或者甚至更大的错误。

如果地区的实用评价首先是为某个人的利益服务的，或者为一个较大集团，例如国家的经济利益和其他多少是利己主义的利益服务的，那么它同时也是为文化进步服务的，从而获得道德的意义，从某种意义上说甚至获得宗教的意义。我们赋予地区和地点大小不等的价值，根据它们为人类垦殖服务的程度，根据它们给人类垦殖提供的土地的有利程度，而按宗教的感情，则要把这种垦殖的评价以感恩戴德的敬仰归之于创世主。

垦殖的评价和美学的评价可以是一致的。如果我们看到由于开垦耕地、进行种植和建筑人类住宅而使原始森林中出现了空地，就不但使景观图景有了生气，打破了它的单调，而且由于人类在这里找到了生活和活动的场所，而使我们感到愉快。在被砍伐而没有再植树的林场景象中，烧焦的树干、杂乱的灌木丛，土地荒芜，看上去令人生厌，伤害了我们美的感受，而且我们还要抱怨破坏了抵御冲刷土地的有效防护，去设想洪水将会带来的灾难性后果。但是垦殖的评价也可以和美学的评价相矛盾。这方面最有名的例子是阿斯旺大坝。美丽的菲莱寺由于筑坝而被毁了，显然这是令人惋惜的；但是，如果我们想到埃及的耕地因而可以成千公顷地扩大，一百万以上的人口由此而获得生活的条件，我们判断的倾向就会偏于垦殖评价的一边。就是我们海得尔堡人，如果不是由于得以证明牺牲风景的美只换取到比较小而且不可靠的经济利益，也将不得不忍受由于建造内卡运河船闸设施而使我们的地方美景面临损坏。

第五编　地图和图片*

第一章　制图学的意义和发展

文字只能恰当地表达我们观念的一部分。用文字表达不出空间的观念，或者只能是大略地表达。莱辛在《拉奥科恩》①一书中讲过，叙事诗是不可能的，因为文字是按时间先后排列的，而被叙述的对象却是在空间上并存的。这种区别不仅适用于文字艺术和造型艺术，而且适用于任何文字的表述和形象的表述。这种区别对于地表的地理表述具有特别重要的意义。在这方面，文字也是不够的，它只能以最一般的线条勾画地表的形象；只要一接触到细节并且想描画出哪怕只是稍微完整一些的形象，文字就不清楚了，就模糊了，这一点人们可以很容易从古代的大地描述中得到证实。

---

* 本编第一、第四和第六章是根据我的论文《关于制图表述的性质和方法》（über die Eigenschaften und Methoden der Kartographischen Darstellung，《地理杂志》1910 年，第 16 卷第 12 页及以下和第 73 页及以下部分）写的。此外埃克特的主要著作《地图学，制图学作为科学的研究和基础》（*Die Kartenwissenschaft*，*Forschungen und Grundlagen zu einer Kartographie als Wissenschaft*，两卷，1921 年和 1925 年）的出版，我获得不少教益。也可以参考在《地理年鉴》（*Geographisches Jahrbuch*）中哈默尔和哈克的报告。

① 拉奥科恩是特罗亚地方专管宗教事务的教士。他和两个儿子被两条蛇缠死。罗得岛的许多艺术家集体为他制作塑像。德国莱辛为这个塑像写了一部书，书名《拉奥科恩》，论述这个塑像的艺术价值。——译者

因此除文字外必须用形象的表述，换句话说用地图，此外还要用立体图、剖面图、图解和图片，才能把地表的复杂现象按照它的排列搞清楚。它们不只是文字表述的偶尔补充和说明——人们有时却是这样认为的，而是和文字同等重要的另一种表述方式。它们和文字同样具有独立的表达作用，按逻辑的用语是独立的判断，对于懂得地图表现方法或地图语言的人，这种判断独立地提供关于地表的知识，在某些方面地图比文字好，在有些方面则不如文字。因此，地图和地理图片并非艺术品——如果我们采用艺术这个词本来的意义的话——而是科学产品，它们只能够附带地力求艺术的美。由于表现的双重形式，地理学有别于其他大多数科学。

地图已经有悠久的历史。我们从爱奥尼亚人的科学时代就知道它们，但是似乎在此以前已经有了地图。直到十八世纪的较晚时期，地图的内容仍然大致保持原样。它们标示陆和海的分布，河流、湖泊和山，有时还标示植被，总是喜爱标示聚居活动和道路，特别在较后时期也标示出国界，有时还标示出民族的住地，而地质构造、水流的物理情况、气候特征、植物界和动物界更细致的特点，以及人类生活的许多现象，在普通地图上是没有地位的。因而就没有一条内在的纽带把表现在地图上的对象或者地表的情况联系起来；它们几乎属于一切自然界，而在各自然界内部又属于各种不同的考察范畴。它们的共同标志是外在的：这些现象或者是能最直接地感受到的，更准确地说是眼睛能感受到的，因此不论是最早的地图学者还是现在的大部分制图学者，都把这些现象当做地表的真正内容；或者是国境线、民族住地这些现象，它们具有特别重大的实际意义，尤其是政治和军事意义。大约在上世纪中期，老的一派偏于注意国家区域及其边界和城市，另一派则注重地形，从而就形成了地图的两个流派。

主要在十九世纪的更晚一些时候，除了普通地图或者地形图[①]以外出现了另一些地图，它们描绘固体地壳的地质组成，温度和其他气候情况，植物界的组成，人口密度，经济情况，还有无机或者有机自然界和人类生活的其他现象。列入地图表述范围的现象现在越来越多；可以说，地理学研究的每一现象系列，都只有通过一种新的地图才真正完全地被了解。和地形图相对应，可以把这一类地图称为自然地理图和人类地理图；应用地图这个词我觉得不很恰当。和地形图相比它们在内容或者表述方法上并不存在根本的区别；它们共同的特点是不够一目了然，但是，我们不要因此就把它们的内容说成抽象的东西；因为在这些地图上描绘的现象部分地和固体地表的形式一样具体和可以感觉到，就是在概念的变换和抽象上也不存在任何截然的区别。

制图学还完成了第二个主要变化，但这主要只是近代的事情。在古代，除了个别概略图以外，大部分地形图都是小比例尺的一览图，是按极粗略的轮廓绘制的。较晚一些才有了较精确的路线测绘和大地测量，也才需要使用较大的比例尺，或者换句话说从一般地图过渡到了专门地图，专门地图的比例尺随着时间的推移而越来越大。虽然如此，直到今天，不算概略图，只有很少地图的比例尺大于 1 ∶ 25000，就是在我们德国，过渡到 1 ∶ 10000，甚至

① “地形图”这个词运用在两个完全不同的意义上，一个是一览图，但不是用较小的比例尺，而用较大的比例尺；一个是普通地图，而同自然地图等等完全不同。我在后一个意义上用这个词。

1：5000，也完全是最近的事。这样，小比例尺的地图就有了另一种意义；因为它们还能起到一览图的作用，现在大都不再直接从自然界，而是根据大比例尺地图来绘制。自然地理图和人类地理图也完成了同样的变化，或者随着时间推移将要完成；开始时用小比例尺的地质图，现在已采用和地形图一样的比例尺（1：25000）绘制。近几年来我们支持植物地理专门地图，人口密度地图现在也往往采用军用地图的比例尺（1：100000），或者稍微小一点；如果说气候图仍然停留在小比例尺上，则主要是由于资料缺乏，特别是气象观测站之间的距离过大。在这类自然地理和人类地理表述中，除了专门地图外仍保持着一览图，而一览图现在也不复是直接从自然界绘制，而是根据专门地图。

这样，自十九世纪初以来，地图经历了一个巨大的发展。先前只局限于个别特定的、虽然是最明显的而整个看是最重要的地表现象，现在却几乎是注意到地理现象的整体。先前只是采用小比例尺，因而是照大的轮廓绘制的，现在却越来越向大比例尺过渡，因而在它描绘的范围里收入了详细的内容。通过这两种变化，它才变成了我们可以说是同它的真正任务相称的东西，即一种独立的、和文字表述并存而在许多方面优于文字描写的表述形式。

更为需要的是对制图方法进行研究。虽然我们有许多关于地形图的研究，特别是关于地形描绘的研究；虽然对别的地图种类，特别是地质图，已经根据它们所属的科学领域的专门观点进行了研究；但是直到前不久还缺乏对自然地理图和人类地理图的广泛研究，这种研究正是通过各种不同地图种类的比较，引导地理学者对表述方法作出有意识的和可靠的判断，并提醒逻辑学家注意迄今几乎完全被忽视了的对这种特殊表述形式的研究。这样的方法论研究属于地理学的方法论，但是它只能涉及一般的逻辑问题。地图技术的问题不在这种研究以内。

第二章　制图工作

制图工作从地图的设计开始。如果决定绘制一幅某地区的地图，不论它是一幅地形图还是自然地理图、人类地理图，必须搞清楚这个地区的边界、与预定的详细程度相应的比例尺和为地图选用的投影。当然，这个问题对原始测量和推演出来的地图是不同的；在推演的地图上这些问题起着较大的作用，但是每个想绘制地图的人在某些方式上都面临这些问题。

然后才能研究地图的内容。必须先收集要在地图上进行加工的资料，不管它们来自自己的考察和测量，还是已经记录在地图、图片和书籍上。通过大地测量和路线测绘取得资料，根据这种资料所作的地图设计以及文献研究，包括资料来源鉴定，已经在第三编作为研究工作的组成部分叙述过了；这里讨论的是进一步的加工。

绘制地图首先必须根据已有的一些地图，因为只有它们具有必要的空间准确性和详细程度；但是，地图绘制者要是满足于此则绝不会把事情做好，而是必须观察尽可能多的图片和阅读文字表述，才能获得关于这个地区的一幅生动的图景。因为只有对所要叙述的地区有清楚的观念，才能绘制出忠实于自然情况的地图。因此，自己对于地区和自然情况的观察，对于制图者来说是十分有益的；我们殖民地地图的绘制者莫伊泽尔，为了亲自观察殖民地而到那里去旅行，这是有道理的。

制图工作者的工作同时是科学的活动和绘图的技巧；必须手脑并用。自然，许多制图人员只是绘图的；但是，他们停留在手艺人的水平绝不能圆满地完成他们的任务。一个好的制图学家必须受过地理学的教育，科学地掌握资料，懂得他所要描述的地表形态和状况。从很多地形图、专门图以及一览图上，人们可以觉察到绘图员缺乏对地貌的了解；例如经常把带有宽阔高原的古陆山地画成同山脉一样。真正绘图员的工作主要是绘制地形图；因此，他必须而且特别是在理解地形图中所要表现的现象方面受过训练。但是，地图集和期刊也逐渐登载自然地理图和人类地理图，这就是为什么绘图员也必须胜任这类地图工作，也就必须深入地研究过地理学的整个领域。

另一方面，地图绘制要求熟练的绘图技术以及复制方法的知识，因为在某种程度上必须根据它们来安排绘图方法。这种绘图技术比门外汉的一般设想要困难得多。单只学会书写一种好的地图字体就要求多年的练习。但是，最困难同时也是最重要的是绘制地形。绘制地图还要求具有鉴赏能力；绘图员必须从手艺人提高成为艺术家，如果我们用这个词的转义的话[①]。对一个好的绘图员提出的要求是如此之高，并不是一个普通的地理学者能够附带达到的。他应该能够绘制自己使用的地图，并为制图学者绘制

① 参考贝克尔《制图学中的艺术》(Die Kunst in der Kartographie)这篇文章，见1910年出版的《地理杂志》第16期第473页及以下部分。

地图;但是,如果他要绘制可以付印的地图,他将是只能做到业余爱好者的水平,反过来,制图学者则必须掌握整个绘图技术,而一般——只有少数例外,如基佩尔特父子——只在有限的范围内有能力从事科学研究和文字表述。这里必须有劳动分工和职业分工,但是却不应因此导致完全分道扬镳;狭义的地理学和制图学之间的联系必须保持;因为制图学是地理学的另一半。

可以把制图的表述因而也就是制图工作划分为不同的阶段。

原生的或者原始地图是和地区的制图测量直接并行的。它们可以划分为两个主要类别:大地测量(平板仪图和根据这种图绘制的军用地图)和路线地图,自然还有一些中间层次。大地测量的独立工作由地方当局管辖;一般习惯于把测量学者和整理这种地图的地形学者同真正的制图学者区分开。制图学者的工作开始于进一步加工大地测量和旅行家的路线图。往往旅行家自己也从事这项工作;但是,这种工作一般是由真正的制图学者进行的。首先要做的是:对各种测绘(无论是来自大地测量,还是来自结合天文定点或现有铁道线的路线图等等)进行批判的综合整理,取得一个大致比较正确地反映空间关系的网。然后把沿各旅行路线所作关于土地构成、水文、聚居、道路等等方面的考察所得填入这个网中,并把各条不同路线的考察组合起来。这时需要科学的想象,这种想象越是和科学的判断结合起来其结果就越可靠。来自路线测绘的地图设计是一种艺术,这种艺术需要经过训练才能掌握。像基佩尔特父子、佩特尔曼、哈森施泰因、弗里德里希森、施普里加德、莫伊泽尔等人——这里只列举德国人——都是很出色地掌握这种艺术的。

推导出来的或者叫做派生的地图，是在原始地图的基础上绘制的。矛盾当然不会尖锐；从某种意义说，就是基于平板仪图绘制的军用地图，或者基于原始路线测绘绘制的地图，也是推导出来的。但是这些是完整的地图，像福格尔的德帝国地图，或者我们的大型图册中的那些地图：德国的有施蒂勒、德贝斯、安德烈，英国的有巴尔索洛梅伍，法国的有马丁和施拉德尔等人绘制的地图。前者是地理学的资料，就像文献、编年史、驻外使节报告、回忆录等等是历史学的资料一样，而后者则是经整理的和狭义的表述。因而不应以任何方式贬低它们的科学价值。科学的整理和表述是和获取资料同样重要和同样宝贵的；如果把这种工作称为汇编工作，那是不公平的，并且是出于无知的，因为人们对汇编只应理解为无需独立思想活动的那种工作。固然有许多地图只是汇编出来的东西，是别的地图的没有独立性的临摹；这些是应予反对的害人者。这类工作和原始地图的工作不同之处只是在方式上。在广泛搜集资料并对这些资料进行批判地研讨以后，科学的观点就可以获得充分的根据。这特别涉及双重形式的概括，这种概括完全不应是机械的，而是要求有事实根据的理解和判断，否则在选择和简化时就会正好把主要的内容丢掉。

可以把根据推导出来的地图而绘制的地图称为第三和第四级的地图。如果把军用地图看成是派生的地图，这在某种意义看是正确的，则上面列举的地图就可以称为第三级的地图。完全属于这一点的有地图册的一览图，教学用地图集的地图，挂图和许多别的地图；它们和军用地图的区别在于进一步的概括，部分地则在于适应一定的教学或者实用的目的。它们也不应只是汇编，在这些地图上，概括和对一定的目的的适应也意味着一种独立的精神劳动，只是在后一种情况下它不再是纯粹科学性质的，而是教育的或者实用性质的。

第三章 地球仪和地图投影

每种地图或者类似的地表表述，都可以区分为关于纯空间关系的网和关于纯空间关系的理解和内容。网的设计是和地点测定相符的，它和地点测定一起构成数理地理学的一个组成部分，我们把数理地理学只理解为地理学的辅助科学；这种设计其实还不是地图，而是绘制地图的必要前提。这种设计也包含着门外汉往往想象不到的巨大困难，但是从事地图绘制工作的每个人都必须意识到这些困难。

这些困难首先产生于地球是球形，因此人们一旦意识到这一点就会发觉这些困难。要不失真地再现一个球体，只有在一个球体上才是可能的；唯一正确地表达地表的是地球仪，因此特别是从文艺复兴时期以来地球仪起着重大作用，并且在地理教学中尤其应当发挥更大的作用。但是，实际上它只是在理论上而不是在实践上发挥这种作用。如果人们把地区的轮廓或者一般地把地形情况用手工绘在地球仪上，那是能够完全真实地把空间情况绘出来的；但是，大量制造地球仪时就要求机械复制，这时就不能把地图内容直接绘上地球仪，而必须把它绘在纸上，再贴到地球仪上。在平面上描绘会带来任何投影都含有的误差。此外，有决定意义的是制造和使用大地球仪的困难和实际上的不可能。一个半径 27

厘米的地球仪已经是够大的了，它的比例尺是 1∶2500 万，亦即比我们教学用地图集中各洲地图的比例尺大不了多少。它已经满足不了对欧洲各国和其他大陆人口稠密诸国一目了然的观察。只有在极少情况下可以设计更大的地球仪，像 1900 年巴黎世界博览会的大地球仪。地球仪越大，对它进行观察就越困难；必须把它转动着看，或者绕着它走，用正形投影图像是透视的。要以更大的比例尺作更详尽的表述的话，就必须转而用地图。

只有对范围不大的地区，地表的球形弯曲才不起什么作用，可以直接在地图上绘制而不会发生较大的误差（所谓平面地图）。如果所表述的地区更大了，并要分成多幅地图又不愿放弃它们的相互联系，象在较大型的地形图集上经常做的那样，就必须考虑到地球的球形，采取一种适当的投影把实际的空间情况转换到平面上。古时候人们已经认识到这种必要性，不少投影方法是从古代流传下来的。十六世纪以来，墨卡托、阿皮安、德利斯勒、邦内、兰勃特和其他许多人研究出一些新的投影方法，促进了投影埋论，最近蒂索特和赞同他的哈默尔完成了误差理论。如果说最初主要是运用透视投影，即从一个确定的、固然在实际上往往是不可能的立足点出发看地球，并照那样把它绘制出来，后来人们放弃了这种做法而使用纯数学投影。人们可以把地球、地球的部分直接转换到平面上，或者一个圆柱体上，或者一个圆锥体上，然后把它们展开（方位投影、圆柱投影和圆锥投影），这样转移时要放弃严格性而作适当的修正，因此就要区分非真实投影和真实投影。

但是，对于投影的观点，数学家和地理学家，特别像布罗伊辛以及追随他的德贝斯和埃克特，所强调的方面是不同的；数学家着

重于合乎逻辑而巧妙地贯彻某种原则，地理学家则着重实际的应用，即图形和实际尽可能地近似，测定长度、方向以及面积的可能性。在细节方面，要求又会各有不同。一般习惯于区分为三种要求：角度忠实或者说等角，长度忠实或者等距，面积忠实或者等积[①]。数学家偏爱角度忠实，这是指从一点引出的线在地图上构成的夹角和实际的相等。但是，只是对于小距离，严格地说只是对于无限小的距离，情形才是这样；如果距离较大，方位角常常变得很错误，从而角度忠实就失去了它的大部分实际价值。长度忠实也不是对地图上所有的线都适用，而只适用于从它的中心点引出的线，由于这个理由人们也曾建议用中心距离忠实这个名称。面积忠实，特别是按照策普里茨的先例，在许多新地图集中十分受重视，因为出于许多目的都有理由赋予面积测量以特别大的价值，而在面积忠实的地图上作这种面积测量当然是最简单的。除非为特定目的，人们避免使用像墨卡托投影那样的投影，它使高纬度上的面积显著过大。但是，我完全同意埃克特的主张，认为单纯强调面积测量而使用带有重大缺点的投影是不正确的；平面形状的普遍近似是更重要的，因此那些实际的制图学者，特别是德贝斯，又重新转向任意投影，这种投影上对上述任何一种要求都不完全满足，但每一种的误差却都是尽可能小的。人们必须始终考虑地图的目的。现在常常对满足另一种要求注意过少，而它对于许多地图来说至少和角度忠实、长度忠实或者面积忠实同样重要，那就是把纬度圈绘

① 如果埃克特恼火“忠实”这个词，我认为未免有些过分学究气了；使用“忠实”这个词绝不一定意味着相同，而是可以意味着类似。

制成水平的直线。如果纬度圈是弯曲得利害的线，如果人们不再能一眼看出纬度的话，气候和一切由气候决定的现象对于纬度的依赖关系就会被忽视，错误的观念就会盘踞在脑中。为了某些目的，例如确定时间，也希望经度表现为垂直的直线。把两种要求结合起来，将永远是墨卡托投影的优点——它在别的一些方面，特别是由于面积变形，是不大适用的——这种投影对于航海家具有特别重要的优点：等角航线曲线成为一条直线。人们应该更多地把陆地的现象描绘在半球（东西两半球）图上，而不是描绘在全球地图上。

地图的比例尺问题和投影问题是连在一起的。可以采取两种方式表示比例尺，或者以实际长度的缩小倍数，或者标明图上每厘米或英寸相当于实际长度多少公里或英里。前一种多用于十进位制的国家，在那里它和第二种表现方式是一致的，而英国人和俄国人却使用后者。但是这时不要忘记，标出的比例尺总只是指平均比例尺，事实上只适用于某些线，在许多地图上只适用于直线的中间经度，在不少投影法的边缘部分则显著地偏离这个比例尺。比例尺的选择取决于地图预定的详细程度，有时也取决于供使用的空间。地图集还存在这样一个问题，即对整组地区，如欧洲各地区或者欧洲以外各地区，尽可能使用相同的比例尺这一点是否重要。相同的比例尺自然会带来以下的缺点：必须按照最大的地区来规定比例尺，于是对较小的那些地区就要采用比原来可以采用的要小的比例尺。但是，相同的比例尺是对线的长度和面积的大小进行比较估计的条件，我认为这一点具有重大意义，因而我赞成尽可能选用相同的比例尺，或者其简繁互成比例的不同比例尺，特别是在教学用的地图集中。彭克建议，全球各国的一览图统一使用

1∶100万的比例尺，他的建议开始时遭到反对，但现在越来越得到支持。

要描绘的地区的面积，采用的投影法及比例尺是和地图规格互为条件的。地图的规格等于地区面积乘比例尺；同时也要考虑投影法，因为地区随着投影方法不同而改变形状，有时被拉宽，有时被拉长。各种单幅地图，人们大都从打算表现的地区的面积和希望用的比例尺出发，而在地图集中则所有的篇幅必须同样大小，地区面积和比例尺也必须按照篇幅大小来规定。如果采用的比例尺会使这个地区的面积超过一张地图的篇幅，就必须把这个地区分绘在若干幅图上。这就发生以下的问题：这些篇幅是否应该采用共同的投影来绘制以使它们可以互相拼合，像施蒂勒袖珍地图册以前版本中的做法那样，或者应该各自单独设计，而和大部分别的地图集的做法一样。采用前一种做法节省版面，因而可以采用一种较大的比例尺；但是，对研究位于地图篇幅中的边缘地区就会造成很大困难。因此，施蒂勒地图集的单幅地图很难利用，最好是把它们拼贴到一起。对于地图集，另一种形式更为合适。但是，这更多的是实用问题，没有方法论的意义。

第四章　制图表述的一般特性

第一节　就逻辑性质论地图的内容

地理图和在本章探讨中可以包括到地图这个概念中去的地球仪和立体图一样，尽管它们的对象千差万别，却总是表述地表及其无限复杂性的；因为在地表上到处相同或者其差别我们不感兴趣的那些现象，不是制图学表述的对象。这种表述以地表的不同构成为对象。但是，它却必须尽可能地深入到对象之中。地图的表述可以停留在大的轮廓表述上；但是这些轮廓必须反映现实的面貌，必须取之于现实，不要任意强加于现实。只包含为国家或者国家部门而计算的平均值的表述并不是地图，按照拉采尔恰当的说法，乃是图表，它们并非地理的，而是一种统计的表述形式。

地理图表现现实的个体的地表地点和空间；它是文德尔班提出的自述式表述；因此，地理学中地图的重要作用使我们认识到，地图在多大程度上服务于理解地表的个体现实。地图作为描绘手段需要一套类概念词汇，并把这些词汇用符号表现出来。它从而为认识地理规律提供了基础；但是它本身并不能表现出分类或者规律，这要留给文字来做；它只含有关于各个地点和空间的陈述，或者更一般地说，它表明地表的个体现实。

地图完全不限于某些现象系列，某些自然界或范畴。它的对象是否可以用眼睛或者通过别的感官感觉到，是否是物质的或精神的对象或过程，这一点对地图来说并没有什么区别。但是，它只能以一定的简单的方式表现现象；它不能像文字或者图片那样详尽地描述，地图也不能解释为什么这个地点就成为现在的状况，或者衡量这个地点具有多大的美学或者实用价值。只要能够成功地把我们关于事物的复杂性，或者时间的变动，或者因果关系，或者美学的和实用的价值方面的知识，以简单的概念形式表现出来，地图就可以表述它们。只有通过这种概念的简化，例如地质图就能够概括固体地壳的物质复杂性，等温线地图就能够概括温度，植物分布图就能够概括植被。

人们常常把地图称为关于地表的对象和特性的模拟。这不是完全正确的说法，它还包含陈述，或者按逻辑用语是包含判断。而且它的所有陈述或判断都是分布的，涉及空间关系，空间的特性。比如说它不只含有海得尔堡这个城市的客观概念，而且含有以下命题：海得尔堡城位于某某地点，可以用纬度和经度标志出它的位置，或者用它和内卡河、奥登瓦尔德山、莱茵河平原以及别的城市的关系标志出它的位置；内卡河沿着某一条可以确定坐标的线流过；位于那里或这里的一片面积为奥登瓦尔德山所占据。地图就是平面（间接地也是空间中点、线）形体的具体填充，亦即地表各个部分的状况。

如果地图包括着陈述和判断，那么必须能从地图中把它们读出来。赫尔曼·瓦格纳正确地指出，“读地图”此句十分切中事物的性质。读地图就像读文件一样是一种通过学习才能掌握的艺术；这一点不只适用于地形图，也适用于自然地理图和人类地理图。但是这里也有区别。人们印刷通俗书籍总是用大而清楚的字体，并且不用陌生的拉丁字母，而用大家看惯了的德文字母或者哥特体字母，同样的道理，大众用的地图上，人们使用最简单明了的表现手段，有时甚至为了明了可以牺牲所需要的严格的准确性；可是对于地理学科学研究，懂得地图的表现手段是必不可少的前提。如同题词和广告采用大的老远都认得出来的字母，并且喜欢文字简练以便一目了然一样，在挂图上就采用粗线条的表现方法，宁肯压缩资料量而不愿损害清晰程度；相反地图册只需要放在近处翻阅，并可供深入研究，在这类地图中直接了解这个要求退居次要地位。但是，地图或者书籍的要求间却仍存在着一个大的区别。如果读地图也只能像读书那样慢，那么就会失去印象的同时性，而这正是地图独有的特点和地图与文字相比的巨大优越性。一下子接受一幅地图的整个内容是不必要的，也是不可能的；但是对于人们要集中注意的单个对象，即使是较大的地理单元，如国家、水系、山脉，必须能够一目了然地看到，这样它们的制图描述才是有价值的。不要使它们为细节和较小的对象所掩盖，而是要让它们从其中突出出来。从这种意义上说，一幅好的地图必须满足一目了然这个要求。

第二节　制图表述的分立性质

地图上部分使用点状和线状的符号，部分用颜色和各种阴影线覆盖面积，这个问题以后还要详细研究。在地形图上，一旦我们越出简单的非直观的等高线外，地形就要用阴影线和晕色在平面上表述，或者用浓淡不同的色调来标志高度。在许多专门地图上，还用密集的在平面上起相同作用的符号表示森林、草原等等。如果说现在大都不再对国家用整个面积着色的办法，那么一般也不停留于只用简单的国境线，而是用一条着色的带。可惜必不可少的文字还占据很多位置。此外还有表示地点的小圆圈或者方形，表示河流和道路的线条。这样各种不同的描绘就挤在一起，互相干扰；每种都受到其他的损害。

在不少别的地图上，图面填满和甚至过满的情况比地形图还要明显，在这些地图上，平面状况如地质组成、植被、民族分布用颜色或者不同的色调来表现。那些图上，在着色层以外，或者说之上或者之下，刚好还有位置用以画上河流、道路、地点以及可能还有等高线的黑色标志。可惜的是,用阴影线或者颜色区分高度层次以直观地表现地形这个方法,大都不可能和上述那些描述结合起来,甚至不可能在一张地图上把两种不同的着色(比如地质图的着色和植被图的着色)结合起来。地图总是要有所限制的。如果说地形图是从覆盖地球表面并决定地表景象的各种自然界中抽出一些事物来表述,那么自然地理图和人类地理图则一开始就只局限于若干少数现象。地图就其整个性质说是一种分立的表述。

分立可以有三方面。

第一种,也是最重要的一种,是事物的分立,就是说为一种或者少数几种特定的现象范围所限,它们可以是固体地表的形相,地质的组成,温度,植被或别的什么。不但是每种自然界,而且任何一种可能的理解范畴,都要求有它特殊的制图表述方法,当然有时若干种表述方法也可以结合在一张地图上。在植物地理学、动物地理学和经济地理学中,如果就各个植物种类、动物种类或者经济产品绘制专门地图,这种事物的分立现象就特别深入。

第二种是空间的分立。人们可能需要表述直接在地表上的土壤状况,某个深度的坚固岩石的状况,地表上的或者在一定高度的大气温度,海面上的或者一定海深的以至海底的温度。这些任务中的每一个都需要一种专门地图。只有在直线的横断面即剖面图中,人们可以同时把不同高度上相叠的情况,从而把整个垂直构造清楚地表示出来,因此人们应该更多地绘制剖面图。但是,这样做时必须防止一个危险。垂直的量度和水平量度比较起来要小得多,这一点特别是在小比例尺时会错误地导致夸大高度;有时这种情形不会造成什么损害,可是在另一些情况中,特别是如果涉及倾斜角时，就可能引起十分错误的观念。

第三种是在一些现象方面要注意随时间的变化，不论是摆动的还是持续的变化。这特别适用于气候。只有局限于一个地点、一个地带的曲线或者图解，才可以表现出这类时间变化；从地图上只能理解一个实在的或者平均的时间状态，或者时间过程中的一般状态。对比图要每天重新绘制。表示平均值的气候图其实应该要求逐日和逐小时绘制，只是出于方便才满足于较大的平均数值。最早设计出来的年等温线已经证实是不足用的，而且由于每年的温度波动极不相同，甚至几乎是毫无价值了；但是两个极端月份的等温线图也只能满足粗略的考察；人们越来越强烈地试图绘制各个月份的图。为了使温度变化情况的图像稍为完整一些，还必须加上最高和最低温度图，各年平均观测温度图（绝对的和相对的极大值和极小值），以及温度较差图，日和年温度变化图等等。可以提出随时间而变化的类型来理解一个地点的天气随时间变化的独特特征，并把这些类型的分布填在地图上，降水的季节分布图部分地是采用这种方式绘制的，也许值得建议经常使用这种表述方式。

从制图表述的分立性质可以对它的意义和应用得出一个十分重要的论断。单幅地图可以探讨一个地区、一个大陆甚至整个地球的一种现象，但是始终只能抽取一种或者少数几种现象来一起考察；地图不能掌握集合于一个地点的诸现象整体，而这些现象合起来才构成该地点或者地方的性质。地图首先服务于地理考察那种形式，该形式在其最纯粹的程度时是一般地理学的，而即使局限于单独一个地区时也最终导向一般地理学。在地形图方面这种情形则不那么突出，因为它把自然界的各种不同对象结合起来；它也可以作为狭义的区域分布考察的基础，就是说指示出一个地点中诸现象的联系。而在地质、气候、植物地理图和别的地图上，这种可能性就受到限制。人们可以设想图解式的图形——就我所知还从没有人绘制过这种图形，它们在一个贯穿某地区的横断面中分层地表现各种不同的自然界和现象系列；但是，单种地图从来不能表现一个全面性的区域分布特征；为实现这个要求需要一整套地图。人们总是只能同时观察有限数量的地图，两张或者至多三张四张，如果人们把地图绘制在透明纸上，并把它们重叠起来，从而可以理解各种现象在一个地点的共生和相互依存。因而人们在片面地研究地图时就容易丧失区域分布观点。特别是对气候图，由于现象随时间变化而必须最大地实行分立，从而存在这样的危险，即使得气候学的理解陷入各种气候现象和这些气候现象在不同时间的状态之中，而不是整体地去掌握气候。

这些缺陷在一定程度上可以通过放弃一些细节而统一地表现时间过程，通过缩合各种不同现象系列的地图来排除掉。此外还必须辅以时间过程的曲线和上边提出的那种图解。这里还必须插入文字，文字能够用一句话，有时甚至只用一个字就把一个地点、一个地方、一个地区的整个特点和现象勾画出来。

但是，在植物族系和动物族系以及经济产品的地图上，不但是区域分布的特征，而且连地理的特征都更多地丧失了，在这些地图上物的分立化进行得最为彻底。它们的直接意义实际上只是植物学的、动物学的或者国民经济学的。只是由于从中可以推导出分布规律，它们才间接地对地理学有用；但是，它们对了解地点和地方的特征几乎毫无益处。对于这个问题，我们的知识必须倾注于其他的形式，必须创造不仅涉及单个对象，而且涉及面的状况的植物区系、动物群和经济地理概念。

第三节　直观的和概念的或符号的表述

地图在空间上表现空间的关系。固然，在多数情况下它必须把地球表面投影到平面上，由于实际的原因地形必然仍然是例外，必须把位于地球的数学表面以上或以下的隆起或下陷变成平的，把真实地球表面的现象投影到水平的平面上，把固体地球表面本身的形体，即它的高度和坡度同地球表面其他现象完全一样在平面上表现出来。地图只是对平面的两维来说是一种直接的、虽然由于地图投影的必然性而改变了的现实的再现，对于第三维，如对一切其他差别一样，则是一种素描的或者有色的表述。

这种表述最初是一种对事物的描绘，把人们看到的形状画出来。在所有旧地图上都可以找到城市和山的侧形，具有特点的植物、动物和人的图像穿插在景观中；彩绘所使用的颜色是模仿现实的。这里，地图从直接的直观出发。但是表述方法在逐渐变化：绘图观点客观性成为对地图的最高要求。地图不应该把一个景观按其从某一侧看去的外观表现出来，而是要同等地适合所有的角度；例外的只是在所谓全景地图上——它们是为了游览的目的偶尔绘制的，现在人们还画出某一特定的图景使没有受过训练的读者也能很快判定方位。与此相连的要求就是轮廓忠实。每个地理对象和这个对象的每个部分，在地图上都应该具有完全与实际情况相符的位置。较大的对象和复合体，其形状和大小也应该准确地符合实际情况；只是在表述的清晰性受到损害的地方才离开这种要求，例如把河流和道路画得比它们真实的宽度更宽一些。为了满足这两方面的要求，地图必须改变它的表述原则。绘图员必须把他在每一瞬间都要移动的观察角度置于他要表现的对象的正上方；换言之，即用几何投影代替视觉的图景。

这样从上向下看，所得的图景无论如何不会是特征性的和明确的，因而取代模拟式表述的就是概念的或者符号的表述。但是这样做的前提是要有概念的分析和专门的术语。每张地图上图例的存在表明，地图要用少量的表述手段表现出一般的特性，例如在地形图上表现出高度、坡度、水、道路和地点，或者在地质图上表现出某些岩石的出现和地层年龄阶段，或者在气候图上表现出温度和雨量等等。只有在线条的走向中和在地理图形中（它们由线条走向或者由点状标记的相互位置构成），即在轮廓图中，表述才成为个体的直观的图像。

地图使用的类概念可以来自一种现象的强度，或者它的特性和对于某种特定的类的从属性，也就是说可以是质的或者是量的。这种类概念可以是人为的，即根据个别特性建立的，或者是自然的，即包括特性的整体的，也可以是成因的；制图学以建立这些概念为前提，这在上面论述到地理概念构成时已经讨论过了。还要再次单独指出，这种概念的建立完全不限于直接的感官感觉所感受到的事物，而且涉及物理过程和纯粹精神的事物。正是由于这点，制图学已经有可能扩展到一些否则对它是禁区的现象了。

只要不违背地图的上述两个最高原则，它也可以继续附带地保持模拟的特性，力求直接直观，即不是通过概念的媒介才唤起观念，而是直接作用于眼睛。关于这个问题，即这样做有多大可能和适宜到什么程度，意见往往是分歧的。对地形的表现，一派为了把山的形状画得更生动些，赞成斜向光照和另一些绘图手段，另一派则从几何正确性观点出发提出责难，只愿意承认一种严格进行的垂直光照。一派推荐用色彩形象表现高度层次为造成直观感的手段，而另一派为了迁就其他方面的需要而放弃这种色彩形象。常常选用缩小的简化图形作为采石场、风磨等等的标志。人们习惯任意选择颜色，或许用光谱的颜色次序来标志地层年龄的阶段，而在地质图上则常常试图选用和地层自然色调相一致的色调，借此在图景中把天然风景的色调巧妙地显现出来。最常见的是在植被地图上使用景观的自然色调，水用蓝色或绿色来表示显然也是出于对自然的模拟。

概念的和直观的表述所使用的手段，既有符号——线条和阴影也都属于符号，也有颜色。标志名称的文字，包括写入图内的数字，是作为一个异类的因素加到地图中去的，不管这种地图是偏于概念的还是偏于直观的。我不明白，人们怎么能否认文字的异类性，文字本来是语言的一种表述手段。在地图中，文字肯定在大多数情况下是必要的，因为没有名称就很难辨明方向，甚至几乎不可能辨明；但这些名称终究只是一种应急办法，正如聚多等人正确地指出的。其实名称既不归属地图，也不归属于历史画片，在历史画片中最多只是作为说明摆在下方；因为名称既不存在于自然之中，也不属于对自然的概念性的理解。它是一种出于实用原因而必须的陪衬，别无意义。而且是一种很不受欢迎的陪衬，因为它严重地干扰地图的画面；有时候制图机构出版的无文字的地图倒显得更清楚些！

第四节　确定性和完整性

其性质十分明显地以个体的实际为对象的表述，如地图，其表述必须包含努力达到空间的完整性。文字的表述可以满足于表现出景观的一般特征；关于山脉它一般描写其山脊和有河流的山谷，或许还说明特别重要的那些个别山脊和山谷的方向，或者根据情况指出它们的走向和排列中的某些不规则性；但是它可以甚至必须略去细节，因为它不能清楚地表达细节。相反，在地图上是不可能存在这种不确定性的；它既要提出一幅图景，就必须画上山脊和带河道的山谷，要是由于缺乏知识而只是近似地和简略地把它们画上，人们立刻就会觉察到并且感到是一个缺陷。对其他对象也有类似情况。地质的描述可以满足于说明一个地区中的砂岩在一些地点被玄武岩所切割。而地质图就必须精确地标志出这些地点；如果它是不完整地或者概略地把这些地点胡乱画上去，后来的地质研究者将会指出这是一个缺点。

制图表述手段的性质也促进一定的完整性，同时导致表述的确定性。为了让人识别出确实是河流和道路，就必须把它们画成一条多少连贯的线。一条等高线总必须沿着某个地点画过去，即使这种高度观察是不精确的，且绘图者不知道这条线的走向实际上应该更靠右还是靠左一些；这条线至少必须向两端伸延一段，否则就完全无法理解。用阴影线绘制地形图时同样不能没有一定的确定性和完整性，虽然这方面的知识实际上并不充分。地质图上必须绘某种岩石或者某种地层，即使其岩石种类或者地层没有完全的把握，并没有准确地知道其界线，人们还是必须在某些地方画出这些岩石和地层的界限。固然可以用虚线表示走向中没有把握的部分，但是制图表述用以表示疑点的能力也就只有这一种辅助手段。即使怀疑一个城市的位置相差许多公里，绘图者还是必须把它画在某一个地点上，纵使对一个高度测量诸多疑虑，他也必须接受某一个一定的高度值；不管观点多么可疑，他必须决定一种分类并把各种事件归入这种分类。

制图表述的这个特点有它的两面性。

一方面，它含有一种对研究工作的强大推动力，特别是关于填补我们在空间方面的所有知识空白。只要地形图上还有空白，人们就总要试图进行这个地区的新的路线测绘，直到人们能够着手进行真正的大地测量；其他地图测绘的情况也相似。地图往往反映出我们知识上的惊人漏洞。只有当取得了相当完整的空间知识时，才有可能作出有用的制图表述。因此一种新的地图图稿，不论是一个迄今为止还没有测绘过的地带的地形图图稿，还是一种迄今为止还没有过的自然地理图或者人类地理图图稿，都总是科学进步中的一个阶段。如同有了一幅令人满意的地理学地形图就征服了一个地区一样，人们也可以说，一种地理现象只有通过在地理学地图上的表述才算确立了。

另一方面，在真正的知识还不够的地方，地图必须比文字表述更多地求助于假设的补充和构想，因此就会误认为已经存在一种事实上还未掌握的知识。外行人和有些地理学者，都并不知道许多地图在多大程度上是建立在假设的补充和构想上的。甚至在精确的地形图上，等高线往往也是内推出来的；在还没有作过大地测量的地方的地图上，河流、山脉、道路等等也是内推出来的。路线测绘必须作出补充，必须以它们不能保证的确定性填上位置的情况，必须在某种程度上填补未曾真正测绘过的空白。可能这个人做得多些，那个人做得少些，这个人做得成功些，那个人则不那么成功；但是，一幅路线图如果只给出旅行家自己精确地观察到的事物，而不画上猜测的东西和传闻的东西，它就不会提供这个地区的图景，因此价值不大；如果说某些制图理论家对于这个问题持有不同的意见，我认为这是由于他们缺乏路线测绘的经验。对于深度地图、温度地图等等的设计，大都只是根据有限数量的观察点，这些观察点之间的等深线或者等温线必然是构想出来的。地质图上岩石和地层的分布，常常有许多公里只是按照地面山峰的形状，或者没有任何直接的根据而只是作为两处分离的露头的连接线画出来的。这样说并不是指责；因为这样一种假设的填图是必要的，并且如果它出自具有判断力的观察者，那么对于一无所有就是一种进步。但是，这是制图表述的一个缺点，因为它不能把填图中假想的性质清楚地和可靠的知识区分开。在所有这些情况下地图必须期待文字的帮助；说明书和地图注释必须像赫尔曼·瓦格纳正确地反复强调过的，说明地图绘制的可靠程度，并指出最重要的可疑之点。现在这类地图注释太少了，这是一个缺点——附在许多地图集后出版的手册不能当做这类地图注释——而古代的数理地理学几乎完全只是一种地图注释。

在对地图作假设的补充和构想时，人们必须在两种可能的方法之间做出抉择。地图绘制者大都是无意识地采取这种或者那种方法。如果人们完全依靠对有关现象的观察结果，并且形式地完成补充和构想，也就是说按照几何的构图规则，在观察点之间连出深度线或者等温线，在最外端的露头处之间勉强画出两个地质地层间的界线，在描绘地球表面形相时不受地貌学认识的指导，这看来就最好地保持了科学的客观性。但是，这种客观性只是表面的。实际上，科学要求罗致一切可以使用的辅助手段以取得正确的构图。这些来自两个方面。第一用类推法帮助：关于海底构成的一般经验指引绘图者绘出一条特定的深度线。但是，类推法指向错误的道路，只有特别小心才能使用；基于类推法建立起来的构想是危险的，特别由于它会使无知的读者误入歧途，把它当做建立其构想规则的证明来运用。合众国的许多新地形图就是根据戴维斯的理解绘制的，因此，这些地图不能用作这种类推法的证明。第二，从和所要描绘的现象有因果联系的其他现象得出的结论，会提供更重要的帮助。这样可以利用地表形相来构想地质图，或者利用植被来理解气候，而我们常常只是直接从相互距离很远的观测站来认识气候。实际的即不还原到海平面的温度图，在观测站数量不多的情况下只能根据等高线图来构想。在划分不同人口密度的地区时，人们会适当注意土地构成和土地情况、植被等等，这些地区取决于上述因素。对这些论断也要谨慎；这里也必须特别防止以后会根据地图来证明因果关系的规则，而构想就是建立在这种关系上的。

第五节　概括

如果地图是现实的一个模拟，它只有用大比例尺，即不过分缩小才能够稍微圆满地完成这个任务；因为只有这样才能够精确地把形相重现出来，并且才能表现比较小的对象。除了城市、铁路设施或者特别重要的感兴趣的地表区段的平面图外，迄今为止很少绘制比 1∶25000 大的比例尺的地图，这样地图上 1 毫米相当于自然界的 25 米。如果把 0.4 毫米视为可以清楚辨别的最低界限，自然界的 10 米就是可以表现的最低界限；再小一些的对象和形相要素就不能表现出来，或者只能以超比例办法表现。这种表述限度应付不了某些需要，因此，文明国家最近已经转而测绘更大比例尺的地图。但是，在地球的绝大部分，地图的比例尺仍然远远落后于这个标准。

各种不同比例尺的地图，不能使用同一方式去绘制。如果同一个对象，如一片湖，一条河，一个城市，一种植物群落或者一个岩石露头等等，其尺度在一种地图上是 4 厘米即 1 公里长，在另一种地图上是 1 厘米等于 1 公里长，在第三种地图上是 1 毫米等于 1 公里长，在第四种地图上是 0.2 毫米等于 1 公里长。那么，这个对象的图像结果也必然是各有不同的；许多细节和差别在大比例尺地图上还可以很好地表示出来，在较小比例尺地图上就必须被略去。把一种大比例尺地图缩小为较小比例尺的地图时，就有必要进一步对内容进行概括。这时在地图的整个范围内，概括的程度必须大体上是相同的，而其中的文字表述就有更大得多的自由，对特别感兴趣的地点和对象可以比别的讨论得更详尽一些。

但是，制图的概括就它的主要方面说与通常逻辑学家对此的理解完全不同，到了最近才被亨利·迈尔以直观的概括这个词所采用。这种概括首先在于限制和挑选材料，简化绘图中的图形，略去较小的或者不大重要的对象。河流和道路的线，等高线，等温线，一个国家的国境线或者一种地质层系的界线，在大比例尺地图上都能够模仿实际存在的弯曲和弧线，但是在小比例尺地图上就必须放弃这样做法而大致绘成直线走向，或者采取均匀平缓的弧线。在大比例尺地图上即使最小的溪流和道路，个别房屋，最小的产状例如一块玄武岩，也能够填在图上，而在较小比例尺的地图上，较小的或者不怎么重要的水流和道路、居民点、地质露头等等就得略去，或者互相连接起来；在大洲或者全球的一览图上，甚至整个山脉或者它们表现为温度、降水量的映象图都得省略。限制和挑选材料的这两种表现方式原则上趋向相同的结果：形相的简化可以理解为略去次要的基本形相要素，略去个别对象和事件反过来也可以理解为地理图形的一种简化；例如在描绘一个河网时。简化较大的河道和删去较小的河道是同时进行的。地表的图景仍是个体的；只是仿佛从远处看似的，细节都消失了，留下可以看到的只有大的和重要的轮廓。可以把这种简化想象为一种视觉的过程；但是，事实上它只是部分地按照简单的视觉规则进行。我们可以遵循这些规则，如果我们公式化地进行，例如删去在较大地图上只是些点的较小的居民点，而保留那些较大的居民点——它们在那里是比较大的、远看也是明显的图形，或者例如把河道和别的线条在它们转折处大致拉直。但是，在这里视觉的原则也不是决定性的；而挑选材料总要通过一种独立的思想活动。我们是按照概念构成的原则来评价各个对象和形相要素的重要性和益处的，并且按此来判定它们的命运。这时我们受各种不同的考虑支配。按照地图的不同目的，在挑选城市时我们可以只看它们的居民数，或者它们在行政管理制度中的地位，或者它们的工商业地位、游览的意义或者历史的意义。如果我们简化一条河的流程或者一条道路

的路线，并删去大部分弯曲，我们仍会保留一个弯曲，甚至夸大地加以表现，因为某个城市的位置取决于它。这样的评价多少是主观的，一幅地图的每个绘制者都会作出不同的评价。这样的评价流露出判断和爱好，以绘图者对该对象的深入体会为前提。就此而论，可以说制图表述是一种艺术，如人们说历史表述是艺术一样，但是，这里的“艺术”这个词只是用它的转义。制图表述和历史表述一样永远是一种科学的活动；它们没有艺术固有的性质特征，它们的表述不是随意的，而是受制于所要表现的现实的。

其次要考虑的才是概括的形式，它要符合通常的逻辑概念，也就是说它存在于进一步运用和推广类概念。我们在前面已经看到，专门地形图的表述从一开始就已经在某种程度上是类概念了，并且是用符号来实现的。比例尺越小，这种情况就越显著。在平板仪地图上，还可以把村庄按其轮廓忠实地表现出来，就是说是个体的；在一览图上，一些村庄和小城市都用标记，或者如人们按照制图学的说法用符号即类概念式地表示，只有较大的城市才采用轮廓来表现。在专门地图上，大约可以认得出山峰的个体形相，在中等比例尺地图上，大约可以认出一个高屋建瓴式的峰，在小比例尺地图上，一般只看到那里有一个山峰。比例尺越小，就用越来越大的间距来绘制等高线，这就意味着列举的高度等级更为一般化。在自然地理和人类地理图上，这种概括还要明显得多，突出得多，专门地质图几乎可以分列出一切地质年代阶段和岩石，而在一览图上，必须把年代阶段或者层位合并为较大的层系，相近的岩石种类归并为更一般的岩石类型。在较大比例尺的温度图上，可以绘上逐度的等温线，而在较小比例尺的温度图上就只能绘上间隔五

度的等温线。这种概括往往可以公式化地进行,尤其是当它只涉及量的分级时。而在另一些情况中,它就要求深入地考虑科学的分类;因为选错了较高级的概念就会失去地图的一切科学价值,这一点可以在审查许多教学用地图集中的地质图或者植被图时得到证实。也必须考虑,这样一种经过概括的表述到底还有什么样的价值。地理学的意义常常寓于这类特殊的概念之中,如果这类概念在较小比例尺地图上表达不出来,那就完全可以不要这种表述;小比例尺的地质图只能区分最高级的分类,它们对于地理学几乎没有什么价值,因为对地理学重要的特点是和低级的分类相关联的。

如果说现在较小比例尺的地图大都是从较大比例尺的地图缩小而绘制成的,那么如上面已经提到过的那样,历史的进程却是倒过来:人们是从较小比例尺的地图逐步发展到绘制较大比例尺地图的。因此,如果说现在在绘制地图方面的思想过程在于不断强化地概括,既包括简化和挑选这层意义,也包括类概念的概括,那么,这个过程在历史上却是倒过来的,即从一览的和一般的表述发展到详尽的和专门的表述。制图学的这种进步所需要的前提自然是更精确的地图测绘和对事实的知识,既包括对较小的对象和形相要素的知识,也包括更细致更深入细节的类概念的划分。但是,对表述方法和辅助手段的新想法也是有关的前提。因为这些想法随着比例尺不同而异;一览图的概括方法不能直截了当地转用到专门地图上。当人们开始绘制专门地形图的时候,地形表述问题才变得紧迫起来,并取另外一种形式。专门地质图上岩石层序关系和土地状态的表述不同于一览图。但是在某些情况下,特别是在表述人口时，在人们转而使用较大比例尺地图的过程中，却很少考虑到概括表述和特种表述间的这种区别：人们往往盲目地把一览图的方法转用到专门地图上去，而毫不考虑这种方法是否适用于专门地图，这种地图的不能令人满意的方法大部分应归结于这个方法考虑上的缺点。

第六节　制图表述的美

认为制图学是一种艺术——如果采用艺术这个词的本来意义而不是转义——我在前面已经把这称为一种错误。把制图学和绘画艺术结合起来的，只是绘图和绘画技术这种外表的东西。制图学的内容则是科学的。它是对客观实际按其本来面目的表述，严格地和客观实际相联系，不能像艺术家那样凭自由的幻想去创作。它为此运用一切学科的方法，它看到的只是对象的一面，而正是最为错综复杂的一面，即从上向下看的景况；它使用类概念，因为在逻辑上符号不外是类概念。表述美的追求，和任何一门科学的表述一样，只能尽可能做到美，只是绘图的美当然和文字的美不同。

人们常常指出，而且也是有道理地指出，那就是古代的地图显得比近代的地图更美些。其原因首先在于前者还较少使用概念性符号，更多的是画出山和城市的直接景况，画上植物、动物和人，因此它们就显得生动，它们并填充了未知的空间，而在新的地图上，未知的空间则作为空白保留着。古代的地图更接近艺术，但是正是因为这一点，它们比较缺乏表现力，未能很好地完成地图作为平面轮廓表述这个任务。另一方面，复制技术不断取代手工绘图以及原有图画，而使地图的美受到损害。

现在的地图只能从外表上去追求美。地图的尺寸大小、高对宽的比例就多少起着美学的作用。然后就是绘制的细致和整洁，以及特别是文字的字体：过分粗笨的字体和过分纤细颤抖的字体一样都显得非常难看。特别是颜色的选择；有多少地图不是被刺目的颜色丑化了吗？但是有一点并不属于这个范围，而人们却喜欢把它看做是制图学的艺术，即不把景观理解为各个个体的拼凑，而是一个和谐的构成物；这并不是艺术，而应属于科学的理解。

第五章　地形图

地图的第一种主要类别是普通地图或称地形图，如果我们使用这个词是对应于表现某些自然地理或者人类地理情况的地图，而不是像人们有时也使用的那样对应于一览图、区域分布图，或者干脆对应于地理图。在本编第一章中已经指出过，这种地图的内容不属于一定的现象范围，完全不是统一的，而是表现一种折中的经过选择的内容。这些图上表述的是些粗线条的以及实用方面特别重要的现象。但是近代的一览图在这方面完成了一种转变。早先普遍地并且在地图册中现在还盛行的是政治情况支配着地图的面貌，因为这些地图册特别考虑到日常生活中的使用，教学用地图则正当地转变到让国境线退居次要位置，而代之以尽可能明显地突出地形，最近地图册也开始收入自然地理图和人类地理图，这些地图对于科学地理解地区，或者总的说对于更深刻地理解地区，比纯政治性的地图重要得多。某些地图还特别明显地突出森林的分布，因为它不但是景观图景中一种重要特点，而且具有重大的实际

意义。另一些地图则着眼于骑自行车者、汽车或者飞艇驾驶的特殊需要，为此它们特别清楚地标示出道路的剖面和情况。

地区图内容又区别为平面和地形；前者是水平方向量度的现象，后者是垂直方向量度的现象。

关于平面，在一般方法论观点方面没有多少可以谈的。最一般的要求是轮廓的忠实，就是说，正确的位置以及对象正确的大小。但是，这种要求难于严格地实现。特别是在使用较小的比例尺时，许多对象物根本不能正确地表示出来；河流、道路的宽度，以及仅为数学线条的境界线的宽度，往往还有地点的面积，必须加以夸大。比例尺越小就要求越概括，而且采用两种方式：一是材料选择和形式简化，另一是转变到类概念的表述，就是说转变到使用标志或符号。地点的轮廓最简单的只是随便表示一下，进一步则代之以一个点或者一个小圆圈、一个小方框，人们利用它们的大小和形状表现人口数字、政治地位，或者其他的什么性质。名称的字体和在名称下边画线，都服务于类似的目的。

地形的或者第三维的表述则具有大得多的原则困难。这种表述其实属于真正的地表。但是，只有在一种三维的立体形体，即在浮雕中才能把地表表述出来，浮雕的使用由于它难于着手和花费大而受到限制。它也只有用大比例尺时才可以达到目的，因为在小比例尺时高度的比例根本显不出来。在我们的 1∶100000 军用地图中，1000 米的高度表现在浮雕上就只相当于 1 厘米，这样，中等山地的形相就几乎显现不出来了。但是，早先流行的突出高度的做法应予抛弃，因为用这样办法时倾斜比例被大大夸大了，图景就不真实了。本来我们的眼睛在自然界中就倾向于夸大倾斜角度，因使用这种方法就会更加厉害了。小的浮雕地球仪当然就最成问题。

制图的表述必须把地球表面当做平的球体表面，把地形理解为它的属性，把它表现在平面上，投影到平面上。如我们已经看到的，在这方面，人们从侧视的形相模拟过渡到垂直上视的表述，以便保持轮廓忠实，这种表述就不复是图景了，而完全具有象征的性质，即使用一种概念的表现方式；直接的直观性只占据了次要的地位，也许是太过于次要了。立体形相的概念性理解是几何学的（或者更准确地说是立体几何学的）。它可以运用两种不同的方法，即着眼于不同的高度，或者着眼于不同的倾角。制图学根据情况侧重运用这一种方法，或者那一种方法。

在前一种方法中，人们把同样高度的点用线连接起来（等高线）。完美地照顾到一切高度差别的表述，就将会出现无数的等高线。因此必须有所选择，并且大都采用有规律的间隔（在我们的平板仪图上，中等山地大都是间隔 10 米），在平地上采用较小的间隔，在高山上以及在较小比例尺的地图上采用较大的间隔。等高线就是一种概括，而且是一种颇为公式化的概括。这样就不再能把一切高度差别和形相都表现出来。位于两个等高线之间的倾斜阶段和小形相消失了，至少它们的位置不确定了。特别是如果小比例尺地图上的等高线相距远了，地面造型就会完全消失。等高线也缺乏直接的直观性；只有当它们是用一种特别的颜色明显地突出出来并且紧挨在一起，从而产生一种类似阴影的作用时，才能从它们中直接看出形状来。在复杂的地形中即使想得到一个高度层次的概貌也会是困难的。为了突出它们，人们使用面染色法，但是这样做时总必须归并几个高度间隔，否则颜色将不敷使用。这些颜色实际上表现为一种更进一步的概括。它们使得如此重要的高度情况直接地直观化了；可是从它们那里却辨认不出单个的形状。颜色的挑选可以遵循不同的原则。必须避免颜色变换太多；因为这涉及区分层次，而颜色必须分出层次。聚多建立的颜色选择法长时期占据优势，就是用绿色代表平原以标志较丰富的植物生长，用白色和褐色代表山脉和高原。最近，豪斯拉布首先建立的颜色选择法越来越被广泛地采用：白色和浅褐色代表平原，深褐色或者也用黄色代表较大的高度，鲜红色代表最大的高度。特别是波伊克尔更进一步发展了这种颜色选择法，并试图从理论上加以阐述，认为它具有一种高度形象性。可是生理学方面提出了反对意见，问题好像尚未完全定论。例如印度官方的挂图用深红色把整个西藏高原覆盖起来，一切细节随之消失，我觉得这是一种失策。

另一种方法是表现倾斜情况和坡度情况的。它从木刻艺术中吸取了线条的画法，并用来首先使人在看地球表面的形体时有立体感。用所谓绘阴影线，或者照埃克特的说法用点绘法代替晕滃线，并不意味着原则的区别，只是技术上的区别。但是，向纯几何学的表述的转变则具有原则的意义，在这种表述中，绘出阴影线不再是为了使物体形状有直观感，而是严格地标示出坡度角。只是在这种几何学的阴影描绘（坡度造型）以外，还保持着形相造型或者阴影造型。前者使用所谓的垂直光照，即假设光线从上方均匀地入射，用同样强度的阴影、相同密集程度的点或者相同暗度的阴影来表现相同的倾角，不管它在哪一侧出现。这种方法是很多使用阴影画法的地图的基础，它首先由萨克森的勒曼少校精确地总结出来，以后在别的一些国家按照不同的情况进行了某些修改。现在大部分理论家把这种方法放在次于等高线地图的位置，我不知道这是否有充分道理，因为这种方法本身具有较大的直观性。自然，它也只是适用于具有宽阔的山脊平原和高原的中等山地；把这种方法用于带有山脊形状的高山时，地面造型就会被湮没了。

特别是在瑞士，对此采用了倾斜的光照。人们设想相应于放在书桌上的地图集的位置，光线从左上方来，即从北西方向以45°角入射。与该倾角相应的亮度相比，向光的坡面就显得更亮一些，背光的坡面就要暗一些。毫无疑问这样就显现出地面造型的一幅直观图景；但是为此必须变换入射光线的方向，要读出倾斜情况和高度情况是很费劲的，特别是像阿尔贝特·海姆在越过阿尔卑斯山的一次飞行以后所强调的，这种图景还导致一种错误的观念，因为正好是有太阳的一边显得阴暗，背阴的一面显得明亮；因此他建议让光线从南方入射。

在地形图上，必须用特别的画法来表现各种山岩形状；正是在这方面，近几十年来地图绘制取得了巨大的进步。

在较小比例尺的地图上，同样大都运用垂直的光照，有时也运用倾斜的光照。但是，阴影绘法在这里却取得了完全不同的意义，因为在这里已不能表现真正的斜坡，而只能高度地概括，就是说必须把整个山脉或者至少是山群作为单元来表现。在这里，阴影往往偏于表现高度，可是并不存在一定的规则。人们已不能顾及地形构成的种类。这里必然需要地貌描述和提出地貌类型，并且在专门地貌图上把这些类型的分布表现出来。

第六章 自然地理图和人类地理图

第一节 概论

普通地图以前曾是唯一的地图种类。但是,最近随着地理知识的进步,人们试图并且已能够用制图方法表述越来越多的现象,除普通地图以外别的地图已与日俱增了。很难为这些地图找到一个共同而适当的名称;因为它们涉及一切自然界和现象范围,和普通地图没有根本的区别(普通地图也同样包括大部分自然界的现象),而所选择的现象是折中的,由实际的考虑决定的。虽然普通地图也是自然地理的和人类地理的,我们仍然可以说有自然地理图和人类地理图。我觉得"实用地图"这个名称是不妥当的。

我们将逐个地评论各种自然界和现象范围的地图;但是,最好还是先考察一下表述方式中某些贯穿所有自然界和现象范围的特点。

第一位的和最大的区别,是表述孤立的对象和表述在分布上互相联系和集聚的现象之间的区别。严格地说,制图表述的所有对象,不论是物质的东西、物理过程还是精神现象,都是立体的,即空间的,三维的,因此投影在地球的数学表面上都表现为面;但是在缩小时,即使在最大的地图上,许多对象都会缩成点和线,或者缩成面积不大的面,因而在制图上只能理解为点或线。这样,稀有植物的产地,单个矿场或者工厂,较小的人口聚居点,一时都成了点,河流和道路成了线。而固体地壳到处都有一定的地质组成,大气到处都有一定的温度,植物界到处都有一定的植被特征,因此地质组成、温度、植被和其他许多现象只能理解为面状。但是，如果不是关系到区分各个单个对象，而只关系到某些一般特性，例如一个地域的聚居点和所处位置，或者在比例尺继续缩小时各单个对象不能再加以分别而是融合在一起，即使本来是点或线的现象也能够或者甚至必须理解为面状。

表述的第二个区别来自现象本身，其性质主要是质的还是量的，或者取决于我们是想按现象的种类还是强度来理解；因为对某些现象两种理解都是可能的。量的考察对孤立的对象和互相连接的面是不同的，后者涉及强度的等级划分，例如温度或者年降水量；对前者则人们可以按大小或者数量来理解那些对象，例如聚居点。量的现象可以绝对地或者相对地来理解；这方面的例子如谷物面积的大小与总面积之比，羊的数量与人口之比，以及在某一种风向时的降水量。

要表述的现象可以是稳定的，或者随时间而变化的，在这种情况下又可分为周期性的或者非周期性的，或者在不断变化的。这种随时间变化的过程只能用图表或者曲线来表示，因此必须用它们补充地图。时间过程涉及先后发生的状态，其主要因素可以包括到地图中去。在一幅地图上只能间接地表现时间的变化过程，为此人们要把一种状态的持续时间或者变化的大小视为特性，并且按其种类(例如通过区分活动的和已熄灭的火山)或者用数值来标示其特点。

运动也只能间接地表述。人们用箭头标出方向的时候同时就画出了走过的道路，并且利用线的形状或者颜色来表现运动的速度或者持续时间和规律性。不同时间中运动方向和强度的不同，例如风和洋流的变换则要求分别表述，它们有时还可以集中在一幅地图上，有时则为了清楚起见必须把它们分散到许多幅地图上。出现在一个宽阔的面积上的运动却不绘成线而是绘成带；这时，面积着色可以用并排的线或者箭头来代替。

因为除了时间过程的曲线以外，现象的时间变换和运动不要求也不允许使用特殊的地图表述方式，所以所有制图表述可以归结为六种形式，这六种形式相应于作为点、线或者面的物体的空间理解的三重性，相应于考察的双重方式，即从质量观点和数量观点的考察。因此，总是首先必须搞清楚，面对的是点状、线状还是面状的现象，或者想要以怎样的形式去理解这些现象，以及这种理解应该是数量的还是质量的或者两者同时兼而有之。当然这些不同的理解不是互相排斥的；同一幅地图可以把一些对象作为点来理解，把另一些对象作为线来理解，第三类现象则作为面来理解，并把质量和数量的理解互相结合起来；这不是地图的分类，而是制图的表述方式。

第二节　表述的方法

点状的对象可以按照它的种类（即质的方面）来理解。如已经叙述过的，这里指的不是严格意义上的点，而是范围不大的面状体，对它们来说形状无关紧要，或者由于比例尺的原因不能把它们的形状表现出来。就人类的聚居点来说，如果不是从数量上，即不按照人口数来理解它们，在大比例尺地图上只有单个房屋属于点状对象，而在较小比例尺的地图上，所有的村庄和较小的城市都属于这一范畴；在比例尺更小的地图上，中等城市和大城市也归于这一类。除了极大比例尺的地图以外，采石场、矿场之类对象，稀有植物或动物产地，某些矿产或岩石产地，作物种植地，工业所在地，也只能作为点来理解。在天气简图上，天气现象的一部分虽然实际上涉及的是面的现象，但是为了方便起见也只是点状地作为观察站的特性填入图中。

用以代表点状对象的符号也是点或者面积很小的面，在它的图形上填充或者用颜色标志着所要表述的特性。这种符号的选择与其说是一个科学逻辑问题，不如说是一个制图技术问题，在这里无须再进一步讨论。固然使用点状符号不会提供一目了然的图像。但是，这里涉及的现象在实际上也是点状的，并且不能一下子就全面看清。地形图上对地点的表述也不是一目了然的。在这里，正是不明了性才符合实际情况。面对着各个物体的多样性，只有通过缩小到小比例尺时所要进行的概括，才能实现明了性。

如果想在一幅地图上表现各种对象因而必须对某些地点加上多种标志，例如一个城市作为各种不同工业的所在地，就必须在它旁边放上多个符号。这些标记必然要放在靠近该地点的地方，这样就不但必然放弃轮廓的真实性，而且必须放弃阅读的便利。特别是许多经济地理图，随着这种符号的堆积而被搞得乱成一团。为了避免这一点，必须把某些概念归并为更一般的类概念，例如把亚麻纺织、棉纺织、毛纺织和丝纺、丝织综合成为纺织工业。毫无疑问，这样做要牺牲地图的丰富内容；但是，如果我不能把这些东西都收入图中，那么即使材料再多又有什么用呢？

如果要把点状对象压缩到较小比例尺图上，可以用两种办法进行概括。一方面可以选择，把不那么重要的或者不那么感兴趣的事物略去，只留下那些比较重要的或者比较有兴趣的事物。这就是地形图在聚居点方面进行概括的方式。但是，也可以综合若干原来是单独的事物而构成一个复合体或者集合事物，即表示出矿区以代替矿场，咖啡产区以代替单个的咖啡种植园，把一些单个的玄武岩露头归并起来等等。以标出露头所在的地区来代替实际的露头，就不知不觉地过渡到面的表述了。如再考虑到露头的大小或出现次数，那就已经在运用数量的表述了。

如果不是陈述事物的种类和特点，而是它们的大小、强度或者还有数目，简而言之，陈述点状事物的数量情况，表述就稍有变化了。按其人口表述人类的聚居点，或者一个矿场、矿区所开采的矿砂或者煤炭的数量，进出口商品量的大小，一个港口和商业城市船只出入的数量等等，都属于这一类。一个气象站的温度和雨量也可以这样理解。

在这里，表述也使用点状符号和准确的小块平面。但是因为这涉及数量的陈述，人们更为重视的就不是形状，而是它的大小和用着色或者阴影表现的强度；形状可以在一定程度上相应于所要表述物体的实际轮廓。例如人口统计草图就是建立在这个原则上。人们曾经指责这种草图不明了；但是，可以根据同样理由指责所有地形图。人口统计草图和地形图一样表现所有各个居民点；差别只在于地形图以地形的形状为对象，人口统计草图以人口数量为对象。自然界不是明了的地方，地图也不可能是明了的；那么明了性就只有通过概括来达到。

和比例尺缩小联系着的概括也通过两种方式实现。一种是选择，例如局限于较大的聚居点，较重要的海港地区等等。但是，这种概括的方式是片面的，因为它只适用于较大的对象而略去较小的对象。如果问题着重在一个区域的居民数而不是各个居住地点，着重在一个矿区的开采量而不是各个矿场，则又可以把单独的点重新合并起来，把单个房屋合并成地点，把各个矿场的开采量加起来也还是画成点，这些点就和实际不完全符合了。另一方面，人们可以完全抛开单个的点，而在进一步缩小时则必须这样做，并且把这些点所表现的居民数或者生产量和其他数量的特征设想为分布在整个面上。这种思维的过程和视觉的过程是相适应的；如果从较远的距离来观察地图，那么除了较大的点外，那些单个的点都湮没在一片灰色的面中，面的颜色是暗一点还是亮一点则取决于点的数量和大小。就是说点状形体的数量表述，在还原到较小比例尺时归结为面的数量表述。

在点状和线状形体的表述之间不存在什么根本的差别；对于线，我们必须区分为质量的和数量的表述。

我们通常分类进行考察的线状形体主要是河流和道路。在这方面，我们是把它们理解为形状的事实和地表的情况，还是更多地注意到水的流动过程和交通的过程，则是无关紧要的：线性运动即使没有在地球表面上留下痕迹，同样可以表现为感官可以辨认的明显的线。这种表述是通过线或者通过窄的以双线包着常常是黑色的或彩色的条带来实现的。可以用直的或者弯曲的，完全的或者点绘的线的形式，以及填充的方式，来区别自然特点，如街道的情况或者运输工具的种类。

比例尺较小时，就略去那些较小的或者不大重要的河流、道路等等。但是，也可以用类概念来掌握线的特点，按照河流或者道路和运输工具的一般状况来标志整个区域，并由此转变到面上的表述。

如果我们想按照河流的水量或者水流运动速度来表征河流，按照道路的上升坡度或者按照交通量的大小来表征道路，那么就需要对线状形体作数量的表述。条带的宽度和填实的程度，或者条带着色的鲜明程度，均可用作表明手段，或者像在骑自行车者用的地图上那样把道路剖面图插入地图中去。在这种情况下要缩小到较小比例尺时，也大都满足于删掉较小的河流和道路，并在描绘较大的河流和道路时加以简化；有时也可以把若干条线合并成一条，只有在很少的情况下才可以使用均匀地分配到面上去的办法。

面的表述重要得多。在地形图所表述的对象中，地势和栽种植物是平面的，而在另一些地图上，平面的现象占据十分突出的地位。从很近处看并以大比例尺绘出时是点状的或者线状的现象，如植物和动物的产地或者矿产露头和工业，从远处观察的时候也会相互过渡，仅表现为一个面的各种变种，因此在较小的比例尺中必须把这些现象理解为变种的属性。

面的特性也可以有不同的种类，或者有程度的差别；因此，在这里我们也不得不区别质量的和数量的表述。

属于质量现象的，例如区分为不同岩石和年代阶段的固体地壳地质单位，地表形相的类型，植物界的植被（按其生活方式）和植物区系（按其系统组成），从种族、民族、宗教角度看的人口组成（至少我们可以单纯从质的方面来理解这些现象），国民经济的特征，特别是农业的特征。在其境内出现有某些植物种类和动物种类，或者能获取某些产品的地区，也可以作为具有一定特性的面来理解。制图表述的前提是按类概念所作的分类；例如，只有已经对固体地壳的资料按照它们的性质或者地质年代作过区别和分类时，才可以开始地质图的绘制。分类可以局限于某些个别的性质，一般地说，它可以是单纯描述的或者成因的；但是，分类必须是客观存在的，地图的价值首先系于分类的好坏。但是现存的分类常常必须在绘制地图时加以改变，特别是必须加以简化，因为绘图所能使用的色彩和绘画区分手段往往只是有限的几种。被区分开的概念都必须是空间的概念，并且分别出现，才能在地图上区别对待。例如植被地图所表述的因而就不是植被形相，而是植物群落，植物区系图不是表现各个亲族的出现情况，而是植物区系，即是许多亲族的特有的组合。因此，较小比例尺的地质图不应是岩石地图。如果现象非常错综复杂，以致在选定的比例尺中已经不能把它们分辨开来，那就必须或者建立复合概念，例如把许多植物群落归并为植被区域，或者必须用线条和加点来表明空间的联系，在民族地图和宗教地图中常常采用这种做法；因此，如果不想过分损害清晰性，就只能把少量的不同现象类别加以归并。

在平面表述中是使用颜色还是阴影或者加点，埃克特曾经对此下过断语，认为这不是方法问题，而只是一个技术和费用问题。用颜色给人的印象更深刻些，更清楚些，但是费用大，这就是在实际上为什么常常必须放弃这样做法的原因。选择颜色时往往模仿自然，用蓝色代表水，用白色代表雪和冰，用绿色代表森林，用褐色代表沙漠；但是，颜色的选择大都根据惯例，大致是通过光谱上的颜色顺序模仿自然的层次，例如地质年代的层次，或者运用相近的颜色模仿物体的天然亲缘关系。

在缩小到较小的比例尺时，概括的两种主要方法都要运用。图形的轮廓被简化了，较小的产地被压缩或者合并在一起了。但是，同样必须简化分类，放弃不大重要的区分，必须从低级过渡到高级的类概念。这时必须注意使这种较高级的概念仍是具有地理意义的；在地质年代阶段上，它所包括的时期越长，就越会丧失这种意义。

不同强度或者数量的平面状态，例如有气压的强度，温度的度数，降水量，风的强度和洋流的速度，水的物理状况。固体地壳的隆起和下沉也是强度差别，因此对它们的表述和上述各种现象相一致。孤立的点或线和较小的面的表述，如果问题不再涉及对各个个别对象本身的理解，而只是把它们相对地理解为面的组成部分，例如密度或者别的什么，则也属于这一类。在大比例尺地图上，如果各个对象还可以清楚地辨别，这种设想就是勉强的，大比例尺的人口密度图是一种荒唐的做法；在较小的比例尺中这种设想才是有道理的，在这种比例尺中，各个人口集中点消失了，随着比例尺缩小先是单个居民点和村庄开始消失，然后轮到较大的地点。困难在于选择和划分取密度值的面积单位；作为这方面的一般规则，只能说这种单位不可取自与此不相关的观点，特别像国家境界，而要取之于事物本身，而且不可机械地进行，必须引用关于实际分布的一切知识。

对绘图员来说很重要的一个差别在于他对上述那些现象的了解。只有这些现象中的该部分在整个面积上或者面积的绝大部分上的强度是我们已知的，绘制工作才能立即开始。实际上，只有在作过精确测绘的地区，固体地壳的高度状况才可以说属于这种情况。我们大都只是从密集程度不等的单个水深测量中了解海洋和湖泊的深度，从各个观察站的观测中了解大气的气压、温度和降水情况。因此，表述工作的前提是广泛的假想补充和构想，这一点在制图表述的一般特性一章中已作过讨论。

数量的理解既可以指强度相等，也可以指强度等级。

按前一种观点要绘出同等强度或者同一数值的线，在文字上曾经使用“等值线”这个一般的词来表示这种线，但它却并不成功，也可以划定强度等级并用不同的颜色和阴影来区别。如果现象的等级是逐步过渡的，用线来表述就特别合适。第一批这样的线是等高线和等深线。高斯绘出了等磁偏角线，洪堡绘出等温线，自从那时以来绘出了越来越多的新的这类线。绘制这类线的方法不必进一步讨论了。在缩小比例尺时，各种线都被简化了，大量的线中只有主要的被保留下来。在全球地图上的只剩下最一般的特征。也可以表述抽象的东西以代替直接的现实，或者更正确地说是假想；例如在表示气压和温度时人们习惯于排除高度的影响，就是把它们还原到海平面。

为了使区别更明显，可以用面的着色或者阴影来补充线的绘制。如果层次不存在，或者层次无关紧要，而是要描绘那些往往是截然分明的差别和对比，着色和画阴影线的做法就获得独立的意义。这尤其适用于表现人口密度以及一般地表现平均数值，这些数值往往以甚大的对比直接相邻出现，例如在山脉转入平原的边缘地带。在着色时，选择颜色是重要的。常常对相邻的层次施以显眼的突出颜色，对不挨着的不同层次却相反地施以类似的颜色。这和实际是矛盾的。一种颜色的层次或者一系列接近的颜色层次，如果按照光谱顺序或者高度造型的规律，将是符合实际的。

另一种观点，即等级的观点，只对某些现象是重要的。在地形绘制时除了等高线外，用阴影表述坡度同样是适宜的；梯度对气压也是重要的，因为风的强度取决于它。如果这类地图缩小比例尺，就必须用平均的气压梯度来代替各个实际的气压梯度。

每种制图表述都得采用上述六种表述方法中的一种。但是它们只指出原则，细节上则可能有许多改变；人们必须反复提出合理地建立要表述的地理概念这个问题，这些概念必须易于表现又有丰富的科学内容。但是回答这些问题不是制图学理论的任务，而是地理学各个分支学科的内容，如果我们现在来审查地理学不同部门的地图表述，则必须以它们的概念构成为先决条件。在这方面我们显然只能考虑其一般观点。

第三节　地理学不同部门的地图

固体地壳的地图划分为许多组。

地质图首先不是岩石图，而是地质年代图或者是地层图；只有在理解火成岩时年代才退居次要地位。大比例尺地图允许细致地划分年代阶段，从这种地图上当然大都还可以辨认出岩石，但是在较小比例尺的地图上年代划分越粗，它们就越不能成为岩石图。把整个三叠纪作为单位来表述的地图在岩石方面能告诉我们些什么呢？但是因为地理学的问题更多是在岩石方面，年代对于地理学实际只有间接的意义，因而小比例尺地质图的地理意义相当小。有时也可以另外绘制一些岩石图；但是这大都只有用大比例尺才可能。在专门的矿床图上可以分别出在技术上或经济上有价值的矿物。

从大比例尺地质图中至少可以直接地读出简单的层序关系；如果绘上走向线、倾角和断层，就更方便了。但是复杂的层序关系从这些地图中难以辨认，除非使用特别的符号。它们只有从剖面图中才会清楚些。用较小的比例尺时，必须把构造图和地层图分开；因此，符腾堡州统计局很早以前就除了地层图外还出版了一种所谓的地块图，现在设计这种地块图的多起来了。在用很小的比例尺时，就要满足于绘出主要的断裂线，或者转而表述构造类型，并可以用标准剖面来进行阐述。火山地区和地震图是和构造图相联系的。

地貌图就是普通的地势图；但是，即使在我们的平板仪图幅的那种比例尺上，较小的形相也只能相当概括地表示，比例尺更小时它们就被完全取消了。这些小形相以及大形相都必须采用类概念的方式，即用符号来表述。地质图有时采用这种画法，例如符腾堡地质图就是这样表述山谷的。但是我、帕萨格、格内等还曾绘制过特别的大比例尺地貌图，这种图还应该更多地绘制。对地貌图的任务和表述方法看法还不一致[①]；我认为主要是它不应表述假定的东西，而应该表述事实，但是，对事实的理解一概必须由对地貌

① 参考我写的《陆地的地表形相》（*Oberflächenformen des Festlands*）第 241 页及以下部分和 H. 韦伯在 1924 年《彼得曼通报》第 71 页及以下部分的文章。

的理解来指导。在一览图上,表述又分为对大形相的表述和一般形相特点的表述,这种特点表现在小形相的构成中。这样可以区分开单纯流水作用、冰川作用和干燥作用所造成的形相类型,并在每个主要类型中又区分为某些次级类型。赫尔曼·贝格豪斯很早就根据李希霍芬的分类绘制了一幅海岸类型图了。

土壤图更为接近地质图,可以称为地质农艺图;有些专门地质图,尤其是其平原部分,同时就是土壤图。但是,在一览地图上这种结合就不可能了,因为刚才谈到岩石变化太大这一点在土壤种类方面甚至更为强烈。最近人们绘制了专门的土壤图,这是有道理的。

陆地上的水面是普通地图的一个主要对象,如果它常常由于为了更加醒目而和地势分别绘出,这并不意味着存在原则的区别。但是,河流的地形特点大都没有足够地反映出来,最近才开始对终年积雪和冰川的表述给以较大的重视。供水问题导致绘制水泉和地下水的地图。湖泊的深度图最多。常常用较小的比例尺绘制河流流域和分水岭地图,偶然也按照人口密度的原理绘制河网密度地图。绘制河流、湖泊和冰川类型的地图似乎是值得的。它们的水量和物理、化学状况,以及海洋和内陆湖泊的潮流,都要求绘制专门的地图。

气候图除了云的形态图外,都与数量关系和面的形态有关;其表述是用等值线,部分则用梯度来实现。除了广阔的平原,虽然气候大都是从一个地点到另一个地点迅速地起变化,但是设立的观察站大都配置得过于稀疏，因而掌握不住这种变化，观察站的观察只能得到一个一般的概括的了解；在这里，特别是对于温度，是用还原到海平面的数值代替实际数值的。因此气候图大都只能用小比例尺来绘制。虽然雨量观测站数量比较多，雨量图仍然需要根据地势情况绘制假想的构图。

气候图的一个特殊困难在于很大的时间多变性。气象图或者天气图对应于各个实际的时间，所以是一种对照图，而气候图却对应于时间的平均值。但是年平均是不够的，还必须考虑年的和日的波动，以及非周期性变化，因此需要大量的图。图解可以作为对单个地点的一种补充，在这种图解中可以集中表现多种因素，例如雨量和温度。在地图上，时间的过程只能通过建立气候类型来反映，但是这些类型如果是表现自然情况的，就会失去严格的数量理解，而代之以性质的理解。

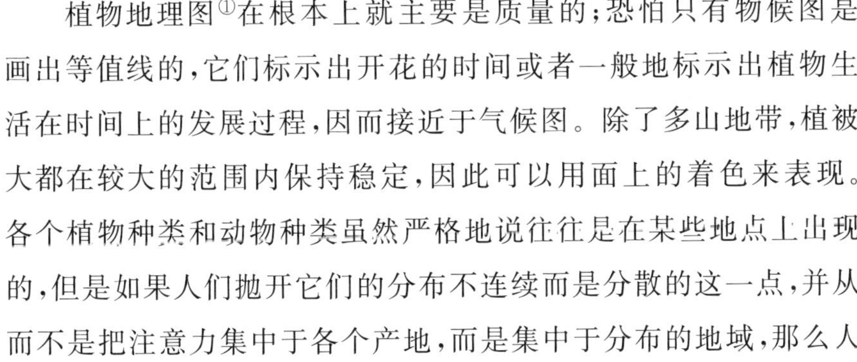

植物地理图[①]在根本上就主要是质量的；恐怕只有物候图是画出等值线的，它们标示出开花的时间或者一般地标示出植物生活在时间上的发展过程，因而接近于气候图。除了多山地带，植被大都在较大的范围内保持稳定，因此可以用面上的着色来表现。各个植物种类和动物种类虽然严格地说往往是在某些地点上出现的，但是如果人们抛开它们的分布不连续而是分散的这一点，并从而不是把注意力集中于各个产地，而是集中于分布的地域，那么人

---

① 参阅德鲁德斯的《贝格豪斯自然袖珍地图植物地理部分序言》(Einleitung zur pflanzengeographischen Abteilung von Berghaus' Physikalischem Handatlas)和他在1899年柏林第七次国际地理学家会议上的讲演，还可以参阅施勒特尔的文章。

们往往很容易就转入面上的考察。

以前，除了地形图上关于森林的表述外，植被图只是广阔地区的一览图形式，以小比例尺绘制；但是，事实逐渐表明有可能和有必要考虑地方性的巨大变化，绘制类似专门地质图的大比例尺植被图。特别是瑞士的植物地理学家，他们在阿尔卑斯山中有着特别值得下工夫的工作园地，在这个方向上做了工作。制图表述当然是以关于植物群落、植物群体或者其他名词的明确概念定义为先决条件的。但是这方面的意见却还颇为分歧。把植物区系的概念混入植被的表述中是一个根本性错误；但是在狭小的空间中，某种植被形态和某些种类的出现总是同时发生的，因此大比例尺植被图同时就是植物区系图。只是在表述更广阔的地区时分异才出现，这时对植物区系组合的理解就必须和对植物群落的理解分别开。对于各个植物亲族和动物亲族（种、属、科）的分布，植物学和动物学的兴趣要比地理学更大。

和植物地理图类似的情况也适用于动物地理图。但是生态学的观点还没有那样成形，因此制图表述还不能用这种观点，除了车道图和旅行道路图。从整个看，动物界的生态图将会和植物群落图接近于一致。迄今为止大部分动物地理图都是动物群区域图或者是各个动物亲族的分布图，即动物学的兴趣多于真正地理学的兴趣。

在普通地图上，人类的地理情况要比植物和动物的情况多得多。聚居点、道路、政治单位和边界甚至都是主要对象，在专门地形图上描绘得十分详尽，在小比例尺地图上则对它们的形式作适当的选择和简化。只在对它们作概括性理解时才要求有特种地图。而在地形图上却没有由不同的种族、民族、宗教构成的人口组成，人口数，聚落和交通的种类，经济生活，物质和精神文化。只要它们适于制图表述，这种表述就必须在专门地图上实现。适用于植被的原则对这里同样适用；最初只把这些情况表述在小比例尺地图上，后来逐渐过渡到表述在大比例尺地图上。

种族、民族、宗教、国家特性方面的地图，文化形式地图等等，首先是质的。它们的困难在于概念的形成；在开始进行制图表述以前，必须先解决概念的形成。必须确定想按什么特性和标志来进行区分。各种标志的区分，如头发颜色、头颅指数、弓和箭、某种文化状况的区分，对于地理学来说只具有准备工作的价值，其实是属于种族学和民族学的；地理学要研究的是种族、民族、国家、文化本身。但是狭义的制图其困难则来自不同的种族、民族、国家、文化等等在空间上的相互渗透。在这里，性质的区分往往就不够了，而是要了解整个面积或者全部人口中的数量组成。

按照其数量比例[①]表述人口时主要使用的概念是人口密度，即人口数与面积的比例，或者还有某一种人与面积的比例。但是，这样做会产生各种问题。第一个问题涉及与人口相关的面积单位的选择。以前作这种选择时是遵循国家和它的行政管理单位的，但是这些单位其实和人口分布并没有关系，所以据此取得的密度

① 参考我的论文《关于人口密度的表述》(über die Darstellung der Bevölkerungsdichte)，1901 年《地理杂志》第 498 页及以下各页和第 573 页及以下部分。

数值并没有科学价值；地理学使用比较统计图表这一点已经提到议事日程上来了。为了特定的研究工作，可以把人口密度和确定的自然区域（海拔、地质层系、地表形状、气候、植被区域）或者文化区域联系起来；但是，一般必须力求从人口分布的事实本身去推引出区域。在最初绘制的小比例尺地图上，这种做法并没有造成特殊的困难。整个地区和大陆的人口密度图或者全球的一览图，都给出了完全令人满意的概念。在开始绘制大比例尺（通常是1∶300000）的人口图时，才出现原则性的困难。这时发生了无休止的争论：到底是应该把人口分配到整个面积上还是把森林除外，应该把整个人口分配到面上还是把城市人口除外。这类博士论文的每一个作者——这些多半是博士论文所附的地图——都遵循不同的原则，以致这些地图相互间完全无法比较。在这方面没有取得一致，也不可能取得一致，因为在大比例尺表述时人口密度这个概念完全是荒唐的。人类不是均匀分布在整个面积上生活着，而是集中在居民点里，只有设想观察者从远处进行观察，并把他看到的居民点和田野、森林融成一体时，才可以看做是均匀分布在整个面上的。在大比例尺地图上，比如1∶500000以上（但在不同的地区和地带是不同的），就已不能用密度即与面积相比较来表述人口了，而只能绝对地表述，即用各个居民点的符号来表示。这就是拉采尔曾致力研究的事[①]，我也用“人口统计草图”的名称更为连贯地进行过，为此我抛开地点的地形形状，而按居民数的比例规定它

① 但是，例如朗格在他的《萨克森地图集》中所绘的一幅地图已经是类似这样的了。

们的大小；后来我听说，这已经在军事机关和铁路选线内部需要中被运用了，并且在最近，耶尔的《瑞典人口大地图》和瑞典新出版的《欧洲人口图》使用了稍微不同的技术，但是出于相同的原理。也可以很容易地把关于居民民族或职业构成的说明和人口的整体说明结合起来，从而提供一种人种志的或者经济地理的轮廓图。

人口密度的原理也可以转用于牲畜，并一般也可以转用于经济生产方面，经济地理图从而获得更大的准确性。可以把经济生产以百分率形式与人口或者其他生产联系起来，大致像恩格尔所做的那样把单个耕作部门与谷物面积相比；但是，虽然这对于特定的经济研究工作是富有教益的，一般的地理表述却要求与面积相联系。

在普通地图上，各个居民点按照它们的大小以真正的轮廓表示，或者通过符号偏于格式地表示，在人口统计草图中则按照它们的居民数来表现，这时如果有需要可以在地点标记内区分出民族、宗教信仰、职业种类等等。从狭义的居住地理方面说，居民点的划分按照它们的经济特征，这种特征可以人口的职业构成来确定，或者一般的由机关、驻军、工厂等等的存在来确定。但是和根据居民点的生理构造一样——如果允许用这个名词的话——也可以根据居民点的形貌，它的轮廓的种类，或者它的建筑方式来区分它们的类型。

虽然道路是普通地图的主要对象之一，也必须为交通本身绘制专门地图。实际需要已经要求更仔细地区分不同种类的铁路、水道、公路和小道，这在地形图上是不可能做到的，因此就出版了专门的铁道图、水路图、自行车道图、汽车路图等等。此外还出版了电报线路图。也可以把不同种类的道路和面积联系起来，绘制铁道密度图或者一般道路密度图。但是地理学不只研究道路，而且要研究运输和交通。特别是在一览图上，它可以区分为各种不同的付诸使用的运输工具：铁道、大车、各种不同的役畜、脚夫，此外还有水路交通的种类。它可以用数字或数量表述运送的人或者货物，即交通的强度，它也可以考察交通的速度或者一般的交通能力；曾经绘制过等时线图，它表明从已知地点出发沿着各个方向在一定时间内可以达到多么远的距离。

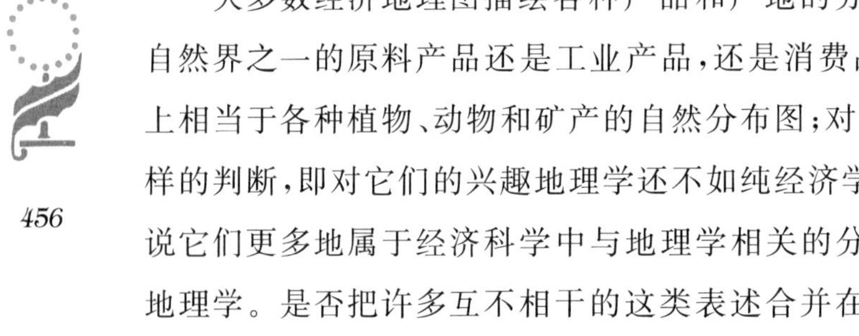

大多数经济地理图描绘各种产品和产地的分布，不论是三个自然界之一的原料产品还是工业产品，还是消费品。它们在形式上相当于各种植物、动物和矿产的自然分布图；对它们也可以作同样的判断，即对它们的兴趣地理学还不如纯经济学来得大，也就是说它们更多地属于经济科学中与地理学相关的分支学科，而不是地理学。是否把许多互不相干的这类表述合并在一幅地图上，不是事实本身的和方法论的问题，而是一个纯技术的和费用上的问题，合并在一起意味着节约，但很容易使地图变得累赘并且不能一目了然。真正的经济地理图是针对地区和地点的，并试图概括地区和地点的整个经济特点。这类地图还比较少，因为人们还未能深入圆满地解决经济地理的概念构成。大部分经济地理图苦于内容过多，因为它们表述各个产品，而不是把它们归并为适当的部类。很多经济地理图的一个主要缺点在于它们把整个生产和外销生产混在一起；贸易地图和生产地图必须区别开来，贸易地图要在港口和一般的在商业城市加上某些产品进出口的符号。

尤其十分缺乏的是专门经济地理图，或者像埃克特并无不当的说法叫做草图，其实可以把这种草图和人口统计草图及交通图结合起来。可以把它们绘制得和专门地质图或者专门植物地理图一样好，它们也会具有同样重大的实用价值。但是，特别对于它们，事先建立概念是必不可少的，而且这同样适用于农业、工业以及商业。人们可以毫不犹豫地排除葡萄园，却不能省去小麦田、黑麦田、马铃薯田等等，因为在当前盛行的谷物轮种中，同一地块在不同年份可以种植完全不同的作物；必须全面地概括谷物轮种，在更深入地研究时转变到数量的表述。经济地理概念构成和地图描绘可以偏于针对生产或者偏于针对经济方式、经营种类。

生活方式或者物质文化和精神文化也应该比以往更多地吸收到制图表述中去。只有很少关于食物、饮料、衣着和建筑方式等等的分布图。

还要简要地谈谈的就剩下历史地图。大部分历史地图都是国家、聚居地和道路的地图，属于普通地图；最近有理由地着重提出这类地图也要包括地势，因为否则就不能了解历史的情况。如果资料充实，当然也可以表述过去时代中的任何其他情况。这样就有古代和中世纪早期的民族地图。最近才绘制出中世纪以及史前时代的关于森林和居住地带分布图，它们对于理解历史具有极大的作用。关于国家发展的地图是一种特殊的历史地图。对所有这种地图的形式方面，几乎没有什么可阐述的了，因为适用于它们的规则和适用于现代的规则是相同的。

第七章　制图学文献

大部分地图，不论是地形图还是关于自然地理或者人类地理情况的地图，它们是文字表述的附件、补充和说明。但是，也存在独立的制图学文献。

第一类是通过地形、地质和其他大地测绘汇编的、主要是官方的大型图集。偶尔有个别旅行家也把他的测绘工作以地图汇编的形式出版。关于这些地图册在以上章节中都已作了阐述，这里几乎没有什么要说的了。

大部分一览图是属于地图集的。可以分为地图册和教学图册。

大部分地图册包含较多的地图，图幅也较大；但是也有比较小的地图册，从大小看它和教学图册没有多大区别。特征性的差别在于没有那些由于供学校使用而出现的教学法方面的考虑。大部分地图册主要是供日常生活中实际使用的，或者至少要非常照顾到实际的使用；为使这种地图具有生命力，也必须考虑到实际使用。这种地图册只由或者绝大部分由地形图组成，没有或者只有很少量的自然地理和人类地理方面的一览图。它们的实用目的也表现在大量的地名和政治情况占优势。这一点在大多数英国的地图集上（巴尔索洛梅伍的地图除外）表现最为明显，施蒂勒、德贝斯，部分地还有安德烈的德国大地图集和马丁、施拉德尔的法国大地图集，则还较多地照顾到科学的需要。聚多的有条理的地图册在当时是一部科学的地图册，可是涉及的范围不甚广泛。现在缺少这样一种地图册，而正如彭克大力强调的，它却是一种绝对的需要。我们应该有一部清楚地突出地区的土地构成和灌溉情况的地图集，它不应湮没在无数的名称和境界线之中；它也应满足某些实用的需要。如果一个国家里销售弥补不了费用，也许可以由最出色的制图机构达成一项国际协议来印制。

贝格豪斯的所谓物理地理地图册，或者巴尔索洛梅伍在它的基础上设计而大大扩充了却没有完成的（由于战争中断了）地图册，是对普通地图的一种补充。在七个部分中把地质学、水文学、地磁、气候学、植物地理学、动物地理学和民族学方面的情况用大量大小不等的地图来表述。人们可以看到，人类地理学方面的东西则嫌缺乏，也很难认为以前出版的经济地理图册等等可以填补这个缺漏，因为它们大都缺少深刻的科学见解。

教学用地图册，由于适应地理教学的方式，以前都是充满城市名称和政治色彩。聚多的教学地图册开拓了改良的道路：用自然地理图代替了政治地图，限制了名称的数量，地图的画面因而轻松多了。人们沿着这个方向仅做了进一步的工作。进步特别表现在除地形图以外增加了大量的自然地理和人类地理一览图，可是这些一览图往往建立在不充分的科学基础上。从真正的教育原则出发又实行了教学用地图册的分级。一类用于国民小学和高级中学的低年级班次；它们包含的地图数量通常不多，这些地图都尽可能地简单，不含有超于孩子应该学习的名称和对象。第二类含有较多和内容较丰富的地图，适用于中级班次。第三类是高级的；它们不只用于高等中学高年级的课程，也用于大学教学，并且对学者也很有用，因为它们含有在地图册中通常缺少的自然地理图。

许多制图社所出版并在市场出售的挂图供课堂教学、大学讲课和各种讲演用。它们以前也表现出几乎完全是政治性的，但是以后自然地理图逐渐占据主要地位，这是对的。当然编制挂图在价值上和编制教学用地图册的差别更大，因为它要对远处产生作用从而需要极大的概括，这一点引起很大的困难。在远处起强烈的作用，使近视眼也看得清楚，又要绘制得精细，这是矛盾的；如果现在人们特别注重前者，我却不得不说，我还是喜爱聚多—哈贝尼希特、基佩尔特、德贝斯比较旧的地图中细致的画法；在许多挂图上，山脉的绘制很难看。挂图的数量由于价格高昂受到限制，并且以后同样会受到限制。

投影到墙上的幻灯片中的地图就是这方面的一种补偿。只是在为这种幻灯片选择原件时必须十分小心，如果文字说明、绘制的山脉或者整个绘制的图面不十分清楚，它们在放大后就显得十分难看和混乱。也许应该用特别绘制的图来作为幻灯片地图的依据。和地形图一样，自然地理图和人类地理图当然也可以投影到幻灯片上。

第八章　地理图片

狭义的地理图片作为另一套形象的描述而和地图、剖面图、统计图表相衔接。原来它们是和地图结合的，因为在这些图片上可以用侧面的景象去描绘山峰和地点，用植物、动物和人类的形象填充空白的画面。但是，地图越来越变成平面忠实的表述，从而失去了真正的形象性，人们就把上述的图片抽了出来，因为它们显得格格不入，也因为日益增长的地理知识而没有什么空白的画面可供填充了。这样图片现在就变成独立的了。

每张图片——用图片这个词最广泛的含义而不管它的技术方面——表现靠近地表或者在地表上的一件事物；但是只有当所表现的事物由于它的空间伸延或者它的特点而构成景观的一个基本组成部分时，才可以把它看成是地理的。单个的人、动物、植物，甚至单个的建筑物，一般都不属于这种情况；只有在例外的情况下它们是如此具有特征性，以致引起地理学的兴趣。也有许多风景画，如颇受欢迎的山谷磨坊，更多地属于世俗画一类。一般说，有地理价值的只是那些包含整个地方的图画，它们可以让人清楚地辨认出山峰的形相、天空的状态和光照、植被、人类聚居的位置和特点等等。但是它们却有很大的价值，因为它们对文字表述和地图作出补充，给我们一种文字表述和地图所不能提供的关于事物的想象，从这方面多少代替了自己的直观。

按照完成的方式可以从两种方向上来划分图片：它们可以是黑白的或者彩色的，可以是手工作品或者机械的复制品。前者是制图或绘画，但是也可以通过木刻、石印、铜版和其他方法进行复制；后者现在主要是照相，现在照相也已经有可能把颜色再现出来。

图片和文字的关系，同地图和文字的关系类似。它局限于感官的事物，即看得见的事物。声音和气味像精神事物一样不能直接地从图片中获得，而只能由此作出想象。它表现自然界总是从某个特定的观点出发，而从这种观点出发图片要比文字表现得更完整，更清楚。它也是和某一瞬间联系着的，却不能抓住变化这个东西；如果以前艺术企图剔除有时出现的色调，建立所谓的地方色调，即事物的固有色调，那么现在它却反过来企图掌握事物在瞬间的全部真实情况，照相则完全只能是这样。只有科学绘图可以剔除瞬间的情况，寻求掌握平均的状态。

科学对于图片的要求只是部分地和艺术的要求相一致。前者必须要求完全忠实于自然；因为它的目的是认识现实。后者可以把景观理想化，并且如果允许使用这个词的话，还可以说把景观神话化，伯克林的画就是例子。大部分古代的风景画从地理学的观点看是没有用的。现在的风景画力求更好地反映自然真相；但是它有充分的理由偏离现实和进行特殊的理解，而这样科学的可用性就减少了。风景画家喜欢画特别的色调，也喜欢画风景中也许是不寻常的东西；科学只能用正常的典型色调。画家可以添加一种和风景没有多大关系的事物（以前喜欢画些神话中的形象），从而干扰了科学的理解。普雷勒尔在他的奥德赛风景画里画上美洲发现以后才移入地中海地区的植物；画的艺术价值并不因此受到损害，但是它失去了教育价值。画家也可以改变某些形状，以便把图画纳入预想的框子中去；这对于科学观点是十分有害的。许多绘画，尤其是近代的绘画，包括那些具有极大艺术价值的画是这样的真实，以致它们对任何一部地理学著作都不只是装饰品，而且提出了科学上很有价值的观点。我只举出汉斯·托马斯的劳特布鲁纳山谷这幅画作为例子。这位天才直觉地抓住了风景的本质；但是，正如画家为了正确地描绘人的身体要对解剖学进行研究一样，他也研究地理学，特别是地形学和植物地理学，以便正确地理解风景。

除了艺术家的素描或者艺术家的油画以外，还有科学的素描，许多旅行家都画这类素描；这里再一次指出美洲科迪勒拉山研究家的素描或者施蒂贝尔关于厄瓜多尔的火山的素描就够了。这些素描画出了风景的骨架，被称为解剖素描。它们是根据明确的科学意图来描绘的，切中要害地烘托出地表形相、植被或者居民点这些现象，它们也是研究者所关心的事物。

所谓立体图表是绘图的一种特别形式。它们是关于山区的投影描绘，而且保持正确的轮廓；它们在某种程度上把地图和剖面图结合起来。它们首先是由北美科迪勒拉山海登探险队的参加者霍尔姆斯设计的，以后特别为戴维斯和他的学生经常运用，以便于理解地貌；因为它们比地图更生动，多少代替了立体地形。它们可以是对现实风景稍加简化和公式化的表述；但是，戴维斯很经常运用完全理想化和公式化的立体图解，它们表述一种典型的、排除了所有个体特征的风景，并且大都不是从一种现实风景中抽象出来，而是根据理论的推演而描绘的。它们显得十分直观生动，也许比别的东西都更有助于使人们采纳戴维斯的理论。但是，它们只是反映一种假设的主观想象，却无法证明这个理论的正确性。正是由于它们会在不加批判的考察者身上引起错觉，所以存在着一个巨大的危险。

许多地理学者以及地理书的读者和购买者都还是只相信照相，他们认为，只有照相作为一种机械的复制才完全是真实的。但是，在照相中，摄影的立足点和时间的选择还是存在着主观性和偶然性，因此这种判断就需要有所限制。如果摄影师往往是艺术家，如果他有时间，那么在摄影时他将选择具有特别美的或者动人的色调的瞬间；但是，我们要感谢给我们留下了绝大多数对地理学有价值的照片的旅行家，他们并不能在一个地方久留，等待最好的瞬间去摄影，他们必须接受正好碰到的色调，在摄影立足点方面也不能有多大选择余地。照相可以比素描或者绘画带来多得多的细节情况；但正是这一点是一个值得怀疑的优点，因为主要的事物往往过分隐没在细节情况之后，艺术摄影师所寻求的优美的前景往往严重地遮掩了地理学家所关心的真正风光。还有一个缺点是，除非使用望远镜头，远景变得比眼睛感受的和在绘画上所反映的小得多了，虽然也存在视觉上的错觉。即使使用好的镜头，角度也会有形变。摄影师的修版可能正好把主要的特征给修掉了。彩色照相目前还只是很粗略地反映风景的色彩，代替不了艺术家的绘画。

第六编 文字表述

第一章 文字表述的性质、任务以及和地图的关系

在其他大多数科学中文字是唯一的表述，图片只作为补充说明；而在地理学中，正如我们已经看到的，表述则分为制图表述（并以剖面图、图解、图片为补充）和文字表述，两者不能互相代替，而必须互相补充，因为地理学表述的任务问题既不能用这一种也不能用那一种表述方式的表现手段完全解决。然而两者的关系随着时间的进程而有所推移，文字表述的技术也有了进步，但是制图技术的进步，尤其在近几十年，却要大得多，因此它就能够越来越多地负担过去完全要由文字来完成的任务，从而在一定程度上减轻了文字的负担。虽然现在还常常由于财政的考虑不得不放弃绘制地图（即使人们其实是愿意绘制地图的），地图和文字之间的分工，现在已经更多的是由内在原因决定了。

在论述地图的绪言中，我已经提醒注意在莱辛的《拉奥科恩》中的名言，在文字中词句在时间上先后连接，一个较长的表述要占用长久的时间，这样，文字就不能够表达出复杂的空间关系。文字先后衔接缓慢，割裂了并存的情况，人们很难把文字转变为感官的直觉，而后者对于理解空间情况是必不可少的。因此文字尽可能

地把这个工作让给地图。关于山脉、河道、地点位置等等的繁琐描述越来越从地理文献中消失，只存在于统计著作中，或者在地形地质学著作关于山脉志的绪言以及类似著作中。文字表述可以越来越集中于担负它比地图更能胜任的那些任务。

地图一般必须确定地提出它的资料，最多是用虚线暗示没有把握的知识，它不能就知识的可靠性和正确性作任何批判性的讨论，使用地图的人必须相信地图绘制者的判断正确，而文字由于表达的方式可以使人很容易感觉到它认为某种事实是可靠的，或者只是可能的以及是可疑的，并且可以作出批判性的探讨，它可以说明，事实基于什么样的观察或者探测，或者假定的构想。我已经指出过地图解说的作用；但是即使抛开这一点，文字表述至少当它可以比较详尽时，总是能够通过表达方式来说明知识的可靠性。

在地图上，处理材料的详细程度系于一次选定的比例尺，它在地图的所有部分都必须是相同的，外加的较大比例尺的附图只是一种不完整的补充。而文字的活动余地则大得多，它可以时而更详尽，时而简要一些；它也可以论证自己的材料选择。

地图大部分必须使用固定的类概念来称谓各个事物，用符号表示它们，只有在例外情况下可以把事物个体化，而文字虽然也借助于一般的概念，因为我们使用的所有的词都是类概念；但是除此以外它还可以用形容词、比较等等办法来表征各个山峰、河流、地点等等的个体特性，也可以适应构成中更为细微的差别。

另一方面，地图至少是地形图离不开各个个别的事物，只有自然地理和人类地理一览图在逻辑意义上概括地表述情况的全貌，以及那些较小的现象，而在这方面文字有充分的可能，人们也许可以说，文字的一个主要任务正在这里。

在这个意义上，地图采取的是分离的做法，即它必须分别表述每个现象形式：地球表面形相、土地性质、水流、各种不同的气候因素等等；把它们归并起来，并在有限的程度上把各种不同系列的事实结合在一幅地图上，至少可以说是一种例外；在随时间变化的现象方面，甚至必须把不同的瞬间分隔开来描绘。而文字则能够在高得多的程度上把不同的现象以及瞬间结合起来，它因而应该经常把注意力集中于各种不同事实系列的结合。如果文字仅仅只是把地图转述一番，正如在气象学表述中还尤其常有的那样，那是一个错误，因为这是听者或者读者能够看得到并且读出来的。合理的办法是只指出地图最重要的特点，或者如果针对初学者，搞一个读地图的指南。

地图只能举出事实或者认为已经肯定的因果关系，正是在这里包含着很大的危险。因果的解释、这种解释的论证以及实用的价值，都是文字表述的事情。只有文字表述才能阐明一般的规则和规律。

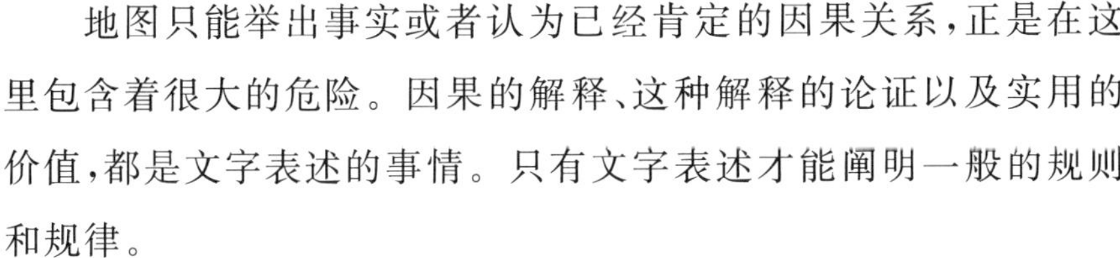

第二章　表述工作

表述这项工作往往受到轻视，完全被置于研究工作之后。班泽和他的支持者则认为地理学的任务只在于作表述，想把研究工作留给其他科学，而只引用它们的研究成果。两种见解同样都是片面的。如果研究工作不以可用的形式提供出什么来，那它就是毫无益处的；分析以后必须接着进行综合。另一方面，只从事表述而不同时也从事研究的科学是荒唐的;资料的搜集和加工必须齐头并进。只有亲自参与搜集资料的人才能掌握这些资料,并能运用它们;在进行研究工作时必须考虑到表述。在我们论述地理学的研究时,我们已经深信它和其他科学的研究不是重叠的,而是单独的一个学问。地理学研究和表述之间也没有明显的界限。因此我在地理学研究的章节中已经谈到了表述工作的准备阶段,即:通过观察或者地图研究和文献研究汇集资料、鉴别资料,因果关系的研究,空间联系的构想。这里所要研究的是资料的选择和编辑。

在大多数情况下必须限制和简化使用的资料,这一点既适用于地图,同样也适用于文字表述;因为客观实际提供的是大量无穷无尽的细节,以致我们的脑力无法完全吸收,并且绝大部分也太不令人感兴趣。文字和地图一样采用相同的两种方式进行概括。它可以把小的或者无关紧要的事实完全略去,也可以放弃形相的细节和不那么重要的特性。它将只采用类概念的方法来处理所有较小的事物和现象,处理的规则已经在论地理学概念和思想的构成时说明过了(参阅本书第四编第二章第五节)。这个任务并不像乍看时那样容易;在地理学学会多少能担当这项任务以前,不得不经历一个长时期的训练,就是现在这项任务也常常解决得很不圆满,大部分表述过分沉溺于细节中。在这里,地理学的才智还必须经受考验。

现在才可以转向构思,即把各种论述集合起来,转向智力的构筑。但正是这方面大都还极为落后。许多地志学主要是靠剪刀加糨糊拼凑起来的！就是摘要的拼凑也还算不上构思。为此需要对资料进行思维的吸收和加工。谁要想表述一个地区或者一种现象，就必须像艺术家一样在头脑中有一个非常清楚的图像；并且必须像艺术家有能力把他所看到的东西用手表现出来一样，地理学家也必须能够把思想上存在的图像用文字或者用画笔在地图上陈述出来。这可以用不同的方式实现；和在艺术上一样，在科学的表述中表述者的个性也起作用。这一个人把一块块小石头拼砌起来创造出一幅镶嵌画，给人一个清楚的完整印象，而另一个人会抛开细节用粗线条来描绘。但是，不论如何总得采取一种做法。只有当表述者头脑中有一幅清楚的图画时，才会产生一种构思；否则仍然是一个汇编。如果地理的表述者不具备一定的建筑学才干，一切渊博知识都无济于事。我完全不明白，在这个意义上人们怎能把李特尔当做一个典范。李特尔的地志几乎是人们对表述工作所能想象到的最笨拙的作品；他的地志完全没有建筑学构思。

纯粹从逻辑角度看，构思是和研究工作分开的一种活动，它把研究工作所确定的事实和原因当做砖瓦，用它们建造大厦。表述者立足于自己的研究尤其是自己的观察活动，还是只利用别人取得的资料，这在客观上是无关紧要的。但是，这在主观方面是有差别的。一方面也许会存在这种危险，即研究者特别是观察者与别人的研究和观察结果相比，总是过高估计自己的研究和观察结果，并把它们运用到它们不适用的地区。另一方面，研究者是学会了掌握资料的，而表述者因为自己并没有做研究工作就去接触资料，必须艰苦努力才能达到精通资料；特别是观察者从亲身的观感深入地认识一个地区，虽然也许只是其中个别部分，却由此获得了一种活生生的观感，这是他从文献研究中很难获得的，除非为他提供资料的作者具有直观理解和表述的突出天赋，并已经完成了一部分表述工作。有一种论断认为，经验表明进行观察的研究者更多的是使他的研究成果服务于一般地理学，而不是地志学，这是不正确的；李希霍芬关于中亚地区和黄土地区的研究是对一般地理学做出了贡献，同样又很可以看做对亚洲地理学做出了贡献，彭克关于阿尔卑斯山冰川作用的研究，对一般地理学、同样也对阿尔卑斯山地理学作出了贡献，这更适用于菲利普松在希腊进行的考察、萨佩尔在中美洲进行的考察，甚至适用于斯文·赫定在中亚细亚进行的研究。可以说只有这一点是正确的，即最有成就的观察者大都限于观察某些系列的现象，因为要掌握许多局部地区的困难的观察技术，并在一切自然界中都成功地进行研究，现在已经是不可能的了，因此他们往往倾向于片面的即建立在某些特定观点上的构思。但是，这比起表述者缺少深刻的知识所造成的损害要小一些，这种知识只有通过自己的研究才能够全部获得。很难提出一条一般的规则。要表述的地区的大小就已经会产生差别。以前研究得越少或者范围越小，自己的观察就越能够、并必须成为表述的基础；反之研究过的东西越多，别人已经做过较多的观察工作，则自己观察和研究的份额就越小。许多现象只能通过系统的测绘和观测站观察来研究。但是研究和表述间的联系不应丧失。历史学家们的传统是，表述工作绝大部分必须根据自己的研究，这里指的当然是文献研究。这种说法是夸大了。这样做的后果是他们大都局限于搞些时间不长的或者特定事变过程的历史研究，而世界历史的工作却留给了那些知名的作家。领会到要作更大规模的科学综合这一点，自然而然地导致了表述工作在一定程度上独立于自己的研究工作，但却远不是完全的分离。在地理学中人们也应该防止这一点。

如果表述创作和构想的活动因此只有在个别情况下才能够完全从观察研究出发，而大都必须同等地依靠文献研究的话，那就会提出另外一个问题，即资料的加工是否应该和在多大程度上应该依靠自己对这个地区的观感。是不是描写一个地区人们一定要看到过这个地区？还是这是不需要的，甚至也许是不受欢迎的呢？这不是绝对需要的。有些地理学家，我联想到基希霍夫，他们看到过的地方甚少，由于幸运的天赋和造诣很深的地理学教养，他们具有很强的能力，能够根据文字描写，也许还有图片来形成对一个陌生地区的清楚和生动的想象，通过清楚的描写也会想象其他地区。他们是天生的地理表述者；因为虽然有了各种交通上的便利，到遥远的地区旅行总还是要花费许多时间和金钱，所以我们就必须怀着感谢的心情来接受这些人士的地理表述。但是对于大多数人，一个地区的生动想象只有根据亲身的直观才可以取得，或者才可以较好地得到。可以把这种直观看成是映象式的观察。它简括地重复别人的观察，并在个别点上矫正和补充这些观察，也可以提出新的观察结果，诚然人们必须意识到它的价值的有限和暂时性，不要把这种观察说成是深入的研究。这样一种“铁道地理学”（帕萨格给它起的名称）是有理由存在的。如果一个地理学者对某个地区没有亲身的感受，就不对这个地区作任何判断，那是太过分了；一个训练有素的地理学者，可以根据文献的研究讲出许多对别人是新鲜的东西。但是亲身的观感却总会澄清这种判断，并使理解更生动。

我们是不是应该把地理学者分为研究者和表述者两类？把两者合而为一是否必要，是否受欢迎？我相信后者。人们可以采用观察方法和使用文献进行研究而不去表述，可以停留在分析而不前进到综合；但是，这样做对于各个研究工作的价值容易失去判断，把自己局限在准备工作阶段，因而只是个石匠，而不是建筑师。谁要是从不写文章甚至也不在口头报告中提出过某一种地志学构思，他就不是真正的地理学者。反之，人们可以作表述工作而不必先进行研究工作吗？是的，我们有过一整代这样的地理学者，现在还有，他们作了表述，但是几乎没有作过研究，而仍然还是完成了有用的工作。但是，这不是没有问题的；因为没有自己的研究很难取得表述所需要的批判；人们也不能用自己的研究填补知识的缺陷。我们把直观理解为映象式的观察，这种观察对某种人是比较容易的，特别是如果他在独立地进行研究性的观察，从而掌握了观察方法，同时更加深入钻研问题，而不是单纯地做记录工作。只有也是研究者的地理学者才是十全十美的，学会了观察的地理学者肯定领先于纯粹从文献方面进行工作的研究者。

在表述和研究的关系中可以区分出许多阶段，它们相当于制图表述的阶段。最初的表述直接产生于研究工作，包括观察、文献研究和地图研究。这是些乡土科学旅行者以及进行观察的研究者所作的表述，前者大都面向较大的范围，带有较为一般的性质，后者则面向较狭隘的范围，往往涉及或针对一定的问题。如果这种表述不再依靠或者只是部分地依靠自己的研究，而另外还要依靠或者甚至主要依靠第一手的表述，它就变成基本上另一种的性质。

这种推演的表述也是需要的；因为对于更大地区或者整个问题系列的综合表述，只有例外的情况下才能够在一切部分中都来源于自己的研究，但是不能没有自己的研究。他们必须基于对第一手表述的熟练运用；但是，可以说更为重要的是稳妥可靠的科学判断以及真正建起一座建筑物的造型能力。

第三章　地理学的专有名称

文字表述的第一个步骤，和历史学类似，是对地理事物，对各个地点、河流、山峰、自然现象、地方等的称谓。这些称呼在自然民族中就已经出现，因此它们大都起源于很古老的时代，现在则已经是日常生活的一种需要，虽然其程度不同。如果异族入侵并占领，驱逐或者征服了原有的居民，它往往要使原有的名称适应征服者语言的精神，或者完全废除旧的名称，代之以新的名称；一般说来给地点起个新的名称比较容易，而对于山峰和河流的名称则只是作出改变，也可以说是加以肢解。移民者会带来他们故乡的地理名称，因而有些殖民国家，特别在美国，是由所有地区和语言构成的地名大杂烩。国家和王朝都需要在土地登记册、纳税登记册和地图中把这些名称固定下来；这种定名工作大都掌握在下级官员或者至少是缺乏较深语言教养的官员手中，所以这些名称往往支离破碎，不像样子。

但是，民间的命名包括官方的命名也总还是不完全的，有许多对象还没有名称；旅行游览会感觉到这是个缺陷，于是创造新的名称，这些新的名称逐渐就变成一般通用的了。在没有文化的外国

地区中，自然事物的命名还很不完全，或者在这方面有很大的语言上困难，于是需要发现旅行者赋予新的名称。但是，他应该防止由于发现者的虚荣心而在这方面做得太过分；如果一个德国的研究者对于智利的安第斯山中一条久已为人所知并且已经命名的大冰川重新命名，或者另一个研究者对西班牙语区中一座高山的山峰加上德文名称，那是荒唐的。定名必须做到它是普遍可以接受的，尤其是可以在这个地区通用的。

做得最完善的是人类聚落的命名，在许多地区还有其郊野和边境地区的命名，因为在这些地方明确的命名和区分具有最大的实际需要。其名时而取之于创立者姓名，时而取之于定居者首领的姓名，时而取之于代表创建日期的圣者，时而取之于地点的各种情况；历史情况的变动也可能导致名称的改变（彼得堡，彼得格勒，列宁格勒；奥斯陆，克里斯蒂阿尼亚，又改为奥斯陆）。在地区合并时老名称大都在某个市区保留下来。民族区域和国家区域，还有森林、沼泽和地球表面的其他状况的名称，也有类似的情况。山峰和山脉最初常常很少引起注意，并且全都使用一般的、经常反复使用的名称，这些名称往往取自形状和颜色；有时森林名称也转用于它们。对于山峰，近代的旅行和登山活动所作的命名特别普遍，山脉的名称则常常由科学所创立。河流以及湖泊的名称大都比较古老；但是，对较大的河流这些名称常常只指某些河段，这类局部地点的名称中的某一个只是后来才逐步扩展到适用于整个河流；罗马人还并用达努比乌斯和伊斯特尔[①]这两个名称，亚马孙河的上

① 达努比乌斯是多瑙河的拉丁文名称。伊斯特尔是下多瑙河的古名。——译者

游现在还用马腊尼翁这个名称。如果这些名称往下游流传，不同渊源的名称之间可以发生争论，在争论中取得胜利的常常并不是我们认为在科学使用上合理的名称。

地方也有特殊的名称；我要指出施瓦本[①]的戈伊埃或者法国的珀伊，加洛伊斯取材于这个地方写了一本书。这些名称中的一些可以而且必须按科学的用法来运用，有时也许在它们的空间伸延上要稍有缩小或者扩大。任何只要稍微详尽些的关于法国的描写都不能忽视戈乌的名称，就像伯奥瑟、布里厄[②]以及其他地方。但是，科学的需要并不因此而满足。并不是到处都有这类当地流行的戈乌名称，古老的戈乌名称也往往很少同科学必须加以区分的自然区域相一致，特别是缺少关于大的自然区域或地区的民间通行的叫法。只是在地理学把自然区域置于重要地位后，对它们命名的需要才突出了。不能说在这方面我们已经做得很好了。按照方位的命名是过于呆板烦琐，不适宜于取代根据山脉的命名，如比利牛斯半岛、亚平宁半岛、巴尔干半岛。占优势的民族特点往往适于命名之用；但是，我认为伊比利亚半岛这个名称过分书呆子气，我宁愿冒葡萄牙人抵制我的著作的危险而采用西班牙半岛这个名称，它起源于古代的希西班牙[③]。人们完全可以把欧洲大陆本体的西部称为法国，虽然自然区域和法国

① 施瓦本是德国的一个地区，戈乌（单数）和戈伊埃（复数）原意森林沼泽地，现一般意为邦、区、州等。——译者

② 伯奥瑟是巴黎西南的一个地方。布里厄是法国塞纳河畔香巴尼地区的一个地点。——译者

③ 希西班牙是西班牙的古名。——译者

的政治区域是不相重合的；但在这里又有谁能够创造一个新的名称呢？

地理学的专有名称具有和人的专有名称同样的作用。它们是互相了解的一个必要的辅助手段，但是，它们却不属于事物的内容。因此，像在前编中已经强调了的（参阅第五编第四章第三节末段），它们是地图的一个完全格格不入的组成部分；即使在文字表述中，它们也没有独立的价值，而只是为标志和查找事物服务的，这些事物是人们所要描述，或者人们在别处或者在地图上对它们描述时要引用的。因此，提出一个名称而没有进一步说明就没有什么价值，这种情况在过去的地理书籍中是常有的。只有那个事物被描述或者用概念加以表征时，它的名称才有价值。

在运用名称时，人们必须区分要持久固定还是希望暂时理解这两种情况。有时问题只在于把听者或者读者的注意吸引到自然界中或者地图上的某一点，因为人们想要对它作阐述；如果大家认出了这个点，就可以把名字忘掉。只有当人们在一个瞭望点上叫得出望得见的地点的名称，或者在地图上找得到它们时，这些名称的存在才是合理的；目的必须是，通过对地方本身和地图的比较考察，能够认识这个地方。如果人们只满足于地名本身，那就徒劳无益。人们长时间记住的是那些重要的名称；但是，究竟人们在这方面应该做到什么程度，必须留待以下论述地理教育的性质和地理学课程时再去探讨。

地理学专有名称也已成为一个专门学科的对象，即地理名称学的对象，这一学科受到语言学者和对语言有兴趣的地理学者的多方扶植，特别是由于埃格利的研究而取得了确定的形式[①]。第一个任务是词源学：名称出自何种语言，它是什么意思？如果这个任务得以解决，它就会成为历史地理学的研究对象；因为一个区域名称的语言归属可用以推论民族和文化过去的分布，因此成为民族学以及民族地理学的一个重要的辅助手段。但是，如埃格利所说，名称的意义或核心，还具有赋予这些名称的那个民族的生活方式和民族心理的特征，例如在西班牙人所发现的美洲地区用了很多圣徒的名字；另一方面名称可以是标志地点的自然特色的，例如河流的颜色、山的形状和颜色，也可以是标志地点的作用，人们可以联想到带着渡口、桥、堡等字的名称。

人们可以把经常使用的外来语地理名称改变得便于发音。在这方面，英国人运用得最广泛；但是，特别是某些意大利名称，我们在中世纪就已经代之以德文的名称了。如果用德语来念米兰、佛罗伦萨、那坡利、里斯本或者哥本哈根的原文，发出的音调将是十分做作的。但是，现代德语则比较胆怯。当我们说布达以代替欧芬时[②]，我们就依从了马扎尔人；当俄罗斯人把古德国的大学城多尔帕特改名为尤里耶夫[③]时，善良的德国人就赶快把他们的地图

① 弗尔斯特曼为德国的名称学打下了基础。公认的主要著作是埃格利的《地理名称学》(*Nomina Geographica*)；1872年这本书的第一版附有一篇论文，在出第二版时由于名称宝库的扩大而不得不删去。此外，还有关于地理名称学的历史和关于这方面的论文：《地理名称中的民族精神》(*Der Volksgeist in den Geographischen Namen*，1894年出版）和他在《地理年鉴》中的报告。报告附有一个广泛的参考文献目录。

② 欧芬是布达佩斯市的一部分的旧称，以后采用马扎尔人的语言称“布达”。——译者

③ 多尔帕特即现在的塔尔图，在苏联的爱沙尼亚境内。曾名尤里耶夫。——译者

和书中的老名称删去，用新名称来代替。彼得格勒这个名称只存在了很短时间，但已经足以被德文书籍所采用，现在自然必须称为列宁格勒。不久也会轮到阿尔托·阿迪杰、博尔扎诺[1]等等；似乎否则会被怀疑为跟不上时代似的。大概人们会顾虑俄罗斯人、马扎尔人、罗马尼亚人、意大利人等等不买使用德语名称的书或者地图集。为什么人们要在这些地方坚持自己的民族骨气呢？

最后讨论一下关于名称的发音和写法上的可疑之点。在德语名称中，地方通用口语同地图、书籍中以文字语言表达的写法之间往往存在着相当大的差别；陌生人不会马上觉察到 Berne 和 Pirna 是同一个地方。对于外国文化语言中的名称，人们遵循的原则是保留它的写法和发音，只要口型舌态发得出来。但是如果说这个原则运用到法语和英语名称时还勉强可行的话，那么对意大利语、西班牙语、葡萄牙语的名称，发音就常常显得十分古怪。在那些早就采用的名称，像 Mexiks（墨西哥，西班牙文是 Mejico），人们难道真是要按照西班牙文 j 的读法把舌头卷一下吗？而那些古西班牙文名称，像 Los Angeles（即 Engel 天使，这里指美国的洛杉矶），现在是不是又真要跟着美国佬念成 Los Ehndscheles 呢？人们一定要把纽约读成 Nju-York，把新奥尔良读成 Nju-Orlihns 吗？

如果名称是以另一种文字写出的，形式上的改写就是必要的。对俄语名称，可惜人们习惯于按字母改写，从而导致错误的发音：

① 阿尔托·阿迪杰在意大利南蒂罗尔地区。博尔扎诺是意大利北部一个城市的意大利名称，其德文名称是博岑。——译者

Orel 应念成 Ariol。人们把中文和日文名称改写为一种和我们德语所用字母相背离的形式，结果是我们把许多名称都读错了。我们是否应该采用已经过时的英语拼法来表示印度的名称呢？东方语学者和地理学者想夸耀他们的阿拉伯语知识，对某些阿拉伯语音使用特殊的符号；在东方语文献中这样做也许是适宜的，但是标出严格语音发音的符号对于我们这些不懂它们表示什么意思的人又有什么用呢？想办法用德语字母尽可能接近正确的发音去拼写，我认为要更正确些。

第四章　地理学的专门术语

地理的描写，特别是旅行者的描写，可以完全是个体化的，或者用近代语说是描述性的，就是说，针对着现实的单个事物；但是即使如此，地理描述已经使用了某些一般概念，这些概念取自日常生活用语，如山峰和山谷、河流和湖泊、森林和草原、城市和农村等词。描述的内容越具有科学性，特别是越希望对完全不能个别考察的小的现象起码一般地给予表征，它就必须更多地使用类概念，并且适当地予以命名；因为只有这样它才能避免总要重复的冗长的描述。除了地理的专有名称，语言的表述还需要成熟的专门术语，它相当于地图中的符号。但是必须防止过分。建立新用语不可变成一种狂热；它只有能够节省冗长的描述，只有有助于科学的简明扼要，才是有意义的。人们可以放弃那些不常用的用语。

关于建立概念的规则我们在第四编中已经谈过了；现在来讨论概念的命名。

人们往往非常重视命名的优先权。人们认为它是一种必须重视的精神财产。但是,正是由于这种对优先权的无条件尊崇导致了轻率地创造用语。某些人希望由此攫取科学的荣誉;因为谁创造了一个术语,他就很容易被当做这种思想的创始人。可是比优先性更重要的是术语的正确性和实用性,人们不应该企图把在语言上是错误的或者没有意义的和无关紧要的术语硬拉过关。

地理学的专门术语常常和相邻科学的专门术语相交叉,如地貌学同地质学的专门术语,植物地理学同植物学的专门术语,经济地理学同国民经济学的专门术语等等。因此,地理学专门术语必须和其他相邻科学相协调,以避免同样事物在相邻科学中用语不同。情况可能各有不同:有时候是别的科学走在前面,有时候则是地理学,根据情况,或者是后者必须以前者为准,或者必须要求考虑到前者。

关于应优先采用民族的(即取自我们德国语言的)还是国际的名称这个问题,有识之士意见有分歧。如果科学用语对一切民族都是共同的,那自然是有好处的;它还有这个优点,即一开始就能使学问的光辉普及于使用它的人们。但另一方面,它增加了直接理解的困难;纵然在学校学过希腊语,也还是需要去掌握科学上的大多数希腊文用语,因为这些用语都是由少见的词根演变来的,还有那些罗马人和盎格鲁撒克逊人所习用的拉丁语用语,对我们来说开始时总还是陌生的。

要是从外国语中铸造一种用语,至少应该力求达到这种用语在语言上的正确性。像 deflatieren(转向)和 ablatieren(冰山融化)这些用语简直是野蛮的,用 insequent 代替 inkonsequent(矛盾的）则是胡来。但是，即使在德语中人们也有可能违反语言的正确性和美。注意一下帕萨格的词汇堆吧！大部分用词尾 ling 构成的词，像 Härtling（硬碴、硬果）、Fernling（远方）、Karling（卡尔派），在语言上都是不美的。我倒是很奇怪，人们为什么没有用 Wüstling① 来表示沙漠的现象。人们也会太过分地用德语代替外国语。例如用 Festland（陆地）代替 Kontinent（大陆）就是错误的；Festland 是和水相对的，而不是和岛屿相对的，岛屿也是陆地；很难找到代替 Kontinent 的一个适当的德文词。

人们必须谨防不同现象范围名称的混淆。日常生活用语就常常有这类错误。我们的许多中等山脉都使用 Wald（森林）这个名称，反之，用以代表山脉的西班牙文 monte 和 montaña 已几乎失去山的意义，变成代表丛林或者森林的名称了，某些地理学的误解就是由此而引起的。大地构造沿用了许多形状的名称，运用这些名称会和地表形状产生明显的矛盾，例如当凹陷或者地槽成为山脊，盾地成为山谷的时候。Sattel（马鞍，背斜）这个词最模棱两可，它在地质学上意味着一种隆起，在山文学上意味着一种洼地。Paß（隘口或称山口）这个词在山文学上和交通地理上具有不同的意义。

人们有时以地区的名称命名地理的类概念，因为在这个地区里这种现象发展得最突出，或者最先受到较深入的研究。人们特别以古代种族来命名地质层系，堪为这方面的典范。在地理学中我可以举出哈恩给予海岸类型的名称（挪威型、达尔马提亚型等

① Wüste 是沙漠的意思，加上 ling，就变成浪荡者了。——译者

等)。在气候学上,人们有时也使用这种命名方式,例如人们把地中海气候这个名词转用到别的大陆上。这种名称也许有时是合适的;但是,一般说应该采用根据现象本身起的名称,因为它直接导向概念和事物的感官观念。和哈恩大致同时而由李希霍芬提出的海岸类型,如 Fjorde(峡湾)、Rias(里亚斯型海岸)、Haffe(海湾)[①]等等,有理由更多地被采用。但是借用这些名称,如果没有足够的语言知识那是很不妥当的,如某些地貌学者所爱用的西班牙文 Playa 和 Cuesta[②] 那样。取自事实本身的名称比按景观出现地点命名好这一点,自然也适用于一切自然界和现象范围。这些名称可以取之于地方习惯用语,像上面提到的 Fjorde, Rias, Haffe 以及许多别的名称,例如在气候学中用的 Passat, Etesien[③],或者在植物地理学中用的 Steppe(草原)、Savanne(热带稀树干草原)、Tundra(苔原)等等就属于这一类。但是,它们也可以根据最主要的特性构成,像 Rumpffläche(古陆台)或者 Fastebene(准平原)这些用语,对于这些用语必须避免过早地加上确定的成因上的意义,像李希霍芬用 Abrasion[④] 或者像戴维斯用 Fastebene(即 Peneplain 侵蚀平原)以及许多别的用语;因此对于不是明确针对性的描述,这种用语就会变得没有用处。

和对完成的形体一样,人们对于变化过程也使用类概念的名

① 这里"海湾"是指靠海岸的湖泊。——译者

② Playa 是指干燥地区四面封闭的盆地,亦称雨季湖。Cuesta 是指一个山峰的斜坡,也称单面山。——译者

③ Passat 是信风,也称贸易风。Etesien 是地中海季风,是地中海区夏季的一种东北信风。——译者

④ 这是指海滨激浪对海岸的冲击磨剥作用。——译者

称。特别在地貌学上过多地采用了这种办法，因而在这方面，像人们对于形体一样流于完全不必要的名称过剩，因为人们不屑于用植物学和动物学中常用的简单辅助手段，而是分两节来描绘变化过程，即用动词或名词来表现过程的种类，用副词或形容词来表现作用力，例如讲河流作用的剥蚀、冰川作用的剥蚀、风力作用的剥蚀等等。人们可以由此马上取得一个更好的概括的印象。也只有以这种方式才能得到成因的专门术语，而这一点任何时候都必然是我们的最终目的，虽然人们要非常注意防止过早地运用它。

第五章　表述的各种形式

地理个体的命名和它们的类概念的称谓（专门术语），都是表述的必要辅助手段和预备阶段；现在的问题是表述应该采用怎样的形式来进行。它可以追求不同的目的，而按照不同的目的它可以有不同的外貌。特别是要看它们是通俗的还是科学的，因为它们必须采取不同的形式；本章中我着眼的主要是科学的表述。根据要求的详尽程度不同，表述上自然也有区别；一个详尽的表述，可以允许包括许多为简要的表述所必须排除的东西。

因为地理学是一种直接面对实际的科学，所以在这门学科中，就如在描述的自然科学即所谓的自然史中一样，描述也就是确定事实，具有独立的价值。诚然，在地理学中表述长时期来只能是一种描写，也就是记录事实，只要人们尚未认识到因果关系，而且对此丝毫不感兴趣。地理学作为科学不得不脱离这种片面的观点，也不得不着手进行因果关系的表述；而某些老派地理学者特别对于固体地表坚持纯粹的描述，不去解释它，那是落后的；但是，反过来，如果人们贬低描述的意义，跳过描述阶段，立即着手去作出阐述性的描写，像戴维斯和他的学生那样，则也是一种片面性。因为这种阐述总带着某种不可靠性，事实上上述学派中所提出的阐述很多是错误的，以致整个的表述只是一个空中楼阁。此外，阐述性的描述如果掌握得不很恰当，那它在错综复杂的情况下就完全不会得出对现实的见解。我不相信有人能从布劳恩关于德国的书中得出一个关于德国土地的概念。哈恩等强调地理学中描述的必要性是有充分理由的。只有抽象的科学，像物理学和化学，也许可以免去单独的描述工作；而具体的科学——地理学属于这一类——首先必须就其本来面目表述客观现实；纯粹的描述就是它们完成的一个科学任务，这个任务的意义就在于它既是阐述也是实际和美学评价的基础。

关于在和地图的关系中文字表述的任务，以及由此得出的规则，已经在第六编第一章中谈过了，我用不着再重复。我只想指出，它们不是绝对的，而是相对的，因为文字表述必须经常考虑到听者或者读者可能使用的是什么地图；在许多情况下它必须设法多少取代地图，并且在这样做时必须将就在转述地图中不可避免的困难。

地理的描述应该是符合事实的，并且控制在地理学的范围以内。大部分较早的描述包括许多今天我们看来是文不对题的东西：历史资料、传说、经济的笔记、植物学和动物学的细节；一些比较老的有才能的教师正好根据这一点主张地理学应该是一门复合的学科。他们认为，正是这些东西才给支离破碎的地理资料带来兴趣；它们仿佛加到正常食品中的开胃剂。这种食粮本身往往内容贫乏；真正的地区自然情况过分简略。

地理的描述必须按照其详尽情况，程度不同地符合我们称之为地区和地点的特性的一切事实。但是，它必须防止堆集过多的名称和数字。单单名称是没有价值的，如果它们不是和明确的想法联系起来，或者如果它们只是用来找到地图上的某一种现象的话。列举山、河流、地点起什么作用？列举读者不知道的植物名称和动物名称，而这些也许又只是作者从另一本书上照抄下来的，这有什么用？许多数字说明常常是仓促地从统计汇编中搜集来，往往误认为是精确的，其实是没有用的废物。它们甚至往往正好是有害的，因为它们会引起错误的想象。在许多事物中，数量的想象确实是需要的；但是，人们要首先检查它们是否是正确的和重要的，要设法避免由匆匆罗列的数字引起以为是精确性的假象。我坚决反对地理书中大部分经济统计数据。

有时表述可以特别强调或者特别详尽地讨论某些点或者某些现象。如果这样做是由于知识的局限性，像在根据科学旅行所作的描述那样，或者如果这样做是为了达到一定的目的，那是没有什么可以指责的；但是按说表述的均匀性既指对于不同的地方和地点，也指对于不同的现象范围，它是地理表述的一个要求。

对应于直观理解和概念理解的差别（参阅第四编第二章第四节），表述也可以是偏于直观的，或者是偏于概念的。

人们也可以用“叙述”这个词来代替“表述”这个词。叙述针对地方的感官印象，只要在文字上可能，它就试图连同地方的音和味一起给出一幅图景。当然在这样做时，人们不可避免地至少要应用日常生活中惯常的类概念；但是，人们尽可能不用这种做法，而宁可和假定读者已经知道的其他地区和地点进行比较，或者在时间或者空间许可的情况下，以详尽的描写反映出形状和颜色的特性。表述的这种形式主要在旅行记中有它的地位，旅行记的任务是展现直接的现实情况，而这种描述总是和具体的地点联系着。相反，系统的描述除非它非常详尽，否则进行起来就困难得多，因为系统的描述不应当限于个别的点，而要涉及整个的面，以致它必须对许多小的现象作共同性的理解，即使对大的个别现象也只能轻描淡写。此外，像拉采尔（《自然》*Naturschilderung*，第 313 页及以下）所给予的恰当的评论那样，这种直观的描述或者叙述也很少是完全恰到好处的；相反，成因的理解很容易渗入到它们中去。这样老一辈的叙述者和画家对地方的理解受到这种影响，认为地表是巨大灾变的产物。

直观的描述或者叙述很容易变成艺术的描述，就是对地方的美和情调的叙述（参阅第二编第五章）。但是这里存在着人们不应抹杀的差别。科学的描述，包括叙述这个形式，必须永远是客观的，就其本来面目表现景观，并且在这样做时尽可能排除由于所处的时间或者观察者的特点而对客观印象造成的主观干扰。相反，对于艺术家恰恰主观的情绪是主要的；他虽然也会设法避免受天气或者自己偶然的坏情绪的干扰，但是，他想，又总是只能表述确定的、封闭的、有固定界限的地方，而且表述的只是它的某一特定的瞬间，他要像这个地方反映在他本人心目中的那个样子去表现它。两者同样都有道理，但是人们不能同时是客观的又是主观的，同时是科学家又是艺术家。把感情的内容混杂到科学的描述中去容易变成虚构，并且大都使人感到枯燥乏味。洪堡在《自然界的面貌》(*Den Ansichten der Natur*)的序言中，还有拉采尔在他的《自然叙述》这部美好的书中，都已经注意到了科学和诗混杂的危险，但是这并没有妨碍他们自己有时也陷入这种错误。班泽的错误则在于他宣扬这种混杂的做法。

记述的另一种形式是概念的形式。它把地理事实分解为它的组成部分，并把这些组成部分尽可能地按普遍概念划分，广泛地使用地理专门术语。这样，直接的感官观念容易丧失，或者只有当听者或者读者立即把生动的观念和普遍概念结合起来时才会再引起这种观念，而这种情况只有他经常在自然界中锻炼他的直观时才能实现。但是因此却会得到对事物本质的洞察，为说明的记述做了准备工作。

戴维斯虽然强调了阐述性描述的重要性和必要性，他却没有说出什么新的东西；因为新的地理学的表述大都早已是阐述性的了。他的理解的特别之处在于他想跳过确定事实这个环节立即开始阐述性表述，这一点我们早已认识到是不正确的，至少在涉及表现初步的科学研究成果时是这样。只有综合的、推导的表述才可以直接把解释和描述结合起来。这方面就不需要详细论述了。我只想指出一点。包括植物地理、动物地理以及人类地理的固体地表上许多地理现象的原因，都要回溯到地质或者历史的过去时代；恰恰有些特别认真对待原因解释的地理学者因而陷入歧途，他们作出的解释用了地质的或者历史叙述的形式。我认为这种做法是观点的混淆。在这方面我和戴维斯的意见完全一致，即地理学不应变成地质学，我还要补充说，地理学中的人类地理学部分不应变成历史学。解释必须是成因的，但是它并不要求采用地质的或者历史的叙述形式，这种叙述，至少是地质的叙述，大都含有强烈的假设性质，并且随着时间的推移表现也完全不同；相反，也可以通过把事实简单地归诸特定的成因概念来解释。恰恰是地质学和历史学所特别强调的，就它们的任务来说也必须强调的时间因素，对于作为对现代的认识的地理学，却是颇为无关紧要的。

除了纯粹描述性的表述和阐述性的表述外，最后还有美学的或者评价实用性的表述。前者我只需要提一下就可以了，而对于后者其实也只要提醒一下在实用地理学的性质和任务的章节中已经讲过的就可以了（参阅第二编第六章）。实用地理学把地区和地方以及它们的现象表现为生存的基础，而且它大都针对不同的生活目的（如健康、居住、经济、战争等等）而分别论述的。在这里感官印象和因果关系的表述虽然不能放弃，却是次要的；因为自然界的因果关系对于人类的干预也起主宰作用，并且可以使它归于失败。为了实用目的而作的描述主要在于选择材料的不同，因为不是所有的现象对人类生活的有关部门都是重要的。但是在这方面人们必须防止过分局限地选材，因为毕竟地区自然环境的一切现象都会间接地起作用。

第六章　表述的途径

不论表述是纯粹描述性的还是阐述性的，是美学的还是评价实用性的，都可以采取各种不同的路子；我们必须研究各种不同途径中哪一种最利于达到目的。

人们可以指出知识是怎样在时间的过程中发展起来的，即阐明它的历史。例如李特尔在他的《亚洲地志》中提到古代的、阿拉伯人的和近代的各地区知识时，就常常采用这种方法，他这样做时自然地夹杂着事物本身变化的思想。以前人们讨论非洲地理时就常常按照时间的次序叙述发现旅行。据说赫尔曼·瓦格纳先前举行亚洲讲座时，就论证了地图轮廓的逐步发展。如果一个地区或者一种现象的知识还完全处在不断前进的状态，如果每年都带来新的东西，那么这种表述的途径本身确实有可取之处。但是，如果达到了某个阶段并且已经能进行方法论的或者系统的表述，这个途径就失去了它的价值；因为进行历史的表述时会失去事物的内在联系。这种历史的表述作为导言仍然很有价值，因为认识到研究工作走过的道路和弯路，问题本身就显得清楚些，批评也可以更尖锐。历史的表述也可以对我们的前辈尽一种公正的义务；他们有理由要求他们的观察工作和思想不致无影无踪地消失。如果戴维斯以轻蔑的态度评论到这种表述方法，那是美国人非历史观念的流露。

从某种意义上说，关于我们自己研究工作逐步成形的阐述是和阐述知识的历史发展相关联的。后者是客观认识的历史，前者是主观认识的历史。如果旅行记是以日记的方式写的，旅行者的观察所得和他们的思想按照时间次序反映出来，那我们在这种旅行记中就常常会自然地碰到前一种方法。对重要的发现，考察某一种思想是如何萌芽和逐步发表，这确实是非常吸引人的事情。李希霍芬本人是以成熟的形式发表他的黄土理论的；但是，从他死后出版的日记中人们追溯这种理论的逐步形成过程，那是一种巨大的享受。可是也只有对真正伟大的思想，我们这些后来人才有耐心做这类工作；一般情况下我们要求研究者自己进行综合的工作，并以实事求是的、适当的形式公布他的观察所得和他的思想。

两种不同的表述途径，即分析的或者方法论的途径和综合的或者系统的途径，在争夺优先地位。使用分析的和综合的这些用语自然不是无可置疑的。在地理教学参考书中，已经习惯于把从全球出发逐步及于各个地区和地点的表述称为分析的，因为它从整体到部分，而把从各个地点例如从家乡到大的地区，然后再进到整个地球的表述，就称为综合的。但是实际上，前一种表述才是综合的，因为它是从一般到特殊，补充以特性，而后一种则是分析的，因为它把地点或者地方的整个性质分解为它的组成部分。为了避免误解，不如用系统的和方法论的表述这两个词。

方法论的或者分析的表述大致是遵循认识进程的，自然不是在细节上也和获得认识的真正过程那样包括科学研究所走过的一切弯路和迷途，而是大体以适当方式来表述，以便最简便地达到目的，这时自然也可以论述走过的歧途。如果这种表述是纯描述性的，那么它就会把地方或者现象分解成为它们的组成成分，像在观察时所见到的那样；如果它是阐述性的，它就把它们分解为它们的各种原因。听者或者读者要在他的思想中重现这种研究；他并不是现成地接受这种成果，而是自己重新去取得它，自己去证实它是正确无误的，或者还可能认识到观察中和结论中的错误；戴维斯断言读者在运用这种方法时必须无批判地接受已有的结果，对此我不能理解。佩舍尔在《新问题》中运用了这种方法，表现得十分出色，十分优美，虽然稍嫌肤浅一些，却在表述科学研究时得到颇为普遍的应用。人们也可以用分析的方法研究一个地方，即从观察出发，首先把自然界和各种现象范围，然后把各种现象分解成为它们的组成部分和原因。研究旅行者可以按先后次序讨论他所遍游的各个不同地方，如实反映出他观察时这些地方所呈现的景象，最后把这些地方概括起来并互相比较，提出这个地区的一般特征；李希霍芬在他关于中国的著作中就是这样做的，菲利普松在他的《伯罗奔尼撒半岛》(*Über den Peloponnes*)这本书中，李特尔在他描述地球的巨著中，大部分也是像李希霍芬的例子那样做的。建立学说也可以采取同样的途径，并且严格地按方法论的方式即分析的方式进行。在数理地理学著作中，这种表述形式是常用的。相反，在一般的自然地理学著作中这种表述形式往往只是运用在个别问题上，而讨论的次序则通常是系统的。在地志中，实际上流行的只有系统的方法；但是，我在有关地理课程的章节中还将谈到，在地志学中，实行过的方法论的步骤也具有很大的优越性。

方法论和分析的表述优点在于它导出问题之所在，并能够证实理论的正确性，与此相应的缺点是正好把现象间的联系分解开了，使听者或者读者都不意识到这种联系。这一点只有系统的或者综合的表述可以做到。如果表述主要是方法论和分析的，必须随之进行系统的综合的概括，以便提出完整的结果。

但是，表述也可以一开始就是系统的，如果主要是为了取得完整的图景，而不要求证实它的正确性，必要时也可以在注解中就有怀疑的那些点提出证明。系统的表述根据事物的内在联系来阐明现实；它不适宜用在关于研究的报道上，但是却是对一个学说的真正的表述。如果这种学说只准备做描述性的工作，那就只涉及把事实排列起来,但按照事物的真正分类和先后次序:从无机自然的三界到植物界和动物界以至人类。如果这种学说也想阐述事物,那它就要从原因出发来说明各种事实。在前一种情况下,描述一个地方时也会呈现出一个清楚的范畴系统,也可以说是一套由抽屉组成的系统;在后一种情况下人们则可以摆脱这一点,而把不同自然界的现象综合起来,只要它们之间存在密切的因果联系。

但这种简单的原因系列却很少有。往往是不同的原因同时在起作用,例如气候和土壤,在一起会对河水流量或者植被产生一定的作用。人类地理的事实最难于和某些自然的原因联系起来,例如航行和贸易就很难和海岸情况联系起来。这里几乎总是多种多样的原因共同起作用,只有把它们放到所有人类现象的联系中,才能理解这些原因。也存在着相互影响,例如在植被、气候和土壤之间就存在着相互影响,因为植被总要反过来对土壤起作用,也许还会反作用于气候。因此,真实地全部反映出现象的因果联系,这在表述上是完全不可能的;如果提出这方面的要求,并且带有系统排列上的责难,这表明对复杂的地理因果关系缺乏了解。如果人们把水体和土地构成过于密切地结合起来,那么对水体本身的理解就过于简单了。如果人们把气候插入到内部构造和地表形相之间,因为地表形相是取决于气候的,那么就会把固体地表的事实肢解了,另一方面如果人们完全把气候置于首位,就会忘记它也要受制于固体地表的形状。有时是这一种排列次序更合适,有时则是另一种更合适;提不出一种普遍有效的规则。最好还是不过多地变换,而是一般地遵照同一种排列次序。客观事物的共存并不能用文字直接反映出来,因为文字需用一些时间才能确立起观念。

第七章　地理学的体系
（一般地理学和地志学）

现在来讨论怎样完整地建立地理学体系，更明确地说是提出对此有决定作用的观点，也就是为此设计一个模式。这要看人们是满足于描述还是追寻原因，是着眼于美学的还是实用的评价，模式将因此而有所不同，这里我要讨论的是狭义的科学的即因果关系的理解。

地理学的理解受制于两种观点：一方面它注意各个现象在地球上的分布情况，另一方面它研究在一个地点不同现象的共同存在和共同作用。地理学的系统表述必须符合这两种观点；因此问题是：它应如何把这两者互相结合起来。

人们时常不假思考地匆忙认为，一般地理学要遵循一种观点，地志学应该遵循另一种观点，或者更确切地说，探讨这一种观点是一般地理学的任务，探讨另一种观点则是地志学的任务。但这是不对的。当然，一般地理学只是负责探讨关于分布在全地球上的现象的各个范畴，在另一端，对各个地点的考察就绝不是针对现象的分布，而只是研究它们的共同存在和共同作用。但是，对大陆、地区和地方的考察则处于这两个端点之间。在大陆、地区和地方中，各自然界和它们的表现方式，从一个地点到另一个地点还这样地不相同，以致人们不能把它们理解为统一体，不应局限于不同的现象相互间的联系，而是必须根据所要求的详细程度探讨这些现象在大陆、地区和地方的扩展和分布。一般地理学和地志学之间的区分，只是从外表的原因来看才是有意义的；只有从一般地理学即通过对大陆和地区，也许还可以包括地方的概述，到个别地表述地方和地点这样一个顺序，在逻辑上才是合理的。

人们由于使用一般地理学这个名称而被迷糊了，以为它意味着概括的考察，而相对于个体的考察。从文字来看这似乎更正确些；但是在地理学上，“一般的”这个词表示涉及整个地球的那个部门，这种含义却是已经固定了的，而以前“一般的”这个词曾经在“纯粹的”这个意义上使用过，即不含有确定的实际目标。最一般的概括或类概念考察属于这一类，但是，大的、遍及于整个地球的或者起码遍及地球的大部分的单个现象同样地属于这一类，如陆地和海洋的位置，大的山系，大气环流系统，植物界和动物界的整体，种族和民族系支的分布，世界交通，世界经济，世界文化，世界政治。李特尔关于一般地理学的讲义中就已经主要论述了这种大的单个现象；只是在后来类概念的考察才逐步取得越来越大的活动范围。这无疑意味着科学的一个进步；但是不能让它过分发展，以致对大的单个现象的考察有时完全被湮没了。一般说来地球上永远只存在在不同条件下由大的单个现象的分异产生的和在相似条件下由于分异的部分的类似重复而产生的现象，就是说没有大的单个现象，这些现象就是完全不可理解的。另一方面，概括的考察也包括在地志和景观学之中；许多小的现象只能概括地加以考察。在这个意义上，一般地理学和地志学之间只存在程度上的差别，在一般地理学中概括考察达到最大程度，而在地志中个体考察达到最大程度。

认为一般地理学的论述方式总是分析的，地志学的论述方式

总是综合式的这一点是一个奇怪的误解，李希霍芬也许要对此负责。因此我再重复一遍：可以是这样，但并不必须是这样。地志学的表述也可以是分析的，特别当它是出于研究旅行者的手笔时，反之，一般地理学必须也是综合的，才能反映出现象的内在因果联系。在一般地理学中以分析的表述为主这一点引起了下面的缺点，即这种表述常常分散为各个部分，而这些部分相互之间以及它们和地志学之间却只有松散的联系。一个严密的地理学学术体系，所有部分都必须是综合的。正如已经说过的，两个主要部分间的差别只在于：一般地理学侧重于现象的横断面，地志学侧重于现象的纵断面，一般地理学按照自然界和现象范围划分其材料，地志学则按照地球空间划分其材料，而且地志学越专门化就越是如此。

地理学这两部分的意义在时间的过程中是有变化的。以前一般地理学不大为人们所注意；在比较旧的手册和教科书中，很明显感到一般地理学所占篇幅很少。这也适用于李特尔的著作；他关于一般地理学的讲义，我们感到是内容贫乏的。地理的认识越是偏重因果和类概念，则对整个地球比较考察的意义就会越大。当然与此相关的是把地理学当做一般的地球科学这种十分不幸的理解。接着在一个很长的时期中，往往认为一般地理学比地志学更高级一些和更为高雅一些，并且比地志学受到更多的培植。但是，后来事情又起了变化；现在认为一般地理学地位较高的这种评价其实已经是一个被克服了的观点。而且喜好过正的青年甚至过分地置它于不顾，想尽可能不再承认它是地理学的一部分，或者只把它当做一种初阶，把它看做取自辅助科学的知识的汇编；这种狭隘的看法的产生是由于人们认识不到一般地理学也具有区域的性质。实际上，两者都是地理学的同等重要的部分，不存在高低等级。一般地理学比较更接近物的科学，也受到这些科学的培植，但是常常有失去区域观点和变成物的科学的危险。在研讨陆地上的水体时就遇到了这种危险（参阅第二编第四章第三节）；在地貌学中，区域的观点往往起的作用过小。只有当一般地理学的构成建立在区域观点之上时，它才相对于相邻科学取得完全的独立性。因为区域观点迄今只在地志学中得到完全的贯彻，所以它充分表现出地理学的真正本质；不注重地志学的地理学者必定会遭到完全失去地理学根基这个危险。没有一般地理学，单纯的地志学是不完整的，但却仍然是地理的；没有地志学的一般地理学，则根本不能完成地理学的任务，并且很容易脱离地理学。

在地理学的体系中，一般地理学要走在前面；因为地理学必须像康德所强调的那样，从地球整体的本身状态和它在宇宙中的地位出发。地理学要从这一点出发来力求理解不同的自然界和现象范围中的地区分异，取得对地球的现象按照事物范畴归类的概况。然后才能理解各个地球空间中和各个地点上不同自然界和现象范围的相互作用，而地志学和景观学则总是更多地集中于各个地球空间和地点，它们涉及的是比较狭小的空间。但是，在一般地理学和各个地点或者小地方的描述之间，必须插入大陆和地区的概述。

地志学体系是逐步完成的。如在西韦斯的地志学第一版中那样，人们往往犯把大洲作为单元来研讨这个大错误，即在整个大洲上探讨各个单个范畴。人们把一般地理学的考察方式转用到对大洲的考察。但是，这种考察方式显露出图方便的意图多于方法论的考虑，这样就会贻误了地志学的真正任务；因为，也许澳洲大陆除外，各个大洲从它们的部分看是如此决然不同，要是把各个大洲理解为单元，就会失去一切特征性的差别。现在几乎已经没有人再有意地维护这种研究方式了。但是，可惜大的地区像法国、西班牙半岛、小亚细亚地区等等，在详尽的表述中也还常常被理解为地理单元，虽然各地方的差别如此之大，以致共同的特征已退居次要地位了。只有在必须满足于地方大轮廓的简要表述中，这样一种涉及整个地区的研讨才站得住。应该划分到多么细的程度，决定于兴趣所在和表述的详尽程度。一般说法国人在这方面比我们走得远一些。但是，人们必须防止过于支离破碎，否则就会失去概观；我的印象是现在似乎存在着这种危险。

区划的观点前面已经讨论过(参阅第四编第六章第三节以下部分)，用不着再重复了。已经指出过，不存在地区的等级，也没有自然情况所决定的固定的排列次序；因为地区、地方、地点是相邻存在的，只因文字的缺陷才迫使我们按先后次序来考察它们。在考察的时候，人们会注意尽可能不把相邻的地区和地方分离开；但是总是不能圆满地满足这种要求，因为地区不是直线地串起来，而是在不同的方向上互相并存。如果人们有时相信已经很巧妙地实现了这个要求，他们不久就会觉察到自己割断了别的一些联系。把小的地方和它们的邻区分隔开要比把大的地区和邻区分隔开少些害处。我觉得在同一个方向上向前推进，比如从北到南和从西到东，是最适宜的。固然这里的表述也要跳过一些地方，而且这一点甚至比人们所喜爱的螺旋式顺序更明显；但是这种跳跃却服从一定的规则，因此干扰较小。

表述的一个特殊困难产生于不同自然界和现象范围服从不同

的分布规律，因此不论我们如何划定地球空间，总是有一部分现象和区划不相符合，相反不同的地方可以有相同的构成，而在相同的地方之内却有不同的构成。这就产生了这样的问题，人们应该在哪里讨论它们。这有两种可能性：就是或者在高一级的单位中讨论，在这个单位中这种现象还是统一地出现的，例如在大洲的概述中讨论一个大陆的气候；或者是在这种现象第一次完整地出现的那个地区中加以讨论。例如人们喜欢在国家的主要部分所隶属的那个自然区域中讨论这个国家。但是，在这里给表述者进行自由衡量留有广阔的活动余地。

一般地理学和地志学之外还有第三种表述，即比较地志学，它在某种意义上看是前两者的综合。因为如果说一般地理学是探讨地球表面的单个现象，不去特别注意它们和别的现象的联系，如果说地志学和景观学的真正任务正是在于理解这种联系，那么比较地志学就是从其现象的整体来比较整个地区和地方。这种思想不是新的。洪堡在《自然界的面貌》中所描写的草原和沙漠的一般特征就是一个光辉的典范。收集在《从北极到赤道》(*Vom Nordpol zum Äquator*)这部书中的几篇布雷姆的报告，或者内林所提关于苔原和草原的特征等等都属于这一类。李希霍芬在他的“关于大陆的比较概述”讲课中，也致力于类似的方向，虽然在这方面他在相当大的程度上还停留在通常的一般地理学的范围内。在1889年的一篇文章中，我曾提出“比较地志学”是一种已经有了的但是却很少受到注视的学科，自此以后，我在讲授和实习中都重视了这个学科，当然别人肯定也做了同样的工作。萨佩尔关于地质构造和地方图景，以及格拉德曼关于沙漠和草原的论文，都是这个方向上的。帕萨格的《景观学》也参加了这方面的研究活动。他没有发表什么新的思想，但是却第一次彻底地完成这种思想，虽然有些片面。气候的即基于气候和植被的景观类型是他所阐述的。它们应当受到重视，因为它们在分布和排列上与建立在陆海分布和陆地垂直分带上的大洲和地区偏离最大，即在通常的地志学中过于简短。在这部书中对空间上分隔开的但是在大陆的相应地点出现的气候的极大相似性作了深入细致的论述，这种相似性不仅涉及气候本身，也涉及水循环、土地状况、植被和许多人类的情况。但是，气候的景观类型是片面的。景观类型也可以根据其他条件例如岛屿自然情况或者山脉自然情况建立；帕萨格的比较景观学绝没有包括所有对象。人们也可以比较整个地区，如果它们同时具有类似的构造和相同的气候位置，如西班牙半岛和小亚细亚、墨西哥和秘鲁、西藏和玻利维亚高原、亚马孙河和赤道非洲的森林地区；进行这样的比较是值得的。

第八章　地理学文献

旅行记是地理学、至少是地志学表述的最古老形式之一。旅行记在古代就以名胜游览指南的名称为世人所知，在阿拉伯文献中和在基督教的中世纪末期，它已经占据重要地位，自大发现时期以来，这类作品越来越多了。

但是，人们可以区分许多旅行记。

它们是用以记述发现旅行的现成形式。发现旅行家匆忙赶路，并且多少是直线地穿过外国的地区。不断有新的印象涌入他的脑际；他反映出来的这类印象越直接，就越有价值。他愿意，也应该讲述他所经历的斗争和冒险。而他的经验在大多数情况下是不足以全面地描述这个地区的。如果他作过一次较长时间的逗留，使得他有可能进行支线旅行以及具体的观察和探测，那他就可以在他的旅行记中插入一章详尽的描述。他首先必须报道他所看到和听到的事情；并不要求他阐述资料的内在联系和作方法论的选择，甚至并不希望他这样做，因为这样会漏掉许多值得知道的事物，并且会损害报告的原始性。旅行家所看到的和所听到的事物，当然在很大程度上决定于他的个性。许多人全神贯注于旅行的经历、冒险和斗争。有些人怀着艺术的心情而不是从科学的角度领略地方的事物，或者相反。大多数人对接受人民生活方面的事实比接受有关自然的事物能力更强，后者要求具有更高的知识基础。好的旅行记都是艺术作品；从科学角度上说它们首先是资料汇编，固然并不妨碍旅行家自己从事科学的加工。

研究旅行的情况就有些不同了。以前，报道旅行的收获通常也主要使用旅行记的形式。如果其旅行是比较迅速地穿过一个较大的地区，那就同发现旅行那样，旅行记是一种现成的形式。个人的经历是比较少的，但是也不是完全没有，这些个人经历在风土人情方面可能是很具有特色的。不过旅行家必须防止为了使他的表述有吸引力而过多地停留在个人经历上并加以夸张。不少旅行记几乎连篇累牍全是无关紧要的个人经历。旅行越是频繁，到远方地区的旅行就越不成为什么特殊的事情，对于这些琐事的兴趣就会越加淡漠。研究旅行家的活动也已逐渐局限于他可以纵横穿行的较小地区。如果让读者沿着所有自己走过的路走一遍，那就会使人感到厌倦；把印象加以综合，就会好些。研究旅行家一般情愿把他日记中的科学观察资料从旅行记中抽出来，而在系统的表述中加以利用。但是因为他的旅行是为了研究，而旅行的价值就体现在研究成果上，所以他的旅行记只有当考察者阐述其研究工作时才会带着个性的烙印。这里只举两位大师为例，洪堡和达尔文的旅行记特有的魅力就在于他们报告自己的科学印象，并且不在于单纯地报告各个观察情况，而在于融合在观察中的高瞻远瞩的思想。使读者感觉如在这个伟大人物身边，聚精会神地听他谈论。

对旅游者和世界旅行家的旅行记进行评判又是另一回事了。出版了不知道有多少英国贵妇们和其他人所写的乌七八糟的东西。我绝不要求这样的旅行记一定要带来什么科学上的新东西，而且在地理学刊物中常常以这种观点对它们加以评判，我认为也是不公平的。我也不认为人们应该抱以高度美学的要求来对待它们；相反，我觉得我们某些诗人和著名文学家的装腔作势的旅行记也是十分使人不快的。　个有教养的或者聪明的人物直截了当地把他的印象和经历再现出来可能会很有价值，因为它为自己的旅行提供某种补充，或者有益于这种旅行的准备工作。在我做旅行之前，或者在起草一个地区的描述时，总是喜欢阅读好的通俗旅行记，从这些旅行记中我也许没有引用任何一件事实，但却能使我置身于这个地区的情调之中。可是很多这类旅行记我由于毫无所得而搁置一边，因为它们只报告些无关紧要的日常经历，因为它们对于自然界毫无理解，因为它们带着庸人的有色眼镜来看外国情况，因为旅行只是为了表现个人。

具有地理内容的长篇旅行小说和短篇旅行小说或者青年故

事，都和旅行记有关，有时是发现者的旅行记，有时是旅行家的旅行记。它们在地理学上都可能是很有价值的，并传播了地理知识，特别是如果它们基于自己的经历和自己的印象的话。我就喜欢阅读格尔斯滕克尔的时常被指责的故事小说，尤其是关于我自己很熟悉的南美地区的，所叙述的整个情调和对情况的理解我觉得是可靠的。是否可以同样地评论卡尔·迈、韦里斯霍费尔等人甚受欢迎的青年故事小说，我难以判断。长期以来，我曾试图说服一位老练的学校地理学者对地理学的青年文学作品作一个综合述评，但没有成功。

系统的表述或者方法论的表述是地理文献的另一大类。从古以来，这一类和上一类是平行发展的，到了近代甚至还领先于上一类。它们都用于教学、教材，或者有时用作参考资料。用途不同，要求也多种多样。

教科书或者入门书面对的是狭义的学习者，包括中学生或者大学生。他们希望或者应该接受整个内容，在思想上对这个内容进行加工并印入记忆中去；因此，正确地挑选材料很重要。文体必须清晰，但用不着在美上下工夫，文风的美甚至可能是危险的，因为它会转移对内容的注意力。另一方面，所谓电报文体，特别是对高年级的，我觉得也是一种胡闹；在我看来，阅读方便也是一种要求。

科学读本或者狭义的表述，并不是供学习用而是供讲授用的。它比教科书阐述得较为深透。大都是受求知欲推动去读书的读者，想在思想上接受书中的内容，但不是要照着学，而是要自行挑选他觉得重要的并且值得保存在记忆中的东西。因此，作者在选择资料时用不着过分谨慎，他甚至必须编得更详尽些。他的注意力必须集中在内在联系上；因为他愿意向读者介绍有价值的和完整的知识。他必须排除死的资料。根据报告或者书的目的，根据它面对的听众和读者的范围，表述可以是纯粹描述性的或者阐述性的，可以是美学的或者具有实用价值的；但是，它应仅限于写得正确而清楚，还必须使之方便阅读。作者不应只致力于写出好的文章，这种文章不应当矫揉造作而必须永远符合其对象，他还应该尝试推动人们活跃思想，鼓动人们的情绪。一般地理学和地志学的易读的优秀表述性作品，数量还甚少。

我用手册这个词是采用参考书的意思，不论是偏于科学的目的，还是偏于实用的目的。这里重要的不是表述形式，而是材料的丰富和可靠性。编排次序可以是系统的或者是词典式（按字母排列）的。特别是英国人在所谓的地理词典中喜欢后一种形式；而在我们德国人中一般系统的形式更受欢迎。两种形式都有优点：词典的形式便于迅速查找，系统的形式不致使各个事物轻易脱离它各方面的联系。但是，两者运用时都应贯彻始终；如果在词典中对专门的词条按其主要冠词来排，则是一个错误，如果在系统的描写中插进一张按字母顺序的城市或者河流、山峰表，也是一个错误。

第七编　地理学教育

第一章　地理学教育的性质

我们概观了地理学的历史，确定了地理学的任务以后，我们的考察通过研究概念构成和思想构成以及地图、图片和文字的表述，现在进入地理学教育，人们也许可以大胆地这样比较：这相当于从原料生产通过工业和商业进入消费阶段；因为科学的教育就是人们主观上掌握科学，在生活上利用科学和使科学纳入人的性格。这可以以不同的方式和在不同的程度上来实现，因此，我们必须了解地理学教育的不同种类和阶段。

第一阶段是地志的知识。毫无疑问，就是很有教养的人，这方面的知识往往也是很少的，比历史、文学史和艺术史事物方面的知识要少得多。罗尔巴赫曾经举过一个例子，说有人曾经把多哥当做另一个殖民地的首都。如果这就是最坏的情况了，那我情愿睁一只眼闭一只眼算了。在我求学的时代，我还记得在九年级一次地理课的临时测验时，很多人错误地回答关于欧洲各国首都的提问，有一个人把斯德哥尔摩和斯图加特颠倒了，因为这两个城市开头的字母都是 st。从考试和实习课的实践中我知道现在也不比以前好多少。在一次博士考试中我问一个女应试者（她刚好通过了关于意大利艺术史考试，请求我特别考问一下她关于德国地理学)关于通路的问题:怎样能从意大利旅行到德国去?回答是完全的沉默,关于布伦内罗、戈特哈德、辛普龙隧道她毫无所知。而且当我后来有一次结合这次经验对一个其他方面十分能干的青年人提出同一问题,并深信这次没有做出不当的发问时,他也未能给我满意的回答。我还完全不敢问起更小的阿尔卑斯山隘口。这是很糟糕的漏洞,它的原因在于学校地理教育缺陷很多,而且以后很难补救:"小汉斯没有学到的东西,长大了的汉斯永远不会再学到。"我们没有理由嘲笑法国人或者别的民族缺乏地理教育,像在报纸上时常刊载的那样,因为在我们德国也不比他们好。学校在这方面必须作出重大努力。它对于地理名称和数字教得够了,往往太多了,但是方法常常是错误的,过分肤浅,只是教些名称,没有教地图形象,而地理课程就此完全结束了——因为教学计划中关于地理课的复习大都只是纸面上的,并未真的实行。学生在中年级学到的东西,被其他课程中要记忆的内容挤掉了,因而大部分又丢掉。

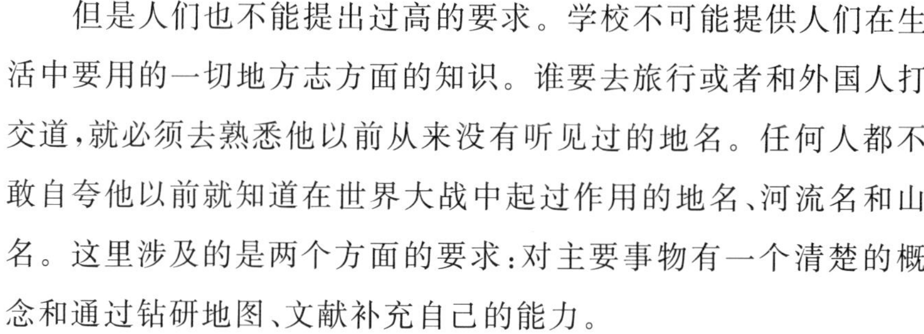

但是人们也不能提出过高的要求。学校不可能提供人们在生活中要用的一切地方志方面的知识。谁要去旅行或者和外国人打交道,就必须去熟悉他以前从来没有听见过的地名。任何人都不敢自夸他以前就知道在世界大战中起过作用的地名、河流名和山名。这里涉及的是两个方面的要求:对主要事物有一个清楚的概念和通过钻研地图、文献补充自己的能力。

许多人认为地理学仍然只是地方志;在这些人看来,一个好的地理学家就要能背诵出许多国家、山脉、河流、城市等等名称。已经有过几次,当我公开承认不知道某一个地理名称并且毫不相应地感觉羞愧时，人们吃惊地注视着我。他们可能暗中在想，这么一个人还算什么地理教授！这就是邮局职员以及总的说交通部门的职员，对于海岸是海员在他们的职业上使用的地理学；如果在女子中学中也要求牢记尽可能多的海角，这就是说预计将来女士们要做舰长和舵手出海航行。自然我不愿否认地方志知识的用处。人们在日常生活中需要这种知识，而对于地理的研究，则这方面的知识是判明方位和互相理解的辅助手段。谁在头脑中精确地记忆着一个地点的位置或者山的位置、河流的位置，那么如果在一部地理书中提到什么事情或者某种现象以此而确定位置时，他就不用在地图上查阅而节省了时间。但是，这只是基础。人们可以熟读说明精确位置的地名词典，但远不能说因此就已经具有地理学教养了。否则分发信件的邮局职员就会成为地理学教授最好的候选人。

更确切地说，地理学的教育在于对地区及其情况具有清楚的观念和理解。这种直观不只是在景观这个意义上——当然这是属于观念的，但是人们不应仅限于此——而是领会到地方的整个性质和特征，以及那些只能间接地辨认出来有关地理的现象。我们的整个生活深深扎根于地球表面的自然环境之中，任何民族，任何国家，任何文化，任何一种经济生活，如果没有地区和它的位置以及它的自然情况，都是不能理解的，民族和国家的奋斗都是在地理状况中有它的根源的，没有任何人类的活动，至少没有任何实际活动是能够脱离地理环境的。如果我们忽视地理的教育，我们就会损害我们整个民族的、国家的、经济的发展。这个道理适用于私人生活，也同样适用于普遍的国家生活，并且我毫不犹豫地断定，把我们引向深渊的政治错误，部分原因就在于缺乏严密系统的地理教育。我不用进一步详细说明了；生活的实践，从比大多数人所想象的更深刻得多的意义上看，是建立在地理基础之上的。

但是地理科学和地理课程绝不应只针对实际生活，不要把地理学归结成为政治地理学和经济地理学，像最近又有人主张的那样。生活是人类一切活动（包括科学和教学活动）的背景，但也只是背景。科学开始时必须不考虑实际运用而进行研究；起码由于最伟大的实际成就恰恰产生于不受摆布的纯理论研究。教育也不应规定为直接针对实际的用途，而应该成为一种自成系统的和谐的教育，教育仿佛是武器库，必要时生活就从中取出武器。这一点适用于地理学的教育，同样也适用于自然科学或者历史学教育。人们必须努力取得关于地区和地点特性的明确看法和对各种现象间因果联系的认识，这些现象确定地区和地点的特性；只有认识了原因的人才能掌握事实宝库。由于实际的理由，关于地球自然情况的知识也属于地理学的教育范围；因为如果不熟习地球的土地构成、气候、植被，就不能理解经济和政治情况，不能在这些方面工作。但是，要求理解自然和人类生活对于真正的精神教育是更具有决定意义的，因为只有对地区特性的理解才会完全满足了解因果关系的需要。

我们已经看到，地理学的理解可以是偏于直观的或者偏于概念的（参阅第四编第二章第二节）。与此相应，地理教育也会这一个人偏于建立在外表的，另一个人则偏于建立在内在观念上，取决于他有着多少机会进行漫游和旅行以及参观地理图片，并且是否充分利用了这些机会，取决于他的心理特点，也就是一方面按其直

接观察的才能和对于观察的记忆，另一方面按其对复杂联系的构思能力高低而不同。这一个人或者那一个人都可以受到地理学的教育，不要以为这一种观点和建立在这种观点上的地理学教育就一定比另一种更高明。教育也可以有助于补足由于天生素质带来的在某种见解方面的缺陷。但是，只能到一定的程度，如果人们想牺牲另一种见解来扶植这一种见解，而让另一种见解衰败，那是错误的。每个要求受到地理学教育的人都必然会接受这一种或者那一种理解。谁要是完全没有地理学的见解，想象不出地理图景，而是只知道个别的地理事实和过程，谁就不能成为一个地理学者，而且不能把他的知识卓有成效地运用到地理学中。

地理教育必须力求超出对事实的理解而去认识原因；因为正是在现象的因果联系中（既指同一个地点的各种不同的现象，也指各个不同地点之间的因果关系），才完全显示出地理学的本质。但是，圆满的因果认识永远只是一个理想。科学努力追求的正是这一点，但却在任何时候也达不到。只有把毕生的精力贡献给地理学的人，才能至少在主要之点上掌握这种知识。别的人必然要落在后面。这也和他们的基本知识以及他们所受其他方面的教育有关；因为地理学是建立在许多其他科学，包括自然科学同人类科学之上的，所以谁要是对这些科学不熟悉，也必然摸不清地理学的有关部分。但是，宁肯不去认识因果联系，也比假造这种认识好。缺陷可以填补；错误的假知识是很难排除的。

和科学地理学教育并行且颇带独立性的，还有美学地理学教育。它部分起源于另一种精神方向，需要另外的素质。它要求有美感，这种美感绝不是每个科学家都具有的，或者经过热诚努力就能够获得的。但是,如果这种美感和地理教育完全没有联系,它对景观就完全是麻木的,它将只领会到景观的个别现象,如云和光照作用或者特别是美丽的形态和颜色,而不能从整体去领会景观。令人吃惊的是大多数人多么麻木地走过各地,什么也没有领会到,他们的眼睛对此不起作用。认为科学的理解会损害甚至破坏对景观的欣赏,那是不对的;这样说法顶多适用于极其片面的地形的理解,或者某种针对个别问题的分析;相反,对于一个地方作为整体的理解会使人能在更高的水平上理解这个地方的美,某些方面的美甚至只有在这个基础上才能发现。

第二章　地理学教育的各种方向

地理学的教育可以按照各种不同的方向进行,并把重点放在不同的方面。

第一种是对故乡,或者更一般地说,对所处环境的理解;如果人到了晚年迁移到另一个地区,另一个环境,他就必须再去熟悉它,适应它,从它那里汲取新的教材。这也包括适应到外地旅行或者作任何一种经营的能力,这种适应既指表面意义上的了解情况,也指掌握其特性。战争中我方人员的大多数,包括士兵和军官在内,在阅读地图,绘制简单的草图和起码会正确理解简单的地形,根据不同的岩石懂得地形的差别,稍能判断地面和地下水的分布等等方面的无能,表明是一种严重的弊病。在公民的日常生活中这种弊端也不断有所反映。这不只是涉及这类偶然事件;更重要的是必须通过深刻地研究周围环境使人深信人类的存在深深地扎根于周围环境之中，并且必须从这个环境中汲取生活的力量。

在德国的地理知识中，第一位是对国土本身的知识，对它的美的领会，从而唤起和加强对故乡的热爱。第二是理解到我们整个存在是和我们祖国的自然情况紧密相关的，这就是德国的政治地理学和文化地理学，不是其外表意义上的知识，而是有真正的理解。对我国历史的表述通常还是十分偏于忽视它受自然的制约。极少人想到我们整个的历史和我们祖国的自然环境多么密切地结合着。只是到了战时，大多数人才领会到我们居于中央的位置和远离海洋所具有的巨大而十分不幸的意义。对于德国各地特征性的差别可以更深入得多地加以表达，使得德意志诸种族终于能够相互充分谅解，纵然他们对其他种族并无好感，却也能看到它们的优点，使他们清楚地认识到相互间经济上取长补短的必要性，领会到内部封锁政策的愚蠢和坏处，这种政策在战争时期到处都实行，甚至现在也往往还在施行。

对外国的知识也具有重大意义，并且其意义与日俱增。在文化的最低阶段，生活仅限于在极狭隘的范围里活动，人们熟悉他们周围的自然情况也许就足够了；但是，一旦他跳出这个狭隘范围，和别的地方和地区发生了联系，他就必须注意到其他的自然情况和其他居民，就开始感到地理知识的必要性。在古代，地理学是从旅行和贸易航行、殖民活动、占领活动中成长起来的。人们的眼界越扩展，和别的地区以及别的大陆的政治经济关系越密切，这种必要性就越大。现在轮船航线网和铁路网遍布全球，我们不只是从远方大陆取得奢侈品，还要从远方大陆取得关于吃和穿方面最普通的物品，如谷物、肉类、羊毛、棉花等等，日本和中国的情况对于我们的政治具有极大的重要性，每个人都必须想到，生活不仅把他引向德国其他地方，而且引向欧洲别的国家，甚至引向其他大陆，因此现在关于地球的基本知识已经变成具有极大实际意义的事了。就是和别的国家没有什么关系，对世界贸易和世界政治只是旁观者的人，只要他愿意以开阔及理解的心情关心周围发生的事情，就会越来越感觉到具备涉及整个地理的地理学教育的必要性。地理学教育具有和历史学教育类似的意义，或者至少应该具有这种意义。如果过去时代的历史讲述了和指出了现代是怎样演变来的，那么地理学就使我们了解我们整个生活在其中活动的舞台。

当战争使人们认识到要使地理学和科学一样比以往更有力地为生活服务的必要性时，一派就注重关于德意志祖国的知识，另一派则注重关于外国的知识。这种对立是和我们人民生活中一般思潮的对立联系着的。直至上个世纪的中叶，德国从整体看是一个经济上自给自足的国家，以后就愈来愈卷进世界经济和世界政治之中，最后并和它们千丝万缕地结合在一起了。现在我们突然和世界隔绝，完全要自食其力。认为德国人民要努力达到的状况就在于经济和政治的自我封锁这种思想流行起来，这是可以理解的。但是，这种状况从一开始就是不可能的；因为由于我们加入世界经济，我们的人口增长远超过我们自己国家所能供养的数目，突然出现的自我封锁将意味着死亡或者德国人民的大约三分之一要向国外迁移。即使处于现在不幸的困境，我们仍必须努力出口，以取得供我们的衣着和其他需求所最必要的粮食和原料。此外移居国外也多起来了，这使我们和外国联系起来。

我来综合一下。关于德国的知识是必需的，因为我们整个生

活的场所和根子都在这里。但是，也不可忽略外国，因为对外国的知识是我们和外国的一切关系赖以建立的先决条件；过去，这方面不少错误的观念和倾向本来是可以避免的。关于德国的知识和关于外国的知识，自然基于不同的思想，后者的知识只有介绍客观知识的任务；关于德国的知识应该同时唤起对家乡和祖国的爱。

为了个别实际的目的，也许个别事实的表面知识就足够了。但是，真正的教育的本质在于就其内在联系去理解和力图懂得生活使我们与之相接触的各个事实。地理学教育的本质就在于纵观地球表面的无限复杂性和各地区及地方之间的差别性，并领悟它们的原因。但是实际上这种教育的状况如何呢？例如能有多少人能正确理解热带的自然环境呢？有人确有根据地讲过这样的事：在一所讲德语的大学中一个哲学教授以为越往南越热，因而把最热的地方放在南极。谁要用错了一个外来语或者不知道某一个历史、文学史和艺术史的有名人物，就会被看做是一个没有学问的人。但是对地理学以及自然科学的极其无知，却甚至不被看做是一种缺点；我们的教育是带着惊人的片面性的。

第三章　地理学教育的价值

但是，地理学教育的价值在哪里？

关于地理学的实际价值或者它对于生活所具有的价值，我们几乎不必再说什么话了，无须再进一步证实关于外国的知识对于许多职业是不可缺少的，甚至部分地正是构成它们的基础，而且交通越发达与我们的经济和精神的利益有关的领域越扩展，这种意义也越大。最明显的是，地理学对于邮电职员的用处，他们就是要知道国家和地点的位置和最迅速的路线。商人和官方贸易人士所需要的地理知识则要更深一步；他们必须懂得他们与之开展贸易的地区的生产和消费情况，如果他们还想超出日常事务，就必须也懂得这些地区的发展能力。谁要是从事殖民政策和移民政策方面的工作而又不愿发生最不应有的谬误，就必须精确地了解有关国家的自然情况、人口和经济情况。可惜大多数德国官员和政治家几乎完全缺乏对外国的这种了解。只是由于这个原因普鲁士政府才发生了以下的事情：在判断向巴西移民问题时，不懂得区别巴西的热带部分和热带以外部分；只是由于这个原因，在我们开始推行殖民政策的时候，暴露出关于我们的殖民地的价值存在着惊人的荒谬见解。只是由于这个原因，我们的对外政策才得以发生如此诸多的错误，它既没有正确估计我们的可能性，也没有正确估计到其他国家的需要。军官的地理学教育可以局限于很好地理解地形情况，以便解决战术任务；但是，统帅和军事当局则必须熟悉一切地理情况，既包括本国也包括敌国的；我们的陆军总参谋部必须设一个特殊部门，仔细研究欧洲各国的地理。

在某种意义上每个经济企业就是实用地理学的一部分，因为开办这种企业的先决条件是对于土地、气候、灌溉、天然植被、聚居、交通线路等等作出判断。当然，这种地理基础的取得大都是无意识的；只有在建立较大的企业、疏治河流、开凿运河、建筑铁路、改良整个地区的农田和土地等等时，才会先深入研究土地、气候、植被、定居、交通以及一切有关的地理情况。一个国家在文化方面越进步，它就越会把注意力投入对自己的地区进行彻底的研究。

因而几乎我们整个实际生活都是建立在地理知识之上的，固然大部分是无意识的。甚至我们的精神教育也可以从地理学中吸取丰富的养料。明确地认识到一门科学的理想价值或者教育价值是困难的，因为精神生活的根源比实际生活的根源更难于进行科学的分析。夸大和空谈是危险的；浏览一下教育学的文献就会认识到这一点，地理学者也丝毫不能说自己不应受到陷于夸大的谴责。

地理学的研究，特别是自然地理学的研究，和其他自然科学的研究有一个共同的优点，就是它促进观念和归纳推理的能力。正确地进行研究的先决条件当然不在于名称和数字，而在于对地区特点的生动的知识，不在于对地理知识作现成的介绍，而在于从自然界和图片中去取得地理知识。谁要是想求得真正的地理学基本知识，他就必须学会以地理学的方式去观察和思考；但是以地理学的方式去观察和思考意味着不只是考察个别岩石、个别云块、个别植物、个别动物、个别人、个别房屋和田地，而且要考察整个自然界、土壤的形式和特性、水流的河道、天气的平均状态、植被和动物界的特征、人口的多少和组成、居民的经济生产和他们的生活方式，并且阐明它们的因果联系。地理学的考察和思维就其本质而言和其他自然科学是一致的，但是在具体细节上又和它们不同，正如其他自然科学相互之间也不同一样。因此它就有独立的教育价值。当我们在散步和旅行中领略到地方和它们的居民特点时，我们所有人都会感觉到这种价值，虽然是无意识的；而如果我们受到过教育或者已经习惯于有意识地从地理学的角度去考察，掌握地方的特点以及它和其他地方的区别，并深思它们的原因，那我们就

会更多地领会到这种价值。我们的地理知识越深刻，就越能看出地方的哪怕是不显眼的特征所具有的意义。在自然环境中受过锻炼的目光在景观和地图上可能不只能够辨认出明显的特征，还能够辨认出更为细微的特征，并且通过这些特征来锻炼自己。最后我们学会借助我们的想象力从单纯的描述中建立生动的形象，并理解其因果联系。

不断地对原因和作用进行考察，这是建立在自然科学的方法上的，不仅锻炼智力，而且加强了规律性和和谐性的观念，减少了迷信。在物理学中，必然性和规律性表现得最清楚，并且可以最严格地予以证明。在地理学中还认识得不那么清楚，甚至几乎完全不能进行量的研究；可是这里涉及的却是围绕着我们的自然界的最大的现象和具有特殊复杂性的现象；而且人类也处于这种联系之中！除了心理学和民族学以外，地理学也是一种包括自然和精神的科学，连接着自然科学和精神科学，并成为统一的、真正哲学的世界观的强有力推动者。它既教我们认识到人类改造自然，也让我们了解人类受制于自然，使我们相信人类不是在自然以外而是在自然之中，要服从自然的规律，构成宇宙的一部分。它指出，人类在掌握自然中作出了多么大的进步，而这些进步却又如何受制于地区的自然环境，并且正在越来越圆满地利用和适应自然环境。

这就是地理认识对于教育和品德的另一种价值。如果我们承认民族不是由自身原因发展成现在这种状态，而是它们整个的存在和生活取决于它们现在和以前的居住地的自然环境，那么我们对外国的道德和观念就会取得比我们现在往往持有的更为合理的

判断。我们将惋惜像澳洲土人那样一个民族由于它的大陆所处的位置和自然环境而只接受了很少的文化胚胎，这少量的胚胎又未能发展，因此它在和欧洲人接触时注定要毁灭；但是我们也要防止据此作出道德的判断而吹嘘我们自己达到辉煌的地步。地理学证实人类的自然限制性，从而为消除民族的傲慢和增强真正的人道和博爱作出贡献。

它绝不因而破坏正当的民族感情和真正地对祖国的热爱，正如家庭观念也不会因人们学会尊重和爱别人而受到损害。两者都建立在共同的血统以及生活经历和生活回忆上。但是这种共同性的感觉通过地理教育得到加强。人类学的研究由于证实了几乎所有的民族都是混血种族，可能有损民族感情；但是，地理学向我们指出了共同的生长和发展基地，按照李特尔的用语称为共同的教育之家，地理学还向我们指出，我们的存在和生活同我们国家的自然环境是多么密切地结合着，因而不同的组成部分如何得以结合成为具有相同的思想感情和相同利益的一个民族。它恰恰也把这种学说赋予了我们德国人。它向我们指出由于我们祖国的位置和支离破碎的土地构成而造成的障碍，而且如果我们不愿失去我们的民族性和我们国家的统一，就有必要保持民族团结，因为我们的国家位于中心地区。它教导我们懂得，为什么从发现时代以来，从历史的舞台自地中海移向大西洋以来，我们必然落后于那些更加靠近大西洋因而较少受到为数众多的大陆邻国之害的民族；但是，它也教导我们，现在我们必须进行斗争，虽然我们国家的位置迫使我们遇事谨慎，不允许冒进；另一方面，在我们国家的自然环境中和我们人民的特性中，我们也拥有某些有益的妆奁。它教导我们，

德国比许多别的国家自然条件恶劣些，不那么富饶；但也正由于这一点，我们为民族间的竞争和为达到教育上成熟的力量却加强了。

第四章　完成地理学教育的途径

现在产生了这样的问题：我们通过什么途径完成地理学的教育，为此我们掌握着什么手段？这里不仅涉及取得地理知识，同它同样重要的，其实更为重要的是还要取得地理学的能力，即在头脑中接受一个地点、一个地区以及地球作为整体的地理内容的能力。

第一是取得地理的观感，也就是漫游和旅行。人们必须深入地看一个地方，必须尽可能地看许多地方；在这样的漫游和旅行中所获得的地方风土知识不甚重要，更重要的是获得一幅地方及其居民的清楚图景，在思想上对这幅图景加以分析。人们走过的公里数无关紧要，重要的是仔细地观看。在一次考试中我碰到一个学地理的大学生，他多次乘火车往返于莱比锡和法兰克福之间，却不知道图林根林山的位置是在铁道的哪一边。这种人有多少呀？人们可以试问某个在意大利旅行的美国人佛罗伦萨的情况，他会回答：哦，我们是在夜里经过这个城市的；在问到罗马时他的夫人会提醒他：哦，你知道吗，这是我们买到好手套的那个城市。在日本、中国、印度，我碰到许多漫游世界的人，他们只是认识几个寺院和“古董”店，对于那个地区毫无所知。人们不要夜间乘车出行，出行也必须抓住机会凭窗远眺。但是，这里也要考虑到在关于研究工作的章节中已经谈到过的东西。只有少数具备特殊观察才能的人会自然而然地把一切事物收入眼底；大多数人却必须询问他要

接触的地方，必须在那里搜寻他们想看到的东西，而且他们也必须知道问题在什么地方，因而他们必须已经具备地理学的教育。如果人们不是已经一般地和专门地作好了这方面的准备，单单漫游和旅行是毫无补益的。可以读读里尔游览手册的序言；这本书固然是针对民族学的，但是也同样适用于理解地区自然环境。

但是，人们不能亲眼看到一切事物，不能钻进一个地区的所有角落，不能长年累月地待在那里，以便接触到一切的景象。即使对于长途旅行者，自己的观感仍然只限于地球的一小部分。因此人们必须补充自己观感的不足。有助于此的首先是图片，不论是照片还是绘画和素描；只是它们必须忠实于自然，并且不能完全陷于美的事物和日常生活（参阅第五编第八章）；这个道理既适用于对图片的观察，也适用于直接对自然的观察。必须锻炼观察的眼光，以便从图片中和从自然中搜寻出重点所在，以便不仅获得瞬间的美的享受，而是要由此认识到地方的性质和地方的各种特征性标志。

关于电影的教育价值，我还不想下完全确定的判断。我个人对于电影的教育价值的估计不是很高。在我看到的电影放映中，有趣的风景远远不及舞蹈和无意义的活动那样受到重视。而且大都在人们还没有来得及从思想上领会就很快地晃过去了，风景安排和位置的排列是如此不佳，以致连我这个了解此地区的人对这些图片（例如大吉岭地区）都未能搞清楚，对其他人也绝不会唤起一种正确的想象。自然这是上演的缺点，可以克服的；我所谈的是现在的电影。

除图片外，不应该忽视旅行记，从某些方面看后者甚至比图片提供的东西更多一些。图片绝不会展示整个地方，而只是一些片段。它也只能表现外表。必须用文字来补充，在某种情况下甚至代替它；有些人愿意要图片，另一些人则宁愿要文字的东西。但是，最直接的文字表述是旅行记。当然只是指好的旅行记。虽然大型科学旅行记的时代已经过去了，最近公众的注意似乎比过去几十年重新更多地转向这种旅行记。但是，我觉得今天市场上出版的旅行记往往过分着重于推销，那些低劣的标题就已经表明这一点。不应忘记那些经典的旅行记，它们仍然具有巨大的教育价值。它们也已经再版过，但可惜常常是不完整的，因而有时把最重要的内容丢掉了。

广泛全面的知识当然只能从系统的文献中得到。但是即使如此，我仍然愿意指出，专门著作在某些方面有它们的优点。因为地理的教育任何时候都不应该只是广泛的，即对广阔地域提供概括性的知识，而必须对一些地点，并且不只是对家乡或者是周围的地方，还要对外国的地方和别的大陆，作深入的探讨，也就是要作详尽的研究。否则人们就总会有作出错误概括的危险；在概括性表述中，概括工作是不可避免的，但前提是使读者明确这是一种概括。

阅读当然可以用讲课来代替，现在大都同时辅以幻灯片。有些人适宜于听讲，有些人适宜阅读；两者之间不存在原则的区别。讲课和讲义也都可以或者偏于概括的或者偏于详尽的研究。特别是地理学会和殖民团体以及主要由专家参加的地理学家会议中所举行的报告，都是为地理教育服务的。

地图的研究必须和文献的研究结合起来。任何一方离开另一方都是不圆满的。文字表述欠缺空间的确定性和空间的完整性；但是单纯从地图中得到的地理知识在许多方面仍然是空洞的。必须学会读地图，正如必须学会读书一样。固然读书在国民学校是课程的第一个对象，而读地图则过分地被忽视，可是它却也是每个人都需要的。在日常生活中，我们常常也需要读地图和位置图。对于地理学，这种能力是不可缺少的，会读地图是地理学教育的主要组成部分。任何人只要想研究地理学，都必须知道或者会很容易地从图例中懂得各种不同标志的意义，必须会从等高线或者阴影线中辨认出地形，也必须会判断由于地图投影而产生的形变。然后他才能够从地图中吸取关于某个地区的启发。然而读大比例尺的专门地形图和读一览图是不同的；人们可能熟悉一种地图，而对另一种地图则不知所措。对地理学者和对地理学教育，它都是重要的。带着地图到各地去漫游，特别是对景物进行考察，会比不带地图更清楚得多、更有把握得多地掌握这些景物。谁要是勤奋地研究过好的一览图，他就会逐渐地牢记这种图景，以至于这个地区的土地造形和排水情况会清楚地印在他的脑海中。

第八编　学校中的地理学*

第一章　地理学的地位

在学校中，地理学的地位仍然不明确并受到非难。虽然学校不得不把它列为课程之一，但是仍然像小媳妇似的受到歧视；它经常只能充当小伙伴的角色，不能和语文及数学甚至不能和历史及自然科学平起平坐，而必须在楼底下当杂役。在德国南部，除了斯特拉斯堡，大学地理学教授职位的设立比德国北部要晚得多，地理学在学校中的地位要比德国北部坏得多，而且更加不被承认。例如巴登的教育界，直到现在人们还严肃地怀疑地理学的资格！

这种可悲的状况是怎么来的呢？我们必须回想一下如维索茨基、格鲁贝尔等人所描述的地理学作为一门科学特别是作为一门课程的历史发展。在宗教改革时代，地理学有伦理宗教的背景，充当辩神论[①]。可是以后它就只服务于日常生活和国家管理了，成

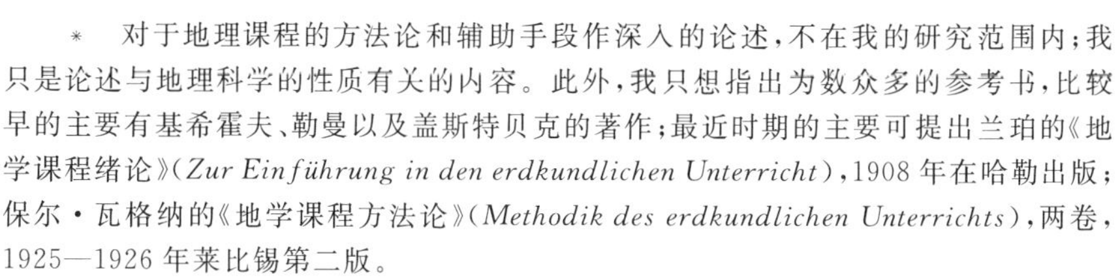

* 对于地理课程的方法论和辅助手段作深入的论述，不在我的研究范围内；我只是论述与地理科学的性质有关的内容。此外，我只想指出为数众多的参考书，比较早的主要有基希霍夫、勒曼以及盖斯特贝克的著作；最近时期的主要可提出兰珀的《地学课程绪论》（*Zur Einführung in den erdkundlichen Unterricht*），1908 年在哈勒出版；保尔·瓦格纳的《地学课程方法论》（*Methodik des erdkundlichen Unterrichts*），两卷，1925—1926 年莱比锡第二版。

① 辩神论是为神创造世界、而其世界却有种种丑恶现象辩护的说教。——译者

为地志资料和统计资料的单纯汇编。直到十九世纪，部分地甚至直到现在，它还保持这种特点，虽然在十八世纪后半期——我只需提醒一下赫德尔和康德在这方面的看法——改革的努力就已经开始了。这种地理学有时被看成和小学课程读、写和算一样，因此也受到类似这些科目的对待，仍放在低年级，任何只要会念教科书并用粉笔在黑板上写地名的人都可以教这门课。但是，在十九世纪的过程中，地理学发展成为具有大量教育内容的一门丰富深刻的科学，而如果我们的青年完全没有受到或者只受到不完善的地理学教育，国家就会缺少一种不但在实际上是重要的，而且在道德和美学上也很有价值的十分基本的教学内容。

我不想否认，由于地理科学的一再反复，常常妨碍了它传播到学校中去，所以它自己要负一部分责任。直到大约上个世纪六十年代末期，在李特尔和李特尔学派的影响下它主要侧重于历史方面，因此它在课程中也多少和历史学紧密结合。地理知识向没有历史的地区的扩展，自然科学的进步把兴趣和理解更多地引向了自然界，从而地理学也就越来越多地吸收了自然科学的成分。像在占据新领域时常常出现的情况那样，这里也显得有些过分。现在，地理学有时几乎变成纯粹的自然科学，往往太过于把强调的重点从地志学转移到一般地学；气象学和其他辅助科学，甚至于地质学，都被吸收到地理学中来了。阻止这种过分的情况，把那些只是辅助的学科部门仍作为独立的科学看待，把地理学从一门一般的地学回复为地球表面的区域科学和特殊的、一般的地志学，这些都只能逐步实现。

这些变化自然不会对学校的处理不发生影响。地理学以前在课程中以及在教师的培养过程中完全和历史学结合在一起，而现在它和自然科学的结合不但被认为同样重要，而且有时被摆到突出的地位，甚至是唯一的。向一般地学的转变还把有经验的教师错误地引向完全否认地理学特有的区域性质，把地理学分解到各个自然科学中去，从而使地理学失去了它特有的教学内容。

地理课程只有作为一个独立的学科时才能完成它的任务。我可以理解，一门课如果课时不多，每周两小时甚至只有一小时，从教育学的角度看是有缺点的。因而地理学和别的学科结合起来安排，即两门课程交替进行，一门在夏季学期，另一门在冬季学期，可能是有道理的，可是要保证地理学不是有名无实，而高年级课程中它和历史学通行的结合大都就是这种情况，或者至少以前是这样的。但是，地理学和其他课程教学直接结合是不行的；对此的一切努力都是由于对地理学性质和任务有错误认识这个前提的指导。如果在历史课程中讲授地理学，那就只会讨论那些成为历史舞台的地区，即在讲古代史时讨论东方和地中海地区，在讲中古史和近代史时讨论欧洲其他各地区。在讲到发现时代时必然会给美洲和印度以短暂的一瞥；而其他大陆就全然不予理睬了，对于自然的考察则一概过分简单。如果和自然科学直接结合，那么一般几乎不会涉及真正的地理学，即地志学；因为地理学的整体按照区域观点建立起来的结构，地理学把一切自然力量和自然界综合起来的考察方法，同研究单个自然力量或者单个自然界的自然科学相去甚远，以致不可能把它们有机地结合起来。只有对于一般地学的各个学科这种结合才是可能的。和力学结合时，人们可以研究所谓数理地理学，它完全不是地理学，而是天文学；和水力学结合起来，

人们可以研究海水潮汐运动、河水的流动、侵蚀现象;和热学结合起来,人们可以研究气象学的主要事实;和植物学以及动物学结合起来,人们可以研究关于植物分布和动物分布的若干主要事实。这样会把学生引进地理学的前厅,为地理课程作了很好的准备,使对地理学作进一步的深入学习成为可能;但是却还远没有进入地理学的大厦。所有的事实都只有当人们从两个方面加以阐明时,它们才是地理学的:一是所有这些事实是怎样聚合到一个地点并共同起作用的,怎样共同决定地方的特征并构成人类生活的基础,二是这些事实怎样在不同的地点有所不同,怎样造成地方和地区的差别,并成为人类不同发展的基础。认为一旦人们认识了各个现象这种结合就会自然而然地显示出来,那是一种极大的误解。由各种现象和力量的结合和相互作用组成的地球的组织结构——如果允许使用"组织结构"这个词的话——是如此无限地复杂,以致要认识它需要作专门针对这方面的、往往是十分困难的考察。在某一堂涉及辅助知识的地理课中,可能一时看来地球的组织结构不外乎是地质学或者气象学;但是,谁要是不满足仅只浏览一下地理学,而是认真地致力于它,要为它贡献毕生精力,他就会知道那只是一种骗人的假象,知道地理学在学校中和在科学中一样有它专门的任务,任何其他课程都不能取而代之,为了解决这个任务必须掌握必要的活动余地。

当然,物质的以及形式的教育目标要根据学生的普通教育程度和年龄而采用不同的方式,以不同的规模来争取和达到。在国民学校里以及在中等学校的低年级和中级班里,只能实现这些任务中的一部分。许多任务只有在中等学校的高年级可以完成,因为只有在这些班级中才具备必要的智力成熟程度。这个道理适用于所有学校课程，而且也特别适用于地理学。每个研究地理学的人都知道它比大多数其他科学更多地建立在大量辅助科学之上，因此它只有具备这些辅助科学作为前提，才得以充分发展。举一个例，没有物理的热学以及力学的某些部分知识，怎么能真正地了解地球的气候？在地理课程中也许可以认为已具备某一类辅助知识，但是只能是偶然的；人们还必须防止在这方面走得太远，如果不想造成学生对知识消化不良和不完整的教育这种后果的话。正是地理课比其他课程更明显地只有到高年级才能充分发挥其教育价值，而现在往往却到中年级就结束了；这是可笑的，甚至是可悲的！

可是那些积极的地理学者从学校的头头那里总是反复听到那种无聊的老调，说什么在高年级没有给地理学剩下学时。当然并没有提出证据证明不能从别的课程中抽出学时来。至于其他课程的代表抵制缩减他们的学时，在人情上是可以理解的；但是如果学校当局也同意这种胡扯，那只表明它们是由带着片面性的专家们组成的。只要有良好的愿望，也就会找到办法：有时可以压缩语文课，有时可以压缩数学课，这些课程现在理科中学已经过多地伸入到大学和高等技术学校的教学任务了。

第二章　学校中地理学的任务

学校中的地理学课程，如已经讨论过的，长时期处于完全实用，而且是最低一类实用的地位。直到十八世纪末期，在佩斯塔洛齐和博爱主义者（特别是扎尔茨曼）结合卢梭思想而致力于教育工作的影响之下，才与之相对立，强调了地理学的教育内容(参阅第一编第四章第四节末段)。但是这种努力可以说还没有得到贯彻；在学校中，考虑日常生活的利用仍然还占主要地位。最近要求优先对待为公民学服务的政治地理学和经济地理学，则意味着倒退到老的观点。所有课程最终都确实要为生活服务——non scholae sed vitae discimus①——但是，这样说不意味着表面的利用。相反，学校任何时候都要关注把一个学科的教育价值整理出来；第七编的论述已经告诉我们地理学有巨大的教育价值。

课程或者至少所有理科课程应该是提供知识的。但是，这只是它的一个任务。另一个任务是培养能力。学校所能够提供的知识其数量总是有限的，如果人们在高等学校或者在生活上转而从事别的研究工作和别的事务，这些知识的一大部分不久又会丢掉。在好的课程中所取得的能力，保存下来的就会多得多。地理学的课程也正是必须对此下工夫：学生应该在这门课程中学习在自然界中进行观察，读地图，从图片和描述中领会地方的特征，懂得现象的因果联系。这样在日后的生活中他也就会适应新的环境，将来就能够从旅行中了解风土人情方面取得真正的收获。

大学中的地理学课程必须表述这门科学的体系。为此它有时必须同时传授辅助知识；但是，它必须使人明确地感到其间的区别，不可没有必要地越入其他科学的范围。对于中学问题就不同了，一门中学课程常常必须给相邻课程留有位置，如果后者不是单独开设的课程。在科学上，民族学已经从地理学中分离出去了；

① 意为“人们不是为学校而学习，而是为生活而学习”。——译者

但是在中学里地理学课程也要照顾到民族学。所谓数理地理学的较大部分内容是天文学；如果大学中的地理学者以通俗的形式讲述天文学，而不是把这方面的内容留给天文学家，那是一种失策。在中学里，至少是在低年级，这样做几乎不能完全避免，因为地理位置和气候的理解需要基本的天文学方面的辅助知识；但是在高年级，地理学就不应把分配到的已经够少的时间再让给天文学了。另一方面，中学课程的每门学科中，对于中学、至少是对于相应年级过于困难或者没有特别教育价值的那些部分，是允许省略掉的。

所谓联想法的教学思想是完全要不得的，这种方法到处联系，把原有的学科当成一个挂钩，然后把什么东西都往上挂。正是在这方面地理学被过多地滥用了，特别是关于战场、和平条约的缔结、出生地、艺术纪念碑的种种历史纪事，名目繁多的政治机构，还有动物、植物、矿物尤其是各种产品，都塞进地理学中，使它变成一个五花八门的知识资料杂货摊。这样一来，不但是应该用于真正对象的时间和精力被丧失了，而且内部的统一，从而连同真正的教育价值，也都被丧失了。虽然在别的教学时间中，不论是历史学的还是自然科学的，地理学倒过来受到了照顾，但是补偿不了这种损失。

当然，在不同类的学校，在低年级和高年级，教材的选择和处理是不同的。但是不同类型的学校都不能过分专门化。商业学校中的地理学课程，可以主要着眼于未来的商人必然会遇到的经济情况；但是，如果一个观点片面的教师因而对自然地理学持过分从简的态度，就会造成恶果；因为自然地理学对于经济生活是必要的基础，没有它后者就完全不能理解。商人不仅应该知道什么地方生长咖啡，而且还应该知道为什么它正好在那里生长。其他专门学校也类似于此，如军事学校、农业学校、职业学校等等。在研究课程专家中引起争论的一个问题是：在文科中学、理科中学和高等理工学校中，地理学课程是否应该追求相同的目标，并以相同的方式讲授，还是应该适应学校的整体特性，而在文科中学中特别详尽讨论地中海地区兼及古代，在理科中学中应该突出法国和英国，在高等理工学校则应力求比较深入地讲述自然地理学。所有确实主张在学校中对教育目标加以区分的人，都会对这个问题作肯定的答复，因为对希腊和罗马文化的理解，以及对法国和英国文化的理解，事实上都需要具备关于这些国家地理基础的良好知识。我本人必须承认，我认为这种区分最多只能看做是不可避免的坏事，按照我的意见，中学生也应该深入生活，应该熟悉自己的祖国和近代文化地区，至少也和熟悉古代文化地区同样迫切。

第三章　地理课程的内容

早些时候，地理学课程完全成为地方志，内容就是熟读地理名称，并没有精确的地形位置——要知道当时地图还是一种奢侈品——也不对地区的特性作深入介绍。这种地理学直到上世纪中期还完全支配着这门课程，可惜现在仍然往往如此，并且由没有地理学基本修养和没有地理学理解的教师讲授。但是，名称只是一种沟通手段，本身是没有内容的。关于名称的知识对于互相沟通是必要的，并且提供一个大略的方向；只有当这些名称引起观念联想的时候，它们才具有内在的价值；没有这一点，它们就成为一种累赘，成为记忆的一种不必要的负担。如果让青年人习惯于这样的名词知识，那是一个教育学上的错误。

和这种徒有空洞名称的地理学相比，人们把地图置于中心地位，并确定地理现象所在的位置，就是一个巨大进步。因为地理学是空间科学，只有在地球仪上和地图上才可能正确地理解空间情况。但是，这样做也只取得满足许多目的的表面知识，还不具有真正的教育价值。地图等于只给出一个地形经纬度网，就像一个没有内容的框框。人们不要忽视对地图形象的准确领会，按照一些有经验的教师的意见，可以让学生去记忆比直接需要更多的地志学内容，因为青年人比成年人更容易接受需要记忆的材料。但是地理学课程的真正任务并不是到此就完成。

就是对故乡，风土人情特点的生动看法和理解也比地志的许多细节来得重要。人们无疑会在这方面做得过分，特别表现在过多地把地质学引进基本课程中。因为许多现象是这样清楚，许多因果联系，例如气候、灌溉、植被和生活形式之间的因果联系是这样明显，以致给最年幼的学生也能讲明白，问题只是在于教师。如果我们离开家乡，哪怕只到地中海地区，或者更远一些到了东方到了热带，一般地说到了别的大陆，那么气候、植物界和动物界、人类和他们的文化都具有非常不同的特征，地理学课程必须让最低年级的学生知道这些知识。对于热带气候、热带森林的自然景况，以及在这种森林中可能有的生活形式，如果学生没有一个生动的想象，如果他缺乏对它们的因果关系的任何了解，那么，即使知道所有刚果河或者亚马孙河的支流，对他又有什么用呢？这些并不像许多教师所认为的那样，是给地志中富于营养的食物添加的一种美味，而是和这种营养食物同样属于食物本身，必须和它一起构成地理学课程的内容。基希霍夫写了他的教科书，从而先走了一步，现在大多数教科书或多或少地是以这个基调定音的。研究过地理学的教师一般都打算采取这种观点教学，有时甚至在这方面走得过远，而许多没有研究过地理学的地理教师，只是因为他们刚好还空着几节课的时间就用来讲授这门课程，就大都死抱着老框框。

地理学课程的方法论似乎已经在这个基础上达到了一定的阶段，虽然个别来自自然科学方面并根据一般地学的观点来理解地理学的教师，力图走得更远，过分地突出自然科学因素，并在地理学课程中给地理学的辅助科学让出过多的位置。

但是，最近复古活动活跃起来。基于战争的印象，从教师界发出一些特别强调政治地理学和经济地理学的呼声。其中部分是其他学科的代表，也有部分地理学者，令人注目的是他们之中还有几年前主张把地理学和地质学密切结合起来，即极端地转向自然科学的人。对这样骤然的突变我们要谨慎小心。地理学课程必须为民族生活服务，必须有助于加强对祖国的热爱和对祖国的政治和经济任务的理解，这一个要求当然是合理的，并且也得到普遍的承认；但是问题在于如此强调政治地理学而削弱自然地理学，是否真正有助于实现这种要求。实际上，尤其是在为数众多的缺乏地理学修养的教师手上，这样做可能会意味着倒退到早先的机械记忆名词资料的那种地理学课程教学法，它会加重记忆力的负担，而却无助于促进知识和真正的教育。即使一个好的教师，如果没有足够的自然地理学基础，也不能从政治地理学中取得多少有真正教育作用的东西。因此，大学地理教师一致反对把地理学课程片面地转向政治地理学和经济地理学，虽然他们当中有不少人特别注意政治地理学问题，有经验的中学教育方法论者也不愿理会这种倒退。

当然可以让高年级以及中年级的学生了解很多政治地理问题；如果说直到如今还没有足够地利用这种可能性，原因并不在于地理学方法论厌恶此事，而在于全体德国人民当然也包括教师和主任教师们缺乏政治兴趣和政治了解；可以期望，当我们已经亲身体验到忽视政治教育造成的损害以后，每个明智的教师都将会利用地理学课程的机会来教导他的学生从地理方面去理解政治问题。但这种理解是建立在自然地理学之上的。只有最简单的政治问题才能单纯从地图中就会得到回答，因为政治生活和经济生活都扎根于地区的自然环境；大多数问题的回答均要求具备关于地区自然界以及包含于其中的生活、交通和经济条件的全面知识。如果没有土地构成和水流、气候、植物界和动物界、地球各地带等方面的知识，政治地理学和经济地理学就是死的、毫无生机的记忆资料。不了解沙漠和散布在沙漠中的绿洲的自然状况，不认识为什么文化和各个湿润的海岸及山脉联系在一起，特别是和有人工灌溉之利的绿洲联系在一起，怎么会想去懂得东方及其经济文化发展的可能性呢？对热带的自然状况，对热带森林地区和草原地区之间的区别毫无所知，怎么会想去谈论热带地区的殖民问题呢？对于什么样的气候和什么样的文化情况有利于小麦、橡胶、棉花、羊毛的生产毫无所知，又怎么会想去判断世界贸易问题呢？未曾从一个国家的自然情况出发了解其居民生活活动空间的情况，以

及它的农业和工业生产的可能性，又怎么会想对这个国家的国力及经济政治趋势发表意见呢？充分了解各个个别问题，要比课程领导人以及其他方法论者在这个方面所梦想的困难得多；因此，大都必须留待后人来解决。问题也太多，而且变化太大，因而学校课程无法将它们都包括进去。学校只能给予一般的指导，帮助学生从地理学方面理解政治问题，以及只能给予为此所需的一般地理教育。这种教育以后追补起来就困难了；从参考书中摘取一些气候数值是不够的，而必须懂得气候和日光、热量、温度、降水量等等气候因素的共同作用。如果把自然地理学即关于地区自然情况的了解再次从学校中排除出去，就不只把地理学课程中教育价值的大部分抽走了，而且夺去了政治地理学和经济地理学赖以扎根的基础。

在强调政治地理学的同时，人们也要求不再按自然的地方，而是按国家和省区来编排教材。这种思想有时还经过一段曲折的过程。自然区域代替政治区域起源于拿破仑战争时代，当时国界变化很大，书籍和地图都无法跟上现实的变化。正是现在，大的政治改组再次出现，出版商为他们的政治地图集过时并必须修改而悲伤，人们想在教学中回到片面的偏重国境线！他们难道不觉得这样一来只会使学生了解政治更为困难吗？我们年长一辈的每个人却都知道，正是由于这种错误的方法，使自己多么难于把国界理解为演变成的、服从于客观变化的东西，并去探求这些国境线形成的原因！有多少美好的时光和记忆力消耗于牢记低级的政治单位呢！只有少数学生将来想做行政区长官，或者想和一个准确地知道他的县的疆界的人结婚。

最近在学校中兴起了另一个反对迄今所要求的地理学讲授办法的运动。对广大的教师界来说，班泽成了先知，他们想根据他的观点改良这种课程。我认为这种运动有着各种不同的动机。当然部分是在于基希霍夫和其他地理学课程的老方法论者的学说，他们终于从班泽响亮的声音中脱出来转向听取教师界中某些阶层的意见，并唤起他们去反对在许多地方还仍然流行的地理学课程中的经院哲学。另一部分自然是班泽所宣扬的也有些新的东西，那就是特别强调风景的美和“灵魂”。此外，确实有许多教师，在考察图片时已经特别指出过风景的美，他们还要更多地指出这一点，不会有任何害处。但是，这只能是附带的东西。主要的仍然必须是明确地理解事实，尽可能明确地理解地理现象的因果联系。学生必须学会从这种联系出发去领会地区和地方的性质；不应该让像风景的灵魂这类模糊的目的论概念去打扰学生。

第四章　地理课程的主要领域

地理课程应从乡土志开始，这是现在普遍承认的一个基本原则。如果人们想表征这门课程的任务和性质，也可以说是环境志；因为它的任务是引导青年人了解他生长的地方，告诉他如何掌握关于这个地方的知识，并在思想上熟悉这种知识；这门课程应该引导他通过研究乡土进入地理观念和理解的基本概念。可是乡土志的任务，以前——我不知道现在是否还是这样——为许多教师所完全误解，他们相应于地理学中居统治地位的见解，把它完全理解为乡土的地方知识，并且归结为城市的街道和广场，郊区的农村和溪流的知识。我关于地方知识所一般地阐述过的，在这里自然也适用，那就是具备这方面的知识是方便的，但是只有一部分孩子愿意将来作马车夫和汽车司机——这也只在有限的范围内是需要的——这种知识其实并没有教育价值。问题在于锻炼直观的能力，教育人进行空间的理解，理解周围的自然情况和文化本身，以及它们的因果联系。只有具备这样的理解能力的人才能适应日后的生活，不致像现在大多数人那样，对各种现象茫然不知所措。

但是，如果乡土志只列入最低年级的课程，由七岁到十岁的孩子们学习，它就必须在各方面都停留在十分简单的内容上。我认为由此会完全自然而然地出现这种要求，就是在较高的课程阶段，即中年级和高年级，必须重新教乡土志这门课。在这些较高的课程阶段中，人们可以采取散步和远足旅行的办法实习乡土志课程；因为这些都不外是野外的乡土志。但是这还不够；人们还必须系统地学习这门课程，对自然界的直接观察必须辅以多种多样的地图和书本研究，取得的单项知识必须纳入系统的联系，必须使家乡在学生的头脑中形成一幅细致入微的图画。

地理课程还要从家乡转向其他地带和地区。最近，相应于对教育内容的不同评价，展开了关于在地理学课程中是德国志重要还是外国志重要这个问题的争论。对于这个问题，自然要因学校类型和班级的不同而作出不同的回答；但是，除此以外，我在这里又看到了把一条原理推向极端的不幸倾向。不要说德国志“或者”外国志，而要说德国志“和”外国志。要学这部分，同时不要抛弃另一部分！

当然，德国的孩子应该首先认识他的祖国，不是狭隘的祖国，小国家，像许多分离主义论者所要求的那样，而是认识更广阔的大的德意志祖国，不只是为了实际的目的，而是源出于理想，从知识中生长出爱来。应该认识具有不同构成的德国地方，以便懂得它们需要在经济、政治、思想上互相补充，并且懂得尊重居民们最初觉得格格不入的不同性格。孩子首先应该成为一个德国人，不要像常常表现出的那样只是挂在嘴上，而要表现在他的整个信念上。我们要高举德意志民族性，贯彻实施德国教育；如果我们不把德国的地区和地方印到脑中，这一点就不可能。

但是，除了通过和其他国家比较并从与其他国家的关系中才能完全地认识祖国这一点以外，在蒸汽时代，在世界交通和世界经济时代的今天，经济上、政治上、思想上局限在祖国范围内已不再是可能的了；即使我们想限制，也做不到。可是我们曾经伸得很宽的羽翼被严重地削短了，我们在国外的活动受到了很大的打击；但是，我们仍然必须从外国进口商品，并把自己的东西销售到国外，我们必须和外国往来，进行贸易。经济的闭关自守是一个空想。就是在政治上我们也依赖着外国，我们也力求对外国施加政治影响。我们必须从外国取得精神财富，并给予它们以精神财富。为此我们必须了解外国。外国志远超出地理学的范围，它除了属于地理学，还属于一系列其他科学，如历史学、国家学、国民经济学、文学史等等。但是外国志的可靠的和必不可少的基础始终是地理学，因为外国的物质文明和精神文明，经济生活和政治生活，永远存在于和产生于它的自然环境中。可是以往却过于缺乏关于外国和它的地理基础方面的知识。在殖民政策中以及在经济政策和一般政策中发生过的许多错误，都是由于错误的地理方面的理解。

但是这个责任要由学校或者更正确地说学校当局来负担，它们没有制定出有效的地理学课程。

如果这门课程在讨论其他欧洲地区时比欧洲以外的地区更详尽一些，那是有道理的；因为我们和前者的关系一般地说要密切得多，频繁得多，因此更需要关于每个地方和地点的知识。而且欧洲的划分比欧洲以外的大陆更为零散，它的自然境况也比它们更复杂，就这一点说也需要更深入的讨论。但是对欧洲的这种偏重也不宜过分，像人们出于片面照顾历史上的重要国家，以及出于还在世界交通不发达时代就形成了的老习惯常常做的那样。在讨论欧洲以外的大陆时，也必须防止过分偏重这一个或者那一个，只是由于某种原因使它正好处于兴趣的中心，以致学生也许在报纸上读到关于它的消息特别多。对外国的兴趣往往会很快起变化。一个长时期中，非洲成为大家注意的地区；现在东亚和南美又转而占据突出地位，北美则在各个时期始终保持着它的地位。我认为应该保持一定的稳定性。

除了乡土志，对德国其他地方的阐述就可以采用粗略的小比例尺表述，对德国以外和欧洲以外地区的阐述则更是如此。这样的理解程度不足以概括细节，而我们对此也大都不感兴趣。但是，这种阐述又包含着巨大危险，那就是因为只是从大轮廓上去理解外国的地方和地区，人们会把它们理解得比真实情况简单和均一。我们中每个人，如果读到关于一个以前他只有教科书知识的地区的专门记述，或者甚至他亲自到这个地方去了，就会发现自己陷入这种谬误。如果不加防范，学生就更是必然会陷于这种谬误。教师必须不断反复指出概括化产生的后果，更为有效的是有时可以所谓地理特性图景的形式插入对个别地方的深入描述，同时要着重指出，对其他地区的实际本应也进行这样详细的论述。

如果这种课程满足于讨论大陆的概貌，或者在详细讨论欧洲各地区时满足于对它们的整体考察，那是绝对要不得的。这样，地理图景会显现不出来。基希霍夫曾经很正确地提到，恒河同印度的景观和文化的联系要比鄂毕河多些。不要让学生信以为法兰西或者西班牙到处都是一样的，而必须让学生学会区别不同的景观，如对布列塔尼和普罗旺斯，对加利西亚、卡斯蒂利亚、加泰罗尼亚、阿拉贡、安达卢西亚等等。划一的亚洲或者非洲、美洲的自然和文化，这样一种观念，包括从政治角度看，会导致多大的失望啊！

关于学校课程中，特别是在高年级新开设的课程中，一般地理学的地位问题最近发生了一场争论。占上风的看法是认为地志学中的第三门课程会使学生感到厌烦。这种异议认为，如果在高年级开设地理学课程，就必须改变低年级和中年级教材的配置，我认为这是站不住脚的。别的学科也照顾到许多初中学生毕业离校，却并没有打乱自己的课程；这些学生所受到的半程教育，最后应该导致把他们和那些修完高级中学并取得高中毕业资格的学生完全区分开。我的论述只是原则的考虑。在单个大综合体和体系意义上的一般地理学，自然是同样需要的，它是最大的和包罗最广泛的，因而甚至比任何个别的地志学都更需要。在这方面其实不会存在分歧意见，虽然现在对一般地理学中这种大综合体和体系的论述往往比概括的考察受到更不应有的忽视。意见分歧涉及概括考察的意义，尤其涉及概括考察的地位。许多人对地志学的偏爱可能由于他们完全认识不到概括考察和深刻理解自然现象的意义；他们往往还是以旧的风格来研究地志学，当然不应为他们辩解。但是，就是我们当中许多完全站在现代地理学基础上的人，也反对一般地理学优先于地志学的看法，因为我们认为在地志学中也会更好地介绍概括的理解。我们认为概念形成的充分普遍性教学价值较小，而只有地志学才能具备的蓬勃生气及因果的直接结合则更有价值。

可是一般地理学的先驱者这样主张：普遍概念就它们的逻辑意义就属于一般地理学。对于科学的体系这一点是正确的。在这里，分布于整个地球的普遍现象和全球性的独特现象相结合，在一般地理学中一起论述。但问题正是在于，地理课甚至在高年级是否应该是严格系统而不再是方法论性质的，并且是否应该由近到远、由特殊到一般地进行。如果这个要在下一章加以讨论的问题回答是肯定的，就会由此得出结论：对自然界和人类生活的一切现象，应该在它们首次典型地出现的地方就加以讨论。

一些最重要的普遍概念和规律，在论述家乡时已经发展起来。另一些在讨论德国其他地方时添加了进去。对阿尔卑斯山的讨论讲述了高山地区的现象：带有瀑布和湖泊的冰蚀谷地，积雪和冰川等等。很难理解，为什么已经具备足够的物理学基本知识，阿尔卑斯山的焚风也不能像在一般地理学中那样完善地根据物理学加以解释；在阿尔卑斯山，这种风是在自然界之中，而不是抽象的概念。在这里，深山放牧是一种生动的具体事实，而把这种深山放牧和别的山脉的季节性远距离放牧混起来，就会使这幅图景逊色，甚至模糊不清。在这里，人们可以把山脉、自然界对生活方式以及对人民思想的影响表达得形象而具体，而对于地球上一切山地居民进行综合考察时，却会有如此众多的附带情况在起作用，以致造成一幅模糊的景象。

让我们往下进行！提出一个关于火山的一般性理论，以代替首先从维苏威火山和埃特纳火山的实例导向对火山作用的直观和理解，真的会更好一些吗？其他火山的特点可以以后再提。讲述意大利和希腊的气候，是否真的应该脱离它对植物界和人类生活所起的作用，先作为地中海季风的一种特殊情况来讨论，而不是把它插入这些地区的描述中？难道最好不是在讨论游牧生活时马上联系它的最重要的地区，像小亚细亚、中亚细亚和北非洲，同样地在讲述上述地区时讨论大绿洲的自然情况和人工灌溉对于耕作的作用，而讲述热带草原和原始森林时要沿着洪堡的足迹，以利亚诺斯平原和亚马孙河地区的伊拉埃阿森林为例进行阐述吗？

人们曾经责难说采取这种论述方式会打断表述的线索，使景观的统一图景支离破碎，景观仿佛只是一个架子，而人们把一般地理学的考察像衣服似的一件一件往上挂。我相信，提出这种责难的人还没有完全掌握这种方法。如果人们——只举几个例子——在考察阿尔卑斯山时追述遍布地球的冰川现象，或者在讨论维苏威火山时追述遍布地球上的火山作用，并且穿插着广泛的比较考察，那么这种责难是对的。但是，这不是真正的意图。相反应该把自然现象理解成为景观的组成部分。单项的比较可以进行；全面的比较却应属置于课程最后期的一般地理学的范围，假如它不是完全超出了中学水平的话。

在几十年前贯穿大学地理学科而现在贯穿中学地理学课程的对一般地理学的迫切要求，其主要原因恐怕在于这样的愿望，即通过对自然现象的深入研究，克服旧有学校地理学课程中地志学的沉闷，而突出地理学的教育价值。我当然同意这种愿望。但是，我担心一般地理学对于中学来说大部分太深了，容易又转向字面知识，这种字面知识可是所有中学课程的巨大危险；我也担心，一般地理学因而很容易被抽去其地理学根基。在一般地学中，天文学、地质学、气象学、生物学、民族学、统计学以及其他科学是毫无统一观点地结合在一起的，某些一般地学教本就是这方面值得警惕的例子。只有真正的地理学者做教师时，才会以地理学的思想来讲授一般地理学课程；在大多数教师手上，这门课程将会分裂到各种辅助科学中去，并且会证实把地理学分割到其他科学中去的错误倾向。

第五章　地理课程的步骤

关于地理课程的步骤，也有两种相对立的意见。在高级中学的大多数教学计划中，它从乡土志跳到教条式的数理地理学和地球概述，对别的大陆的考察时常摆在德国考察之前。人们部分地以有必要照顾其他课程为由来辩解；人们还曾经提出，孩子们对印第安人的历史——现在也许又会说对黑人的历史——比对德国的兴趣大。我认为这些理由是站不住脚的。如果这个学科本身因而受到损害，那么对别的学科的照顾就必须退让。成年人应该从巴勒斯坦的地区自然情况学会了解犹太教和基督教的发展；但是中学二年级学生是否就已经要从其地理根据来理解《圣经》的史实呢？以前关于地球的球状和它围绕太阳运动的学说所作的信条式报告，是违反教育的所有基本原则的；因为它的结果只是使孩子脱离开观察，而且永远学不会数理地理学。从乡土直接跳到全球概貌，必然会在孩子们的头脑中造成混乱。只有由近及远逐步进行考察，考察的比例尺逐渐缩小（这里用绘图学概念的转义），概括化程度逐步增加（理解概括了的东西要比一般所意识到的困难得多），才能导致对地理学理解的健康发展。还有一些其他的东西也是支持这种看法的。对于孩子来说，超出了乡土，陌生的事物就开始了；但是，祖国的其他地方总比外国更接近孩子的思想，因为父母讲述旅行情况和亲友来信，都会涉及祖国的其他地方。在德国的其他地方，虽然山脉构造以及温度的绝对值等等会有变化，自然情况和文化也处于不同的发展程度，但是气候、植物界和动物界、人及其文化的一般特点仍然是相同的。孩子自己，加上图片的帮助，可似身临其境，学习、理解和懂得自然情况的差别所在。如果现在又已获得植物和动物的知识，进而去接触就其位置和气候以及自然和文化的整个特点都不同的其他欧洲地区，甚至欧洲以外的地区，这样的跳跃，就不像这门课程从乡土一下子跳到这些地方那么大了，因为在那里所有事物都是另一种样子，使得孩子不可能形成一种现象，并得以领会。如果孩子听到关于印第安人和黑人的情况比听到关于其他德国行政区的同胞的情况还早，这合适吗？

有经验的教育家所提出的老要求是，地理学课程应该以同心圆的形式向外扩展，我觉得是完全正确的。其他欧洲国家放在德国之后，欧洲以外的大陆放在其他欧洲国家之后。也许在其他欧洲国家之前才需要讲述地球的球状构造和气候带；在较低的年级，对欧洲进行考察时不讲这些还可以过得去。关于讲述各大陆的次序也有争论。从内容最简单的大陆即澳洲开始的想法是一种教学游戏；因为如果缺了亚洲这个桥梁，澳洲就会悬在半空中，而就其整个特性说，它也是所有大陆中最特别的。空间的连接应该是决定性的。讲完欧洲就可以讲地球以及大陆和海洋，也许还再加上气候带的分布概要，此后就可以进而讲亚洲，由亚洲到非洲和大洋洲，然后到南北美洲和南极大陆！

国民学校中的地理课不得不满足于一轮的教程，而相反在高级中学中则可以进行第二轮课程，如果地理学终于也列入高年级的教学课程中，这一轮课程是需要的，因为到了高年级，学生达到了较为成熟的年龄，具备了其他学科的进一步知识，有可能真正领会地理学，可以充分发挥地理学的实际教育价值。在中年级再插上一轮教程容易使学生感到疲劳，引起厌倦。每轮教程都要连续用几年的时间，才能进行得有成效。

我不准备详细研究关于各年级班次教材的分配这种困难的并已反复议论过的问题；在这方面只有从事实际工作的教师才有发言权。我只愿对此作若干一般的说明。即使在高年级的教程中，我认为按系统编排也不如按照方法论的进展步骤，即从深入地研究乡土开始，逐步向远处推进。基于前一章讨论过的原因，地志学必须成为主要内容，一般地理学只应成为不过分展开的结束部分。如果只是突出个别地区，完全忽略其他地区，我认为这也是值得斟酌的；因为每个地区都会反映出某种特殊的兴味，都可能有朝一日对我们具有意义。

第六章　教学方法

可以根据两个观点来区分地理学课程的教学方法：是偏于直观的还是偏于概念的，是信条式地讲课还是着重让学生自己消化材料。

感官的直观被长期忽视以后，现在却为近代教育学所特别强调。对地理学也是适用的！因为感官对自然界的直接观感是大多数人接近自然的途径，通过这个途径他们获得地理学的教育。这种在学校里长期以来不只是没有受到培植而相反被窒息的能力，必须恢复它的坚强生命。我们的青年必须重新学习自由地观察，用眼睛吸收可靠的知识。地理远足和旅行必须成为低年级和高年级地理学课程的组成部分，必须用各种地理图片加以补充，由于复制技术已趋完善，照片和风景明信片的价格低廉，运用玻璃底片投影的可能性，地理课程事实上越来越多地在使用这些图片。

但是人们不要陷入另一个极端，强调感官的直接感知而忽视概念的理解。前面有一章中已经指出，思想的禀赋各有不同，一些人从事感官的直接感知能力强些，另一些人则从事概念理解的能力强些。在学校中，两者必须各得其所，但是必须克服双方的片面性。缺乏直接观察禀赋的学生，应尽可能地学会它，反过来，长于观察的人也必须学会进行概念思维。单纯的直观图景总是孤立的；只有通过概念化的途径才可能把它们联系起来。因果的解释也只能基于概念的思维，虽然由于许多能干教师的夸大引起矛盾，因果的解释仍必须成为地理学课程的重要组成部分。学生必须认识到一种现象取决于另一种现象，地区的自然状况并非现象的偶然并存和交错，而是一个有规律的和谐的整体。只有这样他才可以把地理学的教育内容完全吸收到自己的脑子里。

现在，劳动课程是普遍的教育学要求，而且毫无疑问，经过自己努力而消化吸收的东西要比和盘接受下来的掌握得更牢固。只是人们不应把劳动这个词片面地理解为手工劳动；学生不应该是体力劳动者，而是脑力劳动者。

一切课目共同的劳动课形式是向学生提出问题，学生必须找到这个问题的答案，以取代由教师讲述，用苏格拉底的方法代替教条的方法。这也适用于地理学。学生能够从地图上搜集到许多地理知识，可以从地理的位置，特别是地理纬度，推论出来许多东西，可以根据和他已经知道的地区、地方的类似性想象出某些东西；这一点我无须进一步阐述了。

对地理学和对其他学科一样，指导个人自修和在学生图书室准备适当的书籍是十分重要的。关于不同种类的文献对于地理教育的价值(参阅第六编第八章)，必要的话上面都已经说过了。我在这里指出这一点就行了。

在地理课程中有一种学生作业的特殊形式是长期流行的，那就是绘制地图。当人们由记忆空洞的名称过渡到理解地图时，绘制地图就兴起了；在这方面人们的指导思想是学生通过自己绘制能比单纯阅读更好地记住地图。当时出版了许多绘图指南，推荐各种各样的方法。不可否认其中掺杂着许多的做作和儿戏，也不可否认绘制地图的作用往往被夸大了，并过分地被视为地理课程的主要内容。绘制精美的地图会无谓地花费许多时间。如果学生只是从他自己绘制的地图而不是地图集来学习，那也是一个错误；因为所有学生绘制的地图总是含有错误的，他会把所有错误都牢牢地印在他的脑子中。因此，与此相反的看法又占了上风，绘制地图在地理课程中所占的地位现在已不如几十年以前那样重要了。现在人们认为地志学不具有那样重要的意义，而地区自然和文化情况的理解给予较高的评价，这些自然也更加排挤了绘制地图的做法。然而同时另一种地图即自然地理和人类地理概略图的绘制愈益受到重视。在绘制这种地图时，可以不用自己绘制轮廓而用买来的轮廓图，或者借助最近市场上出售的地图印摹制作轮廓图。

除绘制地图外，一些学校还练习使用黏土或者借助沙箱制作立体地图模型。我认为对绘制地图所说的原则上也适用于制作模型，只是制作地图模型更费时间。教师必须检查一下时间是否够用；他也许可以向学生推荐作为个人的课外作业，并给予指导。

在高年级，应该练习使用对地理学有重要作用的仪器工具进行观察，如用指南针和其他简单的测量仪器、温度计、气压计等等，不论是普遍参加还是只有对这方面有兴趣的和有这样才能的学生个别参加都可以。

赋予学生旅行以愈来愈重要的意义是有道理的；因为地理的想象最好都由自己的直观来取得。在一些人所喜爱的地点，人们其实只要走出校舍，观察一下景色，就可以取得丰富和多样的直观。在单调的平原上人们看不到什么，在大城市中走出居住区要用许多时间。在这里，进行较大范围的远足，如果可能则作长途旅行，就显得更加重要了。但是远足或者考察旅行还不能算是劳动课程。只有当教师不是自己讲述，而是就地向学生们提问他们从野外看到什么时，这些旅行才是一种劳动课。这种做法是困难的，很费时间，特别是对人多的班级；但是，只有这样做才能使旅行有充分的收获。

第七章　地理课程的辅助手段

地理课通常的辅助手段是教科书、地图集、挂图和图片。

以前地理课只是按照教科书的内容来讲授。教师朗诵教科书，学生熟读教科书，和学习拉丁文语法一模一样。我不想调查地理课现在是否有时还是这样讲授；这样教课方式基本上已经克服了。教师不拘形式地面对学生；主要的是他的讲课和他的提问。有些教师甚至不想使用教科书。但是如果在上课时正当地把教科书的作用压低一些，如果可能甚至完全不打开它，学生在家里复习时仍然需要它，他们用它矫正在听课时或者在记忆中产生的误解和差错，也许还用以补充在课堂上由于时间不足略去的或者论述得过分简短的那些地区。地图集虽然是重要的，单单它也是不够的，因为它只包括地理学材料的一部分。

关于合理地编写教科书也有不同的意见。第一个要求自然是正确性，或者我们宁可说近似的正确性，因为个别错误，不论是出于排印错误、笔误、记忆错觉，或者出于错误的理解，在如此综合的书籍中总会产生，即使非常仔细也难以避免——我必须这样说，因为在我的地志纲要中，每次校对都还会发现遗漏之处。第二个要求是有目的的、适合各类学校和班级的教材选择，要照顾到各种不同的现象，还要注意到详尽程度。但是，对这些方面的判断是很主观的，任何一本书也不会适合所有教师，教师总是会在细节上有所增添或者删减。一般地说，现在在地名和数字上人们有理由倾向于适当节制，遵照基希霍夫的先例，偏重地区自然情况的特点。第三个要求是有关文体的。有些教科书热衷于提问形式，但是把提问题留给教师和上课时去做岂不是更好吗？这样只会使学生做家庭作业时感到扫兴。如果他错误地回答问题，谁来纠正他呢？我认为电报文体也是异想天开。它节省一些纸张，书价会因此便宜些，但是学生怕读这种文体，如果教科书没有人去读，那它又有什么用呢？表述不需要很出色，但应该易于阅读（参阅第六编第八章中段）。

近来大多数教科书都附加了图片，但是另一些则持反对态度；不可否认，有些图片是胡闹。它们迎合时兴的潮流。它们固然有助于直观，但是如果不是表现具有特征性的风景，如果过分局限于个别的地点，如果美学的要素挤掉了科学的要素，它们就很容易把人引入迷途。

除了教科书还有地图集。两者不能互相代替，而必须互相补充。关于地图集我已经专门谈过了（参阅第五编第七章），可以参阅有关章节。这里的问题在于如何使用地图集。地图集和挂图的关系类似教科书和教师讲课的关系。但是在上课时，除了挂图也许还必须使用地图集，甚至取代挂图，因为坐在后排的学生往往已经看不清挂图，也因为许多地区还没有足够的挂图，或者学校不可能购置挂图。如果所有的学生都有同样的地图集，自然很有好处，但是这也有一个费用问题。无论如何，每个学生必须熟悉他自己的地图集，学会读它。

地理课应该尽可能使用挂图进行教学。现在有一整套学校挂图,使用价值各有不同,有的详细,有的较粗,但便于远看。挂图不应有过多的名称,素图则也有不妥,因为甚至站在它面前的教师都极难辨别方位。一般地说,现在人们宁愿使用自然地理挂图,而不愿用政区挂图,这是有道理的;也使用气候的、植被的、民族分布的等等挂图。

挂画起着和书中的画片类似的作用。由赫尔策尔等人制作的印在纸上的挂画有其优点,即它们也具彩色,并可以静心地观看。但是它越来越为幻灯片所排挤,因为幻灯片价格低廉,利于大量放映。幻灯片的缺点是必须在暗室中放映,因而观看它要和观看挂图和地图集分别进行。在教学上恰当地利用它不是很容易的事。不要匆匆地变换幻灯片,教师不要解释其中的内容,而要引导学生自己从幻灯片中了解它,就像在旅行时从景色中自己去了解其内容那样。关于在教学中运用电影,我还不能作出判断,我对电影所持的一般疑虑自然也适用于它在学校中的运用;但是,一个细心的教师将能恰当地放映电影,使它真正有利于教学。但是要防止过分;直观资料过多会导致肤浅。

第八章　地理教师

地理教师自己也要懂得些地理学似乎是一个当然的要求;因为只有这样他才能使讲授课程富有成效。但是正是这个当然的要求,在学校的实际中绝不是经常可以得到满足,可惜的是必须说至少在若干邦中多数的情况不是这样,因为有些主管学校的当局和学校校长对于地理学的性质仍然毫无所知，把它当做一种单纯的死记硬背材料，认为任何一个教师，我甚至要说任何一个军士都可以把这种材料教给孩子们记下来。实际上恰恰相反，只有少数教学领域像地理学那样需要专门的培养。必要时任何修完中等学校课程的人——请原谅我这种异端的说法——都可以担任低年级和中年级的拉丁文、希腊文和数学课程的教学；以前可以让任何人教的近代语言课程，仅仅由于发音的关系就需要对专门培养提出较高的要求，但是最需要专门培养的还是实际学科：一方面是自然科学，另一方面是历史学，两者之间的则是地理学；学校行政和校长对这些学科在专门培养方面的要求却最低。语言学家和数学家像幸运儿似地压制其他学科，这些实际学科尤其是地理学在打破这种压制方面只部分地取得了成功。

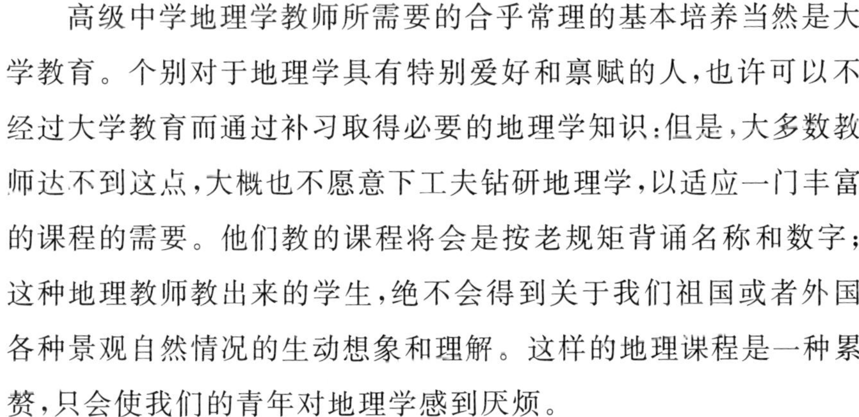

高级中学地理学教师所需要的合乎常理的基本培养当然是大学教育。个别对于地理学具有特别爱好和禀赋的人，也许可以不经过大学教育而通过补习取得必要的地理学知识；但是，大多数教师达不到这点，大概也不愿意下工夫钻研地理学，以适应一门丰富的课程的需要。他们教的课程将会是按老规矩背诵名称和数字；这种地理教师教出来的学生，绝不会得到关于我们祖国或者外国各种景观自然情况的生动想象和理解。这样的地理课程是一种累赘，只会使我们的青年对地理学感到厌烦。

地理教师自己必须掌握地理学。最合适的当然是专业的地理学者，在大学学习中以地理学为主课，写过地理学博士论文，或者参加国家考试时写了地理学论文。但是，往往不得不把地理课程交给在国家考试中只是把地理学当做副课的人来担负。因此产生了下述问题:地理学教师最好是来自学什么主课的?这方面的规定有过变化。以前地理学和历史学密切结合,地理学的考试常常地或者不如说大都变成一出滑稽戏。经过严重的斗争,才把地理学从这种束缚中解放出来。后来在个别的考试制度中,它只对数学家和自然科学家开放。在中学范围中,至少直到最近,这种结合时常被看做天经地义的。但是,几乎没有一个大学地理教师同意这种意见,在卢卑克地理学家大会上讨论这个问题的时候,所有的人都表示,地理学既要和历史学又要和自然科学学科结合,就像在大多数现行考试制度中所规定的那样。自然科学家以及历史学家都为地理课程提供基本知识和能力,两种人都必须丰富他们的造诣,前者要补充历史方面的,后者要补充自然科学方面的,以便能够完善地讲授地理课程。可是我觉得纯粹的数学家似乎对地理课程想得多半过于抽象,而纯粹的语言学家则过于形式。来自不同方面的教师讲授这门课程时会稍有不同,但是这并非不能容忍的严重损失。而许多教师由于担任地理课程跳出他们原有专业的片面性,他们自己也会感到高兴。

第九编　大学中的地理学

第一章　地理学在大学和其他高等学校中的地位

最近地理学才在高等学校也获得了一席之地，而且我们德国人可引以自豪的是走在别的国家前面成为典范。从 1820 年到 1859 年，卡尔·李特尔作为地理学教授执教于柏林大学，但是他还是处于完全个别的境况，死后地理学教授的位置就一直空着，只是在个别大学中地理学被作为副课讲授。很久以后，在大学、继而在技术学院和其他高等学校中设立地理学课程的必要性才得到普遍承认。1871 年，奥·佩舍尔到莱比锡担任地理学教授，历任哈勒、哥尼斯堡和斯特拉斯堡大学地理学教授，现在所有德语大学以及大部分高等技术学院都设立了地理学讲座。法国、意大利、俄国、英国、美国和其他各国都逐渐把地理学纳入高等学校的课程中。

在我国，大学是培养科学最出色的场所，因此，地理学进入大学对于地理科学的进步具有重大意义；它给地理学输送了大量人才，否则这些人是不能献身于地理学的。大学中的地理课程应该为中等学校培养能干的地理教师，事实上大学已经培育了数百个地理科学方面的人才，使他们有能力担负丰富的地理课程的讲授，

当然这门课程仍经常不是分配给他们，而是那些完全没有作过地理学研究的人。但是，如果人们认为这是大学教学的唯一任务，要求大学教学集中在培养教师上，那是和大学性质相矛盾的极大的片面性。这门课程还必须面向其他学科，如自然科学以及历史学和统计学的大学生，对这些学科，地理学是一门重要的辅助科学。它还必须发挥地理学的一般教育价值，基于这个理由，它就还应列入高等技术学院的课程范围。它必须着重培植真正的科学，培养研究者和学者。即使学院所培养的教师，即所谓语言学家，也不应只是教师，还应是科学家；有些别的行业也需要科学的地理学者，我们还必须拥有地理学的研究旅行家。大学教师本身也必须得到深造和学术上的培养，如果要他们传授科学的话。地理学与其他科学相比不应处于例外的地位。

如果高等技术学院设有特别班级专门培养数学和自然科学教师，那么对于高等技术学院和对于大学来说地理学的任务是同样的；可是高等技术学院是否是培养未来地理教师的适当地点，我是怀疑的，因为在这里他被迫过分片面地偏于自然科学方面，过少和历史学以及其他人文科学接触。高等技术学院中地理学这门学科的真正任务，在于满足工程师和技术人员在地理学方面的需要。尤其因为工程师和技术人员在他们的所有工作中必须估计到地区的自然情况、土地构成以及它的气候和水文情况，还必须了解地区的科学和文化情况，因为他们在这个地区中并且为这个地区工作。如果他们在需要时还要从文献中或者通过口头调查了解细节情况，那么他们必须在高等学校就已受到一般的基本教育。

对于商人，特别是在海外活动的商人，地理教育的需要更为明显。他必须深入地研究贸易活动所在地区的情况。因此在高等商业学校中一开始就设立了地理学教授职位。有些地方在这方面兴起了一个运动，它要把地理学完全拉向实用方面，并且想由此发展一门针对经济的关于外国的学科。这样地理学就失去了它的科学特征而变成一门纯粹实用的学科了。交通地理学和经济地理学当然必须成为高等商业学校地理课程的中心；但是，必须用科学的态度去对待它们。因此，它们必须建立在自然地理学之上，因为只有从地区的自然情况出发才能懂得经济情况。各个国家的货币、税收、商业习惯等等的知识，如果要在高等学校进行介绍，就必须聘请专门的讲师来讲授。如果把经济地理学搞成一门产品学，或者至少试图把产品学完全纳入经济地理学中，那也是一种谬误。产品学是植物学者、化学者、技术人员的事；地理学的对象是地区的经济生活，它的生产、它的贸易和它的消费。

第二章　大学的地理学学习

第一节　科学学习

在大学以及在所有高等学校中，科学学习必须经常占据首位；不论是为了教学职业还是为了实际生活的应用，都只能建立在科学学习的基础上。但是，把地理学作为主课学习，还是由于内在的或外在的原因把地理学当做副课来学习，而在后一种情况下其主课学习属于自然科学领域还是人文科学、文化科学领域或者实用职业，都要有所区别。

我首先论述把地理学作为主课学习这种情况。

李希霍芬曾经表示过这种意见：地理学的学习必须建立在受过一门辅助学科的完善培养的基础上，他主要是指地质学，但是认为也可以把物理学作为海洋学和气候学的基础。真正的发展却走了另一条道路。片面地接受地质的或者物理学培养的地理学者几乎已经消失了，片面的历史学基础培养这种做法已摆脱了；谁要想毕生献身于地理学，他就去学习地理学，而把别的科学当做辅助科学，并从这些辅助科学中吸取对于地理学必需的东西，或者他的学习只限于满足参加考试的需要。恐怕也只能如此。地理学本身就是一个非常广泛的知识领域，因此它不应超过最低需要而用其他领域的材料来加重自己的负担，可是即使是对我们最重要的辅助科学，也无疑会包括很多不论是在内容上还是在方法上都和我们没有什么关系的部分。但是我并不因此想说地理学者应该忽视辅助科学的学习；相反，我甚至认为在大学中学习这些学科是主要的事情。将成为地理学者的人必须听地理学的课，参加地理学专题讲座实习，以得到和听到关于地理学的明确概念，掌握最重要的地理学知识，并能够写出地理学方面的学术论文。但是获取地理学的广博学问，将来的生活中还有时间，而那时他却再没有机会接受辅助知识了。因此我认为，如果某些同事把他们的学生过分地束缚在狭义的地理学工作中，那是一种教育上的缺陷。

人们不能从同一的广度去掌握所有的辅助知识，必须根据他的爱好和能力作出某种选择。但是不要完全忽视其他方面，因为地理学者必须在地志研究和表述的一切情况下都能胜任，这种研究和表述要涉及一个地区的整个自然和文化情况。

作为地理学辅助科学的数学的意义，我相信往往是过分夸大了。这种过高评价起源于地理学包括整个所谓数理地理学、大地测量学和地球物理学的时代，这些学科只有在数学的基础上才是可能的。谁要想深入地从事地图投影和类似科目，就要使用数学，但是这只是一种次要的事情。特殊和比较地志学意义上的真正的地理学，很少需用数学。我自己只学习过高等数学的初步(可是学过扎实的中学数学课程)，我几乎不怎么感觉缺乏这种知识，而我有这样的印象，即大多数数学家似乎从未曾通晓地理学。

普通物理学的牢固知识，特别是力学和热学的知识，是需要的，因为它们是气候学也是地理学其他部门必不可少的基础。在使用仪器方面的技巧特别受欢迎。因此，地理学的大学生应该听实验物理学课，也要参加物理学实习。类似的要求适用于化学，但只适用于无机化学，有机化学却关系很少。矿物学和岩石学都是地质学的辅助科学；地理学者可以满足于宏观的岩石学，几乎无须研究费时的微观岩相学。相反地，属于地质学的有关于最重要的岩石和化石即所谓标准化石方面的知识，对每一个地理学者都是需要的。地质学对于地理学的作用有一段时间被夸大了，那时认为每个地理学者也应该是地质学者，而人们把地质学者看做是现成的地理学者，可以毫无顾虑地委托地质学者担任地理学讲座。我们摒弃了这种夸大，但是不要陷入另一极端。谁想深入一步地从事地貌学研究，他就必须具备坚实的地质知识。想研究地理学其他部门的人，也必须稍为接触过地质学；因为没有地质的基础就理解不了固体地表的形态和特性，就是植物地理学、殖民地理学和经济地理学也要考虑土地和它的性质，离开地质学就不可能理解它们。

在地理学中，最近加强了对植物地理学的研究，这自然需要植物学知识。在这方面，以前主要想到的是植物分类学，即植物种类的知识，一定的关于形状的知识和鉴定种类的能力肯定对地理学者很有用处。但是，自从生态学占据突出地位和人们开始研究植物生活方式对气候和土壤的适应以后，地理学者的植物知识又必须更多地偏重这个方向。

适用于植物学的道理，原则上同样应该适用于动物学。但是，大学中的动物学往往限于最初级的动物种属知识而对动物地理学没有什么意义，因而也就对地理学者用处不大。对于地理学有重要意义的特别是脊椎动物，在一定程度上还有软体动物和昆虫。关于这些动物种属的一定程度的形态知识和生活方式的知识，以及这些动物的体质对生活方式的适应的知识，是有助于地理学者了解动物地理学新的生态学趋势的。

地理学的一个重要姊妹科学是民族学，虽然它的真正研究范围越来越脱离地理学，地理学者却仍然知道它的主要事实，因此如果有机会的话应该听民族学的课，可惜迄今只有在少数大学有这样的机会。

要判断历史教育对地理学者有多大价值是困难的。懂得历史概况是需要的，谁要是在中学没有学过这种知识，就必须在大学中掌握它。但是历史课常常不讲地理学者需要的东西，因为它极其注重政治历史和传记的细节。地理学者也没有时间听至少由十二堂大课组成的整个历史课程，就是学习这个课程，他毕竟也只能听到关于欧洲的特别是德国的历史，几乎听不到欧洲以外的大陆的历史。对有志于研究历史地理学或者殖民地理学的某些部分的人，参加历史实习课是必要的。

对于经济地理学，国民经济学是不可缺少的；因为经济现象不能直接归结到自然条件上去，必须首先从它们的内在联系中去理解，这就需要国民经济学。国民经济学对经济地理学是必需的，就像地质学对于地貌学是必需的那样。当然这里也涉及如何研究的问题。使用演绎法进行研究的现代国民经济学流派过少联系实际，罗雪尔和施莫莱尔的旧教科书比大多数新教科书对地理学更有用。

国家学更不符合我们的需要，因为可惜它掌握在法学家手上而几乎都停留在理论的空谈，很少教人去认识国家的现实生活，很少遵循克耶伦指出的方向。

语言的实际知识对地理学者是很需要的，甚至是绝对需要的。几乎研究每个地区都必须使用英文和法文文献，没有西班牙文、意大利文或者还有俄文的资料，也不能从事很多地区的研究。历史地理学和地理学史的研究往往还要用拉丁文或者偶尔要用希腊文。但是，在大部分情况下只涉及实际的知识，不涉及语言学特别是不涉及语言的研究，而这些却构成大学语言学课程的主要内容。

第二节　作为副课和基础知识的地理学学习

同地理学者要学其他科学一样，其他科学的大学生也要作为副课学习地理学。其他科学的大学生要从自己出发弄清楚想从地理学中得到些什么；但是，高等学校地理教师必须考虑他能够和想教给他们什么，这对于不同的科学当然是不同的。

数学家和物理学家往往是受地理学性质的陈旧观念支配来听

地理课的，他们把数理地理学和地球物理学看做主要部分，所以很容易感到失望，不久又离开我们。其他人则是由于在抽象的主要研究工作之外渴望寻求具体的精神食粮；常常令我吃惊的是，数学家恰恰要寻找人类地理学，显然因为他们感觉到这里正是他们精神生活中的一个空白。

地理学特别适合于地质学者和植物学者，有时也适合于动物学者的需要。正像地理学者需要地质的、植物的、动物的知识一样，地质学者、植物学者、动物学者也需要地理学知识。一个没有地理学知识的地质学者就只会是一个工匠。部分地出于对地理学的某种嫉妒情绪，地质学现在开始转而注意地貌学；但是，为此它就需要地理学中已形成的方法，而如果涉及外国，还需要气候学知识。历史地质学包括所谓古地理学，只能从与现代的对比中——即根据地理学——才能理解。地质学者比大多数来自其他科学的人更容易熟悉地理学，因为这两种科学有着共同的基础。植物学者也是受欢迎的客人，如果他比以往流行的更多地从事地理学研究，对他是有益的；因为植物学现在倾向于植物地理学，没有地理学的基本知识，植物地理学就缺乏坚实的基础。

人类学者需要地理学就几乎不用说了；因为各民族的生活是在地球表面上进行的，并且受它约束。民族学不得不同地理学分离，但是这个分离变得过于疏远了，导致了民族学的贫乏，使人在接触人类学教材时感到痛心。

同样的情况适用于历史学家；如果历史学不彻底研究历史发生的舞台，它就绝不会了解全部因果关系。在近几十年中它过分丧失了所依靠的地理基础；它的走得太远的专门化在这里也表现出来了。但是一个转变似乎正在形成。霍夫曼的书在历史学界得到喝彩总还是一种可喜的迹象。不考虑地区自然特点的世界史，但愿将来不可能再出现。但是地理学者必须趋近历史学家。他已太过分脱离历史了。现在非常强调地志学，这肯定有助于双方的结合；因为事实上历史学家很少用得上范围广泛的一般自然地理学（它多半偏向作为一门一般的地球科学）。就是地志学的自然地理部分，对于带着我们劣等的高中教育进入大学的历史学者也会有某些困难。但是，这些困难是可以克服的，只要怀着良好的愿望和对自然界一定的坦率的情绪。一些最优秀的老地理学者，如特·菲舍尔、爱·里希特、苏潘、帕尔奇，还有大多数奥地利青年学者和许多有才能的学校地理学者，都是从历史学中成长起来的，并且掌握了完整的地理学知识。可是和老的强制结合正相反，现在的考试制度有时候是反对历史学和地理学结合的。

对外国经济生活也只有在地理学的基础上才可以理解。很遗憾的是，大多数国民经济学者——自然也有突出的例外——甚至那些研究世界经济的主要人物，没有受过或者只受过肤浅的地理学教育。许多国民经济学的大学生有鉴于这个缺陷，愿意学习一下地理学；但是，新的完全面向法律方面的政治学博士学位又迫使他们摆脱地理学，我们的国民经济学家以及从事对外贸易的那些人缺乏外国知识的这种情况，可惜还要继续下去。

语言学者要用毕生的精力从事研究一个地区的语言、文学、文化，应该具备这个地区的地理知识，这一点看来是显而易见的；可是古代语言学研究者一般不去听关于地中海各国的讲课，近代语言学研究者又不去听关于法国和英国的讲课。

对哲学家来说研究一下地理学也是有益的，因为地理学就其内容及方法看都居于自然科学和人文科学之间的中间地位，它为哲学家组成一座桥梁。

现在从整个来说，地理学还很少成为受人喜爱的普通教育学科；只有个别突出的教师或者个别特别令人感兴趣的讲题才会吸引大学生。在这方面，地理学远落在历史学、文学史和艺术史、哲学之后。第一个原因恐怕是，迄今为止中学里高年级完全没有地理课，在低年级和中年级地理课也只是讲授贫乏而枯燥的地志学，因此新入学的大学生不可能对它怀有很大的兴趣，不可能认识到它的教育价值。由于偶然的机会（比如跟随朋友）来听了地理课，以后就继续听下去了的大学生，我的经历中有过多起。但是，地理学也确是比上述历史学、文学史等更为困难一些，因为它需要具备更多的基本知识才能够充分理解，它较少地满足现在又完全占了上风的美学和心理上的需要。为了充分肯定地理学中特别是建立在自然和文化现象因果联系上的思想内容，就需要进行深入的学习。介绍对于近处或者阿尔卑斯山的理解，以及介绍世界交通和世界政治地理的讲课最受欢迎。

第三节　地理教师的培养和考试制度

在论述中学地理课时已经讲过（参阅第八编第八章）对地理教师要提出些什么要求。主要的要求是、并且仍然是地理教师本人必须学习过地理学，而且科学地研究过地理学，但是也必须使用那些作为副课而修过地理学的教师。如果这里只指历史学者，那是片面的，但是，如果只指自然科学者，也同样是片面的；从两方面都有可能产生好的或者坏的地理教师。考试制度必须照顾到这种情况，把地理学作为考试科目让两方面的学生自由选定。可惜不少考试制度都含有狭隘的、限制自由选择的规定。例如巴登，由于周知的排课技术的原因，在一个系中规定一门外国语，而在另一个系则把数学作为三门主课之一，在安排上还存在着其他费解的限制。由此而受到损害的正是地理学；德国北部的德语加历史加地理这样一种安排，特别为人们所喜爱并且也特别适宜，但是不可能为人所接受，并且很显然会把地理学挤掉。外国语言和文学的学习在大学中纯粹属于语言学的范围，和地理学没有什么关系。数学也有同样的情况；数学的和自然科学地理学的禀赋往往是分开的。任意组合学科的自由，比如在德国北部所实行的那样，对地理学恰恰大有好处，因为它有利于探究各种最复杂的组合。

在大学里，科学的学习是主要的事情。即使未来的教师也必须曾经专心深入钻研过科学，独立地处理过一个科学课题，如果他想以后把他的教学提到更高的水平，如果他想摆脱俗套而不想成为一个酒徒的话。在大学中是否也应进行教学法的培养，还是应该把它留给担任教学职务的初期，是一个问题。像基希霍夫、里夏德·勒曼等人也都做过教学法的讲课和实习，许多教师慨叹说，现在到处都找不到这种做法了。原因在于他们那些人都是从中学中出来的，具有学校教学的亲身经验，而现在这样的经历就很少见，我们中的大部分人都没有学校教学经验。人们会把这看做是坏事；但几乎没有别的可能了。在这方面，对大学其他学科相当普遍地做了决定，不是在大学学习期间，而是在毕业考试以后，委托有经验的学校负责人安排大学生关于教学的培养，地理学的处境和大学其他学科也没有什么不同。至于这件工作往往被轻视，那则是另外一回事。在德国个别地区，年轻的地理学者受到了出色的教学方法的教导。

第三章 学习及其设施

虽然讲课不再具有它以前的独占地位，但是它仍然是大学教学的中心。用中学式课程来完全代替讲课几乎是不可能的；无论如何不能在单独一个学科中实现，而只能在一个普遍的改革中实现。讲课可以包括一般地理学和地志学的一切部分；少数同事不适当地偏重一般地理学，因为他们没有道理地把一般地理学看做地志学必不可少的入门，但是基希霍夫、李希霍芬等人就已经这样对待地志学了。问题是一门正常课程的讲课是否必须涉及整个领域。在中学里课程必须尽力求得完整；而在大学里则可以而且必须把许多内容留给个人自修。基希霍夫曾讲过一门每周六小时、延续四个学期的课程：一般地理学，中欧，欧洲其他部分，欧洲以外地区，另外再加每周一小时的专题讲课。人们或可作稍微不同的安排，代之以一门六个学期每周四小时的课程，这就是现在通常的做法。但是由于大学生的流动性，固定的排列次序却多少是有名无实。这样阐述就必须十分粗略，许多章节必须很扼要地论述或者完全从略了。大学课程就是如此，它不仅可以较为扼要，有些地方则又要详尽，考察必须也深入到其他欧洲地区和欧洲以外地区，有时甚至必须深入到个别地方。我曾经计算过，按照我认为必要的详尽程度进行的一门完整的课程，必须包括十二堂大课，其中还

没有包括特别的专题，如世界经济等等。在细节上，每个人固然都可以制定出不同的计划，但是恐怕没有人能够提出一个基本不同的特别是规模较小的课程计划。这就是要占满两个教授讲座三年的教程，而且没有剩下讲授特别专题的时间。只要我们不得不满足于一个教授职位，我认为抛弃正规的教程更为妥当。迄今为止还没有一本好的地志学教科书，我认为在这种情况下偏重地志学是正确的，在这方面对我起指导作用的是我深信地志学课程能比一般地理学课程更好地介绍地理学思想。我常常把一般地理学的讲课留作初级辅导课。也完全不是说大学讲课必须安排得很系统。我的讲课中成效最好的是渐进法的讲课，就是从乡土开始，逐步向外扩大范围；正是乡土志，不仅必须在远足旅行中而且要在大学中加以扶植。如果现在有了地理学，还有地志学整个领域的系统表述，那么在讲课时就可以有更大的活动余地。

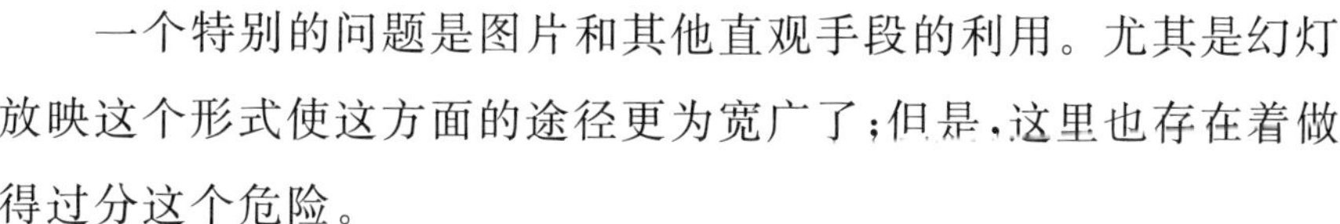

一个特别的问题是图片和其他直观手段的利用。尤其是幻灯放映这个形式使这方面的途径更为宽广了；但是，这里也存在着做得过分这个危险。

除了讲课以外，辅导练习课越来越多，这是对的，因为大学生只有在这种课中才能独立活动。如果拥有足够数量的教学力量，人们也许还可以在这方面更进一步。后来逐渐地但还不是到处地都把初学者和高年级辅导练习分开：初学者跟不上真正辅导课通行的报告和讨论，他从那里会毫无所得，反而成为一个包袱。初级辅导练习课的目的在于引导他们进入地理学，有时介绍这一部分，有时介绍另一部分。必须按照学校规定进行这些课程，大学正教授不应该把这些课交给年轻的助手，他们还缺乏必需的经验和威望，而应该亲自主持。按照李希霍芬的办法，人们常常对高级辅导课采用学术座谈的形式，即评述新出版的书籍或论文，它们涉及地理学所有部分，并且次序丰富多样。我在参加李希霍芬举行的学术座谈时就已经获得了这种印象：对于高年级的人——我已经得到博士学位——很有补益，因为这种做法使他接触到地理学所有方面的论著，但是却超出了大多数参加者头脑的接受能力。格兰德以一个主题为基础，各个报告都从属于这个主题，而这些报告则尽可能全面彻底地阐明它。我也采用了这个方案；我们时而讨论个别地区，时而讨论一般地理学的或者我们很喜欢的比较地志学的某些论题，效果因参加讨论者的水平不同而异，十分奇怪的是他们的水平随年份而变化。论述一个完整的论题有其优点，它会使所有参加讨论者深入到材料中去，从而对报告产生较大的兴趣。我也不在报告结束时进行讨论，而是把讨论插在中间，这样做就不致使错误的陈述在头脑中固定下来，并且讨论不致太短。有时会宁愿选择一个范围更窄的论题来进行更严格的阐述，这在历史学和语言学辅导课中是惯用的。每个大学教师都有他自己独特的方法。

绘制地图的实习十分重要，但是不要片面地运用它；在野外读地图、练习绘地图和狭义的绘图练习同样重要。在海得尔堡，我们把后者限于冬季，前者则保留到夏季进行。我认为在绘图练习中地图投影不可占太大的比重。大学生应该知道最重要的地图投影，如果可能，应该学会独立地绘出投影；但是，内容的绘制还更重要些，因为在他以后的生活中，无论他自己做科学工作还是在学校教学，内容绘制都会起大得多的作用。我认为两种地图绘制特别值得推荐，即一方面由大比例尺缩小为小比例尺，另一方面是从小比例尺放大为大比例尺，即放大为挂图的形式。两者都必须就地形图以及就带有一般自然地理内容或者人类地理内容的地图进行练习。地图应该使人看得清楚，但是，人们不应该在地图的外观美，特别是地图字体上无谓地耗费许多时间；因为这种练习的任务不是培养制图家，而是赋予狭义的地理学者用制图表现事物的能力，并同时教会他们更准确地读地图。把绘剖面图和图解同绘地图结合起来也是有好处的。

在作野外练习时，必须防止不适当地追求精确性。如果地理学者，尤其是未来的研究旅行家，也学会使用较精密的仪器，运用更出色的方法，那是好的；但是这不是主要的事情，因此如果人们把这种练习托付给大地测量学家，就容易迷失了练习的目的，我认为粗略的路线测绘特别有教益，因为这种工作迫使人们去注意环境和地形，并且需要设法正确地表现它们。每个人都会遇到在野外作一次粗略测绘的任务，而大多数人此时都会不知所措！我在进行第一次研究旅行时痛感前此未曾作过这种测绘练习之苦，因此把这种练习列入了我自己后来教学活动的计划中。自己测绘地图的练习也可以促进读地图的能力和批判地利用路线图，这种路线图在较长时期中还仍将是外国地区和其他大陆大多数地图的基础。

地理远足旅行在七十年代已经由格兰德引入大学课程中了，以后特别由彭克加以完成，现在可能已普遍推行了。这是有道理的；因为地理学者以及地理教师不要成为单纯的书呆子，而必须自由地面对他的对象（景观），必须学会到野外去看和观察。只有在自然界中他才能获得直接的观感,这种观感必然成为所有地理理解的基础。起初,这种远足旅行大都有些片面地偏于地貌方面,部分地是因为在当时就是偏重地貌学,部分地因为地貌学特别需要直接观察,而且特别适宜于直接观察。因此就是在克服这种片面性以后,也无论如何不要忽视地貌;整个来说,地貌是进行观察的最好的训练。但是,观察也必须针对景观的一切其他可见现象:植被、聚居形式、经济生活等等。除了不能远离住地的半天和一天远足旅行外,还应该尽可能进行长途旅行,这种旅行可以使大学生认识其他种类的景观:高山(如有山脉的德国北部)、海洋,如果可能,让他们知道具有另一种气候、另一种植物界和人类生活的另一种构成(如意大利)的地区。这种思想可以实现到什么程度,决定于外界的情况。有时可以把单个人派出去,对这些个人要给予某些指导。

进行这种远足旅行有两种不同的方法,也可以交替使用。往往可以把远足旅行利用作野外讲课;带队者要仔细作准备,也许要自己先单独作过这个远足旅行,这样就可以亲自来解释这个地方。和普通的讲课相比,这种做法的优点在于人们可以借实物生动地论述某个地方。但是我认为这样尚未得到远足旅行所能有的全部好处。人们在远足旅行中必须比在教室中上课时更着重提出的任务是:指导大学生进行独立的观察和独立的思考。我想简括地表达如下:远足旅行不应该是讲课,而是野外的一次辅导课。从这个角度看,戴维斯的远足旅行似乎具有示范意义。这种方法自然要用更多的时间,白天旅行应当走较小的旅程,一天结束时,在远足旅行中经常有忙迫急躁情绪出现,就要进行口头讲解;但是,注意不要打乱基本原则。如果人们在远足旅行之前预先进行一次科学座谈,安排大学生阅读论述这个地区的最重要的书籍和论文,就可以赢得时间,扩大效果。

大学生们的自学必须多样化。只要他们从中学带来的地理教育残缺不全,他们就不可忽视深入掌握地志学。然后就是包括一般地理学以及地志学方面的科学教科书,并要把它们和地图集的学习结合起来,较大的学校用地图集对此是最适宜的。但是许多人都把他们的地理基本教育局限于听讲课和教科书,那是一个很大的错误。他们随时都应该辅之以各种好的专门著作和经典的旅行记等等读物;因为只有这样他们才能够完全钻进地理学的思想中去。我总是宣传这样的做法,但是,我担心往往收不到应有的效果。

到完成博士论文或者国家考试论文时,学习就告一段落了。大学生不仅必须对外验证他的能力,而且还要做出自己的科学成果;对许多人来说,这是他一生中唯一的一次。从这方面说,做博士论文比做国家考试论文要更适宜,考试论文只是比较表面地论及一个比较小和比较容易的题目,并且总是在一定的压力下仓促完成的。做博士论文也应该在国家考试之前进行;因为如果年轻的男女一旦走上教学岗位,并且可能住在一个小地方,缺少一切辅助手段,他们就难于从事博士论文的工作。革命后提出来的一个十分错误的要求就是要在获得博士学位之前先参加国家考试;哲学博士因此被压低到医学博士的级别,其实医学博士在通过国家考试以后往往只是程度不同的一场喜剧。

博士论文应该是一种科学的专门著作,它要促进新的科学知识。只有通过写博士论文,博士候补生才会获得独立从事科学工作的能力,并感到自己是建造科学大厦的参与者。经常对此提出的责难原则上是不对的,但是,在原则的掌握方面往往是有道理的。因为对每篇博士论文的第二个要求,即通过这项工作同时要促进作者的智力水平,而不应是单纯的应付差事的工作,这个要求常常过于被忽视了,在地理学中所受到的忽视也许较之许多较老的大学学科特别是语言学要轻微些,在这些领域中的探索已经比较彻底。这种论题更多地使博士候补生厌恶科学,而不是爱好科学。论文的题目可以和教授自己的工作联系起来,其优点是他可以最好地促进和评判这项工作;但是,这个论题不应只成为一项辅助工作。这些论题可以是一个总体计划的一部分,不过不应千篇一律,像有个时期关于德国各地的年雨量或者关于人口密度、关于聚居位置那些论文那样。我总是尽可能地让大学生去自由选择,向他建议各种不同类型的论题,有属于观察工作的,有属于文献研究的,因为我认为主要的是使博士候补生愉快地从事他的工作。自然这时我总是参与意见并劝阻当事人选择他尚不具备足够基本知识的论题。我也不回避让他们选定我还不能在细节上作出评论的论题,例如德国以外国家的考察论文。我不愿接受从国外交来的这一类论文;但是,如果认识这个年轻人,观察过他做工作的情况,就有把握不会受骗,如果有一些经验也可以对于论文的内容作出判断。至于论题范围的大小和难易,采取折中的办法是适当的。过分容易和没有什么价值的论题是没有意义的;谁要是做不出比较好的成果,就劝他索性不要参加博士答辩。如果只允许广博的和内容优秀的论文通过博士学位答辩,那也不符合我国对博士学位普遍掌握的精神，而且是不适当的；我们的博士学位和法国博士的性质不同。

只要不是把博士论文作为国家考试论文来通过，或者把已经开始但是还没有完成的博士论文的一部分提出来作为国家考试论文的题目，那么大都可以选择一个较为一般的论题，因为一项真正科学的研究不能受一个固定期限的约束。应试人只需要在这里表明他在科学上深入研究自己专业范围内的问题的能力。综合地论述某个问题，也包括科学争论的问题，或者综合的地志学论述，只要它需要比较广泛地利用文献，看来都是适宜的论题。

第四章　高等学校的地理教师

对高等学校的地理教师，只需补充不多几句话。当七十和八十年代，在大多数德国北部的大学和斯特拉斯堡——其他德国南部的大学远远落后——颇为迅速地接连设立地理学教授职位的时候，当然没有在地理学方面有授课资格的讲师可供提拔，教授一部分是来自中等学校，一部分来自相邻的学科。后来在地理学中也逐渐形成了一种特殊的学术历程，最先是佩舍尔的几个学生取得了在大学授课资格，其他人则来自地质学或者历史学；我相信，我是第一个带着学习地理学的意图到大学里去的。现在一般的情况是，青年人或则入学就念地理学，或则往往在最初的几个学期就转而学地理学的。由于现在到处都已设立了助教职位，大学授课资格的取得比较容易了。

中学的地理学者有时抱怨这个进程，而它自然也是有缺点的，紧接在毕业以后或者甚至在学习期间大学的地理学者和中等学校的地理学者之间就开始分道扬镳了，而且经济情况也起一定的作用。但是所有学科都是这样，也很难会有不同。大学的教学职位和中等学校的教学职位都要求全力以赴。教师必须用几年时间以熟悉教学这个任务，教师要在几个专业上并为不同的班级授课，因而必须在此期间把科学搁置一边。这是科学和大学的职业所不能接受的。谁要想踏进研究这个职业，一般地就不能离开科学工作。恰恰在地理学中还有一种难以和中学教学活动调和的特殊要求。如果情况许可，未来的高等学校地理教师应该用若干年的时间进行科学的研究旅行，部分地是为了获得关于外国的自然和文化情况的亲身感受，部分地是为了彻底学会考察工作。如果高等学校地理教师未曾作过研究旅行，从来没有到过外国尤其是热带地区，那永远是他的一个缺陷。

大多数大学中只有一个地理学教授职位。我们大学教师久已感到这是一个不足之处，因为一个人不能够实施整个教学计划，他是否有一个具有授课资格的讲师协助，则是偶然的事。因此，我们一再要求设立第二个教授职位。自然，人们也提出这样的问题：在两个教授之间应如何分工。有些人设想划分开自然地理学和人类地理学，事实上这个意见在一定程度上有时是值得考虑的；但是不应当过分坚持这种想法，因为除了和现在的地理学脱离开的地球物理学以外，这种区分并不像局外人感觉的那样截然分明，而且也不应该那样截然分明；谁从事地志学，他就必须在这两个方向上都进行研究和教学。像人们要求类似历史学那样，按照大陆进行基本的划分也行不通，因为从事不同大陆的研究就其本质说——这是和历史学的重大差别——是相同的，而这个人或者那个人去研究某一个大陆则完全取决于偶然情况。如果像人们也曾经要求的那样，为每个大陆设立一个专门的教授职位，则是一个空想，而且并非美妙的空想；哪个大学生会去听所有这些教授的讲课？还是应该按各个大陆划分开学习专业？也许更为恰当的是这一个教授着重致力于培养教师，而另一个教授则着重于促进政治地理学和经济地理学。一般说来，分工问题应当留给有关的当事人通过协商来解决。

附录一　人名、民族名对照表

三　画

大流士　Darius
山松　Sanson
山德拉科图斯　Sandracottus
马丁　Martin, Viviende St.
马扎尔人　Magyaren
马尔克汉　Markham, Cl.
马尔克特　Marquette
马尔蒂尔　Martyr, Petrus
马尔萨斯　Malthus
马尼蒂乌斯　Manitius
马可·波罗　Marco Polo
马齐乌斯　Martius
马西利奥特人　Massilioten
马延　Mayen
马克格拉夫　Markgraf, Georg
马克克柳里　MacClure
马苏第　Massudi
马更些　Mackenzie
马里努斯　Marinus
马里奥特　Mariotte
马洛斯　Mallos
马耶尔　Mayer, T.
马格努斯　Magnus, Albertus
马斯克利纳　Maskelyne
马萨盖特人　Massageten
门德尔松　Mendelssohn

四　画

尤巴王第二　Juba II
尤西乌斯　Jussieus
尤斯蒂尼安　Justinian
扎尔茨曼　Salzmann
扎洛莫　Salomo
毛尔人　Mauren
毛罗　Mauro, Fra
毛鲁斯　Maurus, Rhabanus
韦伯，A.　Weber, Alfred
韦伯，H.　Weber, H.
韦里斯霍费尔　Wörishofer
牛顿　Newton
以色列人　Israeliten
孔蒂　Conti, Nicolo
孔德　Comte
丹尼尔　Daniel
丹皮厄　Dampier
丹纳　Dana
内安德尔　Neander
内阿尔希　Nearch
内林　Nehring
内斯托里教派　Nestorianer
厄尔特尔　Örtel
巴门尼德　Parmenides
巴比伦人　Babylonier
巴本　Papen
巴尔保斯　Balbus, Cornelius
巴尔迪维阿　Valdivia
巴尔特　Barth, H.
巴尔索洛梅伍　Bartholomew
巴伦支　Barentz
巴克尔　Baker
巴罗夫　Barrow, John
巴芬　Baffin
巴图　Batu

巴洛　Ballot, Buys
巴特斯　Bates
巴莱尼　Balleny
巴斯蒂安　Bastian
贝马蒂斯特人　Bematisten
贝尔博阿　Balboa
贝尔伊曼　Bergmann, Torbern
贝托特　Berthaut
贝图特　Berthout
贝克尔　Becker
贝阿茨莱　Beazley
贝姆　Behm
贝拉尔卡萨尔　Belalcazar
贝姆博　Bembo
贝耶尔　Baeyer
贝海姆　Behaim, Martin
贝格尔　Berger
贝格豪斯　Berghaus, Hermann
贝塞尔　Bessel
贝歇尔　Becher
瓦尔明　Warming
瓦尔特　Walther
瓦格纳,A.　Wagner, Andreas
瓦格纳,H.　Wagner, Hermann
瓦格纳,M.　Wagner, Moritz
瓦格纳,P.　Wagner, Paul
瓦尔德塞米勒　Waldseemüller
瓦伦纽斯　Varenius
瓦伦贝格　Wahlenberg
瓦卡　Vaca, C.
瓦波伊斯　Wappäus
瓦姆拜里　Vambery
瓦罗　Varro, Terentius
方济各会　Franziskanner
文德尔班　Windelband
开普勒　Kepler
切萨尔　Cäsar
切柳斯金　Tscheljuskin
比尤劳格　Burrough
比内维茨　Bienewitz
比申格　Büsching
比达　Beda
比朔夫　Bischof
比萨罗　Pizarro, Ganzalo
乌尔菲莱　d'Urville, Dumont
乌克尔特　Ukert
乌洛阿　Ulloa

五　画

卡内　Kane
卡文迪许　Cavendish
卡尔平　Carpin, Plan
卡尔蒂尔　Cartier
卡尼　Cagni
卡尔特西乌斯　Cartesius
卡布拉尔　Cabral
卡西埃尔　Cassirer
卡西尼　Cassini, Domenigo
卡里安达　Karyanda
卡达莫斯托　Cadamosto
卡利普索　Kalypso
卡姆佩尔　Camper
卡诺　Cano
卡普　Kapp, E.
卡蒂加拉　Kattigara
卡斯特尔诺　Castelnau
卡斯蒂里亚人　Castilien
卡塔拉尼　Catalani
卡奥　Cao, Diego
布丰　Buffon
布尔克哈特　Burckhardt
布尔通　Burton
布尔歇尔　Burchell
布卢门巴赫　Blumenbach
布克莱　Buckle
布里厄　Brie
布拉厄　Blaeu, W. J.
布拉柴　de Brazza, Savorgnan
布阿歇　Buache
布劳恩　Braun
布劳埃　Brouwer
布罗尼阿尔特　Brogniart, Al.

布劳恩，Rob.　Brown，Rob.
布罗克　Brooke
布罗伊辛　Breusing
布居埃　Bouguer
布留斯　Bruce
布盖恩维勒　Bougainville
布雷茨尔　Bretzl
布雷姆　Brehm
布雷恩人　Buren
布赫　Buch，L.
加博托　Gabotto，Giovanni
加拉曼滕人　Garamanten
加利阿斯　Gallius，Aelius
加特勒尔　Gatterer
加泰罗尼亚人　Catalonien
加策莱　Gazelle
弗尔斯特曼　Förstemann
弗兰克　Franck，Sebastian
弗兰克林　Franklin，John
弗伊莱　Feuillee
弗利布斯蒂尔海盗匪帮　Flibustier
弗罗比舍尔　Frobisher，Martin
弗里德里希森　Friederichsen
弗雷齐尔　Frezier
皮内达　Pineda
皮克　Pike
皮茨　Pütz
皮尔纳　Pirna
皮叶克尼斯　Bjerknes
皮卡尔德　Picard
皮科洛米尼　Piccolomini，E. Sivio
皮塞阿斯　Pytheas
古茨穆茨　Gutsmuths
古通恩人　Guttonen
古特　Guthe
古埃瓦拉　Guevara
白兰士　Blache，Vidal
白吕纳　Brunhes
丘迪　Tschudi
东克尔　Duncker
兰珀　Lampe，F.
兰勃特　Lambert
兰德尔　Lander
史托姆　Storm
史密斯　Smith，W.
冯特　Wundt
冯塔内　Fontane
本格拉　Benguella
平托　Pinto，Serpa
平松　Pinzon
汉恩　Hann
汉诺　Hanno
汉森　Hansen
尼科　Necho
尼科洛　Nicolo
尼波斯　Nepos，Cornelius
尼布尔　Niebuhr，C.
尼禄　Nero
卢梭　Rousseau
卢雷兹　Lucrez
闪米特人　Semiten
艾利　Ailly，Peter
司各特　Scott
司库拉克斯　Skylax
叶尔马克　Jermak

六　画

亚历山大大帝　Alexander der Große
亚当　Adam
亚美利哥　Amerigo，Vespucci
亚里士多德　Aristoteles
安吉拉　Anghiera
安达戈雅　Andagoya
安东尼　Antoninus
安德烈　Andree，Karl
齐特尔　Zittel
齐格勒　Ziegler
齐默尔曼　Zimmermann
伊本·库达特拔　Ibn Chordadbeh
伊本·拔图塔　Ibn Batuta
伊本·胡卡勒　Ibn Haukal
伊西多尔　Isidor

伊米尔科　Himilko
伊拉拉　Irala
伊费尔滕　Iferten
伊斯特林　Istrien
伊斯塔什里　Istachri
多米尼加人　Dominikaner
多费　Dove
吕贝克　Lübeck
吕洛夫斯　Lulofs
吕佩尔　Rüppell
吕特克　Lütke
吕蒂迈尔　Rütimeyer
吕德克　Lüddecke
托马斯　Thomas，Hans
托尔芬　Thorfinn
托布勒　Tobler
托伊布纳　Teubner
托里塞利　Torricelli
托勒密　Ptolemäus
托勒密学派　Ptolemäer
托斯卡内利　Toscanelli
托雷尔　Torell
扬哈斯班德　Younghusband
扬松　Jansson
达尔文　Darwin，Charles
达·伽马　da Gama，Vasco
达努比乌斯　Danubius
迈　May，K.
迈内克　Meineke
迈尼克　Meinike
迈尔　Maier，Heinrich
乔治　Georg
夸美纽斯　Comenius
西韦斯　Sievers
西博尔德　Siebold
西庇阿　Scipio
西姆罗克　Simrock
西塞罗　Cicero
西蒙诺夫　Semenow
米利都学派　Milesische Schule
米登多尔夫　Middendorff，A. Th.
米特舍尔　Mitchel
米特莱尔　Mittler
米特拉达梯　Mithridates
米勒　Müller
朱古达　Jugurtha
华伦海特　Fahrenheit
华里茨米　Hwarizmi，Al.
华莱士　Wallace，A. R.
列列维尔　Lelewel
列奥穆尔　Reaumur
伍德瓦尔德　Woodward
吉尔贝特　Gilbert
伦斯特里戈南　Lästrygonen
许布纳　Hübner
色诺芬　Xenophon
色诺芬尼　Xenophanes
因季科普莱夫斯泰斯　Indikopleustes，Kosmas
邦内　Bonne
邦布吕　Bunbury
邦普朗德　Bonpland
毕达哥拉斯　Pythagoras
毕达哥拉斯学派　Pythagoräer
约利特　Joliet
约翰内斯　Johannes

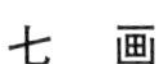

七　画

阿友拉　Ayola
阿贝尔克罗姆比　Abercromby
阿尔马格罗　Almagro
阿尔戈脑滕　Argonauten
阿尔夫雷德大帝　Alfred der Große
阿尔法拉多　Alvarado
阿尔克托夫斯基　Arctowski
阿皮安　Apian
阿皮阿努斯　Apianus
阿加西茨　Agassiz
阿加托登蒙　Agathodämon
阿加塔尔希德斯　Agatharchides
阿尼安　Anian
阿布勒费达　Abulfeda

阿布鲁增　Abruzzen
阿比希　Abich
阿当松　Adanson
阿里　Ali, Mehemed
阿亨瓦尔　Achenwall
阿利安　Arrian
阿依欧洛斯　Äolus
阿罗斯迈思　Arrowsmith
阿波罗多尔　Apollodor
阿那克西米尼　Anaximenes
阿那克西曼德　Anaximander
阿迪杰　Adige, Alto
阿科斯塔　Acosta, Jose
阿格里巴　Agrippa
阿格里科拉　Agricola
阿提密托尔　Artemitor
阿勒比鲁尼斯　Albirunis
阿诺尼穆斯　Anonymus
阿萨拉　Azara
阿蒂库斯　Atticus
阿塞内　Athene, Pallas
阿蒙森　Amundsen
希罗多德　Herodot
希尔加尔德　Hilgard
希拉科米卢斯　Hylacomylus
希波克拉底　Hippokrates
希帕卢斯　Hippalus
希腊人　Hellenen
克尔特人　Kelten
克尔蒂　Celti, Konrad
克尼斯　Knies
克卢西乌斯　Clusius
克吕费尔　Clüver
克吕梅尔　Krümmel
克利克　Kriegk
克劳泽　Krause
克拉克　Clark
克拉米斯　Chlamys
克拉夫　Krapf
克拉泰斯　Krates
克耶伦　Kjellen
克泰西阿斯　Ktesias
克诺赫　Knoch
克莱罗特　Clairaut
克莱佩尔通　Clapperton
克莱德纳　Credner, Rud.
克勒登　Klöden
克斯特林　Köstlin
克斯特纳　Kaestner
克雷奇默尔　Kretschmer, K.
克雷梅尔　Kremer
克雷沃克斯　Crevaux
克雷布斯　Krebs
克萨达　Quesada
克鲁姆巴赫尔　Krumbacher
亨尼希　Hennig
亨利　Heinrich
利文斯通　Livingstone
利西马夏　Lysimachia
利希滕施泰因　Lichtenstein
利奥　Leo, Heinrich
利奥波德　Leopold
里查尔德松　Richardson
里西奥利　Riccioli
里尔　Riehl
里希特　Richter, E.
里克特　Rickert, Heinrich
里舍尔　Richer
苏格拉底　Sokrates
苏潘　Supan
杜卡拉　Ducarla
杜哈尔德　Duhalde
杜蒙特　Dumont
麦加尔昂埃斯　Magalhaes
麦加斯梯尼　Magasthenes
麦哲伦　Magellan
沃尔涅　Volney
沃耶科夫　Wojeikof
沃伊莱斯　Weules
佐恩　Sohn
玛尔特　Marthe
玛丽(原姓马尔)　Marie geb. Mall

库克　Cook, James
库齐乌斯　Curtius, Ernst
库岑　Kutzen
库恩　Chun
李希霍芬　Richthofen
李特尔　Ritter, Karl
狄奥尼修斯　Dionysios
怀特　White
辛德巴德　Sindbad
沙米索　Chamisso, Ad.
沙克利通　Shackleton
伯克林　Böcklin
伯奥瑟　Beauce
努宾西斯　Nubiensis
伽利略　Galilei
伽罗华　Gallois
迪亚士　Diaz, B.
迪尤通　Dutton
迪特里希　Dietrich, Karl
张伯伦　Chamberlain, H. St.
达·芬奇　Vinci, Leonardo da
芬阿肯人　Phäaken
纳雷斯　Nares
纳萨蒙　Nasamon
纳赫蒂加尔　Nachtigal
别林斯高晋　Bellingshausen

八　画

拉夫恩　Rafn
拉马克　Lamarck
拉孔达曼厄　Lacondamine
拉佩鲁斯　La Perouse
拉格朗日　Lagrange
拉普拉斯　Laplace
拉斯·卡萨斯　Las Casas
拉奥科恩　Laokoon
拉萨尔　La Salle
拉采尔　Ratzel
拉蒙德　Ramond
拉德　Radde
拉德里列罗　Radrillero
波义耳　Boyle
波尔托比洛　Portobello
波尔察诺　Bolzano, B.
波伊尔巴赫　Peurbach
波当　Bodin
波西多尼乌斯　Posidonius
波伊克尔　Peucker
波伊廷格尔　Peutinger, Konrad
波吉奥　Poggio
波利尼西亚人　Polynesien
波里比阿　Polybios
波希米亚人　Böhmen
波利费姆　Polyphem
波罗　Polo, Mateo
波威尔　Powell
波热　Pogge
波斯人　Perser
波赛多尼阿斯　Poseidonios
罗尔夫斯　Rohlfs
罗尔巴赫　Rohrbach
罗泽　Rose
罗格斯　Rogers
罗恩　Roon, A.
罗雪尔　Roscher
罗盖费恩　Roggeveen
罗森克兰茨　Rosenkranz
罗斯,J. C.　Ross, James Clark
罗斯,J.　Ross, John
罗斯金　Ruskin
帕尔奇　Partsch
帕里　Parry, W. E.
帕提亚人　Parther
帕耶尔　Payer
帕拉斯　Pallas
帕特罗克卢斯　Patroklus
帕斯卡尔　Pascal
帕萨格　Passarge
佩舍尔　Peschel, Oskar
佩特拉尔卡　Petrarca
法伦　Varen
法德阿努斯　Vadeanus

泽马尔霍斯 Zemarchos
泽诺 Zeno
居塔尔德 Guettard
居鲁士 Kyros
居维叶 Cuvier
舍纳尔 Schöner
奇基托斯 Chiquitos
林耐 Linne
林克 Link
耶尔 Geer, Stende de
叔本华 Schopenhauer
宙斯 Zeus
姆齐克 Mzik
京特 Günther, S.
迦太基人 Karthager
武尔夫斯坦 Wulfstan
明斯特尔 Münster, Sebastian
屈尔佩 Külpe
图尔安 Thurmann
图恩贝格 Thunberg
图拉真 Trajan
季凯阿尔赫 Dikäarch
孟德斯鸠 Montesquieu
披利 Peary
肯普费尔 Kämpfer, Engelbert
肯普费尔 Kämpfer, Engelbrecht
肯萨尔平 Caesalpin
肯德 Kende, Oskar
金格 King
欧芬 Ofen
欧勒 Euler

九　画

施马尔达 Schmarda
施伦克 Schrenk
施米特黑纳 Schmitthenner, Erika
施吕特尔 Schlüter
施拉德尔 Schrader
施拉京魏特 Schlagintweit, Ad.
施图德尔 Studer
施泰因-赫舍尔曼 Stein-Hörschelmann
施特勒 Steller
施密特 Schmidt, P. H.
施密德 Schmid, Ed.
施勒特尔 Schröter
施普里加德 Sprigade
施蒂贝尔 Stübel, Alphons
施蒂勒 Stieler
施穆勒 Schmoller, Gustav von
施魏因富特 Schweinfurth
哈贝尼希特 Habenicht
哈尔 Hall
哈伊斯 Hays
哈米特人 Hamiten
哈克 Haack
哈克柳伊特 Hakluyt
哈利尔 Hallier
哈姆斯 Harms
哈恩 Hahn, F. G.
哈耶斯 Hayes
哈雷 Halley
哈得孙 Hudson
哈森施泰因 Hassenstein
哈德来伊 Hadrian
哈德莱 Hadley
哈默尔 Hammer
科尔 Kohl, J. G.
科尔特茨 Gortez, Ferdinand
科尔特雷尔 Cortereal
科尔德魏 Koldewey
科罗纳多 Coronado
科策比 Kotzebue
科萨 Cosa, Juan
科维尔奥 Covilhao
柯本 Köppen
柯赫 Koch, Robert
费希纳 Fechner
费拉察诺 Verrazano
费德尔曼 Federmann
珀尔曼 Pöhlmann
珀皮格 Pöppig
珀伊斯 Pays

威尔基斯　Wilkes
威利尔　Wheeler
威威尔　Whewell
威德尔　Weddell
拜占庭人　Byzantiner
拜洛特　Bylot
查伦格尔　Challenger
洪堡　Humboldt, A.
洪迪乌斯　Hondius
洪特尔　Honter
保萨尼阿斯　Pausanias
胡克尔　Hooker
南森　Nansen
洛艾萨　Loaysa
柏拉图　Plato
派克　Park, Mungo

十　画

埃及人　Ägypter
埃夫西梅内斯　Euthymenes
埃夫佐克索斯　Eudoxos
埃布斯托尔夫　Ebstorf
埃尔策菲尔　Elzevier
埃里克　Erik
埃伦贝格　Ehrenberg
埃伊雷　Eyre
埃克特　Ekert, M.
埃拉托色尼　Eratosthenes
埃舍尔　Escher
埃格利　Egli
埃利亚派　Eleate
埃曼　Erman, Ad.
埃福罗斯　Ephoros
埃福鲁斯　Ephorus
埃德里西　Edrisi
格丹　Gedan
格内　Gehne
格尔拉黑　Gerlache
格尔斯滕克尔　Gerstäcker
格尔尼茨　Göllnitz
格兰特　Grant
格兰德　Gerland, G.
格申　Göschen
格里泽巴赫　Grisebach
格拉夫　Graf, Otto
格拉德曼　Gradmann
格拉雷阿努斯　Glareanus
格茨　Götz
格梅林　Gmelin
格斯纳　Gesner, Konrad
格奥尔吉　Georgi
格雷戈罗菲乌斯　Gregorovius
格鲁贝尔　Gruber
恩勒　Engler
恩蒂库斯　Aethicus
恩格尔　Engel
哥白尼　Copernicus
哥伦布　Columbus
哥萨克人　Kosak
索托　Soto
索利斯　Solis
索利努斯　Solinus
索科托　Sokoto
索绪尔　Saussure
朔伊希策尔　Scheuchzer
朔姆布尔克　Schomburgk
朔特　Schott
诺贝　Nobbe
诺尔曼　Normann
诺伊迈尔　Neumayer
诺伊曼　Neumann, Karl
诺尔登斯彻尔德,E.　Nordenskjöld, Erik
诺尔登斯彻尔德,O.　Nordenskjöld, Otto
诺埃　Noe
泰勒斯　Thales
爱奥尼亚人(伊奥利亚人)　Ionier
修斯　Süss, Eduard
修昔底德　Thukydides
席莱　Schiele
席姆佩尔　Schimper
夏尔丁　Chardin
夏尔科特　Charcot

高斯　Gauss
钱斯洛尔　Chancellor
旃陀罗笈多　Tschandragupta
海克尔　Häckel
海姆　Heim, Albert
海登　Hayden
海塞　Hesse, R.
海卡泰斯　Hekatäus
容格胡恩　Junghuhn
盎格鲁撒克逊人　Angelsachsen
朗格　Lange
班泽　Banse
瑙曼　Naumann, E.
莱夫　Leif
莱伊塞尔　Leyser, Polykarp
莱布尼茨　Leibniz
莱辛　Lessing
莱希哈特　Leichhardt
莱翁　de Leon, Ponce
莱普西乌斯　Lepsius
莫伊泽尔　Moisel
莫利恩　Mollien
莫佩蒂伊斯　Maupertuis
荷马　Homer
陶尔内福尔特　Tournefort

十一画

梅内拉奥斯　Menelaos
梅兰希顿　Melanchthon, P.
梅延　Meyen
梅拉　Mela, Pomponius
梅鲁拉　Merula
基尔歇尔　Kircher, Ath.
基齐科斯　Kyzikos
基希霍夫　Kirchhoff, A.
基佩尔特　Kiepert, Heinrich
基特利茨　Kittlitz
基萨达　Quesada
基斯林　Kiessling
基普恰克人　Kiptschak
曼德维尔　Mandeville
曼内尔特　Mannert
康德　Kant
康特　Le Conte
笛卡尔　Descartes
培根　Bacon
勒克吕斯　Reclus, Elisse
勒曼　Lehmann, Richard
勒美尔　Le Maire
措伊内　Zeune
萨努托　Sanuto, Marino
萨拉耶斯　Xarayes
萨克斯　Sax
萨本埃尔人　Sabäer
萨佩尔　Sapper
盖斯特贝克　Geistbeck
第谷·布拉赫　Tycho Brahe
菲廷　Fitting
菲利普　Philipp
菲利普松　Philippson
菲克泽尔　Füchsel
菲舍尔　Vischer, F. Th.
菲舍尔　Fischer, Th.
菲洛拉奥斯　Philolaos
菲茨罗伊　Fitzroy
菲斯孔特　Visconte, Petrus
维吉尔　Virgil
维尔纳　Werner, A. G.
维尔德诺夫　Willdenow
维金格尔人　Wikinger
维纳　Wiener, Charles
维索茨基　Wisotzki
维脱鲁维　Vitruv
维斯通　Whiston
维斯曼　Wissmann
维特施泰因　Wittstein

十二画

斯文·赫定　Sven Hedin
斯内利于斯　Snellius
斯皮克斯　Spix
斯旦诺　Steno

斯多葛派　Stoiker
斯佩克　Speke
斯坦利　Stanley
斯坦因　Stein
斯罗珀　Scrope, Poullett
斯特拉波　Strabo
斯特鲁维　Struve
斯泰南　Steinen
斯密，亚当　Smith, Adam
斯图亚特　Stuart
斯蒂尤尔特　Sturt
斯豪滕　Schouten
斯维尔德鲁普　Sverdrup
奥古斯都　Augustus
奥尔特利乌斯　Ortelius
奥尔达茨　Ordaz, Diego
奥弗尔韦格　Overweg
奥布斯特　Obst
奥罗西乌斯　Orosius
奥佩尔　Oppel
奥季塞夫斯　Odysseus
奥泰尔　Oter
奥索尼乌斯　Ausonius
奥菲多斯　Oviedos
奥雷利亚纳　Orellana
奥德尼　Oudney
奥德里希　Oderich
普尔热瓦尔斯基　Prschewalski
普林尼　Plinius
普罗科普　Prokop
普莱费尔　Playfair
普赖查德　Prichad
普雷勒尔　Preller
博岑　Bozen
博门特　Beaumont, E.
博尔斯塔特　Bollstatt, Albert
博尔希格雷温克　Borchgrevink
黑内平　Hennepin
黑尔帕赫　Hellpach, W.
黑尔梅尔特　Helmert
黑尔默森　Helmersen
黑宁格　Hennig
黑恩　Hehn
黑格尔　Hegel
温哥华　Vancouver
塔西佗　Tacitus
塔斯曼　Tasman
舒尔滕　Schulten
舒伯特　Schubert
策普里茨　Zöppritz
喀波特　Cabot
彭克　Penck
登哈姆　Denham
雅费蒂特人　Japhetiten
腓尼基人　Phönizier
谢夫莱　Schäffle
谢林　Schelling
喜帕尔希　Hipparch
喜帕恰斯(伊巴谷)　Hipparchus
惠更斯　Huyghens
蒂森　Tiessen
蒂索特　Tissot
蒂莫伊斯　Timäus
蒂尤斯卡罗拉　Tuscarora
鲁格　Ruge, S.
鲁日满　Rougemont
鲁斯卡　Ruska
鲁塞格尔　Russegger
鲁于斯布勒克　Ruysbroek

十 三 画

塞巴斯蒂安　Sebastian
塞尔西于斯　Celsius
塞琉西王　Seleukos
塞萨尔　Cesar
塞菲拉　Sevilla
塞涅卡　Seneca
塞奥弗拉斯特　Theophrast
福尔比格尔　Forbiger
福尔布斯　Forbes
福尔茨　Volz
福西乌斯　Vossius, Isaak

福格尔　Vogel
福斯特尔　Forster, J. R.
福斯特尔　Forster, G.
福雷尔　Forel
福勒培尔　Fröbel
雷内尔　Rennell
雷布曼　Rebmann
雷吉奥蒙坦　Regiomontan
雷伊　Ray
雷耶　Reyer
路易斯　Lewis
赖尔　Lyell, Charles
赖夏特　Reichardt
赖瑙德　Reinaud
赖曼　Reymann
赖斯　Reiss
鲍丁　Baudin

十 四 画

赫夫丁　Höffding
赫尔策尔　Hölzel
赫尔库列斯　Herkules
赫伯特松　Herbertson
赫贝尔施泰因　Herberstein
赫恩　Hearne
赫顿　Hutton
赫策尔　Hözel
赫德尔　Herder
聚多　Sydow
聚斯米尔希　Süssmilch
豪斯拉布　Hauslab
豪斯莱特尔　Haussleiter
豪斯浩佛　Haushofer, M.
裴斯泰洛齐　Pestalozzi
裴哥罗梯　Pegolotti

十 五 画

德贝斯　Debes
德卢克　De Luc
德弗里斯　De Vries
德拉克　Drake
德利加尔斯基　Drygalski, E.
德利斯勒　Delisle
德斯涅夫　Deschnew
德昂维勒　d'Anville
德谟克利特　Demokrit
德堪多　De Condolle, A.
德斯马雷斯特　Desmarest
德奥比尼斯　d'Orbignys
德·楚姆·费尔德　D. zum Feld
德鲁德斯　Drudes
鞑靼人　Tataren
墨卡托　Mercator, Gerhard

十 六 画

霍夫　Hoff
霍夫曼　Hofmann, A. W.
霍尔内曼　Hornemann
霍尔姆斯　Holmes
霍伊格林　Heuglin
霍曼　Homann
霍普金斯　Hopkins
霍赫施泰特尔　Hochstetter
穆卡达西　Mukadassi
穆罕默德　Muhammed
穆施克托夫　Muschketow
穆勒　Mill, James

十 七 画

戴丘艾尔　Dikuil
戴克理先　Diokletian
戴维斯　Davis, John
戴维斯　Davis, W. M.
魏普雷希特　Weyprecht
魏特尼　Whitney

附录二　地名对照表

二　画

几内亚海岸　Guineaküste

三　画

大吉岭　Dardschiling
大秦　Gross-Chan
大锡尔特湾　Grosse Syrte
小亚细亚　Vorder-Asien
马六甲　Malakka
马尔代夫群岛　Malediven
马尔克兰　Markland
马西利阿　Massilia
马里安纳群岛　Marianen
马更些河　Mackenzie
马克兰　Mekran
马腊尼翁河　Maranon
马其顿　Mazedonien
马拉巴尔　Malabar
马萨瓦　Massaua
马萨诸塞　Massachusetts
马德拉群岛　Madeira
也门　Jenren
于利希　Jülich
万迪门斯兰　Vandiemensland

四　画

"贝尔吉卡号"'Belgica'
贝加尔湖　Baikalsee
贝恩施泰因地区　Bernsteinland
巴尔干半岛　Balkanhalbinsel
巴尔卡　Barka
巴尔赫　Balch(Balkh)
巴加莫约　Bagamojo
巴西　Brasilien
巴伐利亚　Bayern (Bavaria)
巴克特利亚　Baktrien
巴拉圭河　Paraguay
巴芬岛　Baffinland
巴芬湾　Baffinbai
巴特那　Patna
巴纳特　Banat
巴拿马　Panama
巴勒斯坦　Palästina
巴登　Baden
巴士海峡　Baßstrasse
巴塞尔　Basel
巴黎　Paris
毛里求斯　Mauritius
毛里塔尼亚　Mauretanien
瓦尔的维亚　Valdivia
瓦加奇岛　Waigatsch
瓦拉几亚　Walachei
厄尔士山脉　Erzgebirge
厄立特里亚海　Erythräisches Meer
厄瓜多尔　Ecuador
不伦瑞克　Braunschweig
不来梅　Bremen
戈伊埃　Gäue
戈特哈德　Gotthard
戈壁　Gobi
韦尔塞尔居留地　Welserniederlassung

韦莱河　Uelle
日本　Japan
中亚细亚　Zentral-Asien
爪哇　Java
牙买加　Jamaica
火地岛　Feuerland
丹吉尔　Tanger
内卡运河　Neckarkanal
尤戈尔海峡　Jugorstraße
尤里耶夫　Jurjew
比鲁　Biru
切柳斯金角　Tscheljuskin
乌耳姆　Ulm
乌拉尔山　Ural
乌克雷韦湖　Ukerewe

五　画

卡尔斯鲁厄　Karlsruhe
卡西特里登　Kassiteriden
卡里安达　Karyanda
卡利库特　Kalikut
卡拉布里亚　Calabrien
卡姆帕格纳　Campagna
卡宴　Cayenne
卡泰　Katai
卡普兰　Kapland
卡提加拉　Kattigara
卡斯蒂利亚　Castilien
卡奔塔里亚湾　Carpentariagolf
加扎勒河　Bahr el Ghasal
加利西亚　Galicien
加利福尼亚　Kalifornien
加泰罗尼亚　Catalonien
加那利群岛　Canaren
加斯科涅　Gascogne
加策伦河　Gazellenfluß
“加策莱号”　‘Gazelle’
加德斯　Gades
圣劳伦斯河　St. Lorenzstrom
圣玛尔塔　Santa Marta
圣·罗克角　Kap San Roque
圣保罗·德·罗安达　SaoPaulo de Loanda
布尔努　Bornu
布伦内罗　Brenner
布达佩斯　Budapest
布列塔尼　Bretagne
布拉马普特拉河　Brahmaputra
布哈拉　Buchara
布雷斯劳　Breslau
尼日尔河　Niger
尼亚加拉瀑布　Niagara
尼亚萨湖　Nyasasee
尼罗河　Nil R.
尼肯阿　Nicäa
尼德兰(荷兰)　Niederlande
尼科巴群岛　Nikobaren
北弗里斯群岛　Nordfriesische Inseln
北角　Nordkap
北海道　Jesso
卢瓦尔河　Loire
卢瓦拉巴河　Lualaba
卢卑克　Lübeck
瓜达尔基维尔河　Guadalquivir
瓜达富伊角　Kap Guardafui
汉诺威　Hannover
汉莎　Hansa
印加国　Inkareich
印度河　Indus
白令海峡　Beringstraße
白尼罗河　Weißer Nil
白海　Weißes Meer
皮卡尔迪厄　Picardie
古巴　Cuba
古安阿哈尼　Guanahani
叶尼塞河　Jenissei
东普鲁士　Ostpreussen
本格拉　Benguella
本都　Pontus
石地　Steinland
旧金山　San Franzisco
兰开斯特海峡　Lancastersund
乍得湖　Tsadsee

申古河　Xingu

六　画

亚丁　Aden
亚马孙河　Amazonenstrom
亚历山大地　Alexanderland
亚尔伯特湖(蒙博托湖)　Albertsee
亚述　Assyrien
亚松森　Asuncion
亚美尼亚　Armenien
亚速尔岛　Azoreninsel
亚速海　Asowsches Meer
亚眠　Amiens
亚得里亚海　Adriatisches Meer
亚细亚洲　Asien
西喀巴湾　Akabah
西巴塔哥尼亚　West-Patagonia
西瓦里斯　Sybaris
西瓦绿洲　Siwa Oasis
西西里岛　Sizilien
西比尔　Sibir
西伯利亚　Sibirien
西班牙　Spanien
达尔马提亚　Dalmatien
达里安　Darien
达努比乌斯河　Danubius
多尔帕特　Dorpat
多姆山　Puy-de-Dome
多哥　Togo
多瑙河　Donau
托尔门托索角　Cabo Tormentoso
托里斯海峡　Torresstraße
托波尔　Tobol
托波尔斯克　Tobolsk
托斯卡纳　Toskana
刚比亚河　Gambia
刚果　Kongo
刚果河　Kongo R.
伊比利亚半岛　Iberien
伊利马尼山　Illimani
伊拉埃阿森林　Hylaea
伊费尔滕　Iferten
伊洛瓦底江　Irawadi
伊斯特尔河　Ister
伊斯特拉半岛　Istrien
休达　Ceuta
列宁格勒　Leningrad
伦敦　London
冰岛　Island
设得兰群岛　Shetland Inseln
华氏城　Pataliputra
华特林岛　Watling Insel
安第纳　Andina
安达卢西亚　Andalusien
安的列斯群岛　Antillen
安特卫普　Antwerpen
安第斯山　Anden
色雷斯　Thrazien
吉尔吉斯草原　Kirgisensteppe
吕内堡　Lüneburg
廷巴克图　Timbuktu
廷亨特拉　Tingentera
圭亚纳　Guayana
乔拉桑　Chorassan
合恩角　Kap Horn
齐潘古　Zipangu
因迪卡　Indika
伏尔加河　Wolga
米利都　Milet
米提亚　Medien
兴都库什山脉　Hindukusch
迈尔祖格　Mursuk
信德　Sind
朱尔杰夫　Jurjew
纪龙代　Gironder
红海　Rotes Meer

七　画

阿马西亚　Amasia
阿马塞阿　Amasea
阿巴拉契亚山脉　Appalachian Mts.
阿尔及利亚　Algerien

阿尔克马尔　Alkmaar
阿尔卑斯山　Alpen
阿尔泰　Altai
阿布鲁齐山　Abruzzi
阿布·哈米德　Abu Hammed
阿比西尼亚　Abessinien
阿尼安海峡　Anianstraße
阿拉斯加　Alaska
阿拉伯　Arabien
阿拉伯海　Arabisches Meer
阿拉贡　Aragonien
阿拉洛卡斯皮低地　Aralokaspisches Tiefland
阿拉拉特山　Ararat
阿帕梅阿　Apamea
阿留申群岛　Aleuten
阿特兰蒂斯　Atlantis
阿纳德尔湾　Anadyrgolf
阿梅尔兰德　Ammerland
阿斯旺　Assuan
阿富汗　Afghanistan
里夫兰　Livland
里海　Kaspisches Meer
里斯本　Lissabon
里奥·毛莱　Rio Maule
里维拉　Riviera
克尼多斯　Knidos
克利马内　Quelimane
克里木　Krim
克里斯蒂阿尼亚　Kristiania
苏门答腊　Sumatra
苏丹　Sudan
苏伊士运河　Sues
苏达克　Sudak
苏法拉　Sofala
坎大哈　Kandahar
坎达拉克沙湾　Kandalakschabucht
希瓦　Chiwa
希西班牙　Hispania
希腊　Griechenland
努比亚　Nubien
努米迪亚　Numidien
佛兰德　Flandern
佛罗伦萨　Florence
佛罗里达　Florida
库尔　Chur
库斯科　Cusco
杜伊斯堡　Duisburg
利比亚　Libyen
利亚诺斯　Lianos
莱茵河　Rhein
麦加　Mekka
劳特布鲁纳山谷　Lauterbrunner Tal
伯尔尼　Berne
伯罗奔尼撒半岛　Peloponnes
伯恩施泰因　Bernstein
肖南　Schonen
辛普龙隧道　Simplon
纽芬兰　Neufundland
纽约　New-York
纽伦堡　Nürnberg
纳塔尔　Natal

八　画

拉文纳　Ravenna
拉布拉多半岛　Labrador
拉各斯　Lagos
拉普兰　Lappland
拉普拉塔河　La Plata
波尔托兰图　Portolankarten
波德诺内　Pordenone
波多黎各　Puertorico
波利尼西亚　Polynesien
波利博特拉　Polibothra
波罗的海　Ostsee
波哥大　Bogota
波斯　Persien
波斯湾　Der persische Golf
法兰士-约瑟夫斯地　Franz-Josephsland
“法尔迪菲阿号”　‘Valdivia’
法兰克福　Frankfurt

法罗群岛　Färöern Inseln
图尔安　Turan
图林根　Thüringen
图林根林山　Thüringenwald
图莱岛　Thule
图鲁特　Thourout
彼得堡　Petersburg
彼得格勒　Petrograd
罗马　Rom
罗得岛　Rhodos
林地　Waldland
的黎波里　Tripolis
易北河　Elbe
奔巴岛　Pemba
佩皮尼昂　Perpignan
松内湾　Sognefjord
委内瑞拉　Venezuela
迦太基　Karthago
青尼罗河　Blauer Nil
直布罗陀海峡　Gibratar
坦噶尼喀湖　Tanganjika
欧菲尔　Ophir
欧罗巴洲　Europa
英格兰　England
凯萨雷阿　Cäsarea
杰卢姆河　Jhelum

九　画

科尔武　Corvo
科西嘉　Corsica
科拉半岛　Kola
科罗　Coro
科罗拉多峡谷区　Canongebiet des Colorado
科迪勒拉山脉　Kordilleren
科迪勒拉地区　Kordillerenland
科林斯　Korinth
科恰班巴　Cochabamba
科莫　Como
科雷马河　Koluma
科穆姆　Comum
哈次山　Harz
哈丹格尔峡湾　Hardangerfjord
哈特勒斯角　Kap Hatteras
哈得孙湾　Hudsonbai
哈勒　Halle
施内芬塔尔　Schnepfenthal
施瓦本　Schwaben
施塔恩贝格湖　Starnberger Sea
“费加号”　‘Vega’
费罗岛　Ferro
费赞　Fessan
威尼斯　Venezia
威悉河　Weichsel
威斯康星河　Wiskonsinfluß
洛杉矶　Los Angeles
突尼斯　Tunesien
玻利维亚　Bolivia
叙利亚　Syrien
前印度　Vorder-Indien
柏林　Berlin
勃朗峰　Mont Blanc
南维多利亚地　Süd-Viktorialand
“查伦格号”　‘Challenger’
美拉尼西亚　Melanesien
美索不达米亚　Mesopotamien

十　画

埃及　Ägypten
埃塞俄比亚　Äthiopen (Äthiopien)
埃里伯斯火山　Erebus
埃兰　Elam
埃费苏斯　Ephesus
埃特纳火山　Ätna
埃莫杜斯山　Emodus
埃森　Essen
格兰查科　Gran Chaco
格廷根　Göttingen
格拉茨　Glatz
格拉纳达　Granada
格陵兰岛　Grönland
格德罗西亚　Gedrosien

热那亚　Genoa
特立尼达　Trinidad
特亨特拉　Tingentera
特旺特佩克　Tehuantepec
特洛依(特洛伊)　Troja
哥伦比亚　Columbien
哥伦比亚河　Columbiafluß
哥尼斯堡　Königsberg
高卢　Gallien
高加索地区　Kaukasusland
海地　Haiti
海得尔堡　Heidelberg
爱尔兰　Irland
恩加米湖　Ngamisee
班克斯岛　Banksland
索科托　Sokoto
莫桑比克　Mozambique
桑给巴尔岛　Sansibar
俾斯麦群岛　Bismarckarchipel
珠穆朗玛峰　Tschomolungma
准噶尔　Dsungarei
秘鲁　Peru
莫雷纳山脉　Sierra Morena
顿河　Don
"诺法拉号"　'Novara'

十 一 画

梅尔维尔海峡　Melvillesund
梅尔隆格　Meerlung
梅加腊　Megara
"梅特奥尔号"　'Meteor'
基尔瓦　Kilwa
基多　Quito
基齐科斯　Kyzikos
基雷奈卡　Kyrenaika
基雷内　Kyrene
曼苏尔　Mansur
曼海姆　Mannheim
密西西比河　Mississippi
密执安湖　Michigansee
密苏里州(河)　Missouri
措伊根山　Zeugenberg
得克萨斯　Texas
康沃尔　Cornwall
铜岛　Kupferinsel
符腾堡　Württemberg
勒拿河　Lena
萨尔茨堡　Salzburg
萨尔温江　Salwin
萨克森　Sachsen
萨拉耶斯　Xarayes
萨姆兰　Samland
萨哈林(库页岛)　Sachlin
萨特累季河　Setledsch
维多利亚湖　Victoriasee
维苏威火山　Vesuv
鄂毕河　Ob
鄂霍次克海　Ochtskisches Meer
菲莱寺　Philä
菲律宾　Philippinen

十 二 画

斯匹次卑尔根　Spitzbergen
斯图加特　Stuttgart
斯特罗姆贝格　Stromberg
斯特拉斯堡　Straßburg
斯塔迪乌姆　Statium
斯塔腾兰　Statenland
斯基滕地区　Skythenland
斯堪的纳维亚半岛　Skandinavia Halbinsel
斯德哥尔摩　Stockholm
斯潘塞湾　Spencergolf
奥弗涅山脉　Auvergne
奥地利　Österreich
奥里诺科河　Orinoco
奥林匹亚　Olympia
奥德赛　Odyssee
奥格斯堡　Augsburg
奥登瓦尔德　Odenwald
奥斯陆　Oslo
奥普措姆山　Op Zoom

喀什　Kaschgar
喀土穆　Chartum
喀尔巴阡山脉　Carpathian Mts.
喀麦隆　Kamerun
喀麦隆山　Kamerunberg
喀拉海　Karisches Meer
喀喇昆仑　Karakorum
塔尔席施　Tarschisch
塔尔图　Tartu
塔尔特索斯　Tartessos
塔里木盆地　Tarimbecken
塔克拉玛干沙漠　Taklamakam
塔普罗巴内　Taprobane
塔斯马尼亚岛　Tasmanien
塔德莫尔　Tadmor
普罗旺斯　Provence
喜马拉雅山　Himalaja
湄公河　Mekong
富尔达　Fulda
巽他群岛　Sundainseln
温兰　Winland
雅克萨尔特斯河　Jaxartes
雅典　Athen
智利　Chile
黑尔索内斯　Chersonnes
黑卢兰　Helluland
黑龙江(阿穆尔河)　Amur
黑海　Schwarzes Meer
黑森林山　Schwarzwald
斐济群岛　Fidschiinseln
敦刻尔克　Dünkirchen
堪察加半岛　Kamtschatka
博尔加尔　Bolghar
博尔盖　Borge
博哈多尔角　Kap Bojador
博登湖　Bodensee
“蒂尤斯卡罗拉号”　‘Tuscarora’
蒂罗尔　Tirol
蒂罗尔火山　Terror
蒂奈　Thinai
蒂宾根　Tübingen
蒂鲁斯　Tyrus
落基山脉　Felsengebirge (Rocky Mountains)
葡萄地　Weinland
缅甸　Birma
鲁佩尔蒙　Ruppelmonde

十三画

新几内亚　Neu Guinea
新地岛　Nowaja Semlja
新西兰　Neu-Seeland
新格拉纳达　Neu-Granada
新斯科舍　Neu-Schottland
新墨西哥　Neu-Mexiko
塞内加尔河　Senegal
塞内冈比亚　Senegambien
塞尔埃尔兰　Sererland
塞拉利昂　Sierra Leone
塞浦路斯　Zypern (Cypern)
塞萨尔　Cesar
塞维利亚　Sevilla
意大利　Italien
蓝山　Blaue Berge
蓝卡通巴山　Blue Katooba
瑞典　Sweden
雷隆卡菲湾　Reloncavi
魁北克　Quebec
蒙特科尔菲诺　Montecorvino
锡内　Syene
锡兰　Ceylon
锡斯坦　Seistan

十四画

慕尼黑　München
熊岛　Bäreninsel

十五画

德里　Delhi
德库马特兰　Dekumatland
德国　Deutschland
德班　Durban

德维纳河　Dwina
撒丁岛　Sardinien
撒马尔罕　Samarkand
撒哈拉沙漠　Sahara
《摩泽尔河》 *Mosella*
摩鹿加　Molukken
澳大利亚　Australien
额尔齐斯河　Irtysch
墨西哥　Mexiko

十 六 画

赞比西河　Sambesi
默西省　Moesien

十 七 画

藏布江　Sanpo
戴维斯海峡　Davis Str.
魏玛　Weimar

图书在版编目(CIP)数据

地理学:它的历史、性质和方法/(德)阿尔夫雷德·赫特纳著;王兰生译.—北京:商务印书馆,2017
(汉译世界学术名著丛书:120年纪念版:珍藏本)
ISBN 978-7-100-14351-6

Ⅰ.①地… Ⅱ.①阿… ②王… Ⅲ.①地理学—研究 Ⅳ.①K90

中国版本图书馆CIP数据核字(2017)第153367号

汉译世界学术名著丛书
(120年纪念版·珍藏本)
地理学
——它的历史、性质和方法
〔德〕阿尔夫雷德·赫特纳 著
王兰生 译
张翼翼 校

商 务 印 书 馆 出 版
(北京王府井大街36号 邮政编码100710)
商 务 印 书 馆 发 行
北京通州皇家印刷厂印刷
ISBN 978-7-100-14351-6

2017年12月第1版　　开本 710×1000 1/16
2017年12月北京第1次印刷　　印张 37¾
定价:188.00元